Kriegskosten und Kriegsfinanzierung in der Antike

Friedrich Burrer/Holger Müller (Hrsg.)

Kriegskosten und Kriegsfinanzierung in der Antike

Umschlaggestaltung: Peter Lohse, Büttelborn
Umschlagmotiv: Altrömische Trireme (Dreiruderer).
Holzstich, um 1880. Zeichnung nach einem Modell Napoleons III.
Foto: akg-images

Die Deutsche Nationalbibliothek verzeichnet diese Publikation
in der Deutschen Nationalbibliografie;
detaillierte bibliografische Daten sind im Internet über
http://dnb.d-nb.de abrufbar.

Das Werk ist in allen seinen Teilen urheberrechtlich geschützt.
Jede Verwertung ist ohne Zustimmung des Verlages unzulässig.
Das gilt insbesondere für Vervielfältigungen,
Übersetzungen, Mikroverfilmungen und die Einspeicherung in
und Verarbeitung durch elektronische Systeme.

© 2008 by WBG (Wissenschaftliche Buchgesellschaft), Darmstadt
Die Herausgabe des Werkes wurde durch
die Vereinsmitglieder der WBG ermöglicht.
Gedruckt auf säurefreiem und alterungsbeständigem Papier
Printed in Germany

Besuchen Sie uns im Internet: www.wbg-darmstadt.de

ISBN 978-3-534-20920-0

Inhaltsverzeichnis

Vorwort	7
Einleitung (*Friedrich Burrer/Holger Müller*)	9
Die finanzielle Ausgangssituation Athens zu Beginn des Peloponnesischen Krieges (*Klaus Meister*)	19
Der Preis des Krieges. Thukydides und die Finanzen Athens (*Jürgen Malitz*)	28
Die Kosten der athenischen Flotte in klassischer Zeit (*Vincent Gabrielsen*)	46
Sold und Verpflegungsgeld in klassischer und hellenistischer Zeit (*Friedrich Burrer*)	74
Gesandtschaftsgeschenke im Kontext kriegerischer Auseinandersetzungen im Altertum (*Holger Müller*)	91
Nützliche Forschung: Ps.-Aristoteles' *Oikonomika* II und die Haushalte griechischer Poleis (*Kai Brodersen*)	106
„Diejenigen, die segeln, sollen Sold erhalten". Seekriegführung und -finanzierung im archaischen Eretria (*Hans van Wees*)	128
Kriegs- und Verteidigungsfinanzierung in den hellenistischen Städten (*Léopold Migeotte*)	151
Kriegskosten – eine Spurensuche in der antiken Numismatik (*Wolfgang Szaivert*)	161
Thasische Tetradrachmen und die Balkankriege im ersten Jahrhundert v. Chr. (*Olivier Picard*)	175
Kostenbewusstsein im Krieg? Zur Verwaltung und Finanzierung der Kriegführung deutscher Fürsten im 15. Jahrhundert (*Uwe Tresp*)	193
„Kleine" Mechanismen der Kriegsfinanzierung in der frühen Neuzeit, besonders im 18. Jahrhundert (*Niklot Klüßendorf*)	210
Triumph und Beute in der römischen Republik (*Reinhard Wolters*)	228
Reparationen in der klassischen griechischen Welt und in hellenistischer Zeit (*Burkhard Meißner*)	246
In republikanischen Staats- und Kriegsverträgen festgesetzte Kontributionen und Sachleistungen an den römischen Staat: Kriegsaufwandskosten, Logistikbeiträge, Kriegsentschädigungen, Tribute oder Strafen? (*Peter Kehne*)	260
Realeinquartierung als bürgerliche und bäuerliche Last. Unterhalt und Verwaltung von Militärbesatzungen im 17. und 18. Jahrhundert (*Jutta Nowosadtko*)	281
Namensindex	289
Sachindex	296
Griechische Begriffe	307

Vorwort

Der vorliegende Band enthält die überarbeiteten Beiträge zur Tagung „Kriegskosten und Kriegsfinanzierung von der Antike bis zur Neuzeit", die vom 16. bis 18. Februar 2007 an der Universität Mannheim stattfand. Veranstaltet wurde sie von den Mitarbeitern des von der Deutschen Forschungsgemeinschaft (DFG) geförderten Projekts „Antike Kriegskosten", das seit 2004 am Seminar für Alte Geschichte angesiedelt ist. Zweck der Tagung sollte sein, in der Halbzeit des Projekts erste Zwischenergebnisse vorzulegen und mit Kollegen den aktuellen internationalen Forschungsstand zu diskutieren und diesen dann zu dokumentieren. Dabei legten die Organisatoren Wert darauf, das Thema nicht nur aus der engeren althistorischen Perspektive zu betrachten, sondern auch Beiträge aus der antiken und neuzeitlichen Numismatik sowie der mittelalterlichen und neueren Geschichte aufzunehmen, um so neue Denkanstöße und methodische Anregungen zu gewinnen. Insofern wird der Leser hier auch Beiträge finden, die über die Antike hinausgehen, die aber eindeutig den Schwerpunkt bildet – daher auch der Buchtitel. Einen derart langen Zeitraum vom klassischen Griechenland bis zur römischen Kaiserzeit systematisch und umfassend abzudecken, ist auf einer Tagung nicht möglich. Die hier aufgenommenen Beiträge reflektieren vielmehr streiflichtartig die aktuellen Forschungsschwerpunkte, während andere, zum Beispiel die Spätantike, ausgeblendet bleiben mussten. Da sich inhaltliche Überschneidungen nicht ganz vermeiden ließen, haben die Herausgeber Querverweise zwischen den Artikeln hergestellt. Um ein möglichst breites Publikum für das in Deutschland von der Forschung eher stiefmütterlich behandelte Thema zu gewinnen, wurden die englischen und französischen Texte von den Herausgebern ins Deutsche übersetzt.

Antike Autoren werden nach den Richtlinien des Neuen Pauly (= DNP), Stuttgart – Weimar 1996 ff. zitiert, griechische Inschriften nach denen des *Supplementum Epigraphicum Graecum* (= SEG), Leiden u. a. 1923 ff. Im Literaturverzeichnis der jeweiligen Beiträge wurden Zeitschriftentitel um der besseren Lesbarkeit willen nicht abgekürzt.

Unser Dank gilt den Autoren, die durch ihre thematisch breit angelegten Beiträge zum Gelingen der Mannheimer Tagung beigetragen haben, und der Wissenschaftlichen Buchgesellschaft für die Aufnahme des Bandes in ihr Programm sowie die gute Zusammenarbeit während der Drucklegung. Tatkräftige Unterstützung vor und während der Tagung erfuhren die Organisatoren durch die studentischen Hilfskräfte Tobias Jordan, Steffen Kistner und Teresa Wenzel. Ausdrücklich gedankt sei auch den Institutionen, ohne deren finanzielle Unterstützung die Tagung nicht möglich gewesen wäre: Das Rektorat der Universität Mannheim, das Dekanat der Philosophischen Fakultät, die Gerda-Henkel-Stiftung und die Landesbank Baden-Württemberg.

Mannheim, im Juli 2008

Friedrich Burrer   Holger Müller

Einleitung

Grundsätzliche Überlegungen

"Im Krieg ist die Beschaffung von Geld [...] Gefährtin des Erfolges." (Diod. XXIX 6, 1)

Mit dem oben zitierten Sprichwort brachte der sizilische Universalhistoriker Diodor den Zusammenhang zwischen militärischem Erfolg und der Finanzierung von Kriegen so prägnant auf den Punkt, dass es sich als Leitmotiv des DFG-Projekts „Antike Kriegskosten"[1] geradezu anbot und auch als Motto der von ihm veranstalteten Tagung „Kriegskosten & Kriegfinanzierung von der Antike bis zu Neuzeit" im Jahr 2007 diente. Eine andere Position als Diodor nimmt hingegen der spätantike Autor Vegetius ein, der in seiner Epitoma rei militaris (I 13, 5) schreibt:

> *„Denn nichts ist unerschütterlicher oder erfolgreicher oder ruhmreicher als ein Staat, in dem ausgebildete Soldaten im Überfluss vorhanden sind. Denn nicht die Eleganz der Kleidung oder die Fülle an Gold, Silber und Edelsteinen zwingt den Feind sowohl zur Ehrerbietung als auch zur Erkenntlichkeit uns gegenüber, sondern nur durch den Schrecken der Waffen wird er unterworfen."*

Auf die Notwendigkeit der Kriegsfinanzierung geht Vegetius nicht ein, obwohl in der Spätantike die Militärkosten den Großteil des Staatshaushalts ausmachten[2] und am Niedergang des Römischen Reiches erheblichen Anteil hatten.[3]

Die Frage nach den Kosten kriegerischer Auseinandersetzungen und deren Finanzierung ist von ungebrochener Aktualität, da sich die grundsätzlichen Überlegungen bis heute nicht geändert haben. Moderne Staaten verfügen aus diesem Grund über einen regulären Verteidigungsetat, der den Unterhalt der Armee ermöglicht,[4] während anfallende Mehrkosten heute durch verstärkte Schuldenaufnahme kompensiert werden.[5] Außerdem ist es selbstverständlich geworden, die Gesamtkosten eines Krieges im Voraus zu kalkulieren.[6] Im Rahmen dieser Kalkulationen werden die Kriegsparteien unter anderen mit folgenden Fragen konfrontiert:

- Wie hoch werden die direkten Kriegskosten sein?
- Welche gesellschaftlichen Gruppen sollen diese Kosten tragen – und umgekehrt: Wer wird daran verdienen?
- Mit welchen Mitteln soll der Krieg finanziert werden?
- Wie hoch werden die Kriegsfolgekosten sein, z. B. für den Wiederaufbau des (eigenen) Landes?
- Welche direkten und indirekten ökonomischen Vorteile bringt der Krieg?[7]

Die moderne Geschichtswissenschaft hat sich der Erforschung dieser Thematik mit unterschiedlicher Intensität angenommen. Eine grundlegende, die Antike aber nicht berücksichtigende finanzwissenschaftliche Arbeit zum Thema Kriegsfinanzierung stammt von M. Lanter[8], Einzelstudien liegen für die Frühe Neuzeit und die Neueste Geschichte vor[9].

Eine systematische Beschreibung und Analyse der finanziellen Aspekte des antiken Kriegswesens ist aufgrund der schwierigen Überlieferungssituation ein Desiderat der Forschung, ein Umstand, der umso erstaunlicher anmutet, als im antiken (Wirtschafts-)Leben der Krieg eine überragende Rolle gespielt hat. Zum einen war er ein allgegenwärtiger Begleiter, zum anderen verschlang er einen Großteil des Staatshaushaltes.[10] Über die konkrete Höhe von Kriegskosten in der Antike sind wir hingegen nur unzureichend informiert. Zwar werden durchaus Einzelkosten, etwa für Sold oder einzelne Ausrüstungsgegenstände, überliefert, aber die Gesamtkosten von Kriegen lassen sich zumeist nur indirekt und auch nur näherungsweise bestimmen. Um die hierzu nötige vergleichende Betrachtung der verschiedenen Quellengattungen und Autoren zu erleichtern, wurde von den Mitarbeitern des DFG-Projekts eine Datenbank erstellt, in der erstmals alle einschlägigen epigraphischen und literarischen Zeugnisse für den Zeitraum von 478/77 bis 27 v. Chr. gesammelt[11] und quellenkritisch diskutiert wurden.

Letzteres war unabdingbar, da sich die Hauptquellen in ihrem Charakter recht deutlich voneinander unterscheiden: Es handelt sich dabei, in der Reihenfolge ihrer Bedeutung, um Inschriften, zeitgenössische Historiker und Philosophen, Komödiendichter, Redner, Autoren späterer Zeit einschließlich Scholiasten und Grammatiker. Inschriften sind die glaubwürdigste Quellengattung. Sie stehen meist in zeitlicher Nähe zu den Ereignissen, die sie überliefern, sind nicht fehlerhaft durch falsche Erinnerung oder durch Manuskriptkorruption. Außerdem liefern sie präzise, also keine gerundeten oder geschätzten Zahlen und sind neutral in dem Sinn, dass sie öffentliche Ausgaben zu Archivzwecken überliefern. Auf der anderen Seite haben Inschriften als Quelle auch Schwächen wie Schreibfehler, unvollständige Überlieferung, fehlende Datierung, mehrdeutige Interpretationsmöglichkeiten und falsche Ergänzung durch die Herausgeber. Für die literarische Überlieferung ist in der Regel kennzeichnend, dass sie ökonomische Informationen überliefern, obwohl das nicht ihre primäre Absicht ist. Es kommt daher auf den Kontext an, in dem die Finanzdaten stehen, und es muss stets geklärt werden, welchen Zweck die Aussage hatte, an welches Publikum sie gerichtet war und woher die Angaben stammten. Hinzu tritt das Problem der korrekten Manuskriptüberlieferung wie bei allen literarischen Quellen. Historiker und Philosophen überliefern in der Regel glaubwürdige Finanzdaten, wenn die Ereignisse, von denen sie berichten, zeitlich nicht weit entfernt und damit mögliche Fehlerquellen wie Erinnerung und schriftliche Überlieferung nicht sehr groß sind. Komödiendichter überliefern eine Fülle von Finanzdaten, die aber mit Vorsicht zu behandeln sind, da sie zur Erzielung eines komischen Effekts oft übertrieben sind. Bei Rednern wird ebenfalls eine Fülle von Finanzdaten genannt. Auch hier besteht die Gefahr der Übertreibung, wenn es darum geht, der Sache des eigenen Mandanten zu nützen beziehungsweise dessen Opponenten zu schaden. Alltagsfakten, die dem Publikum bekannt waren, dürften allerdings glaubwürdig sein. Spätere Autoren, Scholiasten und Grammatiker stellen die schwächste Überlieferung dar. Sie lebten zum Teil so lange nach den Ereignissen, von denen sie berichteten, dass ihr Verständnis der betreffenden Finanzdaten nur noch vage sein konnte. Nur wenn sie ihre Quellen richtig verstanden und korrekt wiedergaben, sind ihre Informationen brauchbar.

Da sich das Projekt derzeit in der Auswertungsphase befindet, können an dieser Stelle noch keine endgültigen Ergebnisse vorgelegt werden, die der Abschlusspublikation vorbehalten bleiben. Dennoch dürften einige quantitative Aussagen von Interesse sein, zum Beispiel die Häufigkeit von einschlägigen Finanz-Informationen bei den einzelnen Autoren (siehe **Diagramm 1**).

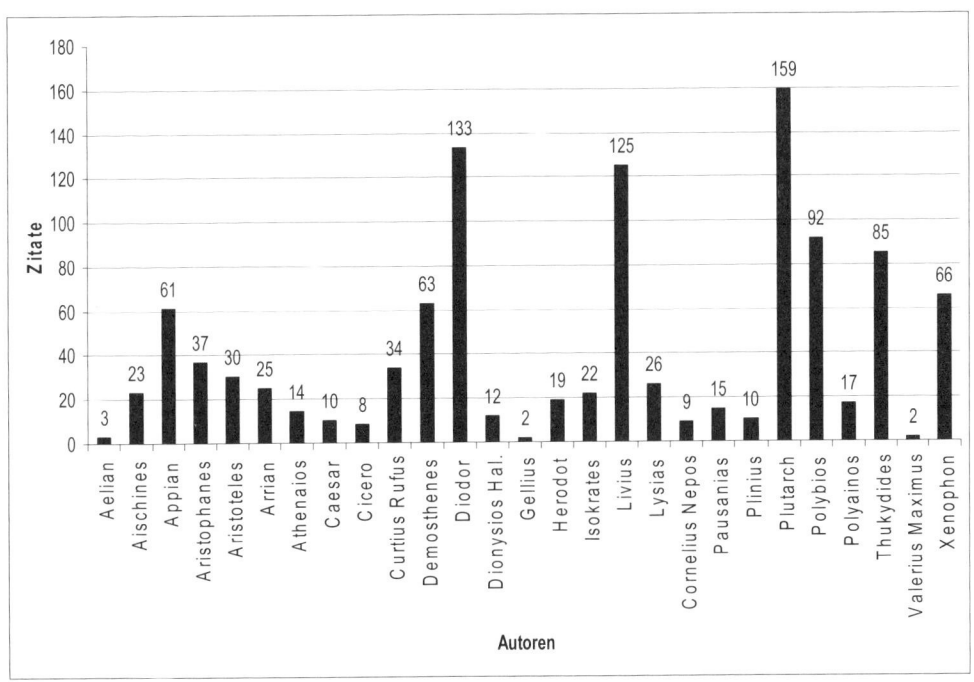

Diagramm 1: Auswahl von Autoren, die Kriegskosten überliefern.

Diodor, Livius und Plutarch liefern bei weitem die meisten Informationen, es folgen Thukydides und Polybios sowie Xenophon, Demosthenes und Appian. Von diesen Autoren hatten Thukydides und Xenophon als Feldherren praktische Erfahrungen gesammelt, wussten also um die Bedeutung der Finanzen im Kriege. Der Politiker Demosthenes wollte in seinen Reden die Athener zum Krieg gegen Makedonien bewegen und musste sich daher mit der Frage der Kosten öffentlich auseinandersetzen. Erstaunlicherweise überliefert Caesar trotz der gewaltiger Kosten des Gallischen Krieges und der immensen Kriegsbeute so gut wie keine Finanzdaten. Und bezeichnenderweise taucht in dieser Statistik nur ein „reiner" Militärhistoriker (Polyaen mit 17 Zitaten) auf, der insofern eine Ausnahme bildet, als er zwar auch wie die übrigen Vertreter seiner Zunft in erster Linie ein militärisches Lehrbuch (Die „Kriegslisten") schreiben wollte, die Rolle der Kriegsfinanzen aber nicht ganz aus den Augen verlor.

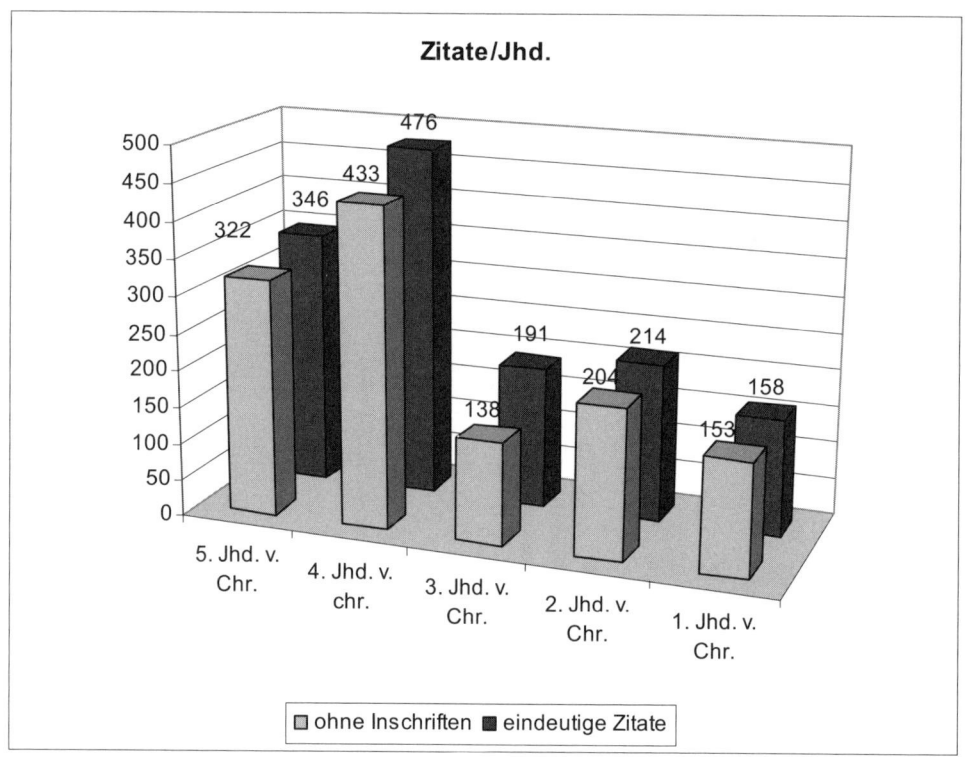

Diagramm 2: Zitate[12] pro Jahrhundert.

Betrachtet man die Zeitabschnitte, für die Finanzdaten vorliegen (siehe **Diagramm 2**), ist festzuhalten, dass vor allem das 5. und 4. Jahrhundert vor Christus relativ gut belegt sind. Doch muss man diese Information mit der Entstehungszeit des überliefernden Werks in Beziehung setzen. Es fällt nämlich auf, dass für Ereignisse des 5. und 4. Jahrhunderts v. Chr. nur 43% der Zitate aus demselben Jahrhundert stammen, für das 3. Jahrhundert sind es 31% und für die beiden letzten vorchristlichen Jahrhunderte je nur 22%. Diese quantitativen Werte spiegeln vor allem den Verlust von zeitnahen Quellen wider und lassen keine Rückschlüsse auf ein besonderes Interesse oder Desinteresse einer bestimmten Epoche an Kriegskosten und Kriegsfinanzierung zu. Für eine sinnvolle Behandlung dieses Themas muss man die Makroebene verlassen und sich „kleineren" Fragestellungen zuwenden, wie zum Beispiel, welche Autoren im Verhältnis zum Umfang ihres Werkes das meiste Interesse an Finanzinformationen zu antiken Kriegen gehabt haben,[13] und warum das so war. Naturgemäß kommt man zu genaueren Ergeb-

Einleitung

nissen, je enger die Fragestellung gefasst ist und je eindeutiger die Quellenlage. Dies zeigen auch die Beiträge dieses Bandes.

Zum Aufbau des Bandes

Da sich die in diesem Band versammelten Beiträge an den Leitfragen der Tagung orientierten, seien diese nachfolgend aufgeführt:

- In welchen Fällen lassen sich konkrete Kriegskosten ermitteln und wie ist die Datenbasis dafür beschaffen?
- In welchen Fällen lässt sich das Verhältnis von Kriegskosten beziehungsweise Verteidigungsausgaben zum Staatshaushalt ermitteln?
- In welchem Größenverhältnis standen die Kostenarten zueinander?
- Welche Finanzierungsarten wurden in der jeweiligen Epoche bevorzugt? Welche waren zeittypisch und welche kann man als Konstanten betrachten?
- In welchem Größenverhältnis standen die Finanzierungsarten zueinander?
- Wie ausgereift war die militärische Finanzplanung in der jeweiligen Epoche?
- Ab wann ist es möglich, die gesamtwirtschaftlichen Folgen von kriegerischen Auseinandersetzungen konkret zu bestimmen?
- Welche sozialen Gruppen trugen die finanzielle Last des Krieges und welche haben im Erfolgsfall von ihm profitiert?
- Welchen Einfluss hatte die Möglichkeit der Mittelbeschaffung auf die Aufnahme beziehungsweise Beendigung kriegerischer Auseinandersetzungen?

Die letzte Fragestellung verdeutlicht, dass das Tagungsthema über seine wirtschafts- und militärgeschichtliche Dimension auch in die Kriegsursachenforschung hineinreicht: Unterließ man einen Krieg, wenn Wirtschaftlichkeitsberechnung ergaben, dass er sich finanziell nicht lohnt?[14] Wurden Kriege aus dem schlichten Grund begonnen, weil genügend Ressourcen vorhanden waren, sie zu führen?[15]

Die Reihenfolge der Artikel dieses Bandes ergibt sich aus der Struktur der Tagung, auf der sich die Referenten in vier Sektionen mit folgenden Themen auseinandersetzten:

I. Kosten einzelner Kriege

Die Ermittlung der Gesamtkosten antiker Kriege bereitet enorme Schwierigkeiten. Als Untersuchungsgegenstand bieten sich daher Epochen an, für die ausführliche antike Schriftquellen über Kriegsereignisse- und hintergründe vorliegen (Thukydides, Xenophon, Polybios, Caesar, Diodor, Livius), da es sonst nicht möglich ist, aus der meist bruchstückhaften Einzelüberlieferung von Finanzdaten Rückschlüsse auf Gesamtkosten zu ziehen. Grenzen und Möglichkeiten wurden anhand des besonders gut dokumentierten Peloponnesischen Krieges aus verschiedenen Perspektiven diskutiert (Beiträge Klaus Meister und Jürgen Malitz).

II. Einzelne Kostenarten

Besonders kostenintensiv war in der Antike die Seekriegführung. Hier wurde zunächst von Philip de Souza[16] überblicksartig dargestellt, welche Methoden im Altertum gewählt wurden, um die Kosten der Seekriegführung vom archaischen Griechenland bis zur römischen Kaiserzeit zu bestreiten. Ein zweiter Beitrag untersuchte, welche Auswirkungen die hohen Seekriegskosten auf das Steuersystem und die politische Organisation im klassischen Griechenland hatten (Beitrag Victor Gabrielsen). Sold und Verpflegungskosten stellten in den meisten kriegerischen Auseinandersetzungen die größten Ausgabeposten dar. Während diese Materie für das klassische Athen relativ gut erforscht ist, mangelt es noch an einer Gesamtschau für die übrigen klassischen Städte und die Zeit des Hellenismus (Beitrag Friedrich Burrer). Der Austausch von Gesandtschafts- und Freundschaftsgeschenken gehörte zum gängigen Instrumentarium antiker Diplomatie. In Kriegszeiten kann man sie im weiteren Sinne zu den Kriegskosten rechnen, wobei zu fragen ist, ob dieser Umstand Auswirkungen auf ihre Größe hatte (Beitrag Holger Müller). Sobald in der literarischen und epigraphischen Überlieferung von konkreten Kriegskosten die Rede ist, enthalten die Quellen numismatische Angaben (Nominalbezeichnungen, Währungen beziehungsweise Münzfüße, Wertverhältnisse von Gold zu Silber und so weiter). Ansatzpunkte für die weitere Forschung ergeben sich zunächst aus der Identifikation der in der jeweiligen Quelle genannten Münzen mit tatsächlichen Prägungen, womit ein Hinweis auf deren Prägeursache gewonnen wäre. Mögliche Kriterien, diese zu identifizieren, liefern Nominalien- und/oder Materialwechsel, Münzfußwechsel oder ein typologischer Wechsel. Diese methodischen Fragestellungen wurden von Wolfgang Szaivert diskutiert und anhand prominenter Beispiele von der Antike bis zur Neuzeit illustriert.

III. Kriegsfinanzierung in verschiedenen Epochen

Die griechischen Stadtstaaten waren in ihrer gesamten Geschichte chronisch unterfinanziert, was dem Aktionsrahmen ihrer Kriegführung deutliche Grenzen setzte. Das zweite Buch des dem Aristoteles zugeschriebenen Traktats „Oikonomika" reflektiert diese Tatsache ganz eindrücklich. Unter den vielen Finanzmanipulationen, derer sich Fürsten und Feldherren bedient haben sollen, um ihre Geldknappheit zu überwinden, befinden sich eine große Anzahl, die in den Kontext der Kriegsfinanzierung gehören. Datierung und Wahrheitsgehalt einzelner Episoden sind allerdings umstritten (Beitrag Kai Brodersen). In klassischer Zeit ist zu beobachten, wie es aufgrund der wachsenden Zentralisierung der finanziellen Ressourcen möglich wurde, eine größere Anzahl von Truppen für längere Perioden auszuheben und mit ihnen zu Lande und zu Wasser viel intensiver und ausdauernder Krieg zu führen, als dies vorher möglich war. Insofern sind die Möglichkeiten der Kriegsfinanzierung für die Transformation der Kriegführung in klassischer Zeit verantwortlich (Beitrag Hans van Wees). Nach dem Entstehen der hellenistischen

Flächenstaaten sahen sich die freien Städte einem völlig veränderten politischen und militärischen Umfeld gegenüber. Ihr Handlungsspielraum war durch die Monarchien stark eingeschränkt und die Entwicklung der Poliorketik machte verstärkte Anstrengungen in den Ausbau der Verteidigungsanlagen erforderlich. Wie die erforderlichen Mittel aufgebracht wurden (Eisphorai, Epidoseis, Anleihen, Schenkungen von Herrschern und Privatpersonen) war Gegenstand des Vortrags von Léopold Migeotte. Angelos Chaniotis[17] betrachtete die Kriegsfinanzierung in hellenistischen Städten unter sozialgeschichtlichen Gesichtspunkten und ging der Fragestellung nach, wie die Zuwendungen reicher Bürger (etwa im Rahmen von Epidoseis) die politische Rolle ihrer Familien beeinflussten. Auf Basis ausgewählter Beispiele wurden der soziale Hintergrund der Spender ermittelt und deren künftige politische Karriere sowie der ihrer Familien untersucht. Ein zeitlicher Sprung von der Finanzierung der Balkankriege des 1. Jahrhunderts v. Chr. am Beispiel der Prägungen „thasischen Typs" (Beitrag Olivier Picard) in das späte Mittelalter (Beitrag Uwe Tresp über die Planung und Rechnungslegung der Kriegführung deutscher Fürsten im 15. Jahrhundert) und die frühe Neuzeit (Beitrag Niklot Klüßendorf über die „kleinen" Methoden der Kriegsfinanzierung) ermöglichte es, die vielfältigen Finanzierungsmöglichkeiten epochenübergreifend miteinander zu vergleichen.

IV. Einzelne Finanzierungsarten

Aus der Gruppe der Finanzierungsarten wurden zwei Themenkreise vertiefter behandelt: Kriegsentschädigungen/Reparationen und Beute. Zahlreiche Staatsverträge des Altertums enthalten Vorschriften über Ausgleichs- und Strafzahlungen, die ein Sieger nach einem Krieg dem Verlierer vertraglich auferlegte. Auch wenn diese Strafzahlungen nicht in einem ausschließlichen Zusammenhang mit den unmittelbaren Kosten des Krieges standen, so stehen sie in einem indirekten Zusammenhang mit den wahrgenommenen Kosten – beeinflusst durch eine jeweils unterschiedlich große punitive Komponente. Die Reparationskosten wurden mit tatsächlich belegten direkter Kosten einzelner Operationen (zum Beispiel die Sizilische Expedition) verglichen (Beiträge Burkard Meißner zu Griechenland und Peter Kehne zu Rom). Beute ist eine uralte und bis in die Neuzeit angewandte Methode der Kriegsfinanzierung. Für die römische Republik ist eine große Anzahl von konkreten Zahlen überliefert, die kritisch hinterfragt werden müssen. Reinhard Wolters untersuchte für das 2. Jahrhundert v. Chr. die Quellen und ihre Glaubwürdigkeit, verglich die Beutezahlen mit anderen Staatsausgaben und -einnahmen und stellte ein Verhältnis zum Rhythmus der Münzprägung her.

Die Tagung hat gezeigt, dass trotz der zeitlichen Schwerpunktsetzung auf die Antike eine vergleichende Betrachtung anderer Epochen von großem Interesse ist, da hierdurch neue Anregungen gewonnen werden können und Fragen aufgeworfen werden, die bei einer ausschließlichen Betrachtung des antiken Materials nicht in den Blick gekommen wären.[18] Ein vollständiger Forschungsüberblick war weder auf der Tagung noch in diesem Band angestrebt, sondern vielmehr eine Gesamtschau der aktuellen Forschungen und deren Vergleichbarkeit. Außerdem war ein erklärtes Ziel der Tagung, neue Fragen aufzuwerfen und zu weiterer Forschung anzuregen. Dieses Ziel wurde erreicht, wie aktuelle Arbeiten der Tagungsteilnehmer zeigen.[19]

Literatur

Audring, Gerd; Brodersen, Kai: OIKONOMIKA: Quellen zur Wirtschaftstheorie der griechischen Antike, Darmstadt 2008.

Boelcke, Willi A.: Die Kosten von Hitlers Krieg. Kriegsfinanzierung und finanzielles Kriegserbe in Deutschland 1933–1948, Paderborn 1985.

Burrer, Friedrich: Das DFG-Projekt „Antike Kriegskosten" und seine numismatischen Implikationen, Numismatisches Nachriftenblatt 57 (2008) 211–219.

Demandt, Alexander: Die Spätantike: Römische Geschichte von Diocletian bis Justinian; 284–565 n. Chr. (= Handbuch der Altertumswissenschaft III 6), München 1989.

Drexhage, Hans-Joachim u. a.: Die Wirtschaft des römischen Reiches (1.–3. Jahrhundert), Berlin 2002.

Ernst, Hildegard: Spanische Subsidien für den Kaiser 1631–1642, in: Konrad Repgen (Hg.): Krieg und Politik 1618–1648, München 1988, 299–302.

Gabrielsen, Vincent; Lund, John (Hgg.): The Black Sea in Antiquity: Regional and Interregional Economic Exchanges between the Black Sea and the Mediterranean, Aarhus 2007.

Goetz, Walter: Die Kriegskosten Bayerns und der Ligastände im 30-jährigen Krieg, in: Forschungen zur Geschichte Bayerns 12 (1904) 109–125.

Klüßendorf, Niklot: „Kleine" Methoden der Kriegsfinanzierung im 1. Koalitionskrieg (1792–1797), in: Anzeiger des Germanischen Nationalmuseums (2008) (im Druck).

Lanter, Max: Die Finanzierung des Krieges. Quellen, Methoden und Lösungen seit dem Mittelalter bis Ende des 2. Weltkrieges 1939–1945, Luzern 1950.

Lenz, Rudolf: Kosten und Finanzierung des deutsch-französischen Krieges 1870–1871. Dargestellt am Beispiel Württembergs, Badens und Bayerns, Boppart 1970.

Lundkvist, Sven: Svensk Krigsfinansiering 1630–1635, in: Historisk Tidskrift 86 (1966) 377–417.

Kapser, Cordula: Die bayerische Kriegsorganisation in der zweiten Hälfte des Dreißigjährigen Krieges 1635–1648/49, Münster 1997.

Klare, Michael T.: Blood and Oil: The Dangers and Consequences of America's Growing Petroleum Dependency, New York 2004.

Knauss, Robert: Die deutsche, englische und französische Kriegsfinanzierung, Berlin – Leipzig 1923.

Krüger, Kersten: Dänische und schwedische Kriegsfinanzierung im Dreißigjährigen Krieg bis 1635, in: Konrad Repgen (Hg.): Krieg und Politik 1618–1648, München 1988, 275–298.

Müller, Holger: Alpenstraßen der Antike. Über die militärische und wirtschaftliche Bedeutung der Alpenpässe zur Zeit der römischen Republik, in: Verkehrsgeschichte – Histoire des transports. Schweizer Gesellschaft für Wirtschafts- und Sozialgeschichte – Société Suisse d'histoire économique et sociale, Band 24, Zürich 2009 (im Druck).

Müller, Holger: Tiere als Kostenfaktor in antiken Kriegen. in: R. Pöppinghege (Hg.): Tiere im Krieg, Paderborn 2008 (a) (im Druck).

Müller, Holger: Zur Erschließung antiker Kriegskosten, in: Laverna (in Vorbereitung, Manuskriptabgabe Juli 2008 [c]).

Nadig, Peter: Sonderzahlungen an Soldaten – nur Dank oder Motivationshilfe? (in Vorbereitung).

Nordhaus, William D.: The Economics of a War with Iraq; Cowles Foundation for Research in Economic, Yale University, Discussion Paper No. 1387, December 2002

Salm, Hubert: Armeefinanzierung im Dreißigjährigen Krieg. Der Niederrheinisch-Westfälische Reichskreis 1635–1650, Münster 1990.

Schwarz, Urs: Die schweizerische Kriegsfinanzierung 1939–1945 und ihre Ausstrahlungen in der Nachkriegszeit, Winterthur 1953.

Tracy, James D.: Emperor Charles V, Impresario of War, Campaign Strategy, International Finance, and Domestic Politics, Cambridge 2002.

Tresp, Uwe: Die „Quelle der Kriegsmacht": Böhmen als spätmittelalterlicher Söldnermarkt, in: C. Jansen u.a. (Hgg.): Die Rückkehr der Condottieri? Das Problem der Privatisierung von Kriegen, Paderborn 2008 (im Druck).

Zunckel, Julia: Rüstungsgeschäfte im Dreißigjährigen Krieg. Unternehmerkräfte, Militärgüter und Marktstrategien im Handel zwischen Genua, Amsterdam und Hamburg, Berlin 1997.

Eine umfangreiche Literaturliste zu den Bereichen „Antike Militärgeschichte" und „Antike Wirtschaftsgeschichte" findet sich unter URL: http://www.uni-erfurt.de/kriegskosten/literatur/literatur.htm

Anmerkungen

[1] Informationen zum Projekt und zur Tagung siehe URL: http://www.uni-erfurt.de/kriegskosten/ (Stand: 01.06.2008). Das Projekt war ursprünglich in Mannheim angesiedelt und wechselte zum 01.07.2008 an die Universität Erfurt.

[2] Nach Drexhage (2002), 52; 213 wandte das römische Reich im 1. Jahrhundert n. Chr. ungefähr 75% seiner Staatsausgaben für das Militär auf. Diese Größenordnung hat sich bis in die Spätantike nicht geändert (dazu Demandt (1989) 285; 605).

[3] Demandt (1989) 605.

[4] Der deutsche Verteidigungsetat für 2008 beträgt 29,5 Mrd. Euro. Dies entspricht 10,41 % des Gesamtetats von 283,2 Mrd. Euro (Quelle: Bundesministerium der Verteidigung und Bundesministerium der Finanzen).

[5] Das gilt zum Beispiel für die deutsche Rüstung im Zweiten Weltkrieg (vergleiche Boelcke [1985]).

[6] Vergleiche zum Beispiel Nordhaus (2002).

[7] Dass auch moderne Kriege aufgrund handfester ökonomischer Gründe geführt werden, rufen insbesondere die beiden Irakkriege ins Bewusstsein. Vergleiche zum Beispiel Klare (2004).

[8] Lanter (1950).

[9] Zum Beispiel Boelcke (1985); Ernst (1988); Götz (1904); Kapser (1997); Krauss (1923); Krüger (1988); Lenz (1970); Lundkvist (1966); Salm (1990); Schwarz (1953); Tracy (2002); Zunckel (1997). Weitere Literatur findet sich in den Beiträgen von Niklot Klüßendorf (S. 210 ff.) und Uwe Tresp (S. 193 ff.).

[10] Siehe Anmerkung 2.

[11] Homepage: http://www.uni-erfurt.de/kriegskosten/datenbank/datenbank.htm (Stand: 1. Juni 2008). Es ist zu beachten, dass Quellen gesammelt wurden, die sich auf diesen Zeitraum beziehen und nicht notwendigerweise auch aus diesem stammen müssen. In Ausnahmefällen, vor allem aus Gründen der Vergleichbarkeit, wurden aber auch Informationen vor und nach dem genannten Zeitraum in der Datenbank aufgenommen.

[12] In der Projektdatenbank können einige Zitate unter mehrere Kategorien fallen und sind daher auch mehrfach aufgeführt. Für dieses Diagramm würde die Anzahl der Datensätze keine sinnvolle Auswertung ermöglichen. Vielmehr wird hier jedes Zitat nur einfach gezählt.

[13] Natürlich müsste man hierzu eine Vergleichsgröße schaffen. Zum Beispiel könnte man die Anzahl relevanter Zitate in Abhängigkeit zu den überlieferten Zeichen, Worten oder auch Normseiten setzen. Mit Hilfe moderner Textdatenbanken ließe sich dies relativ leicht bewältigen. Eine Anfrage bei den Betreibern der Datenbanken „Library of Latin Texts" und „Thesaurus Linguae Graecae (TLG)" wurde bislang noch nicht beantwortet.

[14] Vergleiche zum Beispiel Strabon II 5, 8 und IV 5, 3 zur Frage der Eroberung Britanniens.

[15] Diesen Gedanken findet man schon bei Aristophanes: In seiner Komödie Lysistrate (411 v. Chr.) besetzen die Frauen die Akropolis, um die Staatsgelder für friedliche Zwecke umzuwidmen: *„Nur in Sicherheit brächten wir gern das Geld, nicht verführen soll es euch zum Kriege!"* (Lysistrate 488, übers. von Ludwig Seeger)

[16] Bedauerlicherweise konnte der Beitrag von Philip de Souza den Herausgebern nicht fristgerecht eingereicht werden.

[17] Der Beitrag von Angelos Chaniotis wird in einem der künftigen Hefte der Zeitschrift Mnemosyne erscheinen.

[18] Siehe hierzu die Beiträge von Jutta Nowosadtko (S. 281 ff.), Niklot Klüßendorf (S. 210 ff.) und Uwe Tresp (S. 193 ff.).

[19] Siehe u. a. Audring/Brodersen (2008); Burrer (2008); Gabrielsen/Lund (2007); Klüßendorf (2008); Müller (2008 a; 2008 b; 2009); Nadig (2008); Tresp (2008).

KLAUS MEISTER

Die finanzielle Ausgangssituation Athens zu Beginn des Peloponnesischen Krieges

1. Die Singularität der vorliegenden Quellenstelle Thuk. II 13

Es handelt sich meines Wissens um die einzige Stelle in der griechischen, ja in der antiken Literatur überhaupt, an der sich äußerst detaillierte und genau aufgeschlüsselte Hinweise über die Finanzlage einer Großmacht zu Beginn eines Krieges finden. Diese Angaben stehen im Einklang mit dem sonstigen Bestreben des Thukydides, die Entstehung von Staatswesen, die Entwicklung von Großmächten oder das Aufkommen von Tyrannenherrschaften mit dem Vorhandensein beziehungsweise der Beschaffung von bedeutenden finanziellen Mitteln zu erklären.[1] Nicht zuletzt diese Berücksichtigung wirtschaftlicher und finanzieller Faktoren begründet seine Ausnahmestellung als Historiker.

2. Die finanzielle Überlegenheit Athens gegenüber Sparta

In einer Rede vor der Volksversammlung bemerkt der Spartanerkönig Archidamos (Thuk. I 80, 4) zur finanziellen Situation Spartas vor Beginn des Peloponnesischen Krieges:

„Wie sollte man gegen die Athener leichthin den Krieg aufnehmen und im Vertrauen worauf ungerüstet losschlagen? Etwa auf die Schiffe? Hier sind wir schwächer, und wenn wir uns darin üben und Gegenrüstungen treffen, vergeht Zeit. Oder auf das Geld? Aber daran mangelt es uns noch mehr und wir haben keines, weder in der Staatskasse, noch bekommen wir es leicht aus privaten Mitteln."

Kurz danach heißt es (Thuk. I 81, 4):

„Wenn wir nicht zur See siegen oder den Athenern die Einkünfte wegnehmen, aus denen sie ihre Flotte erhalten, dann kommen wir nur zu Schaden."

In derselben Rede (Thuk. I 83, 2) erwähnt er nochmals ausdrücklich die große Finanzkraft der Athener:

„Denn auch sie haben nicht weniger Verbündete, die ihnen Geld zahlen, und der Krieg ist nicht so sehr eine Sache der Waffen als der Finanzen, durch welche die Waffen erst Nutzen bringen, zumal Festlands- gegenüber Meeresbewohnern. Diese wollen wir also zuerst beschaffen, und uns nicht vorher durch die Reden der Verbündeten anstiften lassen; und da wir es sind, die für den Ausgang im einen wie im *anderen Falle die höhere Verantwortung tragen, wollen wir dies entsprechend in Ruhe vorausbedenken."*

Archidamos hebt somit die finanzielle Unterlegenheit Spartas gegenüber Athen hervor, ohne jedoch ein Wort darüber zu sagen, wie die Mittel bereitgestellt werden könnten.

Auch die Korinther erwähnen in einer Rede vor der spartanischen Bundesversammlung (Thuk. I 121, 2) die Unterlegenheit der Spartaner auf finanziellem Gebiet, machen jedoch konkrete Vorschläge zur Beschaffung von Geld:

„Aus vielen Gründen ist es wahrscheinlich, dass wir siegen: erstens sind wir den Athenern an Menschenmenge und Kriegserfahrung überlegen, sodann sind wir alle gewohnt, den Befehlen nachzukommen; eine Flotte, durch die sie stark sind, werden wir aufbauen mit dem Vermögen, das jedem Privatmann zur Verfügung steht, sowie mit den Schätzen in Delphi und Olympia; denn wir werden, indem wir Anleihen aufnehmen, dazu fähig sein, durch höheren Sold ihr angeworbenes Schiffsvolk abspenstig zu machen. Gekauft ist nämlich die Macht der Athener in höherem Maße als ihnen von Hause aus eigen; der unsrigen dürfte dies weniger widerfahren, da sie weit mehr auf den Menschen als auf dem Geld beruht."

Gerade in diesen teilweise unrealistischen Vorschlägen, (a) die Weihgeschenke in Delphi und Olympia zur Finanzierung des Krieges einzuschmelzen, (b) große Kriegsanleihen aufzunehmen und (c) die Schiffsmannschaften der Athener durch Bestechung zu gewinnen, wird die Geldnot der Spartaner besonders deutlich.

3. Die finanziellen Ressourcen und jährlichen Einkünfte der Athener (Thuk. II 13)

Mit Recht bemerkt A. W. Gomme zu diesem Passus:

„Thucydides' account of Athens' financial resources, income and capital reserve, has been subject of much recent study, carried out with great ingenuity and thoroughness."[2]

In der Tat haben zahlreiche Forscher bis in die jüngste Gegenwart sich mit diesem Passus befasst und sind zu ganz unterschiedlichen Deutungen und Bewertungen gekommen. Gerade im Zusammenhang mit diesem Thema ist es unumgänglich, auf die damit verbundenen Probleme, besonders die strittigen Zahlenangaben, ihre Glaubwürdigkeit und Beurteilung einzugehen.

Zunächst soll der Passus insgesamt in einer möglichst wörtlichen Übersetzung vorgelegt werden:

„Perikles riet auch den Athenern bezüglich der gegenwärtigen Lage dasselbe wie schon früher: Sie sollten sich zum Kriege bereit machen und den Besitz von den Feldern in Sicherheit bringen, nicht zur Schlacht ausrücken, sondern in die Stadt

zurückgehen und sie bewachen; die Flotte, auf der ihre Macht beruhe, instandsetzen und die Angelegenheiten der Verbündeten in der Hand behalten; denn darauf, so sagte er, beruhe ihre Stärke, und das meiste werde im Krieg durch Einsicht und Geldreserven entschieden.

Er hieß sie, guten Mutes zu sein, da der Stadt an Tribut (= Phoros) der Verbündeten meistens 600 Talente im Jahr eingingen, ohne das übrige Einkommen, und da auf der Akropolis damals noch 6000 Talente gemünzten Silbers lagen (der Höchststand hatte 10.000 minus 300 Talente betragen, wovon jedoch für die Propyläen der Akropolis und die anderen Bauwerke und Poteidaia ausgegeben worden war); außerdem an ungemünztem Gold und Silber in Weihgeschenken, privaten und öffentlichen, und was an heiligen Geräten für die Festzüge und die Wettkämpfe und an Beute von den Persern und sonst dergleichen vorhanden war, mindestens 500 Talente. Außerdem fügte er die nicht geringen Schätze aus den anderen Heiligtümern hinzu, die sie verwenden würden, und wenn sie sich in äußerster Not befänden, auch das Gold, womit die Göttin selbst bekleidet war; er legte ihnen dar, dass das Standbild ein Gewicht von 40 Talenten reinen Goldes hatte, alles abnehmbar. Wenn sie dies zu ihrer Rettung verwendeten, sagte er, sei es nötig, später Ersatz von nicht geringerem Wert zu leisten.

Hinsichtlich des Geldes ermutigte er sie also auf diese Weise."

4. Die Interpretation und Glaubwürdigkeit der verschiedenen Summen und Posten (nach Wiederherstellung des ursprünglichen Thukydidestextes)

(a) Jährlicher Phoros der Bundesgenossen: 600 Talente

Die Gesamtsumme von 600 Talenten wird durch Plutarch (Plut. Aristeides 24) bestätigt, der Thukydides zitiert:

"Die Summe, die Aristeides festgesetzt hatte, belief sich zunächst auf 460 Talente. Ihr fügte Perikles beinahe ein Drittel hinzu, denn 600 Talente, so sagt Thukydides, flossen bei Beginn des Krieges den Athenern von den Bundesgenossen zu."

Unzutreffend ist jedoch die Angabe, dass Perikles den Phoros von 460 auf 600 Talente anhob. Der Phoros der Bundesgenossen im engeren Sinne betrug nämlich nie 600 Talente, sondern lag damals durchschnittlich bei etwa 400 Talenten pro Jahr. Phoros meint daher in diesem Zusammenhang nicht nur den eigentlichen Tribut, dessen sechzigster Teil seit 454/53 auf den Tributquotenlisten verzeichnet ist, sondern bezieht sich auf die gesamten Zahlungen seitens der Bundesgenossen.

Die zusätzliche Summe von etwa 200 Talenten ergibt sich folgendermaßen:

- In Thuk. VII 57, 4 zählt Thukydides die Insel Samos zu den φόρου ὑποτελεῖς = Tributpflichtigen. Samos zahlte jedoch niemals Tribut im strengen Sinne, weshalb sein Name nicht auf den Tributlisten erscheint.
- Aus dem Kleonymosdekret (IG I³ 68) geht hervor, dass Thera und andere Städte in derselben Kategorie wie Samos 426/25 Geldzahlungen an Athen leisteten.
- In Thuk. IV 108, 1 betont Thukydides, dass Amphipolis für Athen „*wertvoll war wegen der Lieferung von Schiffbauholz und der Zahlung von Geldern.*"

Auch Amphipolis entrichtete keinen Phoros im eigentlichen Sinne, dies galt auch für Eion an der Strymonmündung. Andere Städte wie Sestos, die einen niedrigen Phoros bezahlten, führten wahrscheinlich als Schiffsstationen zusätzlich gewisse Beträge direkt an die athenischen Streitkräfte ab. Schließlich sind erhebliche Summen, die nach der Niederschlagung des Abfalls Verbündeter an Athen zu entrichten waren (wie beispielsweise im Falle von Lesbos 427 v. Chr.), in Rechnung zu stellen.

Nimmt man all dies zusammen, so leuchtet ein, dass zu dem regulären Phoros von 400 Talenten jährlich noch ca. 200 Talente von den Bundesgenossen kamen. Entsprechend dürfte die von Thukydides genannte Summe von 600 Talenten pro Jahr zutreffen.

(b) Das übrige Einkommen

Thukydides betont, dass sich die 600 Talente von den Bundesgenossen „ohne die übrigen Einkünfte" verstünden. Damit meint er offensichtlich das interne Einkommen Athens, das sich unter anderem aus Steuern wie Fremden-, Metöken-, Sklaven-, Luxus-, Dirnensteuer und Hafengebühren ergab.

In einer Rede bei Xenophon (Xen. Anab. VII 1, 27) findet sich die Angabe, dass die Athener zu Beginn des Peloponnesischen Krieges „*ein Einkommen aus einheimischen Quellen und aus dem Ausland von jährlich nicht weniger als 1000 Talenten hatten*" (προσόδου οὔσης κατ' ἐνιαυτὸν ἀπό τε τῶν ἐνδήμων καὶ τῆς ὑπερορίας οὐ μεῖον χιλίων ταλάντων). Demnach beliefen sich die inneren Einkünfte auf ca. 400 Talente.

Dass das innere Einkommen, wie die Verfasser der ATL³ meinen, nicht für Kriegszwecke, sondern nur für Feste, Spiele, Umzüge, Theateraufführungen und dergleichen Verwendung fand, ist eine ganz unbewiesene Behauptung. Da Thukydides „die übrigen Einkünfte" im Zusammenhang mit den Kriegsressourcen Athens erwähnt, darf man vielmehr annehmen, dass auch diese zu dessen Finanzierung herangezogen werden konnten.

(c) Finanzreserve in Höhe von 6000 Talente gemünzten Silbers zu Beginn des Krieges auf der athenischen Akropolis bei einem Höchststand von 10.000 – 300 = 9700 Talenten, „*wovon jedoch für die Propyläen der Akropolis, die anderen Bauwerke und Poteidaia verwendet wurde.*"

Als Alternative findet sich in den antiken Quellen wie auch in der modernen Forschung die Version, dass sich stets 6000 Talente in der Staatskasse befanden, von denen damals, also 431, noch 5700 Talente übrig waren; nach dieser Version wurden die Propyläen, die anderen Bauten und der Feldzug gegen Poteidaia durch Sonderausgaben finanziert.

Diese Angaben sind noch immer heftig umstritten. Hierbei ist jedoch zu betonen, dass sich die Höhe der Finanzreserven im Jahr 431 bei beiden Lesarten nicht grundlegend ändert: Nach der ersten Version standen 6000 Talente, nach der zweiten 5700 als finanzielle Reserve für den Krieg zur Verfügung.

Dennoch erscheint es mir angebracht, die beiden Versionen näher zu betrachten und nach Möglichkeit die ursprüngliche Lesart wiederherzustellen. Der überlieferte Thukydidestext variiert nämlich in mehrfacher Hinsicht:

- Während sich in den Manuskripten des Thukydides als Höchstsumme der Talente die Zahl μύρια = Zehntausend findet, ist in den Scholien zu Aristophanes, Plutos, Vers 1193 von ἑξακισχίλια = 6000 die Rede.
- Zu ἔτι τότε = damals noch (bezogen auf die damals noch vorhandene Summe von 6000 Talenten), findet sich die Variante ἀεί ποτε = immerfort, welche eine stets gleichbleibende Höchstsumme von ca. 6000 Talenten impliziert.
- Schließlich ist in den Manuskripten teils ἀπανηλώθη, teils ἐπανηλώθη zu lesen: Das erste Verb bedeutet: „Es wurde ausgegeben", das zweite „es wurde zusätzlich ausgegeben".

Je nachdem, welche Lesarten man bevorzugt, ergibt sich ein ganz unterschiedlicher Sinn, den ich zum besseren Verständnis der komplizierten Materie nochmals hervorheben möchte.

- Nach der ersten Version, vertreten zum Beispiel von den Verfassern der ATL[4] und P. J. Rhodes[5], waren ἀεί ποτε = das heißt immerfort 6000 Talente vorhanden, während der zweite Teil des Satzes bedeuten würde: „*The greater part of this, actually 5700 talents, was in fact still here.*" Die Propyläen der Akropolis, die anderen Bauten und der Feldzug gegen Poteidaia aber wurden durch Sonderausgaben finanziert.
- Nach der zweiten Version, die von den meisten Forschern akzeptiert wird, standen damals (τότε), also im Jahr 431 v. Chr., 6000 Talente zur Verfügung, der Höchststand aber betrug 10.000 – 300 = 9700 Talente. Von diesen 9700 Talenten wurden jedoch die Propyläen, die sonstigen Bauten und der Feldzug

gegen Poteidaia finanziert, das heißt hierfür wurden insgesamt 3700 Talente ausgegeben.

Zu den beiden Versionen: Die erste ist schon rein sprachlich schwerlich haltbar. Dazu Gomme: „τὰ πλεῖστα τριακοσίων ἀποδέοντα *is a meaningless phrase.*"[6] In der Erkenntnis der Richtigkeit dieser Aussage hat Rhodes[7] einen schwerwiegenden Eingriff in den Text vorgenommen, um ein lesbares Griechisch zu erzielen – bekanntlich immer ein höchst fragwürdiges Unterfangen. Sprachlich ist diese Version auch deshalb abzulehnen, weil in allen Thukydideshandschriften die Zahl 10.000 überliefert ist, während sich die Lesart 6000 nur in den Thukydidesscholien findet.

Sachlich gesehen stützt sich diese Interpretation auf zwei Primärdokumente, deren Inhalt und Aussage äußerst problematisch sind:
1. Das sogenannte Papyrusdekret beziehungsweise Anonymus Argentinensis[8] aus der Zeit um 100 n. Chr., das einen höchst fragmentarischen Kommentar zu Demosthenes XXII enthält.
2. Das Finanzdekret (A und B) des Kallias aus dem Jahr 434/33.[9]

Zu diesen Dokumenten bemerkt Gomme: *„But the restoration, the interpretation, and the value of this torn piece of papyrus are all alike doubtful; and the interpretation of the relevant clause in Kallias' decree is by no means certain."*[10]

Während sich somit diese Version stilistisch wie sachlich als unhaltbar erweist, spricht alles für die Richtigkeit der zweiten Version: Höchststand 9700 Talente, von denen 431 noch 6000 übrig waren. Die Reduzierung um 3700 Talente ergab sich nach Thukydides durch Ausgaben für die Propyläen, die übrigen Bauwerke sowie den Feldzug gegen Poteidaia (bis 431). Leider sind die Aufwendungen hierfür im Einzelnen nicht zu verifizieren, doch dürfte die Gesamtsumme von ca. 3700 Talenten in etwa zutreffen: Was die Propyläen angeht, so findet sich bei dem Periegeten Heliodoros (2. Jahrhundert n. Chr.) die Notiz, dass sie allein 2012 Talente verschlungen hätten (FGrHist 373 F 1). D. Lewis bemerkt dazu mit Recht: *„Expensas Propylaeorum 2000 T. fuisse nemo nunc credit."*[11] Denkbar ist dagegen, dass sich die Gesamtkosten der Bauten auf diese Summe beliefen, wobei man dem Wortlaut des Thukydides nach auch die Tempel außerhalb der Akropolis einbeziehen könnte, zum Beispiel den Hephaistostempel auf der Agora, den Poseidontempel von Kap Sunion oder das Demeterheiligtum in Eleusis. Alle diese Bauten müssen in der Tat beträchtliche Summen verschlungen haben. Hinzu kommen die Kosten für die Belagerung von Poteidaia bis 431; immerhin kennt man die Gesamtkosten von 2000 Talenten bis zur Eroberung der Stadt im Jahr 429 v. Chr. (so Thuk. II 70). Alle diese Ausgaben zusammengenommen mögen in der Tat ungefähr 3700 Talente ausmachen. Demnach ist die zweite Lesart auch sachlich weit glaubwürdiger und begründeter als die erste, die allein auf unsicheren Konjekturen, Kombinationen und Interpretationen beruht.

(d) Perikles beziffert bei Thukydides den Wert ungemünztem Goldes und Silbers von öffentlichen und privaten Weihgeschenken sowie von heiligen Geräten für Umzüge und Wettkämpfe, außerdem die Perserbeute und ähnliches auf mindestens 500 Talente.

Dazu bemerkt Hornblower mit Recht: *„We have no idea where Thucydides or Pericles got this figure from."*[12] Es dürfte sich um eine grobe Schätzung handeln, und es sei dahingestellt, ob sie in etwa das Richtige trifft.

(e) In der Kategorie Weihgeschenke und so weiter findet die Gold-Elfenbein-Statue des Pheidias besondere Erwähnung. Perikles weist darauf hin, dass das hierfür verwendete Gold 40 Talente = ca. 1050 kg – ein Talent entspricht 26,198 kg – wog, was bei der damaligen Relation Silber-Gold von 14:1 allein ca. 560 Silbertalente ausmacht.

Der Attidograph Philochoros (FGrHist 328 F 121) nennt wohl mit Recht sogar ein um vier Talente höheres Gewicht von 44 Gold- = 616 Silbertalenten, während Diodor (XII 40, 3) übertreibend von 50 Gold- = 700 Silbertalenten spricht.

Am Ende der Kategorie 4 beziehungsweise 5 betont Perikles schließlich, dass die öffentlichen Weihungen und Gegenstände in den Tempeln, falls sie für die Kriegsfinanzierung verwendet würden, im gleichen Wert zurückerstattet werden müssten. Es würde sich demnach lediglich um Anleihen bei den Göttinnen und Göttern handeln, die später zurückzuzahlen sind.

Die Ausführungen des Thukydides über die Finanzkraft Athens enden mit den Worten: *„Hinsichtlich des Geldes ermutigte er (Perikles) sie also auf diese Weise."*

(5) Die kritische Beurteilung des von Perikles verbreiteten Optimismus

Dazu nur einige allgemeine Bemerkungen, die geeignet sind, gewisse Unsicherheiten beziehungsweise Schwachstellen in den Ausführungen des Perikles beziehungsweise Thukydides aufzudecken:
1. Perikles beziehungsweise Thukydides verbreiten ihre optimistische Einschätzung unter der Voraussetzung, dass man die von Perikles vorgeschlagene Strategie befolge, das heißt, dass das Landheer sich in die Stadt zurückziehe und unter allen Umständen eine offene Feldschlacht meide. Diese Strategie, die unter anderem beträchtliche Einsparungen von Soldzahlungen an die Hopliten mit sich brachte, wurde jedoch von den Nachfolgern des Perikles bald aufgegeben.
2. Perikles/Thukydides gehen offensichtlich davon aus, dass der bundesgenössische Tribut auch in Zukunft 600 Talente per annum betragen werde. Dass dies nach Ausbruch des Krieges durchaus nicht selbstverständlich war, wird in dieser Ermunterungsrede verständlicherweise verschwiegen.

3. Perikles/Thukydides stellen die Dinge so dar, dass praktisch das gesamte äußere und innere Einkommen Athens für den Krieg zur Verfügung stehe. Dies ist insofern unzutreffend, als beispielsweise die Diäten in Athen, das heißt die Tagegelder für politische Aktivitäten, weiterhin enorme Summen verschlangen.
4. Perikles/Thukydides verschweigen in diesem Zusammenhang absichtlich, dass auch Privatleute, etwa in der sogenannten Trierarchie, wie bereits in den vorangehenden Kriegen zu großen finanziellen Leistungen veranschlagt werden mussten.

Diese und andere Sachverhalte, wie etwa die Tatsache, dass bereits die Kosten der Belagerung von Poteidaia 431–429 in der Anfangsphase des Krieges die Kalkulation erheblich überstiegen, hatten zur Folge, dass die finanziellen Mittel Athens bald stark zurückgingen, und man sich schon wenige Jahre später zu drastischen Maßnahmen gezwungen sah, um die Kriegführung finanziell abzusichern, zum Beispiel die Einführung der Eisphora 428 (Thuk. III 19, 1), die enorme Erhöhung des Tributes in der sogenannten Kleonschatzung von 425/24 (Meiggs-Lewis GHI 69) oder den Erlass von *leges generales* wie zum Beispiel das Kleiniasdekret (Meiggs-Lewis GHI 46) – dessen Datierung in die Anfangsphase des Krieges allerdings nicht unumstritten ist – oder das Kleonymosdekret von 426/25 (Meiggs-Lewis GHI 68), die den regulären Eingang der bundesgenössischen Tribute sicherstellen sollten.[13]

Literatur

Brodersen, Kai: Historische griechische Inschriften in Übersetzung, 3 Bde., Darmstadt 1992–1999.
Gomme, Arnold W.: A Historical Commentary on Thucydides, Bd. 2, Oxford 1956.
Gomme, Arnold W.: Thucydides II 13, 3, in: Historia 2 (1953) 1–21.
Hornblower, Simon: A Commentary on Thucydides, 2 Bde., Oxford 1991–1996.
Meiggs, Russel; Lewis, David (Hgg.): A Selection of Greek Historical Inscriptions: to the End of the Fifth Century B. C., Oxford 1980.
McGregor, Malcom Francis; Meritt, Benjamin Dean; Wade-Gery, Henry Theodore: The Athenian Tribute Lists, 4 Bde., Princeton 1939–1953.
Meiggs, Russel: The Athenian Empire, Oxford 1972.
Rhodes, Peter John: Thucydides, History II, Warminster 1988.

Anmerkungen

[1] Vergleiche besonders Thuk. I 10–19.
[2] Gomme (1956) 16 f. Gommes Ausführungen basieren auf seinem Aufsatz: Thucydides II 13, 3 (siehe Gomme (1953)).
[3] McGregor/Meritt/Wade-Gery (1950) Bd. 3, 333.
[4] McGregor/Meritt/Wade-Gery (1950) Bd. 3, 118–131.
[5] Rhodes (1988) 194–196.
[6] Gomme (1956) 27.
[7] Rhodes (1988) 54.
[8] P. Graec. 84, cf. Meiggs (1972), 515 f.
[9] Cfr. IG I^3 52, Meiggs/Lewis (1980) 58, HGIÜ I, 92.
[10] Gomme (1956) 28.
[11] Kommentar zu IG I^3 466.
[12] Hornblower (1991), Bd. 1, 255.
[13] Über diese und andere Maßnahmen sowie die Entwicklung der athenischen Finanzen im Verlauf des gesamten Krieges vergleiche den Beitrag von Jürgen Malitz (S. 28 ff.).

JÜRGEN MALITZ

Der Preis des Krieges. Thukydides und die Finanzen Athens

I.

Auch wenn moderne Leser gerne Genaueres über viele Details der Kriegsfinanzierung in Thukydides' Werke lesen würden, so sind doch die Kosten des Peloponnesischen Krieges, die Notwendigkeit umfangreicher Einkünfte und solider Rücklagen ein wichtiges Element seiner Darstellung.[1] Selbst wenn er nicht die erhaltenen Inschriften zur Finanzgeschichte Athens zitiert, die moderne Althistoriker für ihre Untersuchungen nach Möglichkeit nutzen, so kann kein Zweifel daran bestehen, dass er sich mit den finanzpolitischen Problemen der Kriegführung Athens bestens auskannte; erst das Exil erschwerte seit 424 v. Chr. seine Nachforschungen.[2] Dass Thukydides diese Fragen thematisiert hat, ist aber nicht allein seinem scharfen Verstand zuzuschreiben, sondern auch dem Umstand, dass sich die führenden Politiker der athenischen Demokratie in der Epoche des Seebunds und des Peloponnesischen Krieges der Bedeutung des Geldes und der dauernden Einkünfte für die Vorherrschaft Athens völlig bewusst gewesen sind. Wenn entsprechende Überlegungen im Werk des Thukydides eine direkte und indirekte Rolle spielen, dann entspricht dies also zugleich der politischen Wirklichkeit des attischen Seebunds – außerdem verstand Thukydides, ein thrakischer Bergbaumillionär, viel von diesen Dingen.[3]

Dem Interesse von Perikles und seinen Beratern (wenn er denn welche brauchte), die athenischen Finanzdaten exakt zu erheben, lag die Erkenntnis zugrunde, dass die Herrschaft Athens im Seebund vollkommen abhängig war von erheblichen Einkünften und Reserven. Auf jeden Fall galt dies für die Epoche nach der Einführung des Soldes sowohl für Hopliten als auch für Matrosen, also vermutlich seit den 50er Jahren.[4] Der wichtigste, in der Überlieferung nie wirklich erklärte, sondern einfach vorausgesetzte – gelegentlich auch kritisierte – Kostenfaktor bei der Führung von Kriegen war seitdem die Besoldung der Truppen. Der Seebund war schon im Frieden eine teure Angelegenheit.[5] Er konnte nicht ohne die Flotte existieren, die Flotte benötigte Ruderer, und diese Ruderer standen zuverlässig nur dann zur Verfügung, wenn sie ausreichend bezahlt wurden.[6] Mit gewissen Einschränkungen galt die Notwendigkeit einer finanziellen „Grundversorgung" wohl auch für die Athener der Hoplitenschicht.[7]

Zu Beginn des Krieges informierte Perikles die Volksversammlung in einer von Thukydides ausführlich wiedergegebenen Rede über das Staatsvermögen und die enormen Rücklagen Athens.[8] Er vertrat die Meinung, bei vernünftigem Umgang mit diesem Geld sozusagen eine Garantie geben zu können für eine erfolgreiche Beendigung des Krieges. Perikles' präzise Angaben sind allerdings von einer täuschenden Selbstverständlichkeit. Die buchhalterische Präzision, mit der er Auskunft über die Reserven der

Stadt gab, war für die Politik der griechischen Staatenwelt des 5. Jahrhunderts etwas völlig Neues. Die Zahlen, über die Perikles sprach, waren vermutlich nur einem kleinen Kreis von Spezialisten bekannt. Er trug dem Demos etwas in dieser Genauigkeit relativ Unbekanntes vor, und er berichtete ja auch gerade deshalb darüber, weil er meinte, dem Demos Mut machen zu müssen.[9] Er war davon überzeugt, dass die finanziellen Reserven Athens für lange Zeit ausreichen würden. Fast an Hoffart grenzt seine in anderem Zusammenhang geäußerte Meinung, dass selbst der Großkönig mit seinem sprichwörtlichen Reichtum nicht in der Lage sein werde, Athens Politik zu behindern.[10] In seiner abschließenden Würdigung des Staatsmannes zum Todesjahr 429 v. Chr. hat Thukydides ihm dann allerdings die vorsichtigere Formulierung vom – siegreichen – „Überstehen" des Krieges in den Mund gelegt.[11]

II.

Wie sehr sich die griechische Welt nach dem Sieg über die Perser in wenigen Jahrzehnten finanzpolitisch verändert, sozusagen modernisiert hatte, macht ein Vergleich mit Herodot deutlich, dem Historiker der Perserkriege. Das Thema „Kriegskosten" ist im Vergleich mit Thukydides für Herodot – jedenfalls als direkt angesprochenes Thema – so gut wie irrelevant, und nicht nur deshalb, weil sich die Griechen gegenüber einem Aggressor zur Wehr setzten. Es gibt bei Herodot, freilich immer in einem anderen Kontext als dem der Finanzen und Kriegskosten, allenfalls einen Hinweis auf die Kosten der Expedition der Spartaner gegen Samos und auf die potentiell großen Aufwendungen des Ionischen Aufstandes; vergleichsweise direkt ist ein Hinweis auf die Kostenfrage bei der Belagerung von Naxos durch die Perser.[12] Große Summen erwähnt Herodot vor allem im Zusammenhang mit dem Großkönig und seinem Reich.[13] Die Einkünfte der Thasier aus dem Bergbau Thrakiens werden auch einmal genannt – im Peloponnesischen Krieg füllten diese Erträge die athenische Kriegskasse.[14]

Die Motive von „Kriegskosten" und „Truppenbesoldung" findet man auch deshalb nicht bei Herodot, weil die archaische Welt noch keine Besoldung der Hopliten kannte, geschweige denn die großzügige Bezahlung von Ruderern im späteren athenischen Stil. Bei der Abwehr der Perser waren Finanzierungsfragen unerheblich; höchstens die Versorgung der Flotte mit Schlachtvieh wird einmal erwähnt.[15] Dass die Truppen des Großkönigs keinen komfortablen Sold bekamen, sondern bestenfalls Kost und Logis, versteht sich von selbst. Auch in den einschlägigen Abschnitten Herodots zur archaischen Geschichte der Griechen wird nicht erkennbar, dass Rücklagen für eine von den Truppen erwartete Besoldung benötigt wurden; nicht zu vergessen ist hier allerdings eine spätere Beuteverteilung anstelle der Besoldung. Die wenigen Zeugnisse, die gelegentlich als Hinweise auf frühe Formen der Truppenbesoldung verstanden werden, sind zu vage, um als entscheidendes Argument für eine frühe Einrichtung der Truppenbesoldung schon im archaischen Griechenland überzeugen zu können.[16]

Es ist eine strittige Frage, wie sehr man Herodots Werk einen Subtext unterlegen kann, der Probleme seiner eigenen Zeit kommentiert; Herodot, der Thurier, lebte ja bis in die Anfangsjahre des Peloponnesischen Krieges.[17] Gerade ihm verdanken wir den Hinweis auf eine bedeutende Initiative des Themistokles, die viel von dem vorwegnimmt, was in der zweiten Hälfte des 5. Jahrhunderts für Athen von zentraler Bedeutung werden sollte. Im Unterschied zur gängigen archaischen Praxis wurde im Jahre 483 ein Überschuss der Einkünfte Athens aus dem Silberbergbau nicht gleichmäßig auf die Bevölkerung verteilt, sondern es gelang Themistokles, die Volksversammlung davon zu überzeugen, dieses Geld für den Bau einer modernen Flotte von Trieren für den drohenden Krieg gegen Aigina aufzuwenden.[18] Diese Flotte war damals lebenswichtig für Athen, und ohne den Einsatz erheblicher Mittel nicht zu bekommen. Der Bau einer Triere kostete etwa ein Talent; gebaut wurden damals vielleicht 100 Schiffe.[19] Athen wurde mit einem Schlag zu einer griechischen Seemacht ersten Ranges. Die Matrosen dieser ersten athenischen Flotte, soweit sie überhaupt freien Standes waren, bekamen aber keinen Sold im Stil des späteren Seebunds, sowenig wie die Ruderer auf den Schiffen Aiginas.

Bei der Schaffung des Seebunds im Jahre 478 v. Chr. hatten die Athener von vornherein Wert auf die Konzeption des Phoros gelegt; dieses Geld würde es erlauben, mehr Truppen zu unterhalten als jeder einzelne andere Gegner, bis hin zur Finanzierung von kostspieligen Belagerungen. Im Laufe der Entwicklung des Seebunds zu einem Herrschaftsinstrument gelang es Athen, seiner Herrschaft eine Finanzgrundlage zu geben, die die Möglichkeiten aller griechischen Konkurrenten deutlich überstieg.[20] Nicht vorhersehbare „Unkosten" waren allein die gelegentlichen Aufstandsversuche von Bündnern. Athen hat in den Jahrzehnten bis zum Beginn des Peloponnesischen Krieges, nicht nur jährliche Einkünfte von ca. 460 Talenten aus Tributen bezogen, sondern konnte aufgrund vieler anderer sprudelnder Geldquellen, darunter sicher auch unerwartet glückliche Beutezüge, die für griechische Verhältnisse ungeheure Reserve von 10.000 Talenten ansammeln.[21] Diese Summe war das Ergebnis von 50 Jahren Herrschaft, und schon deshalb einmalig; bloß die jährlichen Einkünfte würden nicht ausreichen für die beabsichtigte Kriegführung. Erst diese Reserve erlaubte längerfristige Planungen für eine Seekriegführung mit einer Flotte von mehr als 200 Schiffen, bemannt mit Matrosen, die einen täglichen Sold für selbstverständlich hielten, der deutlich über die Kosten der bloßen Verpflegung hinausging.[22]

Sparta galt dagegen immer als Land mit beschränkten finanziellen Ressourcen.[23] Die Grundlagen der spartanischen Kriegsfinanzierung sind weitgehend unklar; solche Überlegungen werden bei dem größeren Teil der spartanischen Elite wohl auch als „unspartanisch" gegolten haben. Epigraphisch bezeugte Beiträge für die Kriegskasse des Peloponnesischen Bundes sind ausgesprochen bescheiden.[24] Der Unterhalt der spartanischen Hopliten war durch die Arbeit der Heloten gesichert; es ist nicht klar, ob „Sold" im Stil Athens bei der Planung der spartanischen Hoplitenfeldzüge überhaupt eine Rolle spielte. Archidamos' Expeditionen nach Attika müssten eigentlich wesentlich kostengünstiger gewesen sein als vergleichbare athenische Unternehmungen.[25] Eine eigene spartanische Flotte gab es nicht – selbst wenn man sie gewollt hätte, hätte man sie vorerst auch nicht bezahlen können. Wer seine Ruderdienste gegen Sold anbot, dachte damals an Korinth oder an Athen. Die Planungen für eine spartanische Flotte gleich zu Beginn des Krieges sind unklar.[26]

Das heißt aber nicht, dass es nicht auch in Sparta Männer gab, die über den Faktor „Geld" für eine erfolgreiche Kriegführung gegen Athen sehr genau nachgedacht hatten. Unter der Voraussetzung, dass König Archidamos im Jahre 432 tatsächlich so gesprochen hat, wie wir es bei Thukydides lesen, waren ihm, im Unterschied zu den meisten seiner spartanischen Standesgenossen, die finanziellen Grundlagen der athenischen Kriegspolitik vollkommen klar, und er hat seine Hörer mit allem Nachdruck darauf aufmerksam gemacht.[27] Die Rede hat beinahe seherische Qualitäten. Es liegt natürlich nahe, in diesem Text bloß eine literarisch gestaltete Warner-Rede zu sehen.[28] Für die Historizität von Archidamos' Einsichten in die unendliche finanzielle Überlegenheit Athens und die sich daraus ergebenden strategischen Konsequenzen spricht allerdings Thukydides' Einführung des Sprechers als eines der intelligentesten Männer seiner Zeit.[29] Erste Erfahrungen mit den finanziellen Möglichkeiten des Perserkönigs hatte Sparta bereits in den Jahren des Ersten Peloponnesischen Krieges machen können.[30] Archidamos hatte deshalb keine Scheu, von den „Barbaren" als möglichen Helfern zu sprechen, selbst wenn ihm damals noch nicht klar gewesen sein sollte, wie hoch der Preis sein würde, den der Großkönig für seine Hilfe verlangen würde – die Rückkehr der Griechen Kleinasiens in sein Reich. Es versteht sich, dass seine Brillanz an der Alltäglichkeit der Kollegen zuschanden ging. Der die Abstimmung leitende Sthenelaidas macht kurzen Prozess mit Archidamos' Warnungen: *„Andere haben viel Geld, Schiffe, Rosse, wir haben tüchtige Bundesgenossen, die wir nicht den Athenern ausliefern dürfen."*[31] „Sold" spielt hier offensichtlich keine Rolle. Viel spricht dafür, dass die Spartaner ohne umfangreiche Kostenberechnungen in den Krieg gezogen sind; schon zwei Jahre später wurden die ersten Gesandten zum Großkönig geschickt.[32] Am Ende sollten sich Archidamos' Gedanken durchsetzen. Die „Barbaren" würden helfen, und Sparta, die traditionelle Landmacht, würde mit Lysander den besten Admiral aller kriegführenden Parteien stellen.

Wir wissen zu wenig über die anderen Mächte außer Sparta, um etwas Substantielles über deren finanzielle Möglichkeiten sagen zu können. Korinth und Korkyra, die auch über relativ viele Schiffe verfügten, galten als reich. Korkyra hat seine Flottensoldaten nicht besoldet, und die meisten der bei Beginn des Krieges eingesetzten Matrosen waren Sklaven.[33] Die Korinther denken schon bei Kriegsbeginn an „Anleihen" bei den Tempelschätzen von Delphi und Olympia.[34] Weder Korkyra noch Korinth stellten für Athen eine wirkliche Bedrohung dar, einmal ganz abgesehen von der unendlichen technischen Überlegenheit der athenischen Ruderer und Kapitäne. Syrakus, von der Größe her durchaus vergleichbar mit Athen, sollte später schon der Verlust von 2000 Talenten an den Rand der Niederlage bringen.[35] Je klarer den einzelnen Gegnern Athens die Schwäche ihrer jeweiligen Ausgangsposition war, desto näher lag eigentlich der Gedanke an persische Subsidien; bei vielen dürfte es aber in den ersten Kriegsjahren eine Art Denkverbot gegeben haben.

III.

Die Summen, von denen Perikles voller Selbstbewusstsein spricht, waren nach zeitgenössischem Verständnis so gewaltig, dass auch Thukydides meinte, dass sie – bei sorgfältiger Planung – die Grundlage für eine aussichtsreiche Strategie bei der Eröffnung des Krieges sein konnten. Er hat selbst nach der bedingungslosen Kapitulation Athens im Jahr 404 mit der Intensität eines Eiferers daran festgehalten, dass Perikles' Rechnung im Grundsatz solide war, und dies trotz der finanziellen Intervention der Perser.[36]

Die Vorstellung von einer konkurrenzlos großen Summe, die Athen bei Kriegsbeginn zur Verfügung stand, bedarf einer Differenzierung. Für Griechenland, das nach einer Bemerkung Herodots in Armut aufgewachsen ist,[37] waren die 10.000 Talente in der Kriegskasse Athens in der Tat gewaltig. Kein einzelner griechischer Konkurrent war Athen damals kurz- und mittelfristig finanziell gewachsen, und natürlich rechnete auch keiner der Experten aus dem Umfeld des Perikles mit einem generationenlangen Krieg (mit Ausnahme des Thukydides, wenn wir sein Vorwort wörtlich nehmen). Perikles und die Seinen waren also ganz zu Recht stolz auf ihre Rücklagen, und sie waren zuversichtlich, damit dem Gegner lange Zeit standhalten zu können. Der Epitaphios des Perikles ist ein Hymnus nicht nur auf die kulturellen Errungenschaften der „Schule von Hellas", sondern auch auf die politischen und militärischen Möglichkeiten des materiellen Wohlstands.

Bei der Annahme einer Reserve von 10.000 Talenten und dem jährlichen Tribut von 460 Talenten wird die Frage nach der Kaufkraft im privaten Bereich am besten außer Betracht lassen, weil sie nicht wirklich verifizierbar ist. Ein Talent hat 6000 Drachmen, und wir wissen, dass ein Handwerker am Ende des 5. Jahrhunderts eine Drachme pro Tag verdienen konnte;[38] eine halbe Drachme – drei Obolen – erhielten die Geschworenen Athens als Tagegeld.[39] Das ist der Betrag, den Alkibiades am Ende des Krieges Tissaphernes empfohlen hat, um die Matrosen besser disziplinieren zu können.[40] Ein paar exemplarische Vergleichszahlen unabhängig von der Frage der Kaufkraft sind aber doch aufschlussreich: Der Bau des Parthenon kostete vielleicht 470 Talente, die Bauten der Akropolis insgesamt ca. 2000 Talente.[41] Die Belagerung von Samos im Jahre 440 kostete mehr als 1200 Talente – Perikles wusste also, wie teuer solche Feldzüge selbst bei einer überschaubaren Zahl von Monaten sein konnten.[42] Der Bau einer Triere kostete etwa ein Talent,[43] ungefähr so viel, wie der Unterhalt einer Trierenbesatzung von ca. 200 Mann zu Beginn des Krieges, als die Ruderer zeitweise eine Drachme Sold erhielten.[44] Auch die Hopliten erhielten zu Beginn des Krieges in der Regel eine Drachme pro Tag, demokratischerweise also nicht mehr als ein Ruderer, und wohl auch ohne Differenzierung der Dienstgrade.[45] Neben der Besoldung ist wohl auch die Ausrüstung der Hopliten bei der Berechnung der Kriegskosten zu berücksichtigen, wenn die Rüstung nicht selbst bezahlt wurde; ein Panzer dürfte ca. 300 Drachmen gekostet haben.[46] Es ist gut möglich, dass sich der, verglichen mit den Hopliten, unverhältnismäßig hohe Sold der Matrosen dadurch erklärt, dass mit der ausgelobten Drachme eben nicht nur Athener, sondern auch die besten Ruderer aus allen Teilen Griechenlands angelockt werden sollten.[47]

Die Seekriegführung Athens über einen längeren Zeitraum erforderte, wie Perikles immer wieder betonte, neben regelmäßigen hohen Einkünften erhebliche Reserven.[48] Die Aktivierung von 200 Schiffen an 240 Tagen kostete schon 1600 Talente;[49] die Belagerung von Poteidaia alleine schlug mit 2000 Talenten zu Buche – der Gegenwert von zwei Parthenons, oder von 2000 Trieren.[50] Die wenigen Monate der Kampagne von Korkyra kosteten 76 Talente.[51] Zahlen dieser Größenordnung machen die Möglichkeiten, aber auch die relativen Grenzen des athenischen Reichtums deutlich. Die 1000 Talente der Eisernen Reserve Athens galten offensichtlich als sehr hoch – sie entsprechen dem Verkaufserlös des Besitzes der Hermokopiden.[52] Die 460 Talente Tribut Athens in der ersten Phase des Seebunds werden von Thukydides ganz beiläufig etwas zurechtgestutzt, wenn er erwähnt, dass der Thraker Seuthes jährliche Einkünfte von 400 Talenten hatte; der König wird aber, im Gegensatz zu Athen, nicht die Möglichkeit zum Aufbau einer Reserve gehabt haben.[53]

Bei der Suche nach belastbaren Vergleichszahlen für die Summen, die Thukydides der athenischen Kriegsplanung zugrundelegt, schlägt man unweigerlich bei Herodot nach. Wer in den Kriegsjahren das Werk Herodots las oder hörte, konnte lernen, wo der wahre Reichtum zu Hause war – nicht im perikleischen Athen, sondern beim Großkönig und seinen Satrapen. Wer sich von den 460 Talenten als jährlichem Tribut für den Seebund beeindrucken ließ, musste an Herodots Tribut-Liste der Satrapien lernen, dass allein schon das griechische Kleinasien 400 Talente pro Jahr zahlte – aufmerksame Leser mussten da an den ersten Tribut des Seebunds denken. Alles in allem addierte sich der großkönigliche Tribut wohl auf 14.560 Talente pro Jahr.[54] Dass diese Zahlen nicht völlig aus der Luft gegriffen sind, beweisen die mindestens 150.000 Talente, die Alexander der Große bei seiner Eroberung des Perserreichs konfiszieren konnte.[55]

Wir dürfen uns den Großkönig trotz dieser Zahlen aber nicht als Verschwender vorstellen. Wenn es, nach den schönsten Versprechungen, ernst wurde mit dem Auszahlen, legte der Großkönig, ganz gegen die Vorstellung vom orientalischen Prasser, Wert auf vernünftige Verwendung der Gelder und eine sorgfältige Rechnungsführung. Der Großkönig galt, für uns eher überraschend, als ausgesprochen geizig.[56]

Herodots Nachrichten sind nicht nur literarisch interessant als Aufruf zur Bescheidenheit: Seine Zahlen machen deutlich, dass die gesamte athenische Kriegführung des Peloponnesischen Krieges bei einer Einmischung des Großkönigs jederzeit aus den Fugen geraten konnte, soweit es um die Finanzierung einer der kriegführenden Parteien ging, also die Besoldung von Truppen, die ohne Besoldung nicht zu kämpfen bereit waren. Dass den Großkönigen seit Xerxes[57] diese ihre Stärke bewusst war, war den Zeitgenossen bekannt. Dem Spartaner Pausanias soll Xerxes Geld ohne Ende – Gold und Silber – versprochen haben, sollte er erfolgreich kollaborieren.[58] Themistokles starb als Rentier mit 50 Talenten Einkünften pro Jahr.[59] Der erste „Bestechungsversuch" des Großkönigs bei den Spartanern ist für das Jahr 450 bezeugt.[60] Sollte der Großkönig erst einmal bereit sein, die Bezahlung griechischer Truppen zu übernehmen, drohten alle „normalen" Planungen Athens hinfällig zu werden. Der im Jahre 404 endende Peloponnesische Krieg, in seiner letzten Phase vor allem ein Krieg zur See, wurde denn auch vor allem durch das Geld des Großkönigs entschieden. Thukydides legte hier allerdings Wert auf eine leicht zu übersehende Differenzierung: Athen geriet ins Hintertreffen wohl weniger durch das Interesse des Großkönigs an der Sicherung Kleinasiens, als vielmehr durch das ganz persönliche Interesse des jungen Kyros an einem Sieg der Spartaner.[61]

Bei Kriegsbeginn hatte Athen noch keine Veranlassung und, wegen der Geschäftsgrundlage des Seebunds, auch gar nicht die Möglichkeit, die persische Karte zu spielen. Dass sich die Öffentlichkeit für diese Frage aber ziemlich bald interessierte, legt das Auftreten des persischen Gesandten in den Acharnern des Aristophanes nahe, die im Jahre 425 aufgeführt wurden.[62] Ganz am Ende des Krieges sind dann auch die athenischen Admiräle und Matrosen bereit, von jedem, auch vom Großkönig, Geld anzunehmen.[63] Von Anfang an rücksichtsloser agierten die Spartaner. Schon Archidamos sprach verklausuliert von dem möglichen Zwang für Sparta, im Falle eines Falles auch beim Perserkönig Hilfe holen zu müssen. Bis zum zäh verhandelten spartanischen Verzicht auf die Freiheit der Griechen Kleinasiens gegen persische Subsidien sollten noch viele Jahre vergehen, doch stand manchen Machtpolitikern in Sparta diese „Notlösung" schon gleich zu Beginn des Krieges als Möglichkeit vor Augen. Bereits im Jahre 430 wurde eine erste Gesandtschaft nach Osten geschickt.[64]

IV.

Der Krieg war ein „gewalttätiger Lehrer" auch für die, die gemeint hatten, die athenischen Kriegskosten genau vorhersehen zu können. Es ist schwer, die Gesamtsumme der Kriegskosten Athens in den Jahre 431–404 v. Chr. zu ermitteln. Eine vorsichtige Schätzung führt zu mindestens ca. 40.000 Talenten.[65] Die – von Thukydides niemals zitierten – erhaltenen epigraphischen Quellen erlauben einen gewissen Einblick in die Entwicklung der Kriegskosten Athens.

Die von Perikles gerühmten Reserven, ergänzt durch die regelmäßigen Einkünfte, wurden in der Tat sofort gebraucht. In den ersten drei Kriegsjahren wurden etwa 3800 Talente aus dem angesammelten Kapital entnommen: Die Belagerung von Poteidaia musste bezahlt werden, dazu zwei Flottenexpeditionen gegen die Peloponnes. Allein die Belagerung von Poteidaia kostete den Gegenwert von 2000 Trieren.[66] Die Besoldung der Truppen war in den ersten Kriegsjahren konkurrenzlos hoch; die Soldaten im 4. Jahrhundert und die Welteroberer Alexanders des Großen erhielten einen niedrigeren Sold.[67] Den Bündnern blieb diese Kostenexplosion nicht verborgen – auch so dürfte sich die Zuversicht der Männer von Mytilene erklären, die im Jahre 428 den Abfall riskierten. Die Fähigkeit Athens, die durch die Pest eingetretenen Verluste aufzufangen, dürfte die Gegner des Seebunds unangenehm überrascht haben.[68]

Perikles' Tod im Jahre 429 führte zu einer Änderung der Finanzpolitik. Der hohe Finanzbedarf für die Kriegführung hätte Athen innerhalb weniger Jahre in den Ruin getrieben, wenn Perikles' Nachfolger nicht eine deutliche Erhöhung und bessere Kontrolle der Tributzahlungen und anderer Einkünfte durchgesetzt hätten; die Aufständischen von Mytilene haben die Lage durchaus richtig beurteilt. Im Jahre 428 zahlten die steuerpflichtigen Athener eine Steuer (Eisphora) in Höhe von 200 Talenten.[69] Eine Reaktion auf die unerwartet hohen Kosten war vor allem die Erhöhung – besser: Verdreifachung – des Tributs im Jahre 425, auf ca. 1460 Talente.[70] Wir dürfen auch nicht vergessen, dass Athen noch viele andere Einkünfte neben offiziellem Tribut und Steuern hatte – auch aus solchen Zuflüssen hatte sich die Zuversicht des Perikles gespeist. Niederlagen Athens führten zum Verlust solcher Einkommensquellen; zum Beispiel Thukydides' Missgeschick vor Amphipolis kostete Athen jährlich 70 Talente.[71]

Wie hoch die Kriegskosten insgesamt bis zum so genannten Nikias-Frieden im Jahre 421 gewesen sind, lässt sich am Stand der Reserven in den Schatzhäusern der Tempel ablesen: Damals waren noch 2000 Talente Reserve übrig, zuzüglich der Eisernen Reserve von 1000 Talenten.[72] Für die Verhältnisse der übrigen griechischen Staaten war das immer noch eine enorme Summe, und Thukydides nennt unter den Gründen für eine Friedensbereitschaft in Athen jedenfalls nicht die Furcht vor dem Staatsbankrott.

Die Friedensjahre seit 421 führten zu einem relativ schnellen Aufbau neuer Reserven. Diese finanzielle Zuversicht war ein wesentlicher Faktor für den Aufbruch nach Sizilien im Jahre 415. In einer weniger zuverlässigen Rede des Andokides ist von 7000 Talenten Reserve die Rede; 5000 Talente könnten es allemal gewesen sein.[73] Wie auch immer diese Zahlen im Einzelnen anzusetzen sind: Nach der Katastrophe auf Sizilien im Jahre 413 mit dem Verlust von ca. 160 Schiffen hatte Athen trotz laufender Einkünfte zum ersten Mal ernsthafte Probleme bei der weiteren Finanzierung des Krieges. Das Massaker, das thrakische Söldner in Mykalessos aus Zorn über den ausbleibenden Sold verübten, machte deutlich, welche Probleme ein finanzieller Zusammenbruch zur Folge haben könnte.[74] Zur Sicherstellung beziehungsweise Verbesserung der Einkünfte wurde deshalb der Tribut für einige Zeit ersetzt durch eine 5%ige Steuer auf alle gehandelten Waren.[75] Schwierigkeiten beim Bergbau in Laureion waren ein zusätzlicher Faktor.[76] Athen näherte sich seitdem unweigerlich dem Bankrott.[77] Ein „Sparbeschluss" der besonderen Art waren die Verfassungsänderungen des Jahres 411: Die „Unkosten" der Demokratie sollten gesenkt werden, als ein Signal an den Perserkönig, der angeblich nur bereit war, einem oligarchischen Athen Subsidien zu gewähren.[78]

Die Ressourcen Athens reichten zwar selbst noch in den letzten Kriegsjahren für verschiedene Bauprojekte aus,[79] doch war die Stadt immer weniger in der Lage, den Krieg in der gewohnten Form aus Tributen und anderen regelmäßigen Einkünften zu finanzieren. Die Feldherren Athens in Kleinasien mussten sich jetzt auch einmal selbst um die Finanzierung des Krieges kümmern, bis hin zur Errichtung eigener Zollstationen.[80] Im Jahre 407 sammelte Alkibiades auf eigene Faust, fast im Stil der alten Piraten, in Karien 100 Talente ein und brachte sie nach Athen.[81] Wie sehr angespannt die Lage in den letzten Jahren war, zeigt der Beschluss der Volksversammlung am Ende des Jahres 407, acht goldene Nike-Statuen einzuschmelzen.[82] Die Widerstandskraft und Opferbereitschaft Athens muss die Gegner immer wieder überrascht haben: Noch 406 konnte Athen eine neue Flotte aufstellen und bemannen, diesmal allerdings mit Metöken und Sklaven, denen die Freiheit und das Bürgerrecht versprochen wurde; die Schlacht bei den Arginusen war ein militärischer Erfolg.[83] Erst nach der unglücklichen Schlacht von Aigospotamoi im Frühjahr 404 war Athen nicht mehr in der Lage, neue Schiffe zu bauen und einen konkurrenzfähigen Sold für die Matrosen zu zahlen.[84] Thukydides war sogar der Meinung, dass die Athener gegen einen geschickteren Gegner den Krieg schon viel früher verloren hätten.[85] Im Jahre 404 lief die spartanische Flotte ungehindert in den Peiraieus ein.

V.

Thukydides hat das Kriegsende erlebt, und danach seine Analyse der Ursachen der athenischen Niederlage formuliert:

"Und nachdem sie in Sizilien eine solche Streitmacht und vor allem den größten Teil der Flotte eingebüßt hatten und in der Stadt die Parteikämpfe nun ausgebrochen waren, behaupteten sie sich trotzdem noch zehn Jahre lang sowohl gegen ihre bisherigen Feinde wie gegen die neuen von Sizilien, dazu gegen ihre meistenteils abtrünnigen Verbündeten und schließlich sogar Kyros, den Sohn des Großkönigs, der den Peloponnesiern Geld gab an ihre Flotte, und ergaben sich nicht eher, als bis sie in ihren eigenen Streitigkeiten über sich selber hergefallen und so zugrunde gegangen waren."[86]

Ein wichtiger Schritt auf dem Weg in diese Niederlage war demnach die Bereitschaft des Großkönigs, sich mit dem Mittel finanzieller Unterstützung in den Krieg einzumischen. Lange Zeit war man in Susa der Meinung, dass ein Sieg Spartas nicht zum persischen Vorteil sei.[87] Der Großkönig hat sich wohl erst im Zusammenhang der sizilischen Niederlage Athens entschieden, Ionien zurückzufordern und für die Spartaner zu optieren.[88]

Archidamos' Überlegungen im Jahre 432, auch die Barbaren um Hilfe zu bitten, sind keine anachronistischen Phantasien des Thukydides, sondern ein Zeugnis für die langfristigen Überlegungen der spartanischen Führung. Bereits im Jahre 430 wurde am Hellespont spartanische Gesandte abgefangen, die auf dem Weg zum Großkönig waren, *"den sie zur Beihilfe mit Geld und zur Teilnahme am Krieg bestimmen wollten."*[89] Bis 425 haben die Spartaner Geld für ihre Kriegführung verlangt, ohne territoriale Zugeständnisse zu machen; sie haben Artaxerxes' Urteilskraft offensichtlich unterschätzt.[90] Der Großkönig starb am Jahresende 424, gefolgt von Dareios II., der die persische Politik bis zu seinem Tod im Frühjahr Jahre 404 bestimmt hat.[91]

Der Preis des Krieges 37

In seinem 8. Buch hat Thukydides mit seiner Schilderung der persischen Einmischung in die Kriegführung begonnen. War er bisher auffällig zurückhaltend mit seiner Berücksichtigung des persischen Faktors, so lässt er jetzt keinen Zweifel mehr an der Bedeutung des persischen Eingreifens, ganz entsprechend seiner bereits zitierten Schilderung des Kriegsendes. Die Satrapen des 8. Buches sind alles andere als Verschwender des persischen Reichtums.[92] Sparta musste erst schmerzhafte territoriale Zugeständnisse machen, bevor es im Jahre 412 im dritten Vertrag endlich die finanziellen Zusagen erhielt, die auf lange Sicht kriegsentscheidend sein sollten: Geld in einer Höhe, die es erlaubte, auch den athenischen Seeleuten ein günstiges Übernahmeangebot zu machen.[93] Die Bedeutung des Geldes für die Seekriegführung wird dadurch noch unterstrichen, und es wird auch deutlich, dass Thukydides die Probleme der Flottenkriegführung bestens beurteilen konnte, auch ohne dass er seine Leser immer wieder darauf hingewiesen hat.

Diese Klausel des spartanisch-persischen Vertrages dokumentiert, was dem Faktor „Geld" in der Kriegführung des Peloponnesischen Krieges ein in der Forschung nicht immer deutlich genug artikuliertes Gewicht gegeben hat. Die Schilderung der letzten Kriegsjahre bei Thukydides und in den ersten beiden Büchern der Hellenika des Xenophon lassen erkennen, dass das, was wir „Patriotismus" nennen würden, bei den Soldaten, und besonders bei den Matrosen Athens, keine sehr große Rolle mehr gespielt haben kann – in jedem Falle keine, die Thukydides für erwähnenswert gehalten hat. Spätestens in der letzten Phase des Krieges gab es ohnehin zu wenig geborene Athener für die Flotte.[94] Vor der Schlacht bei den Arginusen wurden die Ruderer ganz offen mit finanziellen Versprechungen abgeworben. Danach konnte Konon nur noch 70 statt der bisherigen 100 Schiffe bemannen – die Annahme liegt nahe, dass diese Überläufer in der Mehrzahl keine athenischen Ruderer waren, sondern Rudersöldner aus anderen Teilen Griechenlands.[95] Im ganzen Werk ist nur ein einziges Beispiel für die nichtfinanzielle Motivation von Soldaten zu finden: das sind die Söldner des Demosthenes.[96] „Patriotische" Matrosen der athenischen Demokratie sind bestenfalls die Männer der Paralos und der Salaminia, der Staatsschiffe Athens.[97] Die Botschaft des 8. Buches ist die, dass sich die Schiffe Athens – auf jeden Fall in dieser späten Phase des Krieges – sofort leeren, wenn der Gegner besseren Sold bietet.[98] Dies unterstreicht noch einmal die Bedeutung der finanziellen Ressourcen für Athen. In der literarischen Überlieferung gelten die Ruderer allgemein als frech, unverschämt und geldgierig, ein Bild, das von Thukydides im 8. Buch nur bestätigt wird.[99] Die Ruderer des Seebunds arbeiteten nicht umsonst und nicht für gute Worte, wie sie die Feldherren vor der Schlacht parat hatten. Sollte Athen diese Leute nicht mehr bezahlen können, war der Krieg verloren. Dieses ungünstige Bild der demokratischen Matrosen ist keineswegs auf Athen beschränkt – besonders geldgierig sind die freigeborenen Seeleute aus Syrakus und Thurioi.[100]

Die Besoldungsfragen gewannen ein ganz besonderes Gewicht deshalb, weil die Jahre nach der Niederlage auf Sizilien durch die Seekriegführung in der östlichen Ägäis bestimmt wurden. Spätestens im Jahre 407 trat das Kriegsglück dann endgültig auf die Seite Spartas. Der Großkönig schickte seinen jüngeren Sohn Kyros nach Westen, mit viel größeren Vollmachten, als sie Tissaphernes gehabt hatte. Der Auftrag des gerade einmal 16 Jahre alten Prinzen war es, mit den Spartanern zusammenzuarbeiten.[101] Geld hatte er auch dabei; wenn man sich an Herodot erinnert, war dies eine eher bescheidene Summe – ganze 500 Talente. Kyros war aber durchaus selbst klar, dass diese Summe nicht sofort kriegsentscheidend sein könnte:[102]

„Er sei mit 500 Talenten gekommen; wenn diese nicht ausreichten, werde er, wie er versicherte, seine eigenen Gelder, die ihm sein Vater gegeben habe, dafür aufwenden;[103] sollte aber auch das zu wenig sein, so werde er auch noch den Thron in Stücke schlagen, auf dem er sitze, und der aus lauter Silber und Gold bestehe.[104] Die Lakedaimonier nahmen das mit Beifall auf und schlugen ihm vor, den Sold für jeden Matrosen auf eine attische Drachme festzusetzen; bei einem solchen Sold, bedeuteten sie, würden die Matrosen der Athener ihre Schiffe verlassen,[105] und er habe auf diese Weise künftig weniger Mittel aufzuwenden."

Der sparsame Großkönig hatte einen relativ bescheidenen Sold vorgeschrieben. Mit 500 Talenten konnte man selbst bei einer Absenkung des Soldes auf drei Obolen gerade einmal 100 Schiffe zehn Monate lang gegen die Athener in Stellung bringen.[106] Kyros war schließlich viel großzügiger, als dies von der Zentrale geplant war. Der Grund ist nicht schwer zu erkennen: Kyros brauchte einen relativ schnellen Sieg der Spartaner für den Fall, dass er um seine Thronfolge würde kämpfen müssen; das würde er am liebsten mit den kampferprobten spartanischen Hopliten machen.[107] Die ersten 500 Talente waren wegen der hohen Unkosten für die Flotte schon im Jahre 405 verbraucht.[108] Vielleicht war den Persern, die ihre Matrosen nicht bezahlen mussten und deshalb die finanziellen Details der Seekriegführung nicht genau kannten, nicht klar, wie viel die anspruchsvollen griechischen Seeleute kosteten: Lysander, der mit Kyros über den Flottensold zu verhandeln hatte, erwies sich bei der Durchsetzung eines zusätzlichen Obols zu den ursprünglich zugestandenen drei Obolen als exzellenter Kenner des wichtigsten Faktors der damaligen Kriegführung.[109] Diese vier Obolen entsprechen auch dem Sold, den später Kyros' Hopliten-Söldner bekommen werden.[110]

Auf den ersten Blick ist es überraschend, dass Thukydides nach 404 Kyros' Eingreifen in die Finanzierung des Krieges für bedeutend erklärt, aber nicht für kriegsentscheidend. Wirklich entscheidend ist für ihn erst die Stasis in Athen unmittelbar vor der Kapitulation. Es könnte sein, dass Thukydides hier unausgesprochen den Tod des Dareios II. im Frühjahr 404 berücksichtigt; seitdem hatte Kyros andere Sorgen.[111]

Die Niederlage von Aigospotamoi etwa zur gleichen Zeit erklärte sich, entgegen den spartanischen Erwartungen, weniger durch die Höhe der persischen Subsidien und die erfolgreiche Abwerbung von Matrosen, als vielmehr durch die Inkompetenz der kommandierenden athenischen Admirale. Hätte Athen diese entscheidende Seeschlacht nicht verloren, so wäre die Stadt beim Tod des Großkönigs vielleicht ungeschlagen geblieben. Thronstreitigkeiten waren unvermeidbar, und der Abfall Ägyptens im Jahre 404 schwächte das Perserreich zusätzlich.[112]

Wie viel hat der Großkönig für die Niederlage Athens bezahlen müssen? Da Athen in den letzten Kriegsjahren finanziell stark geschwächt war, erreichten die Summen, die Persien bis zur Niederlage Athen einsetzen musste, vermutlich nicht die Höhe, an die man sich in Athen bei der Berechnung von Kriegskosten hatte gewöhnen müssen. Die von Andokides erwähnte Summe von 5000 Talenten ist nicht weiter zu verifizieren;[113] auf jeden Fall führte der Zufluss persischen Goldes nicht zu einer Wertveränderung im Verhältnis von Gold und Silber.[114] Die Perser konnten vermutlich bis zum Sieg sparsam bleiben. Artaxerxes und seine Berater haben in diesen Jahren aber gelernt, wie sinnvoll der Einsatz finanzieller Mittel in der Auseinandersetzung mit den Griechen war – es sollte nicht lange dauern, dass der Großkönig den Einsatz von nicht nur militärischen, sondern auch finanziellen Mitteln ausdrücklich ankündigte.[115]

Thukydides' abschließende Würdigung des Perikles ist von einem merkwürdigen Optimismus getragen. Aus dem erhaltenen Werk heraus ist dieser Optimismus nicht leicht zu begründen. Legt man allein die acht Bücher zugrunde, so hat Thukydides hier einfach einen Fehler gemacht, vielleicht, weil er nichts auf den unverändert verehrten Perikles kommen lassen wollte. Die These, dass Thukydides sein Werk abgebrochen hat, weil er bemerkte, dass manche seiner Voraussetzungen einfach falsch waren, ist wenig überzeugend; der Historiker hat das Kriegsende im Kapitel II 65 ja ausdrücklich kommentiert.[116] Wir wissen nicht, wie lange er nach 404 noch gelebt hat; die gewöhnliche Vermutung, dass der Historiker unmittelbar nach der Niederlage gestorben ist, ist unbewiesen.[117] Je länger Thukydides lebte, desto mehr konnte er von der Schwäche des Perserreichs hören. Je länger er lebte, desto mehr erfuhr er auch über den geradezu sensationell schnellen Wiederaufbau Athens nach der bedingungslosen Kapitulation. Für die Zeitgenossen war dieses Jahr ja überhaupt viel weniger „epochal" als für unsere Handbücher.[118] Die Kriegskosten waren gewiss niederdrückend, aber kriegsentscheidend, meinte der Historiker am Ende seines Lebens, war erst der Bürgerkrieg der letzten Kriegsphase. Der schnelle wirtschaftliche und politische Aufschwung Athens, der sogar neuerliche demokratische Besoldungsunkosten erlaubte, könnte Thukydides alte Überzeugung gefestigt haben, dass Athen nach Kyros' Abmarsch vielleicht doch noch eine Chance zum „Überstehen" des Krieges gehabt hätte.

Literatur

Blamire, Alec: Athenian Finance, 454–404 B. C., in: Hesperia 70 (2001) 99–126.
Blösel, Wolfgang: Das Flottenbauprogramm des Themistokles und der Beschluß der Athener zur Seeverteidigung gegen Xerxes (Hdt. VII 140–144), in: B. Bleckmann (Hg.): Herodot und die Epoche der Perserkriege, Köln 2007, 53–65.
Boersma, Johannes: Athenian Building Policy from 561/0 to 405/4 B. C., Groningen 1970.
Brunt, Peter A.: Spartan Policy and Strategy in the Archidamian War, in: Phoenix 19 (1965) 255–280.

Callataÿ, François de: Les trésors achéménides et les monnayages d' Alexandre: espèce immobilisées et espèces circulantes?, in: Revue des études anciennes 91 (1989) 259–274.

Cawkwell, George: Thucydides and the Peloponnesian War, London 1997.

Eddy, Samuel K.: Athens' Peacetime Navy in the Age of Pericles, in: Greek, Roman and Byzantine Studies 9 (1968) 141–156.

Flory, Stewart: The Death of Thucydides and the Motif of „Land on Sea", in: R. M. Rosen, J. Farrell (Hgg.): Nomodeiktes. Greek Studies in Honor of Martin Ostwald, Ann Arbor 1993, 113–123.

Gabrielsen, Vincent: Naval Warfare. Its Economic and Social Impact on Greek Cities, in: T. Bekker-Nielsen, L. Hannestad (Hgg.): War as a Cultural and Social Force, Kopenhagen 2001, 72–98.

Graham, A. J.: Thucydides 7.13.2 and the Crews of Athenian Triremes: An Addendum, in: Transactions of the American Philological Association 128 (1998) 89–114.

Hanson, Victor: A War Like no Other. How the Athenians and Spartans Fought the Peloponnesian War, New York 2005.

Hornblower, Simon: A Commentary on Thucydides. Volume I: Books I–III, Oxford 1991.

Hornblower, Simon: Thucydides, London 1987.

Hunt, Peter: Slaves, Warfare and Ideology in the Greek Historians, Cambridge 1998.

Hunt, Peter: The Slaves and the Generals of Arginusae, in: American Journal of Philology 122 (2001) 359–380.

Jackson, A. H.: Hoplites and the Gods. The Dedication of Captured Arms and Armour, in: V. Hanson (Hg.): The Classical Greek Battle Experience, London 1991, 228–249.

Kagan, Donald: The Fall of the Athenian Empire, Ithaca – London 1987.

Kallet-Marx, Lisa: Money, Expense and Naval Power in Thucydides' History 1–5, 24, Berkeley 1993.

Kallet-Marx, Lisa: Money Talks. Rhetor, Demos, and the Resources of the Athenian Empire, in: R. Osborne, S. Hornblower (Hgg.): Ritual, Finance, Politics. Athenian Democratic Accounts Presented to David Lewis, Oxford 1994, 227–251.

Kallet-Marx, Lisa: The Diseased Body Politic. Athenian Public Finance, and the Massacre at Mykalessos: in: American Journal of Philology 120 (1999), 223–244.

Kallet-Marx, Lisa: Money and the Corrosion of Power in Thucydides. The Sicilian Expedition and its Aftermath, Berkeley 2001.

Lewis, David M.: Sparta and Persia, Leiden 1977.

Lewis, David M.: Persian Gold in Greek International Relations, in: Revue des études anciennes 91 (1989) 227–234.

Loomis, William T.: Wages, Welfare Costs and Inflation in Classical Athens, Ann Arbor 1998.

Meadows, Andrew R.: The Administration of the Achaemenid Empire, in: J. Curtis, N. Tallis (Hgg.): Forgotten Empire. The World of Ancient Persia, London 2005, 181–209.

Moles, John L.: Herodotus Warns the Athenians, in: Fr. Cairns, M. Heaths (Hgg.): Roman Poetry and Prose, Greek Poetry, Etymology, Historiography, Leeds 1996, 259–284.

Morris, Ian: The Athenian Empire (478–404 BC), in: Princeton/Stanford Working Papers in Classics, December 2005.

Pelling, Christopher: Thucydides' Archidamus and Herodotus' Artabanus, in: Georgica. Greek Studies in Honour of George Cawkwell, London 1991, 120–142.

Pritchett, William Kendrick: The Greek State at War, 5 Bde., Berkeley u. a. 1971–1991 (Bd. 1, 1971, ²1974, Bd. 2, 1974, Bd. 3, 1979, Bd. 4, 1985, Bd. 5, 1991).

Stanier, Robert S.: The Cost of the Parthenon, in: Journal of Hellenic Studies 73 (1953) 68–76.

Thompson, Wesley E.: The Golden Nikai and the Coinage of Athens. In: Numismatic Chronicle 107 (1970) 1–6.

van Wees, Hans: Greek Warfare. Myths and Realities, London 2004.

Wallinga, Herman T.: Xerxes' Greek Adventure. The Naval Perspective, Leiden 2005.

Anmerkungen

[1] Kallet-Marx (1993), Kallet-Marx (2001).

[2] Hornblower (1987) 90.

[3] Vergleiche Thuk. IV 105 (eine Einschätzung des Brasidas). Durch seine Strategie des Jahres 424 kannte Thukydides auch die Probleme der Flottenfinanzierung aus erster Hand.

[4] Zur Datierung vergleiche Pritchett (1971) 7–14; bei der Belagerung von Poteidaia seit 432 war der Sold jedenfalls eine selbstverständliche Einrichtung (Anm. 50).

[5] Vergleiche Eddy (1968).

[6] Siehe unten Anm. 98 zur Situation am Ende des Krieges.

[7] Die Annahme einer vornehmen Bescheidenheit der athenischen Hopliten bedarf einer Einschränkung vielleicht deshalb, weil ihre Diener vor Poteidaia ebenfalls eine Drachme Sold erhielten (Anm. 50) – im Grunde lief das fast auf eine Verdoppelung des Hoplitensoldes hinaus. „Schichtenspezifisch" – und dies vermutlich nicht nur in den letzten Kriegsjahren – war die Halbierung des Matrosensoldes, um die Seeleute besser disziplinieren zu können; siehe unten Anm. 90 zu Alkibiades. Thuk. VI 24 (zum Aufbruch der Athener nach Sizilien) werden nur die Matrosen und das niedere Volk als geldgierig bezeichnet; von den Hopliten ist keine Rede.

[8] Thuk. II 13.

[9] Vergleiche Kallet-Marx (1994) 235 f.

[10] Thuk. II 62, 5.

[11] Thuk. II 65, 7. Vergleiche auch Brunt (1965) 259 zur Semantik von περιγίγνεσθαι beziehungsweise περιεῖναι (dies eher mit dem Sinn von „to win through").

[12] Spartas Zug gegen Samos: Thuk. III 57–58; Hekataios über die Kosten eines ionischen Aufstands mit Aussicht auf Erfolg: Thuk. V 36; Belagerung von Naxos: Thuk. V 34.

[13] Nicht nur der Großkönig ist reich: Der Lyder Pythios besitzt 2000 Silbertalente und 4 Millionen Goldstatere (Hdt. VII 28). Der reichste Athener des Jahres 480 kann eine Triere finanzieren (Anm. 20).

[14] Hdt. VI 46.

[15] Hdt. VIII 19.

[16] Vergleiche den fragmentarischen Text aus Eretria (IG XII 9, 1273–74; SEG 41, 725) und dazu van Wees (2004) 203–206.
[17] Vergleiche dazu Moles (1996).
[18] Hdt. VII 144; zum Problem der Datierung siehe Blösel (2007) 57 f., der das Bauprogramm schon früher beginnen lässt.
[19] Preis einer Triere: Anm. 43. Zur Plausibilität von ca. 100 Schiffen als Flotte gegen Aigina und seine Verbündeten siehe Wallinga (2005) 28 f.
[20] Soweit die überlieferten Tributlisten ein Urteil erlauben, dürften viele Bündner kaum in der Lage gewesen sein, auch nur ein einziges Schiff mit seiner Besatzung zu unterhalten. Im Jahre 480 kann der reichste Athener, Kleinias, Sohn des Alkibiades, eine eigene Triere ausrüsten (Hdt. VIII 17); vergleiche Gabrielsen (2001) 77 f.
[21] Vergleiche Hornblower (1991) 253 f. zu Thuk. II 13, 3.
[22] Thuk. III 17 wird der Einsatz von 250 Schiffen genannt.
[23] Vergleiche Aristot. pol. 1271b11–17 über Sparta.
[24] Vergleiche ML 67.
[25] Vergleiche Hanson (2005) 62, vermutet allerdings, dass auch die Spartaner einen Unterhalt von einer Drachme täglich bekamen. Für die ersten fünf Feldzüge der Spartaner setzt er 750 Talente an. Ob das Verhältnis eines spartanischen Hopliten zum „Bargeld" damals noch anders war als das der athenischen Hopliten?
[26] Vergleiche Thuk. II 7, 2.
[27] Vergleiche Thuk. I 83.
[28] Vergleiche Pelling (1991).
[29] Vergleiche Thuk. I 79 2 und die Erläuterungen von Hornblower (1991) 124 f. zur Stelle. Die entscheidenden Begriffe sind ξυνετός und σώφρων.
[30] Thuk. I 109.
[31] Thuk. I 86.
[32] Die erste Gesandtschaft des Jahres 430 wurde von den Athenern abgefangen: siehe unten Anm. 64.
[33] Vergleiche Thuk. II 103, 1 und dazu Hunt (1998) 85.
[34] Vergleiche Thuk. I 121.
[35] Vergleiche Thuk. VII 48 (allerdings Nikias' Worte). Nach Diod. XII 30, 1 soll Syrakus im Jahre 439 einhundert Trieren gebaut haben.
[36] Siehe dazu unten Anm. 116.
[37] Vergleiche Hdt. VII 101, 2. Siehe oben Anm. 23 zu Sparta.
[38] Vergleiche IG I³ 475 (Arbeiten am Erechtheion, 409–407 v. Chr.). Loomis (1998) 232–239 hält die Höhe dieses Lohns für die Ausnahme von der Regel; Seeleute erhielten damals nur drei Obolen pro Tag.
[39] Vergleiche Ath. pol. XXVII 4.
[40] Vergleiche Thuk. VIII 45, 2.
[41] Vergleiche dazu Stanier (1953).
[42] Vergleiche ML 55.
[43] Vergleiche die Nachweise bei Pritchett (1991) 473 mit Anm. 704.
[44] Die besten Ruderer, die Thranitai, erhielten auf der Fahrt nach Sizilien sogar noch eine Zulage (Thuk. VI 31).

[45] Vergleiche die Differenzierung des Soldes für verschiedene Dienstgrade zur Zeit der Anabasis (Xen. An. VII 2, 36). Auch in der Alexanderarmee gab es eine Abstufung des Soldes (Vergleiche Arr. An. VII 23, 3).
[46] Auf Thasos kostete im 4. Jahrhundert eine Rüstung von guter Qualität 300 Drachmen. Vergleiche Dem. or. XXIX 9 und dazu Jackson (1991) 229.
[47] Die Frage des Sklaven- und Söldneranteils bei den Besatzungen der Trieren Athens wird zum Beispiel von Thukydides fast vollkommen beschwiegen; vergleiche Hunt (1998) 142 f. Es ist überhaupt fraglich, ob die Schiffe Athens jemals nur von Freien gerudert worden sind – 200 Schiffe erforderten eine Besatzung von immerhin 40.000 Mann. Bei Beginn des Krieges sprechen die Korinther von Athens Anwerbung fremder Seeleute (Thuk. I 121, 3) als einer ganz unstrittigen Tatsache.
[48] Vergleiche Perikles' Worte (Thuk. I 141, 4) über die Notwendigkeit von περιουσίαι.
[49] Vergleiche Hanson (2005) 262. Der Einsatz von Sklaven auf den Schiffen hätte immer einen sehr erheblichen Spareffekt gehabt.
[50] Thuk. III 17 – genau genommen wohl ca. 800 Talente pro Jahr. Nur für Poteidaia hat Thukydides eine so konkrete Bezifferung der Kriegskosten gegeben. Zu den Baukosten des Parthenon siehe Stanier (1953).
[51] Poteidaia: Thuk. III 17; Korkyra: Vergleiche ML 76.
[52] Eiserne Reserve: Thuk. II 24; der Erlös aus dem Besitz der Hermokopiden: ML 79.
[53] 460 Talente. Seuthes: Thuk. II 97.
[54] Vergleiche Hdt. III 89–95; Meadows (2005) 183.
[55] Zu Alexanders Beute siehe Callataÿ (1989).
[56] Der Geiz des Großkönigs: Aristoph. Ach. 105 ff.; Thuk. VIII 87, 5; Hell. Ox. 22, 2 (p. 82 Behrwald). Nach dem erfolglosen Versuch des Jahres 450 – siehe oben Anm. 30 – wurde das restliche Geld zum Großkönig zurückgeschickt (Thuk. I 109).
[57] Legt man Herodots Text zugrunde, so müssen erst die Thebaner den Großkönig auf den Einsatz seines Reichtums für politische Ziele aufmerksam machen (Hdt. IX 2, 3); vergleiche Lewis (1989) 229. In den Büchern I bis VIII gibt es kein Beispiel für „Bestechung" durch den Großkönig.
[58] Thuk. I 128. Die Differenzierung von Gold und Silber (für die Münzprägung) ist ein bemerkenswertes Detail.
[59] Thuk. I 138.
[60] Thuk. I 109.
[61] Siehe dazu unten Anm. 107.
[62] Vergleiche Aristoph. Ach. 60 ff. Eine Gesandtschaft gleich bei Kriegsbeginn auch der Athener zu den „Barbaren" wird Thuk. II 7, 1 erwähnt.
[63] Vergleiche die Argumente der Spartaner gegenüber Kyros (Anm. 102).
[64] Thuk. II 67; vergleiche Thuk. II 7, 1 und Thuk. IV 50.
[65] Vergleiche Hanson (2005) 262.
[66] Vergleiche Blamire (2001) 109.
[67] Vergleiche Tod, GHI II, Nr. 183: Eine Drachme für einen Hypaspisten; von einem Diener wie vor Poteidaia (Anm. 50) ist keine Rede. Der Aristoph. Ach. 159 vorgeschlagene Sold für thrakische Söldner von zwei Drachmen soll absurd hoch sein. Zur Debatte über die „richtige" Höhe des Matrosensolds siehe Xen. Hell. I 5, 6 (Anm. 109).

[68] Vergleiche Thuk. III 13. Es wäre interessant zu wissen, wie die Athener mit dem kostspieligen Desaster der ägyptischen Expedition umgegangen sind; schon damals dürften sich die finanziellen Rücklagen bewährt haben.
[69] Thuk. III 19.
[70] ML 69.
[71] Vergleiche Kallet-Marx (1993) 175 f.
[72] Vergleiche Blamire (2001) 112.
[73] Vergleiche And. III 8.
[74] Thuk. VII 78-79; Kallet-Marx (1999).
[75] Thuk. VII 28, 4.
[76] Thuk. VII 27 (Flucht von angeblich 20.000 Sklaven).
[77] Vergleiche Thuk. VIII 76, 6.
[78] Vergleiche Thuk. VIII 48; 8, 53.
[79] Vergleiche Boersma (1970) 82–96.
[80] Hell. I 1, 22.
[81] Hell. I 4, 8–12.
[82] Vergleiche Hellanikos FGrHist 323 a Frg. 26; Thompson (1970).
[83] Xen. Hell. I 6, 24. Vergleiche Kagan (1987) 338 ff.
[84] Vergleiche Kagan (1987) 386 ff.
[85] Thuk. VIII 96, 5.
[86] Thuk. II 65 (übersetzt von Georg Peter Landmann).
[87] Vergleiche Thuk. VIII 46; Cawkwell (1997) 48.
[88] Vergleiche Lewis (1977) 88.
[89] Thuk. II 67, 1.
[90] Nach Thuk. IV 50, 2 sind bis zum Jahre 425 mindestens zwei Gesandtschaften bis nach Susa gekommen.
[91] Zum Problem der genauen Datierung siehe Lewis (1977) 82.
[92] Vergleiche Thuk. VIII 29, 1; 45, 6.
[93] Thuk. VIII 58.
[94] Vergleiche Xen. Hell. I 6, 24.
[95] Vergleiche Xen. Hell. I 5, 20.
[96] Thuk. VII 57.
[97] Paralos: Thuk. VIII 73, 5; Hunt (1998) 125.
[98] Thuk. VIII 48; siehe auch VII 24.
[99] Zum schlechten „image" der Matrosen siehe etwa Aristoph. Equ. 784–785; 1366–1368; Ran. 1071–1076, Vesp. 1118–1119. Alkibiades berichtet Tissaphernes von dem bewährten athenischen Mittel der Disziplinierung, die Hälfte des Matrosen-Soldes bis zur Beendigung eines Feldzuges einzubehalten (Thuk. VIII 45, 2) – es wäre wichtig zu wissen, ob diese Regelung schon zu Beginn des Krieges getroffen worden ist.
[100] Thuk. VIII 84.
[101] Vergleiche Cawkwell (1997) 48 f. zu Kyros' Alter.
[102] Hell. I 5, 1 (übersetzt von Gisela Strasburger).
[103] Bei einem Sold von drei Obolen würde man 100 Schiffe für zehn Monate unterhalten können. Lysander wird bei Kriegsende 470 Talente nach Sparta bringen (Xen. Hell. II 3, 8). Die 10.000 Dareiken, die Kyros zusätzlich mitgebracht hatte, reichten gerade einmal für einen Monat aus; vergleiche Lewis (1977) 131.

[104] Schon Tissaphernes war angeblich bereit, sein silbernes Bett für die Verbündeten zu opfern (Thuk. VIII 81).
[105] Siehe Anm. 97 zur Motivation der Matrosen auf den Schiffen Athens. Lysander war der Meinung, dass schon eine Erhöhung von drei auf vier Obolen kriegsentscheidend sein könne (Xen. Hell. I 5, 6).
[106] Vergleiche dazu Lewis (1977) 131.
[107] Vergleiche Cawkwell (1997) 49. Ein nicht zu unterschätzender Faktor ist das besonders gute persönliche Verhältnis zwischen Kyros und Lysander; bei einem anderen Verhandlungspartner wäre der Prinz vielleicht nicht so großzügig gewesen.
[108] Hell. II 1, 11. Die 500 Talente entsprachen gerade einmal dem Tribut von Lydien (Hdt. III 90). Für die Belagerung von Poteidaia hatten die Athener die vierfache Summe aufgebracht (Anm. 50).
[109] Xen. Hell. I 5, 6; ein weiterer Aspekt dieser Regelung war die Vorauszahlung für einen ganzen Monat. Vergleiche oben Anm. 99 zur athenischen Praxis, den halben Sold zurückzuhalten.
[110] Vergleiche Xen. An. I 3, 21.
[111] Vergleiche Kagan (1987) 419.
[112] Vergleiche Lewis (1959) 392 ff.; zur „kontrafaktischen" Betrachtung der letzten Kriegsphase siehe auch Morris (2005) 74.
[113] 5000 Talente: And. III 29. In den achtziger Jahren des 4. Jahrhunderts erhält Tiribazos für seinen Feldzug gegen Zypern 2000 Talente (Diod. XV 4, 2).
[114] Vergleiche Lewis (1989) 234.
[115] Xen. Hell. V 1, 31.
[116] Vergleiche aber die Überlegungen von Flory (1993) 122 f.
[117] Zu Vermutungen über das Todesdatum des Thukydides siehe Hornblower (1987) 153 f.
[118] Vergleiche Hanson (2005) 291.

VINCENT GABRIELSEN

Die Kosten der athenischen Flotte in klassischer Zeit[1]

Einleitung

Was wissen wir wirklich über die Kosten der Flottenunterhaltung und der Seekriegführung in der Zeit von etwa 500 bis 323 v. Chr.? Trotz neuester Forschungen zum griechischen Kriegswesen fehlt eine gründliche historische Untersuchung über die finanziellen Aspekte der Seekriegführung im klassischen Griechenland. Idealerweise sollte eine solche Untersuchung zwei Hauptfragen behandeln: (a) Was waren in quantitativer Hinsicht die finanziellen Herausforderungen der wichtigsten griechischen Seemächte? und (b) Mit welchen Mitteln versuchten diese Staaten, diesen Herausforderungen zu begegnen? Außer Athen muss die Liste der Seemächte mindestens Syrakus, Korkyra, Korinth, Aigina, Rhodos, Naxos, Samos, Chios, Mytilene (auf Lesbos), Thasos, Milet, Kyzikos, Byzantion und Sparta (nach 412 v. Chr.) umfassen. Bekanntermaßen ist jedoch die Zahl relevanter Informationen, die von jedem dieser Staaten überliefert ist, gelinde gesagt dürftig. Um nur zwei Beispiele zu nennen: Um 500 v. Chr. hatte Milet eine Flotte von 200 Schiffen, die in den Kykladen operierte (Hdt. V 31–32); 334/33 v. Chr. vergrößerte Korinth, bereits eine bedeutende Seemacht, seine Flotte beträchtlich und unternahm große Anstrengungen, die zusätzlichen Seeleute, die diese Vergrößerung erforderte, von überallher anzuwerben (Thuk. I 31, 1); in beiden Fällen können wir jedoch die Größe der finanziellen Erfordernisse nur schätzen. Unsere Quellenlage konzentriert sich stark auf das klassische Athen. Als Folge tendierten Debatten über „frühe Flotten" der archaischen Zeit dahin, sich mehr auf politische, technische und institutionelle Entwicklungen zu konzentrieren und weniger auf die Kosten.[2] Das gleiche gilt allgemein für die Debatte über die athenischen ναυκραρίαι: diese betrachtet man als Einheiten mit politischem Charakter, weil sie in die staatliche Organisationsstruktur eingegliedert waren; aber zugleich hält man sie für steuerliche Einheiten, deren Mitglieder, die ναύκραροι, vermutlich dafür verantwortlich waren, Schiffe bereitzustellen und die Flottenaktivitäten zu finanzieren.[3] Im Fall des klassischen Athens legten Böckh, Kolbe und Andreades die Fundamente für die weitere wissenschaftliche Erforschung der Flottenfinanzierung.[4] Doch wird diese Materie auch weiterhin nicht in den allgemeinen Arbeiten zur athenischen Flotte *per se* abgehandelt,[5] sondern fungiert als ein Teil der Institutionsgeschichte, die zum Beispiel soziale Gruppen[6], das Steuerwesen[7] oder die athenische Seeherrschaft[8] in den Blick nimmt.

Auch dieser Beitrag kann die dringend benötigte, tiefer gehende Untersuchung nicht liefern. Mein Ziel ist bescheidener: (a) die Beschaffenheit der Flottenkosten zu definieren und (b) die wichtigsten überlieferten Quellen vorzustellen. Auf welche Weise Athen oder andere griechische Staaten die relevanten finanziellen Herausforderungen zu bewältigen versuchten, ist eine Frage, die an anderer Stelle angesprochen wird und hier nur gestreift werden soll.[9] Wie oben erwähnt, ist eine Konzentration auf Athen dabei unvermeidlich. Diese Einschränkung lässt sich durch zwei Punkte zumindest teilweise rechtfertigen: Erstens ist die Annahme denkbar, dass verschiedene grundlegende Variablen, die die Art und Höhe der Flottenausgaben bestimmten, auch anderswo anzutreffen sind, so dass die relativ dichte Überlieferungslage in Athen bei aller Vorsicht auch dazu verwendet werden kann, um die Flottenausgaben weniger gut belegter Seemächte zu rekonstruieren (zum Beispiel die ungefähren Betriebskosten der 200 Schiffe Milets, die um 500 v. Chr. kämpften; siehe oben).

Zweitens fand in nicht weniger als 50 Jahren (ca. 460–404 v. Chr.) eine beispiellose Zentralisierung des finanziellen und militärischen Potentials in der griechischen Welt statt. In dieser Zeit traten viele Staaten als Mitglieder des Attisch-Delischen Seebundes ihre Flottenressourcen und die Geldmittel, mit denen sie solche Ressourcen unterhielten, an den Führer dieses Bundes, Athen, ab.[10] Das Ergebnis dieses Zentralisierungsprozesses war, mit Thukydides Worten, dass *„die athenische Flotte auf Kosten der Verbündeten stark wuchs"*, so dass diese jedes Mal, wenn sie revoltierten, *„den Krieg immer ungerüstet und unerfahren begannen"* (Thuk. I 99, 2–3, siehe I 19). Die Rüstung Athens bedeutete eine Abrüstung (der meisten) seiner Verbündeten. Für den größten Teil des 5. Jahrhunderts war Athen daher eine unumstrittene Flottensupermacht, nicht nur wegen des Geldes und der eigenen Anstrengungen, die sie selbst in die Vergrößerung der Flotte gesteckt hatte, sondern auch weil die Bundesflotte eine athenische Flotte geworden war.

Jede Diskussion über Kosten muss drei wichtige Unterscheidungen angemessen berücksichtigen, die selten in modernen Studien anzutreffen sind: (1) die zwischen privaten und öffentlichen Kosten; (2) die zwischen Kosten für Grundeinheiten (zum Beispiel die Vergütung für ein Schiff pro Tag) und Gesamtkosten von mehreren oder allen solcher Einheiten (das heißt der ganzen Flotte) über einen längeren Zeitraum; und (3) die zwischen den Kosten einer einzelnen Flottenexpedition und denen des gesamten Flottensystems, die sich aus der Flotte (τὸ ναυτικόν) mit allen ihren Bereichen zu See und zu Land und zu unterschiedlichen Zeitpunkten zusammensetzen. Um diese Unterschiede wird es in meinem Beitrag gehen, der hier in Übereinstimmung mit den drei behandelten Hauptthemen unterteilt ist. Diese sind: (1) Die Kosten für den Besitz einer Flotte (das heißt Erwerb und Unterhalt von Schiffen und deren Ausrüstung); (2) die Betriebskosten (die Aufwendungen, die beim Aufenthalt der Flotte auf See entstehen); und (3) die Kosten für den Bau und die Erhaltung der landgestützten Logistik (das heißt Hafenanlagen mit Verteidigungssystemen, Schiffshäuser, Lagerhäuser und so weiter), vor allem für die Hauptflottenbasis im Peiraieus, aber auch woanders. Es muss aber vorab festgehalten werden, dass alles, was wir über den letzten Punkt wissen, so wenig ist, dass es aus unserer Diskussion ausscheiden muss.[11] Zwei Hauptpunkte werden bei der Behandlung der übrigen Posten hervortreten. Erstens enthalten unsere Quellen hauptsächlich oder ausschließlich Informationen über öffentliche Ausgaben: In erster Linie beziehen sich diese auf die Grundeinheiten und dann, in einem viel geringeren Ausmaß, auf einzelne Flottenexpeditionen. Solche Ausgaben bilden oft nur einen Bruchteil der Gesamtkosten für die Flotte (τὸ ναυτικόν). Zweitens können wir trotz unseres Unvermögens, die Gesamtkosten auch nur ansatzweise zu schätzen, das ungeheure Ausmaß der beteiligten Ausgaben – offenkundig ohne Parallelen in anderen Bereichen des Polis-Lebens – und ihren tiefgreifenden Einfluss auf die Finanzen Athens festhalten.

Die Kosten der Flotte

Wir können mit der Grundeinheit, dem Schiff, beginnen. Obwohl noch ein paar Triakonteren und Pentekonteren in der athenischen Flotte des 5. und 4. Jahrhunderts eingesetzt wurden,[12] war das Standard-Kriegsschiff die Triere (τριήρης).[13] Wie hoch waren die Kosten einer Triere? Wissenschaftler setzen sie normalerweise mit einem Talent (6000 Drachmen) an. Als Beleg beziehen sie sich auf eine Quelle des frühen 4. Jahrhunderts, in der berichtet wird, dass die Athener 483/82 v. Chr. mit 100 Talenten 100 Schiffe bauten (Ath. pol. XXII 7); außerdem nehmen sie an, dass in den frühen Tagen des Attisch-Delischen Seebundes die schiffestellenden Bündner auf Basis eines Umrechnungsfaktors von einer Triere für ein Talent Tribut (φόρος) geschatzt wurden.[14] Aber nach einer Quelle aus der Mitte des 5. Jahrhunderts, die die 100 Talente nicht erwähnt, bauten die Athener nicht 100, sondern 200 Schiffe (Hdt. I 14, 1–2). Weiterhin zeigt sich die These, dass ein Talent des φόρος mit einer Triere gleichgesetzt wurde, als willkürlich;[15] und selbst wenn es sich als wahr erweisen sollte, stellte ein Talent immer noch nur einen nominellen Wert dar, der für die Tributschatzung definiert wurde, und nicht die tatsächlichen Kosten. Ein nomineller Preis ist definitiv in einem anderen Zusammenhang erwähnt. In den 480er Jahren kaufte Athen 20 Schiffe – mit einiger Sicherheit Trieren – von Korinth für nur fünf Drachmen das Stück. Durch die Forderung eines symbolischen Preises wurde es den Korinthern sowohl ermöglicht, ihr Gesetzesverbot, Schiffe als kostenloses Geschenk abzugeben, einzuhalten, als auch einen befreundeten Staat mit einem Geschenk zu begünstigen (Hdt. VI 89). Dies ist die einzige Zahl über die „Kosten" einer Triere, die aus dem ganzen 5. Jahrhundert überliefert ist; sie kann weder als Standard- noch als Marktpreis angesehen werden.[16]

Für das 4. Jahrhundert haben wir Belege durch die erhaltenen Fragmente der Seeurkunden aus dem athenischen Flotten-Zentral-Archiv (IG II² 1604–1632 und einige andere Fragmente, alle aus dem Zeitraum von 378/77 bis 323/22 v. Chr.).[17] Ungemein wichtig für unsere Überlegungen sind die Geldforderungen gegenüber Einzelpersonen, die eine Entschädigung für Schiffe und deren Ausrüstung zahlen mussten, wenn diese schwer beschädigt oder verloren gegangen waren. Die Aufzeichnungen des Jahres 326/25 listen die Verpflichtungen verschiedener Trierarchen auf, für Trierenrümpfe durch die Zahlung von 5000 Drachmen pro Rumpf aufzukommen; diese Verpflichtungen waren in vorausgehenden Jahren entstanden, die früheste davon 341/40.[18] Zwei Anmerkungen müssen dazu gemacht werden: (a) Auch wenn die Ansicht einiger Wissenschaftler, dass dies der Betrag war, der im ganzen 4. (und vielleicht auch im 5.) Jahrhundert gefordert wurde, auf den ersten Blick denkbar erscheint,[19] sind die 5000 Drachmen nur für die Zeit von 341 bis 323/22 v. Chr. belegt; (b) Diese Summe bezieht sich ausschließlich auf die Standardentschädigungen, die nur für Trierenrümpfe verlangt wurden – vergleichbare Beträge für Tetreren und Penteren sind unbekannt.

Ausgleichszahlungen für Trieren-Ausrüstung werden zum ersten Mal in den Aufzeichnungen des Jahres 334/33 v. Chr. genannt, auch wenn einige der aufgeführten Verpflichtungen sich auf frühere Jahre beziehen dürften. Zwei unterschiedliche Summen sind für einen kompletten Satz Trieren-Ausrüstung bezeugt: 2169 Drachmen, und die teurere Variante, wenn das Segel „leichter" ist, 2299 Dr.[20] 323/33 v. Chr. jedoch hatte sich die zu zahlende Summe für die Aufwendungen einer kompletten Trieren-Ausrüstung auf 4100 Drachmen erhöht; die Summe, die für die Ausrüstung einer Tetrere zu zahlen war, – nun zum ersten Mal dokumentiert – , betrug 6105 Drachmen oder etwas mehr.[21] Kurz gesagt scheinen zwei Umstände für diese deutliche Zunahme, die zwischen den 330er und späten 320er Jahren stattfand, verantwortlich zu sein. Der eine ist der, dass Athen zu dieser Zeit Schwierigkeiten hatte, seinen Materialnachschub sicherzustellen (Dem. or. XVII 28: *„denn es ist schwierig, Holz für die Flotte zu besorgen und es muss aus weiter Entfernung herbeigeschafft werden"*; datiert kurz nach 336). Der andere ist, dass die Beamten, die für die Werften zuständig waren und die Triarchen, die ernannt wurden, um die Schiffe zu befehligen und zu finanzieren, die Schiffs-Ausrüstung veruntreuten – und das in großem Stil. Das Anheben der Entschädigungsbeträge und das Lagern von Ausrüstungs-Sätzen für 100 Trieren auf der Akropolis waren Maßnahmen, die eingeführt wurden, um Veruntreuungen vorzubeugen.[22] Es sei hier festgehalten, dass die entsprechenden Beträge variieren konnten, wodurch die Annahme ungewiss wird, dass auch in der Zeit vor 341/40 v. Chr. 5000 Drachmen für einen Trierenrumpf gezahlt wurden.

Um es zusammenzufassen: Die Zahlen, die wir aus dem 4. Jahrhundert haben, stellen ohne Ausnahmen offizielle Schätzungen dar und nicht „Marktpreise" oder „tatsächliche Kosten". Dennoch haben sie insofern einen Wert, als sie widerspiegeln, wie die Athener selbst ihre Flotte bewerteten. Vorausgesetzt, ihr spezieller Charakter wird beachtet, können diese Zahlen folglich für provisorische Schätzungen von Geldwerten herangezogen werden, die uns eine Vorstellung davon geben können, wie teuer Flotten im Vergleich zu anderen Bereichen des Militärwesens waren, und können infolgedessen die Größe der finanziellen Herausforderungen der Seemächte belegen. Im Folgenden demonstriere ich beispielhaft eine einfache Berechnung des Geldwerts der athenischen Flotte in drei verschiedenen Jahren, eine im 5. und zwei im 4. Jahrhundert. Zur Vereinfachung nehme ich an (wohl wissend, dass dies eine unsichere Annahme ist), dass in allen Jahren ein Rumpf mit 5000 und eine Trieren-Ausrüstung mit 2169 Drachmen bewertet wurde.[23]

1. 427/26 v. Chr.: mindestens 400 Trieren (siehe unten). Gesamtwert: 2.867.600 Drachmen (Rümpfe: 2.000.000 Drachmen; Ausrüstung: 867.600 Drachmen).
2. 357/56 v. Chr.: eine Gesamtzahl von 283 Trieren.[24] Gesamtwert: 2.028.827 Drachmen (Rümpfe: 1.415.000 Drachmen; Ausrüstung: 613.827 Drachmen).

3. 325/24 v. Chr.: eine Gesamtzahl von 417 Schiffen (davon 360 Trieren, 50 Tetreren und 7 Penteren). Gesamtwert der Rümpfe: 2.085.000 Drachmen. Gesamtwert der Ausrüstung[25]: 1.823.985 Drachmen (zum Beispiel 1.476.000 Drachmen für 360 Trieren, 305.250 Drachmen für 50 Tetreren und 42.735 Drachmen für 7 Penteren). Gesamtsumme für das Jahr 325/24 v. Chr.: 3.908.985 Drachmen.

Gewiss sind dies nur Zahlen auf dem Papier, oder richtiger, Zahlen, die „administrative" Kosten ausdrücken, im Gegensatz zu „Markt"- oder „Anschaffungs"- Preisen. Der oben erwähnte Ankauf von Trieren aus Korinth für 5 Drachmen pro Stück hat schon gezeigt, wie sehr die „Anschaffungs"-Preise variieren konnten. Ein weiteres Beispiel stammt aus dem späten 5. Jahrhundert. 411 v. Chr. prahlte der Athener Andokides mit der Belieferung der athenischen Flotte bei Samos mit Rudern aus Makedonien, wobei er die Freundschaft zwischen seiner Familie und dem makedonischen Königshaus ausnutzte. Andokides erklärt, er habe, nachdem er sich die Erlaubnis von König Archelaos verschafft hatte, beliebig viele Ruder auszuführen, diese den Athenern für fünf Drachmen das Stück verkauft, da er „nicht mehr fordern wollte, als sie mich gekostet hatten" (And. II 11). Das bedeutet, dass er, wenn er sie auf dem freien Markt verkauft hätte, mehr als 5 Drachmen pro Ruder bekommen hätte. Ein weiterer Hinweis auf einen Markt für Schiffsmaterial (und so auch indirekt auf einen „Markt"-Preis) findet sich in einer Rede des 4. Jahrhunderts: Der Redner erklärt, dass es 357/56 für einen Trierarchen schwierig war, die Dinge zu kaufen, die nötig waren, um ein Schiff auslaufen zu lassen, weil der Markt im Peiraieus nur unzulänglich beliefert wurde (Dem. or. XLVII 20). Aber zugleich ist die Andokides-Stelle einer von mehreren Beweisen, dass die Beschaffung von Schiffbauholz und anderen Schiffsmaterialien zu einem großen Teil entweder von Machtausübung abhing ([Xen.] Ath. pol. II 11–12) oder vom Austausch von Gefälligkeiten (inklusive kostenloser Geschenke und günstiger Preise) zwischen Verbrauchern und denjenigen, die die Versorgungsquelle kontrollierten.[26]

Es gab also zu jeder Zeit zwei Arten von Beschaffungskosten, zu bevorzugten und zu nicht bevorzugten Konditionen. Da die tatsächlichen Summen beider Kategorien dazu neigten, stark zu variieren, waren sie für die Zwecke der Finanzverwaltung höchst ungeeignet und unzuverlässig. In ihrem Tagesgeschäft musste das Gremium der Werftvorsteher ebenso wie andere Beamte, mit denen es zusammenarbeitete (einschließlich des Rates), mit konstanten Werten für Rumpf und Schiffsausrüstung kalkulieren. Nur so behielt er kurz- und langfristig den Überblick über die wirtschaftlichen Erfordernisse; und nur so konnten sie laufend zuverlässige Berechnungen anstellen sowie eine angemessene Verteilung der finanziellen Verantwortlichkeiten vornehmen. Um diese Ziele zu erreichen, arbeitete er ständig mit einer anderen Kategorie von Kosten, den „administrativen" Kosten. Zum Beispiel unterscheiden sich die Kosten, die von Andokides für die Beschaffung von Rudern berichtet werden (das heißt der Vorzugspreis von fünf Drachmen und der Normalpreis von über fünf Drachmen), in ihrem Charakter von den „Kosten" von Rudern, wie sie an anderer Stelle überliefert sind. 234/33 v. Chr., als der athenische Staat eine Anzahl Trieren-Ruder von Sopolis, einem öffentlichen Schuldner, beschlagnahmte, verrechnete man den Wert des beschlagnahmten Guts mit den Schulden von Sopolis, wobei jedes Ruder offiziell mit drei Drachmen bewertet wurde.[27] Administrative Kosten unterschieden sich nur dann merklich von den Anschaffungskosten, wenn letztere isoliert und zeitbezogen betrachtet werden; aber gemeinsam und über eine längere Zeit gesehen, scheinen beide mehr überein zu stimmen, wobei regelmäßige Anpassungen den Unterschied zwischen beiden minimierten: Probleme (und damit höhere Kosten) beim Verschiffen des Materials nach Athen war einer der Gründe, warum die zu zahlenden Ausgleichszahlungen für die Schiffsausrüstung in den 330er Jahren angehoben wurden (siehe oben). Alles in allem bezeugen die von den Marinebeamten zum Zweck der Finanzverwaltung verwendeten Zahlen den von den Athenern selbst festgesetzten monetären Wert der Flotte. Solange nicht andere (und bessere) Belege verfügbar sind, vermitteln die Zahlen der Seeurkunden den genauesten Eindruck, den wir vom finanziellen Bedarf im Laufe der Zeit erhalten können.

Als nächstes wenden wir uns der Frage des Schiffbaus zu. Generell unterscheidet die Forschung zwischen gelegentlichen, groß angelegten Programmen und einen kleinen jährlichen Schiffbau einer festen Zahl von Schiffen, normalerweise 10 bis 20 pro Jahr.[28] Aus zwei Gründen (zusätzlich zu den oben stehenden) ist es unmöglich, auch nur die ungefähre Größe der „wirklichen" Kosten zu berechnen. Der eine ist die Seltenheit der Belege für den regelmäßigen wie den außerordentlichen Schiffbau. Der andere ist der, dass die Entscheidung zum Bau neuer Schiffe und über deren Anzahl von einer Reihe von Faktoren beeinflusst wurden, von denen die Materialbeschaffung nur einer ist. Um beide Gründe zu erläutern, betrachte ich kurz zwei andere Begebenheiten aus dem 5. und dem 4. Jahrhundert.

Ich beginne mit dem 4. Jahrhundert, das in dieser Hinsicht besser dokumentiert ist. Zum Beispiel ist es uns möglich, Aussagen über die Flottengröße in verschiedenen Jahren zu treffen. Nehmen wir als Ausgangspunkt das Jahr 387 v. Chr., in welchem Athen wahrscheinlich 50 bis 70 Schiffe besaß, so können wir sehen, wie die Gesamtzahl danach ständig wuchs: Auf 103 Schiffe (378/77), 283 (357/57), 349 (353/52), 410 (330/29), 417 (325/24) und vielleicht 365 (323/22).[29] Obwohl der Bau neuer Schiffe auf den attischen Werfen, den Telegoneia, zu diesem Anstieg beitrug,[30] wissen wir sehr wenig über dessen Ablauf. Der Bau neuer Schiffe für die Flotte lag formell in der Verantwortung des Rates,[31] aber entgegen der Behauptung einiger Wissenschafter bestätigt keine Quelle mit Sicherheit eine feste Anzahl von Schiffen, die pro Jahr gebaut wurden; Versuche, diese Behauptung mit Berechungen der „üblichen Lebensdauer" einer Triere zu stützen, sind von zweifelhaftem Wert;[32] nicht nur weil die Benutzung desselben Namens für verschiedene Schiffe eine Identifikation erschwert,[33] sondern auch, weil das „Leben" einer Menge attischer Trieren nicht auf natürliche Weise (zum Beispiel durch Verrotten), sondern durch schwere Beschädigung in der Schlacht oder im Sturm oder durch Eroberung endete.

Überdies widerspricht die ganze Vorstellung einer festen Zahl von gebauten Schiffen pro Jahr den Seeurkunden, die belegen, dass die Zahl der Neubauten von Jahr zu

Jahr stark schwanken konnte. In jedem der Jahre 362/63, 362/61 und 361/60 wurden zum Beispiel vier Schiffe gebaut; 360/59 wurde die Zahl dann auf sieben angehoben; 359/58 sank sie auf eins; 358/57 wurde der Bau von elf Trieren geplant, von denen nur zehn Ende des Jahres fertig wurden, während die elfte den Flottenbeamten des nächsten Jahres halbfertig geliefert wurde (zu allem siehe IG II² 1611, 106–133); im Gegensatz dazu wurden schließlich 353/52 v. Chr. 19 neue Schiffe gebaut (IG II² 1613, 257–267). Zur Erklärung der stetigen und zeitweise deutlichen Vergrößerung der Flotte (zum Beispiel durch 180 Schiffe in den Jahren von 387 bis 357/56) müssen wir eine beträchtliche Anzahl eroberter feindlicher Schiffe berücksichtigen – ein bedeutender Faktor bei der Entscheidung, wie viele Schiffe von Athen gebaut und wie viele bezahlt werden mussten. Dieser und zwei weitere Faktoren scheinen im 5. Jahrhundert, dem ich mich nun zuwende, noch wichtiger gewesen zu sein.

Für unsere Quellenlage im 5. Jahrhundert ist es charakteristisch, dass wir, von den 480 v. Chr. erworbenen 200 Schiffen abgesehen, eigentlich sehr wenig über die Größe der attischen Flotte wissen, und noch weniger über die Kosten, die durch Instandhaltung und Vergrößerung auf dem Weg der Neuanschaffung entstanden. In der modernen Forschung wird meist eine Zahl zitiert, die die Größe der Flotte am Vorabend des Peloponnesischen Krieges (431 v. Chr.) wiedergibt: Thukydides (II 13, 8) berichtet, dass *„die Stadt 300 seetüchtige (πλώιμοι) Trieren hatte"*; Aristophanes (Ach. 544–545) vermittelt den Eindruck, dass die Athener in der Lage gewesen seien, 300 Schiffe gleichzeitig vom Stapel zu lassen (καθέλκειν); und Xenophon, der später schreibt, sich aber auf 431 bezieht, sagt, dass die Athener *„nicht weniger als 300 [in einigen Handschriften 400] Trieren zur See und in den Schiffshäusern"* hatten ([Xen.] Ath. pol. VII 1, 27). Für gewöhnlich passt die Forschung alle abweichenden Zahlen denen des Thukydides an. Ein vermutlich um 420 schreibender anonymer Zeitgenosse des Thukydides berichtet, dass jährlich 400 Trierarchen ernannt wurden und dass diese ihren Anspruch auf eine Befreiung vor Gericht mittels eines rechtlichen Verfahrens namens διαδικασία durchzusetzen versuchten ([Xen.] Ath. pol. III 4).[34] Da noch zu dieser Zeit eine Triere von einem einzelnen Trierarchen befehligt wurde, impliziert diese Aussage sehr stark, dass es 400 Schiffe gegeben hat. Jedoch ist die vorherrschende moderne Meinung, dass 100 der zu Trierarchen Ernannten befreit wurden, um eine andere Leiturgie zu erfüllen. Daher habe es tatsächlich nur 300 Trierarchen pro Jahr und, wie Thukydides berichtet, nur 300 Schiffe gegeben.[35]

Aber diese Ansicht ist fragwürdig. Eine διαδικασία wirkte sich nicht immer negativ auf die Gesamtzahl der Trierarchen eines Jahres aus. Wenn ein Antragsteller seinen Antrag mit einen Verweis auf die „Aufschubregelung", oder die Regel, dass niemand zu zwei Leiturgien gleichzeitig verpflichtet werden konnte,[36] begründete, hatte die Ausnahmebewilligung die anfangs genannte Reduzierung der 400 Trierarchen zur Folge: Um wie viele, ist unmöglich feststellbar.[37] Wenn allerdings ein Antragsteller seine Ausnahmebewilligung mit wirtschaftlicher Mittellosigkeit rechtfertigte, war die διαδικασία ein Verfahren der ἀντίδοσις (das heißt des Vermögenstausches), das nicht in einer Reduzierung der Kandidatenzahl resultierte, da man nur durch Stellung eines Ersatzmannes von der Verpflichtung befreit werden konnte.[38] Daher hätten die διαδικασία-Prozesse die Anzahl der Trierarchen nur schwerlich von ursprünglich 400 auf 300 reduzieren können. Und wenn die Athener nach den anfänglichen Ernennungen anscheinend routinemäßig mit Befreiungsklagen rechneten, dann mussten sie ebenso mit der Gewohnheit einiger Personen rechnen, ihr Recht auf Befreiung zu ignorieren.[39] Anstatt die 300 bei Thukydides den 400 bei Pseudo-Xenophon (Ath. pol. III 4) anzugleichen, muss dieser Zahl ein eigenes Existenzrecht eingeräumt werden.

Die Zahl von 400 Schiffen erscheint auch in einer weiteren Quelle und erneut wird sie von modernen Wissenschaftlern dem Zeugnis des Thukydides angepasst. Im Zusammenhang mit dem Nikias-Frieden listet Andokides (III 9) die Maßnahmen auf, die Thukydides (II 13, 1–8) für das Jahr 431 v. Chr. erwähnt; insbesondere sagt er, dass „die Athener mehr als 400 Schiffe" besaßen. In der Forschung wird Andokides' Text zu „mehr als 300 Schiffe" verbessert, um ihn in Übereinstimmung mit Thuk. II 13, 8 zu bringen, aber auch mit Aischin. II 175, einer Passage, die zum größten Teil wiederholt, was bei Andokides (III 9) steht, aber letzterem durch die Aussage widerspricht: *„Wir eigneten uns nicht weniger als 300 seetüchtige (πλώιμοι) und voll ausgerüstete (ἐντελεῖς) Trieren an."* Aber die Veränderung des Andokides-Textes scheint eine fragwürdige Methode zu sein. Eine neuere Studie betont zu Recht die Unabhängigkeit von Pseudo-Xenophon (Ath. pol. III 4) und Thukydides (II 13, 8) in diesem speziellen Fall und weist eindrücklich darauf hin, dass der erstere klar *„seine Zahl [das heißt 400 Trierarchen] nicht bei Thukydides abkupferte."* Weiterhin, und ebenfalls zu Recht, betont die gleiche Studie, dass es keine zwingenden Gründe für eine Verbesserung von 300 auf 400 bei Andokides gibt.[40]

Somit sind die Versuche, die konkurrierenden Zahlen von 400 Schiffen mit den 300 Schiffen bei Thukydides in Übereinstimmung zu bringen, erfolglos. Ist es möglich, dass beide Zahlen im weiteren Sinne richtig sind, aber leicht unterschiedliche Sachverhalte zum Ausdruck bringen? Ich bin der Meinung, dass dieses am wahrscheinlichsten ist.

Das Kriterium „seetüchtig" (πλώιμοι) wird normalerweise im doppelten Sinn gebraucht: (a) zur Unterscheidung von Schiffen, die in einem speziellen Kampf nicht außer Dienst gestellt waren und solchen, bei denen dies der Fall war (Thuk I 50, 4); und (b) als Terminus technicus für „Schiffe, die für den Einsatz vorbereitet wurden", was insbesondere bedeutet, dass die fraglichen Schiffsrümpfe mit der für den Einsatz nötigen Ausrüstung versehen wurden oder werden konnten, besonders mit ὑποζώματα – das heißt einem Satz innen angebundener, längsschiffs laufender Taue, die den Rumpf zusammenhielten;[41] in diesem letzteren Sinn benutzt Thukydides (II 13, 8) das Wort πλώιμοι;[42] es sei daran erinnert, dass auch Aischines (II 175) von 300 πλώιμοι und ἐντελεῖς („voll ausgerüsteten") Trieren spricht, während Aristophanes (Ach. 545) den Eindruck erweckt, als ob 300 Schiffe gleichzeitig vom Stapel laufen konnten (καθέλκειν: der Fachausdruck für diesen Vorgang). Um genau zu zeigen, was diese Autoren meinten, benutze ich die Informationen der Seeurkunde des Jahrs 357/56 v. Chr. (IG II² 1611). In diesem Jahr hatte Athen, wie oben gezeigt, insgesamt 283 Schiffe. Es gab aber nur für 227 Schiffe (80 % der Gesamtzahl) komplette Rudersätze, Leitern für 232 Schiffe (82%), große Masten für 185 Schiffe (65%) und Taue für nicht mehr als 89 Schiffe (31,5% beziehungsweise 1/3 aller Schiffsrümpfe dieses Jahres) (Tabelle 1 fasst die Situation mit allen Ausrüstungsgegenständen zusammen). Als in diesem Jahr eine Expeditionsflotte entsandt werden sollte, stellten die Athener, wie wir aus einer Rede erfahren, fest, dass „es nicht genug Ausrüstung für die Schiffe in den νεώρια gab" (Dem. or. XLVII 20). So hatten die Athener 357/56 nur 89 πλώιμοι Trieren; doch die Gesamtzahl der Schiffe, für die man Trierarchen hätte ernennen können, war tatsächlich 283. Wenn sich daher, wie es wahrscheinlich ist, Thukydides' 300 πλώιμοι Trieren und Pseudo-Xenophons 400 Trierarchen (= 400 Trieren) auf die Größe der Flotte ungefähr zur gleichen Zeit beziehen (das heißt auf die Jahre um 431 v. Chr.), dann gibt die erste Zahl die Anzahl der Schiffe wieder, die jederzeit „einsatzbereit" waren, und die zweite Zahl die Gesamtheit der Flotte inklusive alter Rümpfe und Rümpfe, denen die öffentliche Ausrüstung fehlte.[43] (Alternativ alle πλώιμοι etwa ein Jahr später).

Eine kurze Überlegung zur Art der Vergrößerung seit der Flotte von 200 Schiffen im Jahr 480 v. Chr. kann weiterhin zeigen, ob die Gesamtzahl von 400 Schiffen realistisch ist.

Selbst wenn in dieser Zeit Schiffe gebaut wurden (zum Beispiel sind 431/30 τριηροποιοί belegt)[44], müssen wir andere und langfristig wichtigere Mittel zur Kenntnis nehmen, mit denen die Flotte kontinuierlich ergänzt und vergrößert wurde. Drei dieser Mittel stechen hervor:
1. Die Beschlagnahmung einer ganzen verbündeten Flotte nach der Unterdrückung eines Aufstandes: Zum Beispiel wahrscheinlich von Naxos (kurz nach 472 v. Chr.; Thuk. I 98, 4)[45], bestimmt von Thasos (ca. 460 v. Chr.; Thuk. I 101, 3), Samos (439 v. Chr.; Thuk. I 117, 3) und Mytilene (427 v. Chr.; Thuk. III 50, 2).
2. Auslieferung einer ganzen Flotte nach dem erzwungenen Beitritt zum Bund: zum Beispiel Karystos (ca. 472 v. Chr.; Thuk. I 98, 3; der Besitz einer Flotte wird durch Hdt. VIII 66, 2 bestätigt) und Aigina (Thuk. I 108, 4), das 457 v. Chr. den Teil seiner Flotte an Athen abgab, der nach dem Verlust von ca. 70 Schiffen an Athen im Jahr 459 v. Chr. übrig geblieben war (einige dieser Schiffe waren Neubauten).[46]

Dieses letzte Beispiel führt zum dritten Mittel, das im 4. Jahrhundert dazukam und die anderen an Bedeutung übertraf, nämlich:
3. Die Eroberung feindlicher Schiffe: Um nur ein Beispiel aus dem 5. Jahrhundert zu geben, zerstörten die Athener und ihre Verbündeten am Eurymedon Teile der phönizischen Flotte von 200 Trieren (ca. 467 v. Chr.; Thuk. I 100, 1); für das 4. Jahrhundert genügt es, auf die große Zahl von Schiffen zu verweisen, die als „erobert" (αἰχμάλωτος) in den Seeurkunden aufgeführt wurden.[47]

Wir haben keine vollständigen Aufzeichnungen über alle Umstände, die sich auf jede dieser drei Erwerbungsformen beziehen, geschweige denn Zahlen für jeden Einzelfall; nur in einem Fall des 5. Jahrhunderts, dem von Samos, wissen wir zufällig die ungefähre Größe der eingezogenen Flotte – kurz vor der Beschlagnahmung waren 70 Schiffe aktiv (Thuk. I 116, 1). Dennoch scheint sogar angesichts dieser Mängel die Aussage richtig zu sein, dass jede Beschlagnahmung aus 40 bis 60 Schiffen, in einigen Fällen sogar bis zu 70 Schiffe bestehen konnte.

Wenn man als sicher annimmt, dass alle diese Flotten attisches Eigentum wurden, wie beeinflussten sie die Gesamtzahl bis zu den frühen 430er Jahren? Unzweifelhaft hätten sie – allerdings nur von Zeit zu Zeit – die Bundesflotte drastisch vergrößert. Dies trifft auch zu, wenn die aktuellen Verluste der Athener gebührend berücksichtigt werden, einschließlich der größten vor der Sizilischen Expedition (415–413 v. Chr.) nämlich die 454 v. Chr. in Ägypten erlittenen Verluste, die immerhin nicht so groß gewesen sein können, wie es Thukydides impliziert.[48] Somit ist die vorgeschlagene Gesamtsumme von 400 Schiffen im Jahr 431 v. Chr. realistisch. 431 entschieden die Athener, dass jährlich die besten 100 Trieren als ἐξαίρετοι beiseite genommen werden sollten, das heißt wie die gleichzeitig beschlossene Reserve von 1000 Talenten, die nur im äußersten Notfall angetastet werden sollte (Thuk. II 24, 1–2). Im Sommer 428 v. Chr. waren 250 Schiffe gleichzeitig aktiv (Thuk. III 17, 2). Es wird allgemein angenommen, dass ein Teil oder alle 100 ἐξαίρετοι kurz nach 431 eingesetzt wurden und dass sie unter den 250 Schiffen des Jahres 428 waren.[49] Aber diese Annahme scheint nicht vertretbar zu sein.[50] Die 100 Reserveschiffe müssen zusätzlich zu den 250 gesehen werden, die im Sommer 428 im Einsatz waren.[51] Daraus folgt, dass in diesem Jahr die Flotte sicher über 350 Schiffe, vielleicht nicht weniger als 400 Trieren zählte. Mit großer Wahrscheinlichkeit kann auch die 427 v. Chr. beschlagnahmte mytilenische Flotte (unbekannter Größe) zu den bereits vorhandenen 400 Schiffen addiert werden.

Ein Einwand gegen diese Ausführungen könnte sein, dass die drei Militärhäfen des Peiraieus (Zea, Mounichia und Kantharos) noch nicht über die Kapazität verfügten, um eine Flotte von 400 (manchmal sogar mehr) Schiffen unterzubringen. Eine große Summe, die bekanntermaßen um 434/33 für die Werften (νεώρια) ausgegeben wurde, könnte gut mit der Erweiterung der existierenden Schiffshäuser (νεώσοικοι) in Verbindung gebracht werden;[52] aber deren Kapazität sowohl in diesem Jahr als auch um 431 bleibt uns verborgen. Die erste sicher belegbare Gesamtsumme für die Schiffshäuser ist 100 Jahre jünger; es ist die Zahl von 372 Häusern, die die Flottenbeamten von 330/29 v. Chr. als Ergebnis der letzten Vergrößerung aufzeichnete. Unterwasserforschungen, die zur Zeit im Zusammenhang mit dem Zea Hafen-Projekt durchgeführt werden, dürften neues Licht auf die Entwicklung der Flotteneinrichtungen des 5. und 4. Jahrhunderts werfen.[53] Gegenwärtig haben wir nur eine konkrete, datierbare Aussage für eine beträchtliche Vergrößerung, nämlich im Jahr 330/29. Die vorläufige Schlussfolgerung muss daher lauten, dass das Flottenhauptquartier im Peiraieus in den frühen 430er Jahren wahrscheinlich keine 400 Trieren unterbringen konnte. Jedoch ist die Größe der Flotte, die im Peiraieus stationiert werden konnte, eine Sache, eine andere ist die Gesamtgröße der Bundesflotte. Andokides (III, 38) berichtet, dass es Teil der Herrschaftspolitik des 5. Jahrhunderts war, dass *„solche Poleis, die keine Trieren hatten, solche von uns erhalten sollten"*; im übrigen waren die 200 Schiffe, mit denen die Milesier ihre Flottenkampagne von 500 v. Chr. ausführten, noch von einer anderen Großmacht, Persien, gestellt worden (Hdt. V 31–32). Generell wurde das Bedürfnis nach überseeischen Flottenstützpunkten auch durch den begrenzten Aktionsradius einer Triere hervorgerufen.[54] Daher sieht es sehr danach aus, als ob während der attischen Seeherrschaft eine unterschiedliche Zahl von Trieren der attischen Flotte nicht im Peiraieus stationiert war, sondern in Häfen von Verbündeten. Diese Praxis ist auch im 4. Jahrhundert nachzuweisen.[55]

Zusammenfassend benutzte Athen im 5. und 4. Jahrhundert verschiedene Methoden, um seine Flotte zu ergänzen und zu vergrößern. Das hatte zur Folge, dass die Kosten für die Flotte in diesem Gebiet niedriger gehalten wurden, als sie anderenfalls hätten sein können.

Betriebskosten

Auf den ersten Blick scheint das Schätzen der Kosten von Flottenoperationen eine einfache Angelegenheit zu sein. Da wir Zusammensetzung und Größe einer Trierenbesatzung kennen und verschiedene Informationen zum Tagessold der Besatzungen haben, ist es ziemlich leicht, unsere „Basiseinheit" zu berechnen, das heißt die Kosten eines Schiffes auf See pro Tag.

Die übliche Besatzung einer Triere bestand aus 200 Mann, die in drei Gruppen eingeteilt waren: (a) 170 Ruderer (ναῦται), (b) eine Gruppe von 16 Matrosen (als Sammelbezeichnung ὑπηρέσια genannt) und (c) 14 Soldaten (zehn Hopliten und vier Bogenschützen).[56] Es muss aber daran erinnert werden, dass wir bislang weder etwas über die Größe noch die Zusammensetzung der Besatzung der neuen Kriegsschiffstypen wissen, deren intensiver Gebrauch in der zweiten Hälfte des 4. Jahrhunderts begann, den Tetreren („Vierer") und Penteren („Fünfer").

Der Tagessold pro Mann war nach unseren Quellen Schwankungen unterworfen, manchmal innerhalb einer sehr kurzer Zeit, zwischen zwei Obolen und einer Drachme.[57] Trotzdem hat man sich jetzt darauf geeinigt, dass eine Drachme pro Mann und Tag den Standardsold darstellte.[58] Somit betrugen die Ausgaben für den Unterhalt eines Schiffes insgesamt 200 Drachmen pro Tag und 6000 Drachmen (beziehungsweise ein Talent) pro Monat. Zum Beispiel stellte 415 v. Chr. die Stadt Segesta 60 Talente bereit, um 60 athenische Schiffe einen Monat lang zu bezahlen, was auf eine Drachme pro Mann und Tag hinausläuft. Daher können wir, angenommen wir kennen die Dauer eines Einsatzes und die Zahl der beteiligten Schiffe, die gesamten Betriebskosten einer Kampagne abschätzen; tatsächlich könnten wir mit der gleichen Methode auch Flottenausgaben während eines ganzen Krieges grob abschätzen. Jedoch ist dies alles aus zwei zusammenhängenden Gründen ziemlich trügerisch.

Erstens ist es wichtig – in diesem Bereich mehr als in jedem anderen – zwischen öffentlichen und privaten Ausgaben zu unterscheiden.[59] Zu einem frühen Zeitpunkt zwischen 525 und 500 v. Chr. hatte Eretria nicht nur die Soldzahlungen (μισθός) an die Schiffsbesatzungen institutionalisiert, sondern auch ein Gesetz verabschiedet, das die finanzielle Verantwortung aufgeteilt zu haben scheint, indem es die Verpflichtung des Staates festlegte: Nach diesem Gesetz musste der μισθός an die Mannschaften aus öffentlichen Mitteln bezahlt werden, wenn man (bei Einsätzen) jenseits euböischer Gewässer, das heißt jenseits von Kap Kenaion oder den Petalischen Inseln, segelte; implizit heißt das, dass bei Fahrten innerhalb euböischer Gewässer die Bezahlung aus privaten Mitteln sichergestellt wurde.[60] Während seiner Teilnahme an den „nationalen" Kriegsanstrengungen des Jahres 480 v. Chr. unterhielt der Athener Kleinias, Sohn des Alkibiades seine Trieren-Mannschaft gänzlich aus privaten Mitteln (δαπάνην οἰκηίην: Hdt. VIII 17; vergleiche Plut. Alc.1); die Tatsache, dass Herodot diese Information überliefert, kann implizieren, dass andere Trierenkapitäne ihre Mannschaften aus öffentlichen Mitteln besoldeten. Kleinias war nicht allein; wir wissen, dass er Zeitgenossen beziehungsweise nahe Zeitgenossen in Athen (zum Beispiel Miltiades, Sohn des Kimon im Jahr 493 v. Chr.) und anderswo (zum Beispiel Philippos, Sohn des Boutakides aus Kroton im Jahr 480 v. Chr.) hatte, die private Kriegsschiffe besaßen und Mannschaften auf eigene Kosten unterhielten, sowohl um ihre Schiffe für private Zwecke einzusetzen, als auch als Teil größerer Flotten, die öffentliche (oder „nationale") Ziele verfolgten.[61] Seit ca. 500 v. Chr., in einigen Staaten vielleicht auch früher, begannen die Aufwendungen für das Militär im Allgemeinen und die Flottenaufwendungen im Besonderen sich zunehmend zur öffentlichen Verpflichtungen zu entwickelte.[62] Doch wurde die private Finanzierung beibehalten, wenn auch unterschiedlich in Form und Umfang. Zwischen 440 und 420 v. Chr. zum Beispiel bekamen die Hopliten der Polis Lindos (auf Rhodos) ihren μισθός aus öffentlichen (δημοσίαι) und privaten (ἰδίαι) Mitteln.[63] Weitere Beispiele aus klassischer und hellenistischer Zeit sind bekannt.[64]

Der zweite Grund ist eine direkte Folge des ersten: In den meisten Fällen bezieht sich die Überlieferung nur auf öffentliche Ausgaben. Zum Beispiel zahlten die Schatzmeister der Athena für die Belagerung von Samos im Jahr 440 v. Chr. 1276 (oder vielleicht auch 1404) Talente (das heißt 7.656.000 beziehungsweise 8.424.000 Drachmen) an die Strategen, die die Expeditionsstreitmacht von 60 Schiffen führten; dies ist die einzige überlieferte Zahlung und eine Auszahlung aus einer einzelnen Tempelkasse für einen Einsatz von neun Monaten.[65] Als Athen im Jahr 433/32 v. Chr. für Korkyra Flottenunterstützung bereitstellte, zahlten die Schatzmeister der Athena 26 Talente für die erste Schwadron von 10 Schiffen, die Athen verließen, und 23 Tage später weitere 50 Talente für die zweite Schwadron von 20 Schiffen;[66] auch in diesem Fall können wir nicht sagen, ob die 76 Talente die Gesamtausgaben für eine Operation, die von August bis Oktober dauerte, darstellten.[67] Für die gesamte klassische Zeit sind wir nur durch ein Beispiel über die Gesamthöhe einer für eine Kampagne ausgegebenen Geldsumme und die Dauer dieser Kampagne unterrichtet: Für die zweieinhalbjährige Belagerung von Poteidaia (431–429) berichtet Thukydides, dass die Athener insgesamt 2000 Talente (beziehungsweise 12.000.000 Drachmen) ausgaben[68] – und wir sollten anmerken, dass der Peloponnesische Krieg damals gerade einmal drei Jahre dauerte. Auch wenn dieser Betrag beträchtlich ist, beinhaltet er nur die Ausgaben aus öffentlichen Mitteln; Thukydides betont dieses explizit (Thuk. II 70, 2: ἀνηλωκυίας […] τῆς πόλεως).

Die Aufteilung der finanziellen Verantwortung in „öffentlich" und „privat" blieb ein festes Merkmal des attischen Flottenbudgets im 5. und 4. Jahrhundert. Trotz der Existenz eines vollständigen Staatsmonopols auf Marineaktivitäten und die Flotte in Athen nach 480 v. Chr. – und der Befürwortung der Ansicht, dass die Flottenfinanzierung weitgehend eine öffentliche Angelegenheit war[69] – bildeten private Mittel zu allen Zeiten eine unentbehrliche und beträchtliche Ergänzung der öffentlichen Mittel. Das Funktionieren dieses Systems wurde hauptsächlich durch eine institutionelle Neuerung sichergestellt, die den bloßen Befehl über eine Triere (das heißt eine einfache τριηραρχία) in eine steuerliche Verpflichtung umwandelte, die gesetzlich festgelegt und geregelt war (das heißt die τριηραρχία als Leiturgie).[70] Als Verantwortlicher für die hohe taktische Leistungsfähigkeit, die von einem Kriegsschiff unter seinem Kommando erwartet wurde, und als Verantwortlicher für die Sicherheit eines wertvollen Objekts öffentlichen Eigentums hatte der Trierarch in seiner festgelegten Rolle als finanzieller „Stoßdämpfer" oft einen großen Teil der Flottenkosten aus eigenen Mitteln zu tragen. Die Höhe hing von den Umständen ab. In manchen Fällen erfahren wir etwas von den Aufwendungen der Trierarchen: 8000 Drachmen in drei Jahren (das heißt ein jährlicher Durchschnitt von 2666 Drachmen: Lys. XIX 29); zwei Syntrierarchen gaben 4800 Drachmen aus (das heißt jeder 2400 Drachmen: Lys. XXXII 16); ein anderer gab in sieben Jahren sechs Talente aus (jährlicher Durchschnitt 5142 Drachmen: Lys. XXI 2); Demosthenes zahlte 2000 Drachmen für eine „gemietete" Trierarchie, das heißt als abwesender Trierarch (Dem. or. XXI 80; XXVIII 17). In keinem dieser Fälle wissen wir jedoch etwas über die tatsächliche Dienstzeit. Das Beste, was wir im Moment tun können, ist, hier kurz die Hauptfaktoren aufzulisten, die solche Aufwendungen beeinflussten.

Um die Leistung ihres Schiffes zu verbessern, beschäftigten Trierarchen Kernmannschaften, denen sie Boni und Vorauszahlungen gewährten: Bei der Sizilischen Expedition 415 v. Chr. wurde die Flotte „durch große Aufwendungen der Tierarchen und des Staates" ausgerüstet, wobei der Staat eine Drachme μισθός an jeden Ruderer zahlte und die Trierarchen Boni (ἐπιφοραί) an diejenigen Ruderer zahlten, die die oberen Bänke bemannten, die θρανίται (Thuk. VI 31, 1–3). Erfahrene ὑπηρέσιαι, insbesondere für ihre Fähigkeiten weithin bekannte Steuermänner, waren begehrt und bekamen einen höheren Sold als die restliche Mannschaft.[71] Geschickte Ruderer, von den Trierarchen auf dem freien Markt angeworben, um unerfahrene (und fehlende) Wehrpflichtige zu ersetzen, beanspruchten Boni und höheren Sold als den üblichen.[72] Das traf auch auf Ersatzmannschaften zu, die im Ausland angeworben wurden, um Deserteure zu ersetzen.[73] Desertionen scheinen ein chronisches Problem gewesen zu sein.[74] Um diesem vorzubeugen, behielt der Staat manchmal Teile der Heuer bis zur Rückkehr in den Hafen von Peiraieus zurück.[75] Um darüber hinaus den Gegner zu schwächen, versuchte eine Flotte oft, die Mannschaften des Feindes mit dem Angebot höherer Soldzahlungen abzuwerben.[76] In jedem dieser Fälle dürften die Trierarchen die Forderungen ihrer Mannschaften erfüllt haben, um nicht mit einem leeren Schiff zurückzubleiben. „Voller Flottensold" (μισθὸς ἐντελής), oder „voll bezahlte Ruderer" (ναῦται ἐντελόμισθοι) werden manchmal so benutzt, als ob sie Fachausdrücke geworden seien,[77] was für die Erwartungen und Forderungen von erfahrenen Fachleuten kennzeichnend ist.

Zu all dem oben Erwähnten müssen wir schließlich die Tatsache hinzufügen, dass ein Trierarch häufig gezwungen war, seine Besatzung aus eigenen Mitteln zu besolden und mit Lebensmitteln zu versorgen: Entweder weil überhaupt keine öffentlichen Mittel für eine Expeditionsstreitmacht bewilligt worden waren oder weil diese nicht ausreichten[78] oder weil eine Reihe von Umständen die Flotte zwang, für einen längeren Zeitraum im Einsatz zu bleiben, als öffentliche Mittel zur Verfügung standen. Tatsächlich war ein allgemein anerkanntes Merkmal der Flottenausgaben ihre starke Unberechenbarkeit, sowohl im Hinblick auf die Höhe der einzubeziehenden Beträge als auch hinsichtlich des Zeitpunkts und des Rhythmus der Ausgaben. Wenn wir die täglichen Kosten für eine Triere zu See nicht mit 200, sondern mit der realistischeren Summe von 350 bis 400 Drachmen ansetzen (womit öffentliche und private Aufwendungen eingeschlossen sind), dann würden sich die Betriebskosten einer Flotte von 120 Schiffen auf 42.000–48.000 Drachmen pro Monat summieren.[79]

Überdies scheint die Einführung neuer taktischer Konzepte diese Angelegenheiten stark beeinflusst zu haben. Kurz gesagt, kann die Formel „200 Drachmen pro Tag für ein Schiff im Einsatz" (siehe oben) gut auf ein taktisches Konzept angewendet werden, bei dem „Seekrieg" gleich „Seeschlacht" ist, das heißt ein kurzes, formales Treffen zwischen zwei gegnerischen Flotten. Aber es kann kaum auf die neuen taktischen Konzepte angewendet werden, die seit 431 v. Chr. zunehmend an Boden gewannen, namentlich Belagerungen und kombinierte Seeraubzüge. Die Tatsache, dass beides in viel entwickelter Form im Hellenismus erscheint – begleitet von der Erfindung viel raffinierterer Kriegsgeräte – sollte uns nicht dazu verleiten, ihre Bedeutung im 5. und 4. Jahrhundert herabzusetzen.[80] Was Belagerungskriegführung und Seeraubzüge auszeichnet, ist die gleichzeitige Teilnahme von und die enge Interaktion zwischen Landarmee, Kavallerie und Flotte. Bei Belagerungen veränderten die zusammenhängenden Aktionen von Flotten und großen Einheiten zu Fuß oder zu Pferde die traditionellen Flottenoperationen in amphibische Operationen. So war es auch bei den kombinierten Seeraubzügen, bei denen Truppentransporter (στρατιώτιδες), Pferdetransporter (ἱππαγωγοί) und schnellsegelnde Angriffsschiffe (ταχυναυτοῦσαι τριήρεις) einander beim Erreichen eines einzelnen militärischen Ziels unterstützten. Einerseits erhöhten solche kombinierten Flotten die Mobilität der Landstreitkräfte, indem sie sie in großer Zahl in entfernte Einsatzgebiete transportierte. Andererseits brachten sie Abteilungen von Hopliten, leichtbewaffneten Truppen und Reitern an feindliche Küsten, wo sie an Land gingen, um blitzschnelle Überraschungsangriffe durchzuführen.

Diese neuen taktischen Konzepte hatten zwei Konsequenzen: (a) Die Kosten für „Landkriegführung" und „Flotte" wurden stärker miteinander vermischt, als es vorher der Fall war; (b) Oft neigten alle Arten von Militärkosten (für die Flotte, Kavallerie und Landtruppen) zu schnellen und parallelen Schwankungen.[81] Alle diese Faktoren und die Zahl der Unabwägbarkeiten, die sie begleiteten, trugen zur Unberechenbarkeit der Militärkosten (speziell im Bereich der Flotte) bei. Ein Hauptgrund, warum Flottenbudgets für uns schwer zu berechnen sind, ist, dass sie auch für zeitgenössische Militär-Planer schwer zu berechnen waren. Es ist bezeichnend, dass der einzige erhaltene Versuch einer Budget-Planung von Flottenausgaben, Demosthenes' Vorschlag von 351 (oder 349) bezüglich der Einführung einer stehenden Flotte, auch Zeugnis über die Unfähigkeit der Athener ablegt, die Flottenkosten in ihrer Gesamtheit vorherzusagen – ganz zu schweigen davon, sie aufzubringen: Nachdem er sehr detailreich die finanziellen Verantwortlichkeiten des Staates beschrieben hat, endet der Autor dieses Vorschlags mit dem Eingeständnis, dass andere, zusätzliche Finanzquellen benutzt werden müssten, um unvorhergesehene Ausgaben zu decken (Dem. or. IV 16, 29). All dies passt gut – und liefert in der Tat einen erhellenden Zusammenhang – zu der Bemerkung eines Redners des 4. Jahrhunderts, dass *„Krieg nicht durch feste Beiträge ernährt wird"* (οὐ τεταγμένα σιτεῖται πόλεμος) – eine Anspielung auf die συντάξεις, die von den Mitgliedern des Zweiten Attischen Seebundes zu zahlen waren.[82]

Fazit

Sogar im Fall der am besten dokumentierten Seemacht (das heißt dem klassischen Athen) haben wir gesehen, wie unvollkommen unsere Beweislage ist, die uns bloß wenige quantitative (oder quantifizierbare) Informationen liefert. Insbesondere in einem wichtigen Ausgabenbereich, den landgestützten Einrichtungen, tappen wir noch völlig im Dunkeln. Doch trotz dieser Einschränkungen verdeutlichen die überlieferten Hinweise, dass die finanziellen Herausforderungen während der ganzen klassischen Zeit enorme Ausmaße besaßen. Genauer gesagt, unterstreicht die oben diskutierten Quellenlage den Nachdruck, mit dem griechische Autoren des 5. und 4. Jahrhunderts wiederholt auf zwei unumstößliche Fakten hinwiesen.

Erstens war bereits ab etwa 500 v. Chr. der Besitz und Einsatz von Flotten eine zunehmend kostspielige Angelegenheit. Herodot erwähnt zum Beispiel die großen Aufwendungen der Perser und Naxier während der fünfmonatigen Belagerung von Naxos im Jahr 499 v. Chr.: Die Perser gaben alle Mittel, die sie mitgebracht hatten, aus (κατεδεδαπάνητο), während die Naxier ihrerseits beträchtliche Mittel benötigten, um der Belagerung zu widerstehen (Hdt. V 34). Wie nun gezeigt worden ist,[83] unterstreicht Thukydides die Wichtigkeit der Finanzen während des Peloponnesischen Krieges (431–404 v. Chr.), indem er vier Schlüsselbegriffe benutzt: παρασκευή („Flottenrüstung"), δαπάνη („Aufwand"), πρόσοδος („Einnahmen") und περιουσία χρημάτων („Geldüberschuss"); alle vier Begriffe begleiten Thukydides' Erklärung, wie Seeherrschaft (θαλασσοκρατία) zu erringen sei (zum Beispiel Thuk. I 2, 2; I 80–85). Im 4. Jahrhundert schrieb Xenophon, er sei sich *„der Tatsache bewusst, dass Trierenflotten oft* *unter großem Aufwand ins Ausland geschickt werden, obwohl niemand weiß, ob das Ergebnis der Expedition gut oder schlecht sein wird; das einzig Sichere ist, dass diejenigen, die Geld für diesen Zweck zur Verfügung gestellt haben, dieses niemals zurückbekommen werden, noch an den Dingen, für die das Geld ausgegeben wurde, jemals teilhaben werden"* (Xen. Vect. III 8).

Zweitens wurde erkannt, dass der Zusammenhang zwischen Geld und Seekriegführung so stark geworden war, dass Geld oder Reichtum allein schon als Waffe betrachtet wurde. Tatsächlich hielt es 431 v. Chr. der Spartanerkönig Archidamos für richtig, die Wirksamkeit des Geldes höher als die gewöhnlicher Waffen zu bewerten, als er erklärte: *„Krieg ist keine Angelegenheit der Waffen, sondern des Geldes, das den Waffen ihre Nützlichkeit gibt"* (Thuk. I 83, 2–3). Der allgemeine Hintergrund dieser Äußerung ist der deutliche Kontrast zwischen Athens, vor allem auf Tributen basierender, finanzieller Überlegenheit und der finanziellen Knappheit, die den Peloponnesischen Bund plagte; eine Knappheit, die kurzfristig nur durch öffentliche Anleihen bei den Tempelschätzen von Olympia und Delphi behoben werden konnte (Thuk. I 121, 3).[84] Ebenso sah es Artaxerxes II. im Königsfrieden von 387/86 v. Chr. als geeignet an, diese neue Waffe des Zeitalters zur Schau zu stellen, indem er feierlich ankündigte, all jene zu bestrafen, die seinen Friedensvorschlag nicht akzeptierten, indem er Krieg gegen sie führte *„zu Land und auf See, mit Schiffen und mit Geld"* (καὶ ναυσὶ καὶ χρήμασιν: Xen. Hell. V 1, 31; siehe Sinclair [1978]). Wenn das Geld in diesen Beispielen Seite an Seite mit traditionellem Kriegsgerät steht, dann deshalb, weil bis dahin von allen erkannt wurde, dass Seekriegführung der größte Kostenfaktor war. Wenn Lysias im 4. Jahrhundert Trieren metaphorisch als „gefräßig" (ἀδηφάγοι τριήρεις) beschreibt, bezieht er sich einfach auf die Geschwindigkeit, mit der die Trierenflotte ständig große Mengen Geldes verschlang (Lys. fr. 39 [Thalheim]).

Diese und andere Bemerkungen zum selben Phänomen zeigen deutlich, dass die klassische griechische Kriegführung zu einer durch und durch monetären sowie einer viel kostspieligeren Angelegenheit als in archaischer Zeit geworden war. Zusätzlich verweisen sie auf die Seekriegführung als den Faktor, der primär für diese Entwicklung verantwortlich war. Aus diesem Grund ist es wichtig zu fragen: Wie suchten diese griechischen Poleis, die beschlossen – um aktive Spieler in der Machtpolitik zu bleiben –, nicht nur eine Flotte, sondern eine Marine (ναυτικόν) zu unterhalten, den oft niederschmetternden finanziellen Herausforderungen entgegenzutreten? Welche ökonomischen Ressourcen zapften sie an, um Münzen in der notwendigen Qualität zu beschaffen und welche Einrichtungen (politische oder steuerliche) unterstützten jeweils den Prozess der Ressourcenausbeutung? Und was war der Grund, warum sich einige Seemächte dazu entschieden, im Stil Athens ihre Flotten vollständig zu verstaatlichen, während andere große Teile ihrer Flotten in Privatbesitz ließen (und damit unter persönlicher finanzieller Verantwortung)? Und was war schließlich die Auswirkung dieser Tatsachen auf die Sozialstruktur und den politischen Status der Polis? Diesen und ähnliche Fragen nachzugehen, bedarf es jedoch einer gesonderten Studie.

Anhang

Tabelle 1: Ausrüstung des Jahres 357/56 (Gesamtzahl der Schiffsrümpfe: 283)[a].

Ausrüstung	allgemeines Werftpotential		überlieferter Mangel		wirkliches Potential	erwarteter Mangel
	vollständig ausgerüstete Schiffe	Anzahl der Einheiten	Fehlende Einheiten	unvollständig ausgerüstete Schiffe	vollständig ausgerüstete Schiffe	unvollständig ausgerüstete Schiffe
1. ταρροί (Ruderblätter)	233 (82,3%)	39.610 Ruder	881 Ruder	5,1	227,9 (80,6%)	50 (17,7%)
2. πηδάλια (Steuerruder)	234 (82,7%)	469	–	–	234	48 (17,3%)
3. κλιμακίδες (Schiffsleitern)	232 (82%)	465 mit 1 mehr	–	–	232	50 (17,7%)
4. κοντοί (Ruderstangen)	225 (79,5%)	677 mit 2 mehr	–	–	255	57 (20,2%)
5. παραστάται (Maststützen)	227 (80,2%)	454	–	–	227	56 (20%)
6. ἱστοὶ μεγάλοι (große Mastbäume)	185 (65,4%)	185	–	–	185	98 (34,6%)
7. κεραῖαι μεγάλαι (große Rahen)	200+	400+	–	–	200+	–
8. ἱστοὶ ἀκάτειοι (Fockmasten)	[?]	[?]	–	–	[?]	[?]
9. τοπεῖα (Taue) mit individuellen Angaben zu: ἄγκοινα: 1 ἱμάντες: 2 πόδες: 3 ὑπέραι: 3 χαλινός: 1 κάλως: 8	89 (31,5%)	–	–	–	89	194 (68,5%)
10. ὑποβλήματα (Unterlagen)	91 (32,2%)	91	–	–	91	192 (67,8%)
11.	91 (32,2%)	91	–	–	91	192 (67,8%)

καταβλήματα (Persenning)						
12. παράρυμα λευκά (weiße Schiffsschutzdecke)	[?]	[?]	–	–	[?]	[?]

a) IG II² 1611. Gemäß der Einführungsformel am Anfang der Liste (Z. 10–18) beinhalten die Rubriken (a) Ausrüstung in den Werften, (b) in der Skeuotheke, (c) ausstehend von den Marinebeamten und Trierarchen und (d) gegenwärtig in Kommission. Alle Angaben für die Schiffe, die komplett ausgerüstet werden, geben das vollständige Werftpotential wieder. Einheiten, die als fehlend aufgeführt werden, werden von der Gesamtsumme abgezogen; ihr Fehlen ist unabhängig davon, ob sie in Kommission sind oder noch von Marinebeamten und Trierarchen ausstehen.

Literatur

Andreades, Andreas.: A History of Greek Public Finance, Bd. 1, Cambridge 1933.
Baker, Patrick: Cos et Calymna, 205–200 a. C.: Esprit civique et défense nationale, Québec 1991.
Blackman, David: The Athenian Navy and Allied Naval Contributions in the Pentakontaetia, in: Greek, Roman and Byzantine Studies 10 (1996) 179–216.
Böckh, August: Urkunden über das Seewesen des attischen Staates, Berlin 1840.
Böckh, August: Die Staatshaushaltung der Athener, 2 Bde., Berlin ³1886.
Brun, Patrice: Esiphora – Syntaxeis – Stratioktika. Recherches sur les finances militaires d'Athènes au IVe siècle av. J.-C. Centre de recherches d'histoire ancienne, 50. Annales litteraires de l'Université de Besançon, 284, Paris 1983.
Burke, Edmund M.: Lycurgan Finances, in: Greek, Roman and Byzantine Studies 26 (1985) 251–264.
Cairns, Francis: The „Laws of Eretria" (IG XII.9.1273 and 1274): Epigraphic, Legal, Historiographical and Political Aspects, in: Phoenix 45 (1991) 291–313.
Cargill, Jack: The Second Athenian League: Empire or Free Alliance? Berkeley – Los Angeles 1981.
Cawkwell, George L.: Athenian Naval Power in the Fourth Century, in: Classical Quarterly n. s. 34 (1984) 334–345.
Davies, John Kenyan: Demosthenes on Liturgies: A Note, in: Journal of Hellenic Studies 87 (1967) 33–40.
Davies, John Kenyan: Wealth and the Power of Wealth in Classical Athens, Salem 1981.

de Souza, Philip: Towards a Thalassocracy? Archaic Greek Naval Developments, in: N. Fischer, H. van Wees (Hgg.): Archaic Greece: New Approaches and New Evidence, London – Swansea 1998, 271–293.

Dreher, Martin: Hegemon und Symmachoi: Untersuchungen zum Zweiten Athenischen Seebund, Berlin 1997.

Eddy, S. K.: Four Hundred Sixty Talents Once More, in: Classical Philology 63 (1968) 184–195.

Figueira, Thomas J.: Aegina: Society and Politics, New York 1981.

Figueira, Thomas J.: Xanthippos, Father of Perikles, and the Prutaneis of the Naukraroi, in: Historia 35 (1986) 257–279.

Figueira, Thomas J.: Athens and Aegina in the Age of Imperial Colonization, Baltimore 1991.

Figueira, Thomas J.: The Power of Money: Coinage and Politics in the Athenian Empire, Philadelphia 1998.

Fornara, Charles W.: On the Chronology of the Samian war, in: Journal of Hellenic Studies 99 (1979) 7–19.

Frisch, Hartvig: The Constitution of the Athenians. A Philological-Historical Analysis of Pseudo-Xenophon's Treatise De re publica Atheniensium, Kopenhagen 1942.

Gabrielsen, Vincent: The Naukrariai and the Athenian Navy, in: Classica et mediaevalia 36 (1985) 21–51.

Gabrielsen, Vincent: The Antidosis Procedure in Classical Athens, in: Classica et mediaevalia 38 (1987) 7–38.

Gabrielsen, Vincent: Financing the Athenian Fleet: Public Taxation and Social Relations, Baltimore – London 1994.

Gabrielsen, Vincent: Naval Warfare: Its Economic and Social Impact on Ancient Greek Cities, in: T. Bekker-Nielsen, L. Hannestad (Hgg.): War as a Cultural and Social Force: Essays on Warfare in Antiquity. Det Kongelige Danske Videnskabernes Selskab. Historisk-filosofiske Skrifter 22, Kopenhagen 2001, 72–89.

Gabrielsen, Vincent: Socio-economic Classes and Ancient Greek Warfare, in: K. Ascani u. a. (Hgg.): Ancient History Matters. Studies Presented to Jens Erik Skydsgaard on His Seventieth Birthday, Rom 2002, 203–229.

Gabrielsen, Vincent: Warfare and the State, in: P. Sabin u. a. (Hgg.): The Cambridge History of Greek and Roman Warfare, Vol. 1: Greece, the Hellenistic World and the Rise of Rome, Cambridge 2007, 248–272.

Garlan, Yvon: Recherches de poliorcéticque grecque, Paris 1974.

Gomme, Arnold Wycombe: A Forgotten Factor of Greek Naval Strategy, in: Journal of Hellenic Studies 53 (1933) 16–24.

Gomme, Arnold Wycombe: A Historical Commentary on Thucydides, 5 Bde., Oxford 1945–1981 (Bd. 1: 1945, Bd. 2: 1956, Bd. 3: 1962, Bd. 4: 1970, Bd. 5: 1981). Bd. 4 und 5 hrsg. von Antony Andrewes und Kenneth James Dover.

Haas, C. J.: Athenian Naval Power before Themistocles, in: Historia 34 (1985) 29–46.

Holladay, A. J.: The Hellenic Disaster in Egypt, in: Journal of Hellenic Studies 109 (1989) 176–182

Hornblower, Simon: A Commentary on Thucydides, Bd. 1, Oxford 1991.

Hornblower Simon; Spawforth Antony (Hgg.): Old Oligarch, in: Oxford Classical Dictionary, Oxford ³1996, 1064–1065.

Hornblower, Simon: The Old Oligarch (Pseudo-Xenophon's Atheniaion Politeia) and Thucydides. A Fourth-Century Date For the Old Oligarch?, in: P. Flensted-Jensen u. a. (Hgg.): Polis and Politics: Studies in Ancient Greek History Presented to Mogens Hernan Hansen on his Sixtieth Birthday, August 20, Kopenhagen 2000, 363–384.

Jordan, Borimir: The Athenian Navy in the Classical Period: A Study of Athenian Naval Administration and Military Organization in the Fifth and Fourth Centuries B. C., Berkeley – Los Angeles 1975.

Kallet-Marx, Lisa: Money and the Corrosion of Power in Thucydides: The Sicilian Expedition and its Aftermath, Berkeley 2001.

Kallet-Marx, Lisa: Money, Expense and Naval Power in Thucydides' History 1–5.24, Berkeley 1993.

Kern, Paul Bentley: Ancient Siege Warfare, Bloomington 1999.

Köhler, Ulrich: Eine attische Marineurkunde, in: Mitteilungen des Deutschen Archäologischen Instituts (Abt. Istanbul) 4 (1879) 79–89.

Kolbe, Walther: De Atheniensium re navali questiones selectae, Tübingen 1899.

Kolbe, Walther: Zur athenischen Marineverwaltung, in: Mitteilungen des Deutschen Archäologischen Instituts (Abt. Istanbul) 26 (1901), 377–418.

Kolonas, Lazaros: Ανασκαφή Οινιαδών. Τα νεώρια, in: Archaiognosia 6 (1989–1990) 153–159.

Lambert, Stephen D.: Herodotus, the Cylonian Conspiracy and the πρυτανίες τῶν ναυκράρων, in: Historia 35 (1986) 105–112.

Lewis, D. M.: The Tyranny of the Pisistratidae, in: The Cambridge Ancient History, Bd. IV, Cambridge ²1988, 287–302.

Loomis, William T.: The Spartan War Fund: IG V 1, 1 and a New Fragment, Stuttgart 1992.

Mann, Christian: Athlet und Polis im archaischen und frühklassischen Griechenland, Göttingen 2001.

Marsden, Eric W.: Greek and Roman Artillery: Historical Development, London 1969.

Marsden, Eric W.: Greek and Roman Artillery: Technical Treatises, Oxford 1971.

Meiggs, Russell: The Athenian Empire, Oxford 1972.

Meiggs, Russell: Trees and Timber in the Ancient Mediterranean World, Oxford 1982.

Migeotte, Léopold: Les souscriptions publiques dans les cités grecques, Genf – Québec 1992.

Morrison, John Sinclair: Hyperesia in Naval Contexts in the Fifth and Fourth Century B.C., in: Journal of Hellenic Studies 104 (1984) 48–59.

Morrison, John Sinclair u. a.: The Athenian Trireme: The History and Reconstruction of an Ancient Greek Warship, Oxford ²2000.

Morrison, John Sinclair; Williams, Roderick Trevor: Greek Oared Ships, 900–322 BC, Cambridge 1968.

Ostwald, Martin: Public Expense: Whose Obligation? Athens 600–454 B.C.E., in: Proceedings of the American Philosophical Society 139:4 (1995) 368–379.

Paton, William Roger; Hicks, Edward Lee: The Inscriptions of Cos, Oxford 1891.

Pritchett, William Kendrick: The Greek State at War, 5 Bde., Berkeley – Los Angeles 1971–1991 (Bd. 1: 1971, ²1974, Bd. 2: 1974, Bd. 3: 1979, Bd. 4: 1985, Bd. 5: 1991).

Rhodes, Peter John: The Athenian Boule, Oxford 1972.

Rhodes, Peter John: A Commentary on the Aristotelian „Athenaion Politeia", Oxford 1981.

Rosivach, Vincent J.: Manning the Athenian Fleet, 433–426 BC, in: American Journal of Ancient History 10 (1985) 41–66.

Schmidt, Kurt: Die Namen der attischen Kriegsschiffe, Leipzig 1931.

Scott, Lionel: Were There Polis Navies in Archaic Greece?, in: G. J. Oliver u. a. (Hgg.): The Sea in Antiquity, Oxford 2000, 93–116.

Schuller, Wolfgang: Die Herrschaft der Athener im Ersten Attischen Seebund, Berlin 1974.

Schweigert, Eugene: Fragments of the Naval Record of 357/6 B. C., in: Hesperia 8 (1939) 17–25.

Shear, Julia L.: Fragments of Naval Inventories From the Athenian Agora, in: Hesperia 64 (1995) 179–224.

Sinclair, R. K.: The King's Peace and the Employment of Military and Naval Forces 387–378 B. C., in: Chiron 8 (1978) 29–54.

Sommerstein, Alan H. (Hg.): Aristophanes: Knights, Warminster 1981.

Starr, Chester G.: The Influence of Sea Power on Ancient History, New York – Oxford 1989.

Thomsen, Rudi: Eisphora: A Study of Direct Taxation in Ancient Athens, Kopenhagen 1964.

Unz, Ron K.: The Surplus of the Athenian Phoros, in: Greek, Roman and Byzantine Studies 26 (1985) 21–42.

Wallinga, Herman T.: Ships and Sea-Power before the Great Persian War: The Ancestry of the Trireme, Leiden 1993.

Wilson, C. H.: Athenian Military Finances, 378/7 to the Peace of 375, in: Athenaeum 48 (1970) 302–326.

Wilson, Peter: The Athenian Institution of the *Khoregia*: The Chorus, the City and the Stage, Cambridge 2000.

Anmerkungen

[1] Aus dem Englischen übersetzt von Holger Müller.
[2] Wallinga (1993); de Souza (1998); Scott (2000).

[3] Skeptischer Standpunkt: Gabrielsen (1985) mit den früheren Sichtweisen. Neuformulierung der traditionellen Sichtweise: Figueira (1986); Lampert (1986); siehe auch Haas (1985) und Ostwald (1995).
[4] Böckh (1840); ders. (1886); Kolbe (1899); Andreades (1933).
[5] Amit (1965); Jordan (1975).
[6] Davies (1981).
[7] Thomsen (1964); Brun (1983); Cawkwell (1984); Gabrielsen (1994).
[8] Zum 5. Jahrhundert: Meiggs (1972); Schuller (1974); Kallet-Marx (1993); Figueira (1998); Kallet (2001). Zum 4. Jahrhundert: Cargill (1981); Dreher (1997); Robbins (1918).
[9] Siehe zum Beispiel Gabrielsen (1994); ders. (2001); ders. (2007). Siehe außerdem den Tagungsbeitrag von Angelos Chaniotis (vergleiche Einleitung Anm. 17).
[10] Gabrielsen (2007) 254–264.
[11] Das Problem ist nicht so sehr, das Auftreten solcher Bauprojekte zu dokumentieren oder abzuleiten, sondern überhaupt etwas über ihr Ausmaß und speziell ihre Kosten zu sagen. Ich kenne nur zwei Belege für Ausgaben in diesem Gebiet: (i) Im ersten der zwei sogenannten Kallias-Dekrete (wahrscheinlich ca. 431 v. Chr.) wird eine unspezifizierte, aber vermutlich hohe Geldsumme „für die Werften (νεώρια) und Mauern" erwähnt (IG I² 52; ML 58, Z. 31–32); (ii) IG II² 505 (302/01 v. Chr.), Z. 12–17 berichtet für die Zeit von 347/46 bis 323/22 v. Chr. von jährlichen εἰσφορά-Steuern von 10 Talenten pro Jahr zur Finanzierung „des Baus der νεώρια und der σκευοθήκη", das heißt für den Bau von Schiffshäusern, der in IG II² 1627, Z. 398 (330/29 v. Chr.) belegt ist, und die σκευοθήκη des Philon (Baubeginn 347/46: IG II² 1668; Unterbrechung: FGrHist 28: Philochoros F 56 a; Fertigstellung ca. 330/29 v. Chr.: IG II² 1627, Z. 288, 292, 296, 301–302, 407, 420); siehe Gabrielsen (1994) 149 und besonders 247 Anm. 10.
[12] IG I³ 18, Z. 15, 16 (Triakonteren, Pentekonteren); IG II² 1627 (330/29 v. Chr.), Z. 17–21.
[13] Morrison u. a. (2000).
[14] Böckh (1840) 196–210; Böckh (1886) 139–141; Pritchett (1991) 473; Eddy (1968) 189–192; Blackman (1969) 184; Unz (1985) 36 mit Anm. 57–58.
[15] Gomme (1956) 33 nimmt in Anm. 1 Bezug auf einen Aufsatz von M. Holroyd, der für die Gleichsetzung von drei Talenten mit einem Schiff eintritt. Böckh (1940) 196–210 (sowie ders. (1886) 139–141) argumentiert, dass ein Trierenrumpf ein Talent gekostet hat und die Ausrüstung ein weiteres Talent.
[16] IG I³ 494, Z. 77 (der Bau des Parthenon war 444/43 v. Chr. abgeschlossen) verzeichnet Zahlungen einer Summe an die τριηροποιοί, aber die genaue Zahl ist nicht erhalten (in IG I² mit 90.000 Drachmen ergänzt); unspezifische Summen an die τριηροποιοί finden sich auch in IG I³ 366, Z. 13 (Rechnungen der Schatzmeister der Athena von 431/30).
[17] Weitere Fragmente des 4. Jahrhunderts: Schweigert (1939) Nr. 5 und Shear (1995) mit SEG XLV 145–148 und Gabrielsen 1999. Für das 5. Jahrhundert sind nur drei Fragmente erhalten: IG I³ 598–600 (535–410 v. Chr.).
[18] IG II² 1628, Z. 350–368, mit Z. 339–349. Früheste datierbare Verpflichtung in Z. 419.
[19] Böckh (1940); Gabrielsen (1994) 139–142.
[20] Garnitur mit einem normalen, „schwereren" Segel: IG II² 1624, Z. 42–49; 1628, Z. 369–395; 1629, Z. 889–914, die sich alle auf die Verpflichtung gegenüber der Triere Charis Archeneo beziehen. Garnitur mit einem „leichteren", teureren Segel: IG II² 1623, Z. 326–333; 1628, Z. 100–108; 1629, Z. 707–715, die sich alle auf die Verpflichtung gegenüber der Triere Demokratia Chairestatou beziehen.

[21] Trieren-Ausrüstung: IG II² 1631, Z. 444–448 (Boetheia Smikrionos); der Betrag von 4100 Drachmen ergibt sich aus der Subtraktion von 1200 Drachmen vom Gesamtbetrag, der von den Triarchen gezahlt wurde (1200 Drachmen hatten die Reparaturkosten jedes Rumpfes abzudecken.). Tetreren-Ausrüstung: IG II² 1629 (von 325/24 v. Chr.), Z. 639–646 (Aktis Epigenous). In keinem der beiden Fälle wird angegeben, ob ein „leichtes" Segel enthalten ist.

[22] Die Belege dafür werden bei Gabrielsen (1994) 149–169 diskutiert. Eine Erörterung der Unterschiede zwischen Trieren- und Tetreren-Ausrüstung (4100 beziehungsweise ca. 6105 Drachmen) kann an dieser Stelle nicht erfolgen.

[23] Zur Verteidigung der Ansicht, dass die geschätzten Zahlen nahe bei den „aktuellen Kosten" lagen (Böckh (1840) 220–223; Köhler (1879) 81–82) kann argumentiert werden, dass Ausgleichszahlungen so bemessen waren, dass sie ziemlich gut Beschädigungen oder Verluste abdecken konnten. Wenn man jeden Beschädigungs- oder Verlustfall einzeln betrachtet, ist dieses Argument stichhaltig. Aber auf diese Art und Weise haben die Athener nicht ihre beschädigten oder verlorenen Schiffe ersetzt. Sie wandten vielmehr ein „Ausgleichsprinzip" an, das heißt die Gesamtausgaben für eine größere Anzahl von Schiffen wurden gleichmäßig verteilt auf alle Personen, die für diese Kosten verantwortlich waren. Dieses Verfahren ist belegt bei beschädigten Schiffen, die auf Kosten ihrer Trierarchen repariert wurden, von denen jeder denselben Geldbetrag zahlen musste, unabhängig vom Beschädigungsgrad jedes Schiffes. Da durch dieses Prinzip einige Trierarchen dazu beitrugen, die finanziellen Verpflichtungen von anderen zu tragen, nahmen die einheitlichen Zahlungen in diesen Fällen den Charakter einer Steuer an (weitere Diskussion hierzu bei Gabrielsen (1994) 142–145). Es ist daher möglich, dass auch die geforderte Pauschale für einen Rumpf (5000 Drachmen) den Charakter einer Steuer für die Trierenbaukasse hat. Von dieser Kasse wurden tatsächlich neue Schiffe gebaut, aber nicht eines für (oder nach) jeder Ausgleichszahlung, sondern eher so viele, wie es eine Anzahl von Überlegungen als empfehlenswert oder notwendig empfahl.

[24] IG II² 1611, Z. 3–9

[25] Das sind 4100 Drachmen pro Triere, 6105 Drachmen pro Tetrere und vielleicht auch pro Pentere.

[26] Siehe zum Beispiel IG I³ 117 (407/06 v. Chr.): Athen beschließt Ehrungen für König Archelaos für die Versorgung mit Schiffbauholz und Langholz für Ruder und auch für seine Erlaubnis, dass athenische Schiffbauer in Makedonien Schiffe bauen durften. Dazu und zu anderen Quellen: Meiggs (1982) 124–125; Gabrielsen (1994) 140–141.

[27] IG II² 1631, Z. 368–377.

[28] Jordan (1975) 21–22; Blackman (1969) 214–216 gegen Morrison/Williams (1968) 225. Siehe zum Beispiel Diod. XI 43, 3: Themistokles überredete die Athener zum Bau von 20 Schiffen pro Jahr, ein Zeugnis, dessen Wert berechtigterweise von Rhodes (1972) 115 angezweifelt wird. Siehe auch Anm. 32.

[29] Für 378/77 v. Chr. siehe die Belege für aktive Geschwader bei Amit (1965) 25; Sinclair (1978) 49–51. Für 378/77: IG II² 1604, mit Pol. II 62, 2. 357/56: IG II² 1611, Z. 3–9. 353/52: IG II² 1613, Z. 284–292. 330/29: IG II² 1627, Z. 266–278. 325/24: IG II² 1629, Z. 783–812. 323/22: IG II² 1631, Z. 167–174.

[30] Telegoneia: IG II² 1611, Z. 132–133. Athenischer Schiffbau: zum Beispiel Xen. Hell. V 4, 34: „*Die Athener [...] machten sich an den Schiffbau*"; berichtet für 378/77.

[31] Der Anonymus Argentinensis (Merrit/Wade-Gery (1957) 164), Z. 9–11; [Aristot.] Ath. pol. XLVI 1; Dem. or. XXII 8, mit Rhodes (1972) 115–116; Gabrielsen (1994) 134.

[32] Kolbe (1901) 386–397; Blackman (1969) 214–216. Zu Versuchen, den Text des Anonymus Argentinensis (Merrit/Wade-Gery (1957) 164) und den von [Aristot.] Ath. pol. XLVI 1 zu emendieren sowie die Anzahl gebauter Schiffe pro Jahr zu rekonstruieren: Gabrielsen (1994) 134–135; Rhodes (1972) 115–116.

[33] Die Existenz vieler Homonyme, sogar derselben Bewertung (zum Beispiel „erste", „zweite", „dritte" und „ausgewählte") und Häfen (Zea, Munichia, Kantharos) macht es schwer, das „Leben" eines Schiffes zu verfolgen: zum Beispiel Nike in IG II² 1611, Z. 81–82. Siehe allgemeiner Schmidt (1931), speziell Z. 96–100.

[34] Zur traditionellen Datierung von [Xen.] Ath. pol. (kurz vor 431 v. Chr.): Frisch (1942). Hierzu und zu neueren Ansichten siehe Hornblower/Spawforth (1996) 1063–1064, und Hornblower (2000) 282 Anm. 1, der eine Datierung im 4. Jahrhundert vorschlägt; siehe auch Anm. 40.

[35] Davies (1981) 16, ebenso Gabrielsen (1994) 74–75, 176–177.

[36] Zur Befreiung von der Leiturgie der χορηγία siehe [Aristot.] Ath. pol. LVI 3, mit Rhodes (1981) 624–626 und Wilson (2000) 57–61. Zur Trierarchie siehe Gabrielsen (1994) 85–90.

[37] Die vorherrschende Ansicht (siehe Anm. 35) setzt die Anzahl dieser Befreiten pro Jahr auf 100 fest und trifft zwei falsche Annahmen: 1. Alle Klagen auf Befreiung von der Trierarchie seien mit dem Hinweis auf die Regel bezüglich der gleichzeitigen Bekleidung zweier Leiturgien eingereicht worden. 2. Alle 100 Personen, die Festleiturgien während eines Jahres übernehmen sollten (dazu Davies (1967), hätten auch zu der Gruppe der 400 gehört, die zur Trierarchie bestimmt wurden. Beides ist unwahrscheinlich.

[38] Zum Verfahren der ἀντίδοσις siehe Gabrielsen (1987).

[39] Siehe zum Beispiel Lys. XXI 1–5, Dem. or. L 4–8.

[40] Hornblower (2000) 382 Anm. 22. Jedoch ist die Ansicht, die dort vertreten wird – dass Pseudo-Xenophons Zahl 400 weniger auf unabhängigen Beobachtungen beruht als vielmehr And. III 9 entnommen wurde und somit zu den Gründen hinzugefügt werden kann, warum [Xen.] Ath. pol. in das 4. Jahrhundert datiert werden muss (ebd.) –, sehr von der Hypothese beeinflusst ist, dass der alte Oligarch in der Tat im 4. Jahrhundert schrieb. Wenn übrigens And. III 9 keiner Emendation bedarf, muss seine Zahl 400 (sei sie nun von jemand anderem übernommen oder nicht) gewiss die sein, die der Autor selbst für richtig hielt, und möglicherweise auch die richtige Zahl für die Flotte sein. Dies wird diskutiert von Harris (2002, 486–487) auf der Basis, dass die Zahl 300 von Aisch. II 175 *„close to the three hundred given by Thucydides (2. 13. 8), Aristophanes (Ach. 545) und Xenophon (An. 7. 1. 27)"* sei. Harris versucht zu zeigen, dass And. III (*De Pace*) eine nach-klassische Fälschung ist, hauptsächlich wegen der enthaltenen historischen Fehler – die Schlussfolgerung ist offensichtlich, dass nur spätere Fälscher Tatsachen falsch darstellen können: vergleiche L. Rubinsteins Bemerkungen in Harris (2000) 503 Anm. 22.

[41] Morrison u. a. (2000) 169–171, 196–199, 220–221. In einem athenischem Dekret aus der Zeit zwischen 440 und 425 v. Chr. ist der Stapellauf eines Schiffes (aus den Schiffshäusern) und dessen Ausrüstung mit ὑποζώματα als zusammenhängender Akt beschrieben: IG I³ 153, Z. 6–11. 433 v. Chr. „*rüsteten (erg. die Korkyräer) ihre alten Schiffe mit ὑποζώματα (ζεύξαντες) aus, um sie seetüchtig (πλώιμοι) zu machen*": Thuk. I 29, 3; siehe Morrison/Williams (1968) 295. Eine Seeurkunde des 5. Jahrhunderts gibt die Anzahl der ὑποζώματα in den Werften an und verweist auf *„die Schiffe, die vom Rat mit ὑποζώματα*

ausgerüstet wurden (ἡ βουλὴ ὑπέζωσεν), im Archontat des Euainetos", was die Kurzform darstellt von „*Schiffe, vom Rat des Jahres 335/34 v. Chr. in Dienst gestellt"*. Dazu IG II² 1627, Z. 49–51. Siehe auch IG II² 1621, Z. 68 (αὕτη ὑπέζωται, „dieses Schiff ist mit ὑποζώματα ausgerüstet").

[42] Hornblower (1991) 257–258.

[43] Bei Aristoph. Equ. 912–918 (424 v. Chr.) bedroht der Paphlagonier den Wurstverkäufer mit den Worten: *„Ich sorge dafür, dass du die Führung eines Kriegsschiffes übernimmst und tief in deine Taschen greifen musst. Du wirst ein altes Schiff bekommen, in das du immer Geld hineinstecken und reparieren musst; und ich werde dafür sorgen, dass du ein verrottetes Segel bekommst"*; siehe auch Schol. Aristoph. Equ. 912–918.

[44] SEG X 226, 11–15; Meritt (1932) 83–86.

[45] Thukydides (I 98, 4) schweigt darüber, aber siehe Meiggs (1972) 63 Anm. 2, 70, ebenso Hornblower (1996) 151.

[46] Thuk. I 105, 2 sagt einfach, dass die Athener 70 Schiffe erbeuteten; nach Diod XI 78, 4 verloren die Aigineten, die eine starke (ἀξιόλογον) Flotte besaßen, 70 Schiffe, von denen einige kürzlich gebaut waren.

[47] Siehe besonders IG II² 1604–1610.

[48] Thuk. I 110, 1 und 4: über 200 Schiffe. Holladay (1989) tritt für den Verlust von nur 100 Schiffen ein.

[49] Gomme (1962) 82: *„Presumably, the 100 ships, or some of them, set sail in the winter of 429–428 (94, 2) and in the following summer (iii.16.1)."* Andrews (1981) 6: *„clearly the decree of 431 (ii.24.2) has not been maintained, to keep a reserve of a hundred triremes, the best of the year, in readiness with their trierarchs."* Hornblower (1991) 280: *„„The decision was in any case idiotic: the ships would rot away and would be better used."* Er missachtet die Tatsache, dass diese Reserve nicht jedes Jahr aus denselben Schiffen bestand.

[50] Thukydides berichtet, dass die Athener 412 v. Chr. (nach der Katastrophe auf Sizilien 413) *„nun für den Gebrauch dieses Geldes [die Rücklage von 1000 Talenten] stimmten und für die Bemannung einer großen Anzahl von Schiffen"* (Thuk. VIII 1, 15; siehe Philochoros, FGRHist 328 F 138). Die Rücklage von 1000 Talenten und die Entsendung von 100 ἐξαίρετοι Trieren waren von einem einzelnen Dekret an eine einzelne Notsituation gebunden (Thuk. II 24, 1–2). Daher müssen diejenigen, die diese im Text erwähnte Vermutung aufstellen, erklären, warum eine „Notsituation" die Entsendung der Schiffe kurz nach 431 auslöste, während der „Notfall", den den Gebrauch der 1000 Talente auslöste, erst 412 v. Chr. eintrat.

[51] Es wird allgemein angenommen, dass die Textstelle über den gleichzeitigen Einsatz der 250 Schiffe (Thuk. III 17, 2) entweder von zweifelhafter Authentizität ist oder wahrscheinlicher vom Jahr 430 in das Jahr 428 verlegt wurde; Gomme (1962) 272–277; Hornblower (1991) 401; Kallet-Marx (1993) 130–134, 150–151. Wenn die betreffende Textstelle an die falsche Stelle verlegt wurde, kann der Beweis hierfür nicht in den 250 Schiffen gesehen werden.

[52] IG I² 52; ML 58. Ich folge der Datierung von D. Lewis in den IG. Verweise späterer Autoren auf den Bau der Schiffshäuser sind ungenau und stehen in dubiosen historischen Kontexten: And. III 7; Aischin. II 174; Dem. or. XXIII 207; Plat. Gorg. 455 e.

[53] Zum Zea Hafen-Projekt und seinen bisherigen Ergebnissen vergleiche die Homepage: http://zeaharbourproject.dk/.

[54] Gomme (1933); Gabrielsen (1994) 119.

⁵⁵ Zum Gebrauch von Oiniadai als Flottenstützpunkt der Athener: Xen. Hell. IV 6, 17. Siehe Kolonas (1989–1990) mit Karte 9, 10, 14 und Abb. 5. Siehe auch IG I³ 127 (ML 94), Z. 25–33 (405 v. Chr.): Die Athener verleihen ein Geschwader an Samos.
⁵⁶ Morrison/Williams (1968) 254–279; Morrisson (1984).
⁵⁷ Zwei Obolen: Dem. or. IV 28. Drei Obolen: Thuk. VIII 29, 1–2; VIII 45, 1–3; Plut. Alc. 35, 4. Drei bis vier Obolen: Xen. Hell. I 5, 6–7; Plut. Lys. IV 3–4. Eine Drachme: Thuk. III 17, 3–4; VI 31, 3; VIII 29, 1–2. Rosivach (1985) 51–56 schlägt vor, dass die Athener (und andere) eindeutig zwei Arten von Flotteneinsätzen unterschieden, einen kurzfristigen und einen von langer Dauer, und dass es für jede Art einen anderen Sold, nämlich drei Obolen beziehungsweise eine Drachme, gegeben hat. Eine solche Aufteilung ist aber – abgesehen davon, dass sie sehr schematisch ist, überhaupt nicht überliefert; siehe Gabrielsen (2002) 220 Anm. 39.
⁵⁸ Gomme (1970) 293; Gomme (1981) 97–99; Jordan (1975) 111–116; Morrison/Williams (1968) 258–259; Gabrielsen (1994) 111.
⁵⁹ Eine Unterscheidung, die für gewöhnlich in modernen Schätzungen der Betriebskosten nicht getroffen wird. Siehe zum Beispiel Eddy (1968) 155–156; Unz (1985) 24–28; Wilson (1970) 305–316; Burke (1985) 256–258.
⁶⁰ IG XII 9, 1273/4; SEG XLI 725. Siehe Cairns (1991) gegen Pritchett (1991) 378 Anm. 541.
⁶¹ Athen: Miltiades Sohn des Kimon: Hdt. VI 41, 1–2 mit Lewis (1988) 298. Anderswo: Boutakides aus Kroton: Hdt. V 47. Phaylos aus Kroton soll sein eigenes Schiff auf eigene Kosten ausgestattet und damit in der Schlacht bei Salamis gekämpft haben: Hdt. VIII 47; Paus. X 9, 2; IG I³ 823, CEG 265 ist die Basis einer Ehrenstatue auf der Athener Akropolis, siehe Mann (2001) 166–167. Zum Gebrauch von Kriegsschiffen für private Zwecke siehe Gabrielsen (2001) 77 und ders. (2007) 254–256.
⁶² Pritchett (1971) 7–52.
⁶³ IRhod.Per. 251: Ein Dekret, das die kultischen Verpflichtungen der Hopliten gegenüber dem Kriegsgott Enyalios spezifiziert. Siehe Gabrielsen (2007) 257, Nr. 38 gegen Pritchett (1979) 325–326 und ders. (1991) 168 Anm. 228.
⁶⁴ Zum Beispiel Lys. XVI 4: Ein athenischer Bürger zahlt (und ermutigt seine Mitbürger, es ihm gleichzutun) die Lebensmittelversorgung der Hopliten. Paton/Hicks (1981) Nr. 10 (Migeotte (1992) 47–60, Nr. 50: In Form einer ἐπίδοσις von ca. 205–201 v. Chr. übernahmen koische Bürger μισθός und σιτηρέσιον der Soldaten; siehe Baker (1991) 60–67. Zur ἐπίδοσις siehe den Tagungsbeitrag von Angelos Chaniotis (vergleiche Einleitung Anm. 17).
⁶⁵ IG I³ 363; ML 55: 1200 Talente, aber Fornara (1979) 9 ff. plädiert für eine Gesamtsumme zwischen 1404 und 1410 Talenten. Thuk. I 117, 2–3.
⁶⁶ Erste Zahlung (26 Talente): IG I³ 364 (ML 61), Z. 10–12; Thuk. I 45, 1. Zweite Zahlung (50 Talente, glaubhaft ergänzt): IG I³ 364, Z. 21–23; Thuk. I 50–51, siehe Plut. Per. 29, 3.
⁶⁷ Gomme (1945) 196–197; die erste Schwadron von zehn Schiffen lief Mitte Juli aus, die zweite von 20 Schiffen Anfang August 433, vermutlich kehrten sie im Oktober zurück.
⁶⁸ Thuk. II 70, 2; aber Isokr. XV 133 gibt 2400 Talente an. Andere bekannte Zahlungen an Flottenschwadronen sind die 300 Talente an Nikias nach Sizilien 415/14 v. Chr. (Thuk. VI 93, 4). Verschiedene Zahlungen der Schatzmeister der Athena an die Trierarchen sind für die Jahre 418/17 und 410/9 v. Chr. überliefert, aber abgesehen von einer Summe von 3000 Drachmen ist der Rest nicht repräsentativ: IG I³ 370, Z. 134–135; IG I³ 375, Z. 34–37.

[69] Zur athenischen Flotte als Staatsmonopol siehe Gabrielsen (2007).
[70] Gabrielsen (1994).
[71] Zu Steuermännern (κυβερνῆται): Lys. XXI 10, siehe auch Thuk. VII 39, 2; 61, 1; Aristoph. equ. 514–544; Plat. Resp. 341 C–D; Xen. Hell. I 5, 11; Dem. or. L 48–50. Zu den ὑπηρέσιαι zum Beispiel Dem. or. L; ders. LI 6.
[72] Dem. or. L 7, 15–16; Isokr. XVIII 60.
[73] Dem. or. L 18: Der Trierarch Apollodoros schickte seinen πεντηκόνταρχος („Zahlmeister") zur Anwerbung frischer Ruderer nach Lampsakos, um Deserteure zu ersetzen, während er selbst zusätzliche Ruderer aus Samos beschaffte.
[74] Siehe zum Beispiel Dem. or. XVIII 107–108; ders. LI 11, 15; ders. L 11–12, 14–16, 23.
[75] Thuk. VIII 45, 2: athenische Praxis, einen Teil des Solds zurückzuhalten, indem nur drei Obolen pro Mann und Tag ausgegeben wurden. Siehe Thuk. I 31, 1; I 143, 1; VII 13, 2; VIII 57, 1; VIII 83, 1–3; Xen. Hell. I 5, 4; Dem. or. L 14; Hell. Oxy. XV 1; Polyain. III 9, 51, mit Gabrielsen (1994) 113 und Anm. 17. Zu Zahlungsrückständen: Xen. Hell. I 5, 6–7.
[76] Zum Beispiel Xen. Hell. I 5, 4: Athenische Mannschaften wurden durch höhere Soldangebote der peloponnesischen Flotte abgeworben.
[77] Aristoph. Equ. 1366–1367; Dem. or. IV 29: μισθός ἐντελής. Dem. or. L 18: ναῦται ἐντελόμισθοι. Thukydides (VIII 29, 1) spricht von „ganzen Drachmen" (ἐντελῆ τὴν δραχμήν).
[78] 388 v. Chr. gestand der spartanische Admiral Teleutias seiner Mannschaft, dass er „mit leeren Händen gekommen sei" (Xen. Hell. V 1, 14). 341 v. Chr. sagt Demosthenes (or. VIII 26) zu den Athenern: „Denn von woanders her, glaubt ihr, soll er [ein Stratege], der weder etwas von euch empfängt noch selbst etwas hat, woraus er Sold zahlen kann, seine Soldaten ernähren? Vom Himmel? Nein, gewiss nicht; sondern von dem, was er sammelt, erbittet und borgt, von dem hält er die Dinge am Laufen." Dass die Strategen oft nicht genug öffentliche Mittel erhielten, zeigt Dem. or. II 28; ders. VII hyp. und 21; ders. IX 15; ders. XXIII 171; Aristot. rhet. 1411 a 9–10; Philochoros FGrHist 328 F 158. Dass in diesen Situationen die finanzielle Bürde letztendlich von den Trierarchen getragen wurde, kann man an den Aufwendungen des Trierarchen Apollodoros sehen, der während seiner 17-monatigen Amtszeit nur einmal regelmäßige Zahlungen (μισθός) und Verpflegungsgeld (σιτηρέσιον) von dem Strategen, der die Schwadron befehligte, erhielt. Dazu [Dem.] or. L, speziell 15.
[79] Eingesetzte Schiffe im Jahr 356 v. Chr. Siehe zum Beispiel Dem. or. XVIII 107–108; ders. L 11–12, 14–16, 23; ders. LI 11, 15.
[80] Zu Belagerungen: Marsden (1969); ders. (1971); Garlan (1974); Kern (1999); Chaniotis (2005) 97, 99. Zu Überfällen vom Meer aus: zum Beispiel Thuk. II 56, 1–6.
[81] Siehe Gabrielsen (2007) 266.
[82] Plut. Dem. 17, 3 unter Berufung auf Theophrastos, der seinerseits Krobylos beziehungsweise den Redner Hegesippos von Sounion zitiert. Um 200 v. Chr. setzten die Rhodier die Einsatzkosten einer Triere mit 10.000 Drachmen pro Monat an oder etwas über 333 Drachmen pro Tag: Syll.³ 581, Z. 70–73 mit Gabrielsen (2001) 75. Dieser Betrag, der um 4000 Drachmen höher ist als die geschätzten Standardkosten einer Triere in klassischer Zeit (zum Beispiel 6000 Drachmen, vergleiche oben S. 56), taucht in dem Vertrag zwischen Rhodos und Hierapytna auf und bezieht sich sehr wahrscheinlich nur auf die finanzielle Verpflichtung eines verbündeten Staates. Im Licht meiner obigen Argumentation ist es keineswegs sicher, dass der Unterschied zwischen den zwei Beträgen (4000

Drachmen) einfach aus einem zwischenzeitlichen Anstieg der Kosten oder der Soldhöhe resultiert.

[83] Kallet-Marx (1993) 1–20 sowie die Beiträge von Klaus Meister (S. 19 ff.) und Jürgen Malitz (S. 28 ff.) in diesem Band.

[84] Zu dem Dokument, das den spartanischen Kriegsfonds überliefert (vorgeschlagene Datierung ca. 427 v. Chr.), siehe Loomis (1992).

FRIEDRICH BURRER

Sold und Verpflegungsgeld in klassischer und hellenistischer Zeit

Einleitung

Dass Soldaten für ihren Dienst eine monetäre Vergütung erhalten, scheint auf der Hand zu liegen. Die Begriffe Soldat und Sold gehen auf einen numismatischen Terminus zurück, den Solidus der Spätantike und der byzantinischen Zeit. Etymologisch verwandt ist im Deutschen der Söldner, etwas abwertend verstanden als jemand, der „nur" um des Soldes willen dient. In Griechenland und Rom hingegen wurde der Soldat nicht über seinen Sold definiert, wie man an den Bezeichnungen στρατιώτης beziehungsweise *miles* sehen kann. Kriegsgeschichtlich betrachtet, ist die Zahlung von Sold an Bürgermilizen ein verhältnismäßig spätes Phänomen. Ursprünglich erhielt der Bürgersoldat von seiner Polis keine Kompensation für seinen Waffendienst. Er führte seine eigene Marschverpflegung mit und war nach deren Verzehr darauf angewiesen, dass sein Feldherr in der Lage war, Verpflegung zu organisieren und das hieß im wesentlichen, vom Feindesland zu leben. Daneben bestand aber Aussicht auf persönliche Bereicherung durch Beute.

Die Quellensituation zur Vergütung von Soldaten in klassischer und hellenistischer Zeit ist sehr mager,[1] wenn man sie etwa mit der römischen Kaiserzeit vergleicht. Dies ist umso bedauerlicher, als Sold und Verpflegungsgeld im Altertum zu den bedeutendsten Militärausgaben gehörten. Antike Autoren schenkten der Materie wenig Beachtung, Ausnahmen sind Thukydides und Xenophon, die als Truppenführer eine besondere Beziehung zur Materie gehabt haben. Auch Inschriften und Papyri tragen nur in begrenztem Umfang zu unserer Kenntnis bei. Das zu ihrer Zeit zugängliche Material haben gesammelt: Boeckh[2] für Athen, Griffith[3] für das Söldnerwesen, Launey[4] für die hellenistische Zeit, Pritchett[5] für die Polis und Loomis[6] vor allem für Athen.

1. Themenabgrenzung

Neben Sold, Verpflegung (vor allem in Form von Getreide) und Verpflegungsgeld kamen Soldaten in den Genuss einer Reihe von materiellen Vorteilen, die nicht Gegenstand dieses Beitrags sind, aber der Vollständigkeit halber zumindest erwähnt werden sollen. Hier ist an erster Stelle die Beteiligung an der Beute[7] zu nennen, die zusätzlich oder anstelle einer Soldzahlung gewährt wurde. Donative (δωρεαί) konnte es für besondere Verdienste nach Abschluss einer Operation oder zur Motivation vor einer Schlacht geben,[8] Handgelder wurden bei der Werbung, Entlassungsgelder bei der Verabschiedung gezahlt.⁹ Selten erwähnte Nebenvergütungen stellten der ἱματισμός, die Verteilung von Stoff oder Kleidern beziehungsweise eine Abstandszahlung[10] dafür sowie das ἱπποτροφικόν für die Kavallerie zur Unterhaltung der Pferde dar. Die Schenkung oder verbilligte Abgabe von Nahrungsmitteln wie Getreide, Wein und Öl durch den Staat konnte ein handfester Vorteil im täglichen Leben sein.[11] Auch die Zuteilung von Land ist nicht nur im ptolemäischen Ägypten bezeugt[12] und schließlich konnten Soldaten auch in den Genuss von Steuervorteilen wie der Atelie[13] oder Isotelie[14] gelangen.

2. Begriffsbestimmung

Die griechischen Termini für die drei Gehaltsbestandteile Sold, Verpflegungsgeld und Getreideration sind nicht trennscharf und wurden auch nicht von jedem Autor oder in jeder Inschrift gleichbedeutend verwendet. Auch ist in Betracht zu ziehen, dass ein Begriff nicht nur einen Vergütungsbestandteil bezeichnet, sondern mehrere. Das kann nur ausgeschlossen werden, wenn im Fall einer Barvergütung Sold und Verpflegungsgeld nebeneinander genannt werden. In den meisten anderen Fällen muss einzeln geprüft werden, was gemeint ist.

Um mit dem etwas eindeutigeren hellenistischen Sprachgebrauch zu beginnen, wird Sold (die Vergütung der Arbeitsleistung) mit ὀψώνιον bezeichnet; das klassische μισθός wird in Inschriften und Papyri verdrängt, von Schriftstellern aber durchaus weiter verwendet.[15] Zusätzlich zum Sold erhielten die Soldaten eine Getreideration, die zum Teil oder vollständig bar abgegolten werden konnte, was man als *adaeratio* bezeichnet. Während σιτομετρία immer für eine Naturalverpflegung steht und σιτώνιον für Verpflegungsgeld, können σῖτος, σιταρχία[16], σιτηρέσιον und μέτρημα auch Barzahlungen bedeuten. Im 5. Jahrhundert gibt es noch keine scharfe begriffliche Trennung zwischen Sold und Verpflegungsgeld. Thukydides verwendet die Termini μισθός und τροφή synonym – letztere bezeichnet er explizit als χρήματα – und versteht darunter den Gesamtsold, nicht nur das Verpflegungsgeld.[17] Festeren Boden erreichen wir terminologisch am Ende des 5. Jahrhunderts, wo zur Differenzierung der Gehaltsbestandteile der Begriff σιτηρέσιον (Verpflegungsgeld) hinzutrat, der in diesem Sinne zum ersten Mal bei Xenophon verwendet wird.[18]

3. Einführung des Solds

Im Unterschied zu Rom[19] liegt der Zeitpunkt der Soldeinführung in Griechenland weitgehend im Dunkeln. Die Königreiche von Ägypten und im Nahen Osten haben spätestens seit dem 7. Jahrhundert griechische Söldner[20] angeheuert, über deren monetäre Vergütung wir allerdings nichts wissen. Es aber durchaus denkbar, dass die „Erfindung" der Münzprägung vor 560 v. Chr. in Kleinasien mit der Bezahlung von Söldnern in

Verbindung zu bringen ist.[21] Pritchett[22] gibt allerdings zu bedenken, dass Söldner der archaischen Zeit nicht zwangsläufig auch Sold – im engeren Sinn – erhielten, da sich viele aus Not verdingen mussten und nicht aus Gewinnsucht. Zum Beispiel hatten die Arkader, die zu Xerxes an die Thermopylen kamen, Mangel an βίος, Notwendigkeiten des Lebens (Hdt. VIII 26, 1). Aber schließt das wirklich Soldzahlung aus? Auch die Leibwachen und Privatarmeen der griechischen Tyrannen mussten in irgendeiner Form entlohnt werden, sei es in Form von Landschenkungen oder eben in Form von Sold.[23] Der früheste explizite schriftliche Hinweis auf Soldzahlungen an eine Bürgermiliz stammt aus dem letzten Viertel des 6. Jahrhunderts: Ein Gesetz von Eretria (IG XII 9, 1273, 1274; SEG XLI 725) sah vor, dass Schiffsmannschaften, die über den Golf von Euboia segelten, Sold (μισθός) erhielten und alle Einwohner Eretrias zu dieser Ausgabe beitragen mussten.[24] Was waren die Gründe für die Einführung des Solds? Solange die Kriegszüge von kurzer Dauer waren und die Beute geteilt wurde, war die Notwendigkeit einer Besoldung – zumal von Bürgertruppen – nicht besonders groß. Erst nach Gründung des Attisch-Delischen Seebundes sprechen die literarischen Quellen von einer Besoldung der Schiffsmannschaften.[25] Die Flotte benötigte große Mengen an Personal, das in erster Linie von den besitzlosen Theten gestellt wurde, die auf ein Einkommen angewiesen waren. Hinzu kam, dass die Polis ein Interesse daran hatte, Beute und Lösegelder nicht mehr direkt an die Soldaten zu verteilen, sondern der Staatskasse zuzuführen, nämlich um die Kriege zu finanzieren. Mit Einführung des Solds entfiel der Anteil an der Beute, was bei den Schiffsmannschaften und Hopliten zu einem nicht genau bekannten Zeitpunkt nach 479 v. Chr. geschah.[26] Während sich für den Samischen Aufstand[27] 441/39 v. Chr. und die athenische Expedition nach Korkyra[28] 433 v. Chr. Soldzahlungen indirekt erschließen lassen, finden sich die frühesten expliziten Soldbelege mit Angabe der Höhe erst 432/29 v. Chr. bei der Belagerung von Poteidaia. Mit der Soldzahlung war auch ein egalitärer Effekt verbunden, da der Sold im Unterschied zur Beute für alle gleich war.

Bei den Spartanern hören wir erst sehr spät von Soldzahlungen. Sie setzten zwar im Peloponnesischen Krieg Söldner ein,[29] aber erst die Schaffung einer eigenen Flotte ab 412 v. Chr. erforderte Soldzahlungen in größerem Stil, zumal die Ruderer zum Teil aus Söldnern bestanden. Da Sparta kein eigenes Geld prägte und auch sonst kaum welches hatte,[30] musste es den Sold entweder aus Beute finanzieren oder die finanzielle Unterstützung Dritter in Anspruch nehmen, was dann auch durch die persischen Subsidien geschah. Über den Zeitpunkt der Soldeinführung in den übrigen Poleis tappen wir völlig im Dunkeln. Im Bündnisvertrag zwischen Athen, Argos, Mantineia und Elis vom Sommer 420 v. Chr. (Thuk. V 47, 6 und IG I³ 83) ist von der Zahlung von σῖτος die Rede, aber die Soldeinführung dürfte in diesen Staaten weitaus früher erfolgt sein.

Die Verpflegung, meist für drei Tage,[31] wurde auch in klassischer Zeit von den Soldaten individuell mitgeführt. Wenn der Staat über die Ressourcen und logistischen Möglichkeiten verfügte, erhielten die Soldaten Getreidezuteilungen, ansonsten mussten sie im Feindesland fouragieren oder darauf hoffen, dass befreundete Staaten Lebensmittel stellten. Dieses Verfahren beschränkte natürlich die zeitliche und räumliche Ausdehnung einer militärischen Unternehmung. Die Zahlung von Verpflegungsgeld ist ein Hinweis auf die zunehmende Monetarisierung in Griechenland und setzt voraus, dass es Möglichkeiten gab, Proviant zu kaufen, etwa von Händlern im Tross, von staatlichen Institutionen[32] oder auf Märkten in neutralen Gebieten und so weiter

4. Herkunft des Solds

Was die Herkunft des Solds in den Poleis anbelangt, so stellte ihn grundsätzlich der Staat zur Verfügung, er dürfte aber – wie Gabrielsen[33] für die Flotte gezeigt hat – von militärischen Funktionsträgern wie den Trierarchen ergänzt worden sein. Zumal bei der Rekrutierung von Ruderern und Söldnern oder der Auszahlung von Donativen sind solche Eigenleistungen bezeugt. Nur die wenigsten Staaten wie zum Beispiel Athen im 5. Jahrhundert waren in der komfortablen Lage, regelmäßige Einkünfte aus Tributen oder Silberminen zu beziehen, aus denen Sold hätte bezahlt werden können. Als alternative Finanzierungsinstrumente kamen außerordentliche direkte Vermögenssteuern (εἰσφοραί)[34], öffentliche Spenden (ἐπιδόσεις)[35] und Anleihen[36], die Verpfändung von Rechten[37] und Einkünften oder die Ausgabe von Notgeld[38] zum Einsatz. Seit dem 4. Jahrhundert ist häufig von Einzelpersonen die Rede, die den Sold für militärische Unternehmungen aus eigener Tasche bezahlten, seien es Feldherren[39] während einer Kampagne oder Privatpersonen[40]. Ging im Feld der Sold aus, bestand die Möglichkeit, Beute zu verkaufen und daraus den Sold zu bezahlen.

Die hellenistischen Flächenstaaten konnten im Unterschied zu den Poleis ihre Truppen aus regulären Einkünften wie Steuern, Zöllen und Monopolen besolden; aber auch sie mussten auf außerordentliche Maßnahmen wie das Plündern von Tempeln zurückgreifen – was für das Seleukidenreich[41] mehrfach belegt ist –, wenn es die Not erforderte.

5. Umstände der Soldzahlung

Da im Winter kriegerische Aktivitäten zumeist ruhten, gab es in dieser Zeit auch keinen Sold.[42] In Kos war 202/01 v. Chr. das Militärjahr 9 Monate[43] lang und im Vertrag zwischen Eumenes I. und seinen revoltierenden Söldnern aus der Zeit 263/41 v. Chr. (StV 481, Z. 4–6) heißt es explizit, das Dienstjahr bestehe aus 10 Monaten und Eumenes dürfe keine Schaltmonate einführen, das heißt den Dienst nicht verlängern. Dass militärische Operationen im Winter unterbrochen wurden und die Soldaten unbezahlten Urlaub erhielten, ist verständlich. Wie aber sind Unterbrechungen von zwei oder drei Monaten mit der Bewachung einer Festung zu erklären? Vielleicht gab es für diesen Fall allgemeine Regeln, die im Unterschied zu der aktiven Zeit nicht fixiert werden mussten.

Berechnungsgrundlage für Sold und Verpflegungsgeld waren entweder der Tag oder der Monat, wobei die wenigsten Quellen konkret sagen, für welchen Zeitraum er ausgezahlt wurde. Das heißt es ist damit zu rechnen, dass ein überlieferter Tagessold erst nach einem Monat oder ein Monatssold erst nach einigen Monaten gezahlt wurde. Eindeutige Angaben finden sich zum Beispiel in der Rede des Demosthenes gegen Polykles (360 v. Chr.), in der beide Auszahlungszeiträume, der tägliche (Dem. or. L 53) und der monatliche (Dem. or. L 10 und 25) erscheinen, wobei taggenau abgerechnet worden zu sein scheint. Während Xenophon immer nur die Beträge für einen Monatssold nennt, erhalten im 3. Jahrhundert die Festungssoldaten in Kyrbissos alle vier Monate[44] Sold. Dieser Besoldungszeitraum ist im 4. und 3. Jahrhundert auch sonst belegt, wobei nicht klar ist, ob er die Regel war oder besonderen Umständen geschuldet wurde.[45] Während die Soldzahlung normalerweise wohl nachträglich erfolgte, wurde Verpflegungsgeld im Voraus bezahlt, um den Soldaten zu ermöglichen, ihre Verpflegung selbst zu kaufen; die Zahlungszeiträume reichen von einem Monat bis zu drei Monaten.[46] Freilich gab es auch Soldvorschüsse (δόματα, προδόματα), namentlich zu Rekrutierungszwecken[47] und zur Steigerung der Motivation der Truppe.[48]

Dass es mit der Regelmäßigkeit der Soldzahlungen in klassischer Zeit nicht gut bestellt war, ist häufig bezeugt. Vor allem im 4. Jahrhundert hören wir mehrfach Beschwerden von Feldherrn und Trierarchen, der Staat habe ihren Soldaten zu wenig oder gar keinen Sold ausgezahlt.[49] Es wurde offensichtlich erwartet, dass die Kriegführung selbst, sprich die Erlöse aus Beute den Sold finanzierten, während sich der Staat wenigstens um die regelmäßige Verpflegung kümmerte.[50] Neben der chronischen Geldnot scheint die unregelmäßige Zahlung von Sold aber auch ein Mittel gewesen zu sein, Desertion zu verhindern. So soll zum Beispiel nach Polyain. III 9, 1 Iphikrates immer ein Viertel des Solds bis zum Ende einer Kampagne zurückgehalten haben.

Was geschah, wenn Sold zu spät, nicht in voller Höhe oder gar nicht gezahlt wurde? Hier bestand zum einen die Möglichkeit, sich zeitlich befristet in den Dienst eines liquideren Dienstherrn zu stellen;[51] oder man setzte die Mannschaften, wenn sie loyal waren, für zivile Aufgaben ein: Zum Beispiel verdingten sich im Peloponnesischen Krieg 406 v. Chr. spartanische Ruderer als Landarbeiter auf Chios.[52] Häufiger kamen Meutereien[53] vor, Desertionen[54] oder Übergang zum Feind[55]. Im schlimmsten Fall konnte aus der Nichtbezahlung von Sold ein neuer Krieg entstehen, wie etwa der Aufstand der karthagischen Söldner 241–238 v. Chr. Beschäftigte eine Stadt Söldner, die sie nicht bezahlen konnte, hatte sie große Mühe, sich ihrer wieder zu entledigen.[56] Um Krisensituationen infolge ausbleibender Soldzahlungen zu vermeiden, mussten die Feldherren alternative Geldquellen auftun. Requirierungen[57], Brandschatzungen (ἀργυρολογία), Betreiben von Piraterie[58] und Plünderung von Heiligtümern kamen hier in Frage. Der Diebstahl von Sakralgegenständen war freilich eine ultima ratio, die sich gegen den richten konnte, der dieses Sakrileg beging.[59]

6. Höhe des Solds und des Verpflegungsgelds

Eine zentrale Frage im Zusammenhang mit Sold und Verpflegungsgeld ist die Höhe der Zahlungen und zwar differenziert nach Truppengattungen, Dienstgrad und Funktion. Hier werfen die Quellen einige Probleme auf:

In einigen Fällen sind Zahlungen an Soldaten überliefert, deren Zweck nicht explizit genannt ist, das heißt es ist zu überprüfen, ob es sich um Sold, Verpflegungsgeld oder beides handelt.[60] Aber selbst wenn der Zweck genannt ist, kann es durch die Vieldeutigkeit der Begriffe zu mehreren Interpretationsmöglichkeiten kommen.[61] Häufig ist der Zeitraum nicht überliefert, für den der Sold gezahlt wurde.[62] In anderen Fällen sind Gesamtsummen für einen bestimmten Zeitraum genannt, nicht aber die Anzahl der Soldempfänger.[63] Eine besondere Herausforderung stellt die Umrechnung der in den Quellen genannten Währungen und Nominalien dar, da sich nur dadurch Vergleiche zwischen den Poleis ziehen lassen.[64]

a) Sold für verschiedene Truppenteile beziehungsweise Waffengattungen

Da es aus Platzgründen nicht möglich ist, an dieser Stelle alle Zahlenangaben zu Sold- und Verpflegungsgeldzahlungen zwischen 480 und 27 v. Chr. zu diskutieren, sollen zumindest die Grundtendenzen vorgestellt werden; eine Liste der Belege mit eindeutigen numerischen Angaben findet sich im Anhang. Erhalten sind Angaben zu Hopliten, ψιλοί (Leichtbewaffneten), Bogenschützen, Reitern, Festungsbesatzungen, Schiffsmannschaften, Epheben, Militärinstruktoren und Söldnern unterschiedlicher Bewaffnung, wozu auch die ausländischen Ruderer gehören. Einige Beispiele sollen illustrieren, inwieweit die Zugehörigkeit zu einer bestimmten Waffengattung die Soldhöhe beeinflusst hat, wobei es jetzt nicht darauf ankommt, ob es sich um eigentlichen Sold oder Verpflegungsgeld handelt:

Bei der Belagerung von Poteidaia 432/29 v. Chr. (Thuk. III 17, 4) erhielten Hopliten, ihre Diener und die Seeleute den gleichen μισθός: eine Drachme. Und auch in dem Defensivbündnis zwischen Athen, Argos, Mantineia und Elis von 420 v. Chr. (Thuk. V 47, 6 und IG I³ 83) ist vorgesehen, dass Hopliten, Leichtbewaffnete und Bogenschützen unterschiedslos den gleichen σῖτος[65] in Höhe von drei aiginetischen Obolen erhalten, nur die Reiter erhalten mit einer aiginetischen Drachme das Doppelte. Bei der Reform des Lakedaimonischen Bundes 383 v. Chr. beträgt die Geldablösung für einen Hopliten drei aiginetische Obolen, für einen Reiter zwei Drachmen, also das Vierfache (Xen. hell. V 2, 21–22). Nach einem Vorschlag des Demosthenes von 351 v. Chr. sollten Matrosen und Marineinfanteristen zwei Obolen pro Tag und die Reiter eine Drachme, also das Dreifache erhalten.[66] Und schließlich beträgt im Grenz-, Isopolitie- und Bündnisvertrag zwischen dem Aitolischen und Akarnanischen Bund (IG IX 1² 1, 3 A) von 263/62 (?) v. Chr. die σιταρχία[67] pro Tag: für den Reiter ein korinthischer Stater (= 18 Obolen), für den Hopliten zwei Drachmen (= zwölf Obolen), für den Soldaten mit Hemithorakion (Vorderseite eines Brustpanzers) neun Obolen (= 1 ½ Drachmen) und für den Peltasten sieben Obolen.

Zusammenfassend ist festzuhalten, dass Hopliten und Seeleute in Athen den gleichen Sold erhalten haben[68] und dass im 5. Jahrhundert bis auf die Reiter noch nicht zwischen den Truppengattungen unterschieden wurde. Reiter haben immer mehr Sold erhalten (das Doppelte, Zweieinhalbfache, Dreifache, Vierfache eines Hopliten), was darauf hinweist, dass das Futtergeld für die Pferde enthalten war. Liegt ihr Sold nicht erheblich über dem der übrigen Waffengattungen wie im letztgenannten Beispiel, war er noch nicht erhalten.

b) Soldhöhe in Abhängigkeit von Dienstgrad und Funktion

Über die unterschiedliche Besoldung in Abhängigkeit vom Dienstgrad gibt es nur sehr wenig Hinweise. Hinzu kommt, dass in vielen Fällen die Führungsspanne nicht überliefert beziehungsweise nicht bekannt ist: Die ersten Hinweise stammen von Xenophon, der für das Jahr 399 v. Chr. ein Besoldungsverhältnis von Strategos zu Lochagos zu Soldat (der nicht näher bezeichnet ist) mit 4 zu 2 zu 1 überliefert.[69] Nach dem Sympolitievertrag von Teos mit Kyrbissos (Journal des Savants 1976, 153–235) aus dem 3. Jahrhundert erhielt ein Festungskommandant mit einer Führungsspanne von 20 Wächtern vier Alexanderdrachmen μισθός, seine Untergebenen eine Alexanderdrachme. Ein schlechteres Verhältnis zwischen Vorgesetzten und Soldaten erscheint im Bündnis zwischen Rhodos und Hierapytna (ICr. III iii 3 A) von 201/200 v. Chr.: Zwei rhodische Drachmen für den Hegemon, der mindestens 50 Mann befehligte und neun rhodische Obolen für die Mannschaften, das heißt der Offizier erhielt nur ein Drittel mehr Sold.[70] Nach dem Bündnis zwischen Malla auf Kreta und Attalos I. von Pergamon (KretChron 21, 1969, 281, 2) von ca. 200 v. Chr. zahlte Malla Sold für Soldaten, die Attalos ausgeliehen hat: Ein Hegemon erhielt zwei aiginetische Drachmen τροφή, die Mannschaften eine aiginetische Drachme; außerdem eine attische Choinix (= 1,087 Liter) Getreide.[71]

Ganz selten ist überliefert, dass innerhalb einer Waffengattung bestimmte Soldaten besser bezahlt wurden als ihre Kameraden. Das gilt zum Beispiel für die Thranitai, also die Ruderer der obersten Trierenbank, die 415 v. Chr. von den Trierarchen aus eigenen Mitteln eine Sonderzahlung in unbekannter Höhe erhielten (Thuk. VI 31, 3). Auch muss offen bleiben, warum Soldaten, die in ihrer Dienstbezeichnung die Soldhöhe trugen, besser vergütet wurden: Der ἡμιόλιος[72] (eineinhalbfacher Sold) unter Alexander, der διμοιρίτης (doppelter Sold), der unter Alexander[73] und im hellenistischen Ägypten[74] bezeugt ist, und die τετρατομερίται[75] (vierfacher Sold). Möglicherweise spielte ihr Dienstalter, ihr Verdienst[76] oder ähnliches eine Rolle. In diese Gruppe gehört auch der Dekastateros in der gemischten Phalanx Alexanders von 323 v. Chr. (Arr. an. VII 23, 3), dessen Sold ebenso wie das der vorgenannten sehr umstritten ist, da weder bekannt ist, welches Nominal mit Stater gemeint ist, noch, für welchen Zeitraum die zehn Statere gezahlt wurden.[77]

c) Soldschwankungen

Es ist grundsätzlich damit zu rechnen, dass die Soldhöhe Schwankungen unterlag, die mit den wirtschaftlichen Möglichkeiten des Dienstherrn, den politischen Rahmenbedingungen oder auch der Nachfrage zusammenhingen. Nach dem Scheitern der Sizilischen Expedition wurde der Sold der Schiffsmannschaften 411 v. Chr. von einer Drachme auf drei Obolen reduziert (Thuk. VIII 45, 2).[78] Nach dem Ende des Krieges sank 403/02 v. Chr. der Sold der Reiter von einer Drachme auf vier Obolen und der Hippotoxotai (berittenen Bogenschützen) von zwei Drachmen auf acht Obolen.[79] Im Rahmen der persischen Subsidienzahlungen berichtet Thukydides von einem häufigen Schwanken der Soldhöhe in der peloponnesischen Flotte: 411 zahlte Tissaphernes eine attische Drachme τροφή, wollte aber künftig nur noch drei Obolen zahlen (Thuk. VIII 29, 1–2), man einigte sich auf einen etwas höheren Betrag, wahrscheinlich 3 1/3; im gleichen Jahr ist wieder von drei Obolen die Rede.[80] 408 versuchte Lysander Kyros zu bewegen, den μισθός jedes Seemanns von drei Obolen auf eine Drachme zu erhöhen (Xen. Hell. I 5, 4), Kyros bot aber nur vier Obolen (Xen. Hell. I 5, 7). Ähnliche Soldschwankungen erlebten auch Xenophons Söldner.[81] Ein besonders eklatantes Exempel für das Zusammenspiel von wirtschaftlichen Möglichkeiten und erhöhter Nachfrage bieten die Phoker, die im Dritten Heiligen Krieg 356 v. Chr. 10.000 Söldner anheuerten, deren Sold sie mittels der Tempelschätze von Delphi um die Hälfte erhöhten (Diod. XVI 25, 1) und ihn ein Jahr später verdoppelten (Diod. XVI 36, 1). Mit dem Versiegen ihrer Ressourcen endete freilich ihre Vorherrschaft in Griechenland.

Anhang

Soldzahlungen mit eindeutigen numerischen Angaben in klassischer und hellenistischer Zeit

Datierung	Quelle	Waffengattung	Terminus	Höhe
432/29	Thuk. III 17, 4	athenischer Hoplit, Diener, Seemann	μισθός	1 Dr. p. T.
425	Aristoph. Ach. 159–161	thrakische Söldner	μισθός	2 Dr. p. T. (Vorschlag)
420	Thuk. V 47, 6; IG I³ 83, Z. 23–24	Athen, Mantineia, Argos u. Elis: Hoplit ψιλός Bogenschütze Reiter	σῖτος	3 aigin. Ob. (= 4,5 att.) p. T. 3 aigin. Ob. (= 4,5 att.) p. T. 3 aigin. Ob. (= 4,5 att.) p. T. 1 aigin. Dr. (= 9 att. Ob.) p. T.
415	Thuk. VI 31, 3	athenische Seeleute	-	1 Dr. p. T.
413	Thuk. VII 27, 1-2	thrakische Peltasten	-	1 Dr. p. T.
411	Thuk. VIII 29, 1–	peloponnesische See-	τροφή	1 att. Dr. p. T., soll auf 3 Ob.

		2	leute		red. werden; Einigung auf 3 1/3 (?)
411	Thuk. VIII 45, 1–3		peloponnesische Seeleute	μισθοφορά	von 1 att. Dr. p. T. auf 3 Ob. red.
411	Thuk. VIII 45, 1–3		athenische Seeleute	μισθοφορά	3 Ob. p. T.
ca. 408	Plut. Alk. XXXV 4		athenische Seeleute	-	3 Ob. p. T.
ca. 408	Plut. Lys. IV 3–4		peloponnesische Seeleute	μισθός	von 3 auf 4 Ob. p. T. erhöht
ca. 408	Plut. Alk. XXXV 4		peloponnesische Seeleute	-	von 3 auf 4 Ob. p. T. erhöht
ca. 408	Xen. hell. I 5, 4		peloponnesische Seeleute	μισθός	1 att. Dr. p. T. (Vorschlag)
ca. 408	Xen. hell. I 5, 6–7		peloponnesische Seeleute	μισθός	von 3 auf 4 Ob. p. T. erhöht
vor 403/02	Lys. Theoz. 75–79		athenische berittene Bogenschützen Reiter	μισθοφορέω	von 2 Dr. auf 8 Ob. p. T. red. von 1 Dr. auf 4 Ob. p. T. red.
401	Xen. an. I 3, 21		Soldat	μισθός	von 1 Dar. (= 20 att. Dr.) auf 1 ½ Dar. (= 30 att. Dr.) p. M. erhöht (= 4 att. Ob. bzw. 1 Dr. p. T.)
400	Xen. an. V 6, 23		Soldat	μισθοφορά	1 Kyz. p. M. (= ca. 25 ? att. Dr.) p. M. (= 5 ? att. Ob. p. T.)
399	Xen. an. VII 2, 36		Soldat Lochagos Strategos	-	1 Kyz. p. M. (= 5? att. Ob. p. T.) 2 Kyz. p. M. (= 10? att. Ob. p. T.) 4 Kyz. p. M. (= 20? att. Ob. p. T.)
399	Xen. an. VII 3, 10		Soldat	-	1 Kyz. p. M. (= 5 ? att. Ob. p. T.)
399	Xen. an. VII 6, 1		Soldat Lochagos Strategos	μισθός	1 Dar. p. M. (= 4 att. Ob. p. T.) 2 Dar. p. M. (= 8 att. Ob. p. T.) 4 Dar. p. M. (= 16 att. Ob. p. T.)
399	Xen. an. VII 6, 7		Soldat Lochagos Strategos	-	1 Dar. p. M. (= 4 att. Ob. p. T.) 2 Dar. p. M. (= 8 att. Ob. p. T.) 4 Dar. p. M. (= 16 att. Ob. p. T.)
vor 368	IG II² 329, Z. 9		makedonischer Hypaspist unter Alexander II.	σῖτος	1 Dr. p. T.
383	Xen. hell. V 2, 21–22		Lakedaimonischer Bund: Hoplit Reiter	μισθός	3 aigin. Ob. (= 4,5 attisch) p. T. 1 aigin. Stater (= 3 att. Dr..) p. T.

Sold und Verpflegungsgeld 83

351	Dem. or. IV 28	athenischer Seemann Söldner Reiter	σιτηρέσιον	(10 Dr.) p. M. (= 2 Ob. p. T.) 10 Dr. p. M. (= 2 Ob. p. T.) 30 Dr. p. M. (= 1 Dr. p. T.)
335-322	[Aristot.] Ath. pol. XLII 3	Soldat Ephebe	τροφή	1 Dr. p. T. 4 Ob. p. T.
314/13	Men. fr. 297	athenische Seeleute	-	4 Ob. p. T.
fr. 3. Jh.	Plut. mor. 233 C	Sold in der Armee des Lysimachos	-	4 Ob. p. T.
fr. 3. Jh.	ICr. III vi 7 B, Z. 21–22	Stalai und Setaia: Seeleute	μισθός	1 Dr. p. T.
3. Jh.	JS 1976, 153–235, Z. 29–31	Kyrbissos: Festungskommandant mit mind. 20 Wächtern Wächter	μισθός	4 Alexanderdr. p. T. 1 Alexanderdr. p. T.
3. Jh.	P. Lille 1, 58, Z. 4	μάχιμος	-	1 Ob. p. T.
3. Jh.	P. Lille 2, 25, Z. 46–47	μάχιμος	-	2 Ob. p. T.
263/62	IG IX 1² 1, 3 A, Z. 38–40	aitol. bzw. akarnan. Reiter Hoplit Halbkürassier ψιλός	σιταρχία	1 kor. Stat. (= 2 att. Dr.) p. T. 2 kor. Dr. (= 8 att.) p. T. 9 kor. Ob. (= 1 att. Dr.) p. T. 7 kor. Ob. (= 4 2/3 att.) p. T.
245/44	P. Zen. Michig. 66, Z. 11 u. 34	Philadelpheia: kaunischer Kleruch	-	70 Dr. (AE oder AR?) p. M. (= 14 Ob. p. T.)
ca. 240	SEG XXXII 496, Z. 22–24	Boiotien: athenischer Militärinstruktor	μισθός	4 Minen p. a. (= mind. 6 2/3 Ob. p. T. [Jahr zu 12 Monaten])
227-224 (?)	ICr. II xii 20, Z. 33–34	Eleutherna: σύμμαχοι für Antigonos Doson	-	1 antigon. o. att. Dr. 2 (mind.) Ob. p. T.
227-224 (?)	ICr. III iii 1, Z. 30–32	Hierapytna: σύμμαχοι für Antigonos Doson	-	1 antigon. o. att. Dr. 2 (mind.) Ob. p. T.
201/00	ICr. III iii 3 A, Z. 28–30	Hierapytna: Hegemon über mind. 50 Mann Hoplit	ὀψώνιον	2 rhod. Dr. (ca. 1 att. Dr. 1 ½ Ob.) p. T. 9 rhod. Ob. (ca. 5 2/3 att.) p. T.
201/00	SEG XXIII 547, Z. 39–41	Olus: σύμμαχοι für Rhodos Hegemon über mind. 20 Mann Soldat	ὀψώνιον	2 rhod. Dr. (ca. 1 att. Dr. 1 ½ Ob.) p. T. 8 rhod. Ob. (ca. 5 att.) p. T.
Ende 3./Anf. 2. Jh.	PH 10 D, Z. 64–83	Kos: Bürgertruppen?	σιτηρέσιον	(3 1/3 att.? Ob. p. T.) ½ Jahr: 99 Dr. 4 Ob. 1 Jahr: 151 Dr. 2 Jahre: 302 Dr.
um 200	KretChron 21, 1969, 281, 2, Z. 22–24	Malla für Truppen von Attalos I.: Hegemon Soldat	-	2 aiginet. Dr. (= 3 att.) p. T. 1 aiginet. Dr. (= 1,5 att.) p. T.
157	UPZ I 14, Z. 47-	Memphis: ἐπίγονος	-	150 AE-Dr. + 200 AE-Dr.

	49, 71–72			*adaeratio* p. M. (= 5 Dr. + 6 Dr. 4 Ob. p. T.)
64/63	BGU 1749, Z. 12–13	Herakleopolis: πεντάρουρος	ὀψώνιον	3000 AE-Dr. p. M. (= 100 AE-Dr. p. T.)

Abkürzungen im Anhang: AE = aes; aigin. = aiginetisch; antigon. = antigonidisch; AR = Argentum; att. = attisch; Dar. = Dareikos; Dr. = Drachme, kor. = korinthisch; Kyz. = Kyzikener; Ob. = Obol; p. M. = pro Monat; p. T. = pro Tag; red. = reduziert; rhod. = rhodisch; Tal. = Talent

Literatur

Berve, Helmut: Das Alexanderreich auf prosopographischer Grundlage, 2 Bde., München 1926.

Boeckh, August: Die Staatshaushaltung der Athener, Berlin 1817, ²1850, ³1886.

Cook, Robert Manuel: Speculations on the Origins of Coinage, in: Historia 7 (1958) 257–262.

Gabrielsen, Vincent: Financing the Athenian fleet: Public Taxation and Social Relations, Baltimore u. a. 1994.

Griffith, Guy Thompson: The Mercenaries of the Greek World, Cambridge 1935.

Grunauer-von Hoerschelmann, Sabine: Die Münzprägung der Lakedaimonier, Berlin 1978.

Hardwick, Nicholas: The Solution to Thucydides VIII 101.1: The „Chian Fortieths", Numismatica e antichità classiche. Quaderni ticinesi 25 (1996) 59–69.

Howgego, Christopher: Geld in der antiken Welt: Was Münzen über Geschichte verraten, Darmstadt 2000 (englische Originalausgabe 1995).

Kraay, Colin M.: Archaic and Classical Greek Coins, London 1976.

Launey, Marcel: Recherches sur les armées hellénistiques, 2 Bde., Paris 1949–1950.

Loomis, William T.: Wages, Welfare Costs and Inflation in Classical Athens, Ann Arbor 1998.

Migeotte, Léopold: Les souscriptions publiques dans les cités grecques, Genf – Québec 1992.

Milns, Robert David: Army Pay and the Military Budget of Alexander the Great, in: W. Will, J. Heinrichs (Hgg.): Zu Alexander d. Gr. Festschrift G. Wirth zum 60. Geburtstag am 9.12.86, Amsterdam 1987, 233–256.

Pritchett, William Kendrick: The Greek State at War, 5 Bde., Berkeley u. a. 1971–1991 (Bd. 1, 1971, ²1974, Bd. 2, 1974, Bd. 3, 1979, Bd. 4, 1985, Bd. 5, 1991).

Schulthess, Otto: Σιτηρέσιον, Paulys Realencyclopädie der classischen Altertumswissenschaft XXX, 1927, 382–388.

Trundle, Matthew: Greek Mercenaries: From the Late Archaic Period to Alexander, London u. a. 2004.

van Wees, Hans: Greek Warfare: Myths and Realities, London 2004.

Anmerkungen

[1] Dies betrifft sowohl die Höhe des Solds als auch die Rahmenbedingungen seiner Zahlung. Im Zuge des an der Universität Mannheim angesiedelten DFG-Projekts „Antike Kriegskosten" sind bislang 106 inschriftliche, papyrologische und literarische Textstellen zusammengetragen worden, die konkrete Zahlungen enthalten.

[2] Boeckh (1817), (1850), (1886) Bd. 1, 340–358.

[3] Griffith (1935) 264–316, vor allem 294–316.

[4] Launey (1949–1950) Bd. 2, 750–780 behandelt die gleichen Dokumente wie Griffith (1935).

[5] Pritchett (1974 a) 3–29.

[6] Loomis (1998) 32–61 nennt zu Athen vier Zitate mehr als Pritchett (1974 a) 3–29; dafür hat dieser auch nicht-athenische Inschriften gesammelt, weitere bei Griffith (1935) 294–316.

[7] Eingehende Untersuchung bei Pritchett (1974 a) 53–100 und (1992) 68–504.

[8] Berühmt war die Großzügigkeit Alexanders des Großen. Man denke an die Verteilung von 13.000 Talenten in Ekbatana 330 v. Chr. (Diod. XVII 74, 5; Curt. VI 2, 10) oder die Schuldenrückzahlung in Höhe von 9870 Talenten 324 v. Chr. (Curt. X 2, 10–11). Dem Erstbesteiger des Felsens von Sogdiana versprach er 329 v. Chr. zwölf Talente (Arr. an. IV 18, 7; Curt. VII 11, 12: zehn Talente). In hellenistischer Zeit hören wir seltener von solchen δωρεαί, sie kommen aber vor: Perdikkas versprach seinen Offizieren bedeutende Geschenke anlässlich seiner versuchten Invasion Ägyptens (Diod. XVIII 33, 5). Vor der Schlacht von Raphia 217 v. Chr. stellte Arsinoe III. nach dem Sieg jedem Soldaten zwei Goldminen in Aussicht (III Makk I 4).

[9] Zum Beispiel anlässlich der Entlassung der thessalischen Reiter und griechischen Symmachoi durch Alexander 330 v. Chr. (Arr. an. III 19, 5; Curt. VI 2, 17).

[10] Die Soldaten von Eleusis, Panakton und Phyle votierten kurz nach 211/10 v. Chr. ein Dekret zu Ehren des Strategen Demainetos, der ihnen im Voraus Geld gegeben hat, um Kleider zu kaufen (IG II² 1304, 35–36): καὶ ἐν πᾶσι τοῖς ἔτεσι[ν αὐ]τοῖς προδιδοὺς ἀργύριον εἰς | ἐσθῆτα (…).

[11] Im Vertrag zwischen Eumenes I. und den revoltierenden Soldaten von Philetaireia und Attaleia (263–241 v. Chr., StV 481) erhielten die Träger des Weißpappelkranzes solange Getreide, wie sie den Kranz trugen.

[12] Siehe auch den Vertrag zwischen Eupolemos, dem Dynasten von Karien, und den Söldnern von Theangela (310 v. Chr., StV 429): Die Söldner, die in seine Dienste treten wollten, erhielten in der sog. Pentachora Land (Z. 20–21) (…) τοῖς δὲ στρατιώταις τοῖς ἐκ Θεαγ- | γέλων, ἐάν τινες στρατεύωνται παρ' Εὐπολέμωι ὑπάρχειν αὐτοῖς τὰ Πεντάχωρα.

[13] Im Vertrag zwischen Eupolemos und den Söldnern (StV 429) war geregelt, dass diejenigen, die abziehen wollten, alle ihre Güter mitnehmen konnten, ohne Steuern und Zölle zu zahlen, wenn sie das Gebiet des Dynasten durchquerten (Z. 15–17). Eine gleiche Regelung findet sich im Vertrag des Eumenes mit den revoltierenden Söldnern in Philetaireia und Attaleia (StV 481, Z. 11–12).

[14] Auf Geheiß des Antigonos Gonatas musste Athen den Garnisonssoldaten von Rhamnous Isotelie gewähren (262/61–256/55 v. Chr.; Bulletin de correspondance hellénique 48 (1924) 264–275; SEG III 122; J. Pouilloux, La forteresse de Rhamnonte, Paris 1954, 118 Nr. 7; L. Moretti, Iscrizioni storiche ellenistiche, Bd. 1, Florenz 1967, Nr. 22).

[15] Die wichtigsten Ableitungen sind ὀψωνιάζω und ὀψωνιασμός sowie μισθοδοτέω, μισθοδοσία und μισθοφορά.

[16] In der Literatur scheint σιταρχία sehr selten auf und nur einmal in Verbindung mit einer betragsmäßig genannten Geldzahlung (Pol. I 52, 6). In der pseudo-aristotelischen Oikonomika steht der Begriff für Naturalverpflegung [II 2, 23 (1350a36)] und für Verpflegungsgeld [II 2, 29 (1351b12 u. 16); II 2, 39 (1353b2,4 u. 5)]; Polybios verwendet ihn bis auf die genannte Ausnahme nur im Sinne von Naturalverpflegung (I 52, 5; 70, 3; V 50, 2; 63, 10; 75, 1; XI 25, 10; 28, 3; XIV 10, 4), ebenso Polyain. V 2, 21. Bei Philo Mech. 101 ist die Bedeutung nicht eindeutig.

[17] Loomis (1998) 34–36 im Gegensatz zu Pritchett (1974 a) 6, 23–24, 27–28, 35, 40, 51, der argumentiert, es habe im 5. Jahrhundert v. Chr. nur Verpflegungsgeld, aber keinen Sold gegeben.

[18] 400 v. Chr. forderten es Xenophons Männer von Herakleia Pontike (Xen. an. VI 2, 4–5).

[19] Diod. XIV 16, 5 und Liv. IV 59, 11 berichten, dass in Verbindung mit der Belagerung von Veji 406 v. Chr. Sold eingeführt worden sei.

[20] Der Begriff μισθοφόρος ist allerdings späteren Datums. Fremde Soldaten waren ἐπίκουροι, die aus σύμμαχοι, ἐθελόνται oder μισθοφόροι bestehen konnten. Die Grenzen zwischen letzteren waren fließend. Vergleiche van Wees (2004) 71–76.

[21] Cook (1958); Kraay (1976) 317–28; unentschieden: Howgego (2000) 3.

[22] Pritchett (1991) 378 Anm. 541.

[23] Trundle (2004) 81.

[24] Pritchett (1991) 378 Anm. 541 bestreitet ohne Angabe von Gründen, dass es sich um militärische Zahlungen handelt, anders van Wees (2004) 205, 237.

[25] Vergleiche die Zusammenstellung der literarischen Evidenz bei Loomis (1998) 36–37: [Xen.] Ath. pol. I 13 (ca. 443–423? v. Chr.); Ion Chius FGrHist 392 F 13 = Plut. Kim. 9, 6 (ca. 477 v. Chr.); [Aristot.] Ath. pol. XXIV 1; XXVII 2; Plut. Kim. 11, 2; Plut. Per. 11, 4; 12, 5; Schol. Dem. or. XIII (Dilts 167, 24-25).

[26] Pritchett (1974 a) 12–13 und Loomis (1998) 36–37 unterscheiden nicht zwischen der Besoldung von Schiffsmannschaften und Hopliten. Während ersterer die Soldeinführung bald nach Einführung der Dikastengehälter (in den späten 60er Jahren) datiert, hält Loomis 450/49 v. Chr. für den terminus ante quem. Nach van Wees (2004) 23–27 mit Anm. 27 erhielten die Schiffsmannschaften bereits 480 v. Chr. Sold und die Hopliten in den 450er Jahren. Seine Argumentation stützt sich auf die naukrarischen Kassen, die angeblich in den Gesetzen des Solon erscheinen ([Aristot.] Ath. pol. VIII 3; zu diesen vergleiche van Wees (2004) 203–204, 208). Die Einrichtung der Naukrariai und ihre Funktion im Zusammenhang mit der Flottenfinanzierung ist allerdings sehr umstritten: Gabrielsen (1994) 19–24.

[27] In IG I³ 363 ist von Kriegsausgaben die Rede (Z. 5: mind. 128 Tal.; Z. 12: mind. 368 Tal.; Z. 17: mind. 908 Tal.; Z. 19: Gesamtsumme mind. 1400 Tal.), die im wesentlichen aus Soldzahlungen bestanden haben. Vergleiche Isokr. XV 111 (1<2>00 Tal.); Diod. XII 28, 3 (<1>200 Tal.); Nep. Timoth. 1, 2 (1200 Talente).

[28] IG I³ 364 überliefert ebenfalls nur Gesamtausgaben (Z. 12: mind. 26 Tal., Z. 23: mind. 50 Tal.).

[29] Brasidas führte auf seinem Zug nach Nordgriechenland 424 v. Chr. 1000 Söldner mit (Thuk. IV 78), vergleiche IV 80, 5 und V 6, 4 sowie III 109, 2 (426 v. Chr.).

[30] Die ersten Münzen wurden von König Areus (309–265 v. Chr.) während des Chremonideischen Krieges 267–265 geschlagen: eine kleine Serie attischer Tetradrachmen vom Alexandertyp (Grunauer-von Hoerschelmann (1978) Nr. 1–3). Vergleiche die Rede des Archidamos (Thuk. I 80, 4) und Aristoteles' Urteil über die spartanischen Finanzen (Pol. II 6, 23 (1271B)).

[31] Drei Tage: Aristoph. Pax 312 mit Schol.; fünf Tage: Plut. Phokion 24, 4 und Kleomenes 23, 5; zehn Tage: Diod. XIX 37, 3.
[32] Zum Beispiel mussten die Soldaten auf der Expedition des Timotheos gegen Korkyra 375 v. Chr. ([Aristot.] oec. II 2, 23 (1350a30–1350b4)) ihre Verpflegung selbst bezahlen und bei staatlichen Stellen beziehen.
[33] Gabrielsen (1994) 124 argumentiert, dass der Staat nicht den kompletten Sold zur Verfügung stellte, sondern nur einen Teil, den der Trierarch übernehmen musste.
[34] Die von Thuk. III 19, 1 für 428/27 v. Chr. überlieferte εἰσφορά ergab 200 Talente.
[35] Zum Beispiel 202/01 v. Chr. in Kos (PH 10; Migeotte (1992) 50; SEG XXII 1306).
[36] Syrakus gab 415–413 v. Chr. 2000 Talente aus und musste Schulden für Söldner und Flotte machen (Thuk. VII 48, 5).
[37] In Ephesos wurde nach Syll.³ 363 (ca. 300–297 v. Chr.) das Bürgerrecht verkauft, um Waffen für eine Bürgerkriegspartei in Priene zu verkaufen, die sich im Fort Charax verschanzt hatte.
[38] [Aristot.] oec. II 2, 16 (1348b24–33): Eisengeld in Klazomenai zur Bezahlung der Söldner (4. Jahrhundert?).
[39] Der Stratege Nausikles bezahlte 352 v. Chr. den Sold seiner 2000 Hopliten aus eigener Tasche (Dem. or. XVIII 114–115). Der Trierarch Apollodoros erhielt von den Strategen nur Verpflegungsgeld und Sold für zwei Monate in einem Zeitraum von einem Jahr und fünf Monaten. Den Rest zahlte er selbst (Dem. or. L 10). Manche Feldherren mussten sich Geld borgen wie zum Beispiel Timotheos 374/73 (Dem. or. IL 6–8, 11–12, 44; Xen. hell. VI 2, 11–12).
[40] So zahlte zum Beispiel der Bürger Moschion in Priene 129/00 v. Chr. μισθοφορά für zwei Monate aus eigenen Mitteln (I. Priene 108, Z. 150–152).
[41] Alexander II. Zabinas plünderte 123 v. Chr. den Zeustempel in Antiocheia und riskierte damit einen Aufstand der eigenen Untertanen (Just. Epit. Pomp. Trog. XXXIX 2, 5–6; Diod. XXXIV 28).
[42] Dem. or. IX 48–50 geht sogar noch weiter und behauptet, die Griechen führten normalerweise nur in den vier bis fünf Monaten Krieg, die man ἡ ὡραία nennt, nur Philipp kenne keine zeitliche Beschränkung mehr.
[43] Dies kann man aus den überlieferten Verpflegungsgeldzahlungen errechnen: μισθοφορά, genauer σιτηρέσιον für ein halbes Kriegsjahr kostete 99 Drachmen 4 Obolen und für ein Kriegsjahr 151 Drachmen (PH 10, Z. 66–67, 74–75; Migeotte (1992) 50; SEG XXII 1306).
[44] (…) διδόναι | δὲ αὐτῶι τὸμ μισθὸν τὸν [ἐκ τῶν νόμων ἑκάστου τε]τραμήνου τοὺς ταμίας ἐ]-|πάναγκον ὅταν πορεύηται [εἰ]ς τὸ [χωρίον· μ]ισθὸν δὲ εἶναι τῶ[ι μὲν] | 30 φρουράρχωι τεσσέρας δραχμ[ὰς] ἀ[λεξ]ανδρε[ίας,] τῶν δὲ φρουρῶ[ν] | ἑκάστωι δραχμὴν ἀλε[ξ]ανδρ[είαν μίαν. (Journal des Savants 1976, 153–235, Z. 27–31).
[45] Die vier Monate im Vertrag zwischen Eumenes I. und seinen revoltierenden Söldnern (StV 481, Z. 13) könnten sich nur auf die Zeit der Meuterei beziehen und im Vertrag zwischen Eupolemos von Karien und den Söldnern von Theangela (StV 429, Z. 7–9) ist nur von vier Monate Soldrückstand die Rede: Φιλίππωι δὲ καὶ Δαμαγάθωι καὶ Ἀριστοδήμωι [καὶ τοῖς ὑπ' αὐτοὺς τασσο]-|μένοις στρατιώταις ἀποδοθῆναι τὰ ἐνοφειλόμεν[α αὐτοῖς ὀψώνια μηνῶν] | τεσσάρων καὶ δόμα μηνῶν δύο (…).
[46] Memnon von Rhodos bezahlte normalerweise σιταρχία am Beginn des Monats ([Aristot.] oec. II 2, 29 (1351b15–19)), ebenso Kleomenes (II 2, 39 (1353b1–4)), Timotheos gab seinen Soldaten für die Expedition nach Korkyra 375 v. Chr. Verpflegung beziehungsweise Verpfle-

gungsgeld für drei Monate im Voraus (II 2, 23 (1350a30–1350b4)), bei Chabrias sind es zwei Monate (II 2, 37 (1353a19–23)).

[47] Zum Beispiel verließ der Aitoler Skopas Alexandreia, um in Griechenland zu rekrutieren. Dafür nahm er enorme Summen mit εἰς τὰ προδόματα (Pol. XV 25, 16). Der Redner von Dem. or. L 7 zahlt δωρεὰς καὶ προδόσεις (...) μεγάλας, um Schiffsmannschaften anzuheuern.

[48] Die Höhe des Vorschusses hing von der Situation und den finanziellen Möglichkeiten des Dienstherrn ab. Überliefert sind Vorschüsse für zwei, drei, fünf oder sechs Monate. Irgendwelche Regeln lassen sich daraus nicht ableiten. Zwei Monate: Vertrag zwischen Eupolemos und den Söldnern von Theangela (StV 429, Z. 10). Drei Monate: Antigonos zahlte seinen Soldaten 302 v. Chr. bei seinem Marsch gegen Lysimachos drei Gehälter im Voraus und holte das Geld aus dem Schatz von Kyinda (Diod. XX 108, 2). Fünf Monate: Nach Diod. XV 70, 1 erhielten 369/68 v. Chr. 2000 Kelten und Iberer, die Dionysios nach Korinth schickte, Sold für fünf Monate. Sechs Monate: Als Eumenes von Kardia seine große Armee der oberen Satrapien vereinigt hatte, gab er den makedonischen Soldaten vor Eröffnung der Kampagne Sold von sechs Monaten im Voraus (Diod. XIX 15, 5).

[49] Im Bundesgenossenkrieg heuerte Chares 356 v. Chr. bei dem aufständischen Satrapen Artabazos an, um Sold für seine Truppen zu erlangen (Diod. XVI 22, 1).

[50] Dem. or. IV 28 machte 349 v. Chr. den Vorschlag, eine kleine stehende Streitmacht aus zehn Trieren, 2000 Soldaten und 200 Reitern einzuführen. Die Soldaten – ein Viertel aus Bürgern, der Rest aus Söldnern – sollten zwei Obolen als σιτηρέσιον pro Tag erhalten sollten, der μισθός sollte durch die Kampagne finanziert werden. Vergleiche auch Isoc. XV 111: 10-monatige Belagerung von Samos durch Timotheos, ohne für seine 8000 Peltasten und 30 Trieren Geld erhalten zu haben. Auch der Sold in der Armee des Aratos hing vom Plündern ab (Pol. V 94, 9).

[51] Zum Beispiel verdingte sich 373 v. Chr. Iphikrates mit seinen Hopliten und Peltasten bei athenfreundlichen Städten Akarnaniens gegen die aitolischen Thyrier (Xen. hell. IV 2, 37–38).

[52] Xen. hell. II 1, 1.

[53] Antiochos III. konnte 221 v. Chr. erst dann gegen Molon ziehen, als seine Truppen ihren rückständigen Sold erhalten hatten (Pol. V 50, 1 f.). Da 388 v. Chr. der spartanische Harmost in Aigina, Eteonikos, seine Schiffsmannschaften nicht bezahlte, weigerten sie sich zu rudern (Xen. hell. V 1, 13).

[54] Im Winter 414/13 v. Chr. desertierten die athenischen Söldner auf Sizilien (Thuk. VII 13, 2).

[55] 302 v. Chr. verließen 2000 Autariaten, 800 Lykier und Pamphylier Lysimachos und gingen zu Antigonos, der ihnen Sold bezahlte (Diod. XX 113, 3).

[56] Zum Beispiel schuldeten die Bürger von Klazomenai ihren Söldnern 20 Talente, die sie nur durch die Einführung von Eisengeld bezahlen konnten ([Aristot.] oec. II 2, 16 (1348b, 24–33)).

[57] Im Zweiten Diadochenkrieg requirierte Antigonos Monophtalmos 319 v. Chr. in Ephesos 600 Talente, die den Königen von Makedonien gehörten, um seine Truppen zu bezahlen. (Diod. XVIII 52, 7).

[58] Als Teleutias 388 v. Chr. den Befehl über die spartanische Flotte übernahm und ohne Sold aus der Heimat kam, machte er den Vorschlag, athenische Schiffe zu kapern. Das Resultat war genügend Verpflegung (ἐπιτήδεια) und μισθός für einen Monat (Xen. hell. V 1, 24).

[59] So wurde zum Beispiel Antiochos III. 187 v. Chr. beim Versuch getötet, den Bel-Tempel in der Elymais zu plündern (Diod. XXVIII 3, XXIX 15; Iust. XXXII 2, 1–2; Strab. XVI 744; Euseb. chron. I 253).

[60] Dies ist zum Beispiel der Fall bei der Zahlung von einer Drachme an die thrakischen Söldner 413 v. Chr. (Thuk. VII 27, 2) oder im Bündnis zwischen Rhodos und Hierapytna (StV 551) 201/00 v. Chr., nach dem ein Offizier zwei rhodische Drachmen und die Mannschaften neun rhodische Obolen erhalten sollen.

[61] So meint Pritchett (1974) 23, dass Sold ursprünglich nur für Verpflegung gedacht war (τροφή = σῖτος) und in Athen drei Obolen betrug; höhere Soldzahlungen bei Überseekampagnen hätten höhere Verpflegungskosten reflektiert.

[62] So forderte zum Beispiel nach Pol. XXVIII 13, 13 der römische Feldherr Ap. Claudius Centho 169 v. Chr. 5000 achaische Soldaten für einen Einsatz in Epirus an (XXVIII 13, 7), was über 120 Talente gekostet habe, das heißt mindestens 144 Drachmen pro Soldat. Da aber der Zeitraum der Aktion nicht genannt ist, muss offen bleiben, wie hoch der Tages- beziehungsweise Monatssold war.

[63] Wenn es sich um Trierenbesatzungen handelt, kann man näherungsweise den Einzelsold berechnen: Zum Beispiel bezahlte nach Xen. hell. I 5, 5 der Großkönig um 408 v. Chr. den Sold für die spartanische Flotte; als monatliche τροφή pro Schiff wurden 30 Minen vereinbart. Bei einer Trierenbesatzung von 200 Mann ergibt das 15 Drachmen im Monat beziehungsweise drei Obolen pro Tag.

[64] Am häufigsten erscheint der attische Münzfuß, aber auch der aiginetische, korinthische, rhodische und so weiter. Wenn ein Wechselverhältnis genannt ist wie zum Beispiel bei Xen. an. I 7, 18 (ein Dareikos entspricht 20 attischen Drachmen), können wir uns glücklich schätzen, aber auch das hat zum Beispiel Griffith (1935) 295 und Pritchett (1974 a) 20 nicht abgehalten, den Dareikos mit 25 Drachmen anzusetzen. Andere Nominalien wie zum Beispiel der Kyzikener hatten einen schwankenden Kurs, da ihr Goldgehalt nicht konstant war und die 3 chiischen Vierzigstel, welche die peloponnesische Flotte 430 v. Chr. von Chios erhielt (Thuk. VIII 101, 1), sind bis heute nicht eindeutig identifiziert. Vergleiche zuletzt Hardwick (1996).

[65] Loomis (1998) 41–42 interpretiert hier σῖτος mit Schulthess (1927) 384 als Gesamtsold, während Griffith (1935) 294 und Pritchett (1974) 6 nur Verpflegungsgeld darin sehen.

[66] Dem. or. IV 28 veranschlagte als Verpflegungskosten (ἡ τροφή, σιτηρέσιον μόνον) einer aufzustellenden athenischen Streitmacht (vergleiche Anm. 50): 2000 Soldaten pro Jahr: 40 Talente; Soldat pro Monat: zehn Drachmen (= zwei Obolen pro Tag); 200 Reiter pro Jahr: zwölf Talente; Reiter pro Monat: 30 Drachmen (= eine Drachme pro Tag); zehn Trieren pro Jahr: 40 Talente; eine Triere pro Monat: 20 Minen (= zehn Drachmen pro Matrose pro Monat = zwei Obolen pro Tag).

[67] Launey (1949–1950) 753 hält σιταρχία an dieser Stelle für den Sold, da ein so hohes Verpflegungsgeld unwahrscheinlich erscheine (vergleiche Kos, PH 10 von 202/01 v. Chr.: 3 1/3 Obole). Auch in Ägypten wurde im 3. Jahrhundert v. Chr. die σιταρχία (Sold) der σιτομετρία (Verpflegung) gegenübergestellt: τῶν δὲ | {τῶν δὲ} ἐν τ[ῶι] στρατ[ι]ωτικῶ[ι] τεταγμένων ὅσο[ι] ἂν | ἐν [Ἀ]λεξα[ν]δρεία[ι] πεπο[λ]ιτογραφημένοι | ἐν[κα]λῶσ[ιν π]ερὶ σιτ[α]ρχιῶν καὶ σιτομε[τ]ριῶν καὶ | 160 πα[ρ]αγρα[φῶν] τῶν ἐ]κ σιταρχίας ἢ σι[τ]ομετρίας | γινομένω[ν ... (Dikaiomata: Auszüge aus Alexandrinischen Gesetzen u. Verordnungen in e. Papyrus d. philologischen Seminars d. Univ. Halle (Pap. Hal. 1), Berlin 1913, Z. 157–161).

[68] Nach Loomis (1998) 56–57 war eine Drachme Gesamtsold im 5. Jahrhundert Standard, der 412 v. Chr. auf drei Obolen fiel und auch nach dem Peloponnesischen Krieg so blieb. Im 4. Jahrhundert wurde zwischen Sold und Verpflegungsgeld unterschieden, so dass die Beträge nicht mehr vergleichbar sind. Üblich waren jetzt vier Obolen Sold und zwei Obolen Verpfle-

gungsgeld. Gabrielsen (1994) 111 argumentiert, dass drei Obolen Standard waren und eine Drachme nur ausnahmsweise gezahlt wurde. Aber selbst wenn eine Drachme der Standard gewesen wäre, hätten die Mannschaften oft nur drei Obolen erhalten und den Rest nach ihrer Rückkehr.

[69] Seuthes versprach 399 v. Chr. Xenophons Männern einen Kyzikener, den Lochagoi zwei und den Strategen vier (Xen. an. VII 2, 36; vergleiche VII 3, 10: ein Kyzikener μισθός pro Monat, die Lochagoi und Strategen sollten den entsprechenden Sold erhalten). Thibron stellte im gleichen Jahr den Soldaten einen Dareikos μισθός pro Monat in Aussicht, den Lochagoi zwei und den Strategen vier (Xen. an. VII 6, 1 u. 7).

[70] Ähnliche Zahlen sind im Bündnis zwischen Rhodos und Olus (SEG XXIII 547, Z. 39–41) von 201/00 v. Chr. überliefert: zwei (ergänzt) rhodische Drachmen ὀψώνιον für einen Offizier, der mindestens 20 Mann (ergänzt) befehligt, acht rhodische Obolen für Mannschaften.

[71] Nicht im Feindesland; nur die Offiziere?

[72] Arr. Succ. *24 (p. 278 Roos).

[73] Arr. an. VI 9, 3; 10, 1; VII 23, 3.

[74] P. Lille 27 = Chrest. I 199; BGU 1266, Z. 40.

[75] P. Bad., II 2; P. Ryl. 261.

[76] Arr. an. VII 23, 3 spricht von τιμή, die der Dimoirites dem einfachen Soldaten voraus habe.

[77] Berve (1926) Bd. 1, 194 und Anm. 1 sowie Launey (1949–1950) 751 halten die zehn Statere für einen Monatssold und rechnen den Silberstater zu vier attischen Drachmen. Stater und Tetradrachmon kann man aber nicht gleichsetzen. Silberstatere à 14,55 g prägte aber Alexanders Vater Philipp II. Zehn Statere entsprechen nach attischem Münzfuß 33 Drachmen 2 Obolen 1 Tetartemorion, was einen denkbaren Monatssold darstellt. Meiner Meinung nach dürfte es sich am ehesten um einen Goldstater Alexanders handeln, der 20 attische Drachmen wert war. Der Sold eines Dekastateros hätte also 200 Drachmen betragen, wobei der Zeitraum nicht klar ist. Milns (1987) 246–248 hält diesen Betrag für einen Monatslohn, da es sich um eine neugebildete Eliteeinheit gehalten habe, die Alexander motivieren wollte. Diesen Sold dürfe man aber keineswegs auf die übrigen Truppenteile übertragen. Ich tendiere eher dazu, die zehn Statere für einen Jahressold zu halten (= 3 1/3 Obolen pro Tag). Wenn Arrians Quelle Ptolemaios war, könnte es sich bei dem Stater auch um ein ptolemäisches τρίχρυσον (beziehungsweise Pentadrachmon) zu 17,8 g handeln (= 60 phönizische Silberdrachmen à 3,56 g) und der Jahressold hätte 600 phönizische Drachmen = ca. 490 attische Drachmen betragen. Dies entspräche einem Tagessold von etwas über acht Obolen.

[78] Für das Jahr 407 v. Chr.: Xen. hell. I 5, 4–7; Plut. Lys. IV 5–6; Plut. Alk. XXXV 5.

[79] Hibeh papyrus von Lysias Theozodites f. 3.2.70–80 (Bude p. 258).

[80] Alkibiades riet Tissaphernes, die μισθοφορά der spartanischen Flotte auf das Niveau der athenischen zu kürzen (Thuk. VIII 45, 1–3).

[81] Kyros zahlte 401 v. Chr. einen Dareikos pro Monat μισθός (Xen. an. I 3, 21), also vier Obolen pro Tag, erhöhte den Sold aber nach Protesten der Griechen auf eineinhalb Dareiken (Xen. an. I 3, 22), also eine Drachme pro Tag. Nach seinem Tod fiel der Kurs aber wieder auf einen Dareikos beziehungsweise einen Kyzikener (vergleiche Anm. 69).

HOLGER MÜLLER

Gesandtschaftsgeschenke im Kontext kriegerischer Auseinandersetzungen im Altertum

„Diese drei legten es darauf an, auch die Bücher unserer Staatskasse in Unordnung zu bringen; denn sie gaben an, sie hätten neun Sklaven bei sich, während sie ohne jedes Gefolge gekommen waren."

Hi tres etiam aerari nostri tabulas falsas esse voluerunt; nam servos novem se professi sunt habere, cum omnio sine comite venissent.[1]

Dieses Cicerozitat soll den Ausgangspunkt für die folgenden Überlegungen sein, da man an ihm sämtliche Fragen aufwerfen kann, die in dem diesen Aufsatz zugrundeliegenden Vortrag behandelt wurden. An späterer Stelle wird hierauf zurückzukommen sein.

Einleitendes

Bis heute bemühen sich unabhängige Staaten um die Pflege internationaler Beziehungen. Vor allem im Krieg sind diese von immenser Bedeutung und so verwundert es nicht, dass in solchen Zeiten neue Bindungen entstehen, aber auch alte gefestigt oder gelöst werden können. Dabei dienen langfristige Kontakte dem internationalen Austausch von Informationen und sind heutzutage eine wesentliche Voraussetzung für den Erhalt des Friedens in der modernen Welt.[2] In den Dienst dieser Beziehungen wird heute ein komplexer Apparat von Mitarbeitern und technischen Einrichtungen gestellt. Eine derartige Organisation kannte die Antike nicht, hat aber gleichwohl nicht auf zwischenstaatliche Kontakte verzichtet. Diese waren durchaus komplex, wie die überlieferten Bündnisse und Staatsverträge zeigen.[3] Problematisch bei der modernen Bearbeitung antiker diplomatischer Beziehungen, so Hildegard Biller, sei das allgemeine Desinteresse, auf das diese bei den antiken Berichterstattern stießen.[4] Dieser Aussage kann nur eingeschränkt zugestimmt werden, kennen wir doch einige Gesandtschaften, die durchaus auf großes Interesse der Zeitgenossen stießen. Ein Beispiel hierfür ist die „Philosophengesandtschaft" des Jahres 155 v. Chr.[5]

Die verhältnismäßig schlechte Quellenlage lässt sich mit der Normalität dieser Kontakte erklären. Offensichtlich gehörten die grundsätzlichen Merkmale internationaler Beziehungen so sehr zum antiken Leben, dass eine explizite Überlieferung und Erklärung von Seiten der Autoren unterbleiben konnte. Gesandtschaften werden zwar erwähnt, aber genauere Beschreibungen unterbleiben. Erst Konstantinos VII. Porphyrogennetos zeigte Interesse für das Antike Gesandtschaftswesen und sammelte in einem Band seiner Enzyklopädie die antiken Autoren, die sich mit den Gesandtschaften beschäftigten.[6]

Die Komplexität antiker Gesandtschaften kann man an ihren Mitgliedern ermessen. Schon in der griechischen Archaik wurde zwischen Herolden (κῆρυξ/ceryx, praeco) und Gesandten/Boten (ἄγγελος, πρέσβεις/nuntius, legatus) unterschieden.[7] In der Ilias wird die unterschiedliche Bedeutung beider „Diplomaten" deutlich.

Φοῖνιξ μὲν πρώτιστα Διῒ φίλος ἡγησάσθω,
αὐτὰρ ἔπειτ' Αἴας τε μέγας καὶ δῖος Ὀδυσσεύς·
κηρύκων δ' Ὀδίος τε καὶ Εὐρυβάτης ἅμ' ἑπέσθων.[8]

„Phoinix, Liebling des Zeus, gehe zuerst voraus;
und dann folgten sowohl Ajas der Große als auch der göttliche Odysseus;
Aber Hodios und auch Eurybates folgten ihnen als Herolde."

In dieser Textstelle wird von der Zusammensetzung der Gesandtschaft berichtet, die an Achill geschickt wird, um ihn zum Kämpfen zu animieren. Sie besteht sowohl aus angesehen Persönlichkeiten, die in der Folge die Verhandlungen führen, als auch aus Herolden. Letztere symbolisieren hier einzig die königliche Autorität.

Die Bedeutung einer antiken Gesandtschaft lässt sich nicht unbedingt an der Anzahl der Teilnehmer messen, sondern oftmals nur an der Bedeutung der teilnehmenden Personen selbst und den Ehrungen, die diesen Personen entgegengebracht werden.

So schickt zum Beispiel der römische Senat im Jahr 183 v. Chr. eine dreiköpfige Gesandtschaft nach Noricum als Reaktion auf eine drei Jahre zuvor geschehene Einwanderung einer kleine keltischen Gruppe nach Venetien.[9] Diese Gesandtschaft bestand aus L. Furius Purpurio, Q. Minucius Rufus und L. Manlius Acidinus. L. Furius war 200 v. Chr. Prätor und 196 v. Chr. Konsul.[10] Als Prätor feierte er einen Triumph über die Gallier.[11] Q. Minucius Rufus war 197 v. Chr. Konsul und 200 v. Chr. Kollege des Furius im Prätorenamt.[12] Als Konsul feierte er einen Triumph über Gallier und Ligurer.[13] L. Manlius schließlich war 188 v. Chr. Prätor in Spanien, wo er gegen die Keltiberer Krieg führte und eine Ovatio zugesprochen bekam.[14] Obwohl es sich also um eine relativ kleine Delegation handelte – ohne dass man etwas über die Größe des begleitenden Trosses erfährt – kann man daran, dass alle Gesandte sowohl politisch als auch militärisch höchst erfolgreich waren, die Bedeutung dieser Gesandtschaft erahnen. Dass die erfolgreiche Teilnahme an einer Gesandtschaft aber auch die weitere Karriere beeinflussen konnte, zeigt das Beispiel des L. Manlius. Dieser war nach der Rückkehr nach Rom an der Gründung der Kolonie Aquileia beteiligt[15] und wurde im Jahr 179 v. Chr. gemeinsam mit seinen Bruder zum Konsul gewählt.[16]

Allgemein scheint die Personenanzahl antiker Gesandtschaften nicht geregelt gewesen zu sein.[17] Diese Aussage muss allerdings differenziert werden. So glaubt Derek Mosley für Sparta und Athen eine unterschiedliche Vorgehensweise bei der Zusammenstellung von Gesandtschaften zeigen zu können. Während eine spartanische Gesandtschaft seiner Meinung nach im Normalfall aus drei Mitgliedern bestand,[18] war die Gesandtenzahl bei den Athenern durchaus unterschiedlich.[19] Auch wenn keine eigenen ausführlichen Studien zur Größe von Gesandtschaften vorliegen, scheinen die unterschiedliche Art der Quellen, und damit ihre Glaubwürdigkeit, für diese vergleichenden Schlüsse ungeeignet zu sein. Für Sparta liegen ausschließlich literarische Quellen vor, während bei Athen eine Vielzahl von epigraphischen Quellen verfügbar ist.

Doch soll an dieser Stelle nicht das Gesandtschaftswesen im Allgemeinen, sondern mögliche Kosten dargelegt werden. Dabei fällt direkt auf, dass die Quellenlage für Griechenland und Rom durchaus unterschiedlich ist. So findet man in den griechischen Inschriften, aber auch in den literarischen Quellen, eine Vielzahl von Informationen, wie viel die einzelnen Städte (explizit Athen) für ihre Gesandten ausgegeben haben. Dem gegenüber beziehen sich die Informationen, die wir über Rom haben, eher auf Ausgaben des Staates für fremde Gesandte. Im Folgenden wird der Schwerpunkt dieses Aufsatzes auf Rom liegen, auch weil zumindest das attische Material, welches für die hier zu behandelnde Fragestellung die meisten Informationen liefern würde, bereits durch William Loomis gesammelt und kommentiert wurde.[20]

Überlegungen zum römischen Gesandtschaftswesen

Beschäftigt man sich mit den Gesandtschaftskosten in Rom, so fällt einem die Quellenarmut ins Auge. Dies ist umso auffälliger, als Rom schon seit der Königszeit diplomatischen Verkehr mit den italischen Nachbarn pflegte.[21] Des Weiteren können mit dem ersten Karthagisch-Römischen Vertrag, der in der ersten Hälfte des 5. Jahrhunderts v. Chr. anzusiedeln ist, frühe „internationale" diplomatische Kontakte belegt werden.[22] Bei vielen Autoren ist zwar von Gesandtschaften die Rede, aber wie viel Rom für eigene Gesandte ausgegeben hat, wird nicht überliefert. Da es sich bei den römischen Gesandten aber zumeist um Senatoren handelte, ist dies nicht verwunderlich. Diese wurden offensichtlich nicht bezahlt, sonders sahen die Erfüllung dieser Aufgabe als persönliche Ehre und/oder Staatspflicht. Somit musste der Staat allenfalls für die Verpflegung und gegebenenfalls für den Tross aufkommen. Aber Informationen hierzu liegen nicht vor. Etwas anders sieht es bei den Aufwendungen für fremde Gesandtschaften aus. Auch hier fällt die Quellenarmut ins Auge. Obwohl Gesandtschaften in einer Vielzahl von Quellen erwähnt werden und man festhalten kann, dass fremde Gesandte von Seiten des römischen Staates verpflegt wurden und Geschenke erhielten,[23] gibt es nur wenige Stellen, die in diesem Zusammenhang konkrete Finanzdaten überliefern. Dies ist vor allem deshalb verwunderlich, da die Höhe der Gesamtausgaben als Statussymbol gesehen werden konnten und somit den wechselseitigen Respekt ausgedrückt haben.[24]

Die relevanten Stellen stammen alle aus dem Werk des Livius. Er überliefert seinen Lesern mehrfach die Aufwendungen Roms für fremde Gesandte. Bei dieser Betrachtung muss aber klar zwischen Geschenken für Gesandte und Geschenke für die andere Staatsführung unterschieden werden. Konkrete Finanzdaten werden von Livius nur für den relativ engen Zeitraum von 205–167 v. Chr. überliefert.[25] Mehreren Fragen muss an dieser Stelle nachgegangen werden.

1. Warum werden nur für diesen Zeitraum Finanzdaten überliefert?
2. Wie hoch sind die überlieferten Zahlungen?
3. Warum ist Livius der einzige Autor, der konkrete Zahlen überliefert?

1. Warum werden nur für den Zeitraum von 205–167 v. Chr. bei Livius konkrete Finanzdaten überliefert?

Quasi als Folge des Zweiten Punischen Krieges wurde Rom zur führenden Militärmacht im Mittelmeer. In diesem Krieg und in den damit in Verbindung stehenden Makedonischen Kriegen zeigte Rom deutlich, dass es weder im westlichen Teil des Mittelmeers noch im Osten Neutralität duldete. Vor allem die griechischen Kleinstaaten sahen sich mit dem Problem konfrontiert, dass sie sich das Wohlwollen Roms sichern mussten. So kam es, dass sich besonders im 2. Jahrhundert v. Chr. viele Städte und Herrscher dieses Wohlwollen durch Geschenke erkaufen wollten. Hierbei spielt das in den Quellen häufig erwähnte Kranzgold eine bedeutende Rolle und es ist somit nicht weiter verwunderlich, dass dies aus Sicht Roms auch erst ab dem 2. Jahrhundert v. Chr. belegt ist.[26] Zwar übergaben einige Städte ihre Geschenke den mit Militärmacht anrückenden Magistraten selbst, andere jedoch ließen diese Gunsterweise durch Gesandte nach Rom bringen. In Rom kam, wie die Quellen belegen, in diesen Jahren starker militärischer Expansion eine Vielzahl von Gesandtschaften an. Man war also gezwungen, diesen Gesandtschaftsverkehr in irgendeiner Art und Weise zu regeln.

Die letzten Gesandtschaften, die laut Livius von Rom quantitativ zu definierende Geschenke erhielten, erschienen im Jahr 167 v. Chr.[27] Allerdings endet mit diesem Jahr auch die geschlossene Berichterstattung bei Livius. Spätere Autoren, die sein Werk kannten und für ihre eigenen Überlieferungen benutzten, hatten an diesen Finanzdaten offensichtlich kein Interesse. Die überlieferten Quellen lassen aber die Vermutung aufkommen, dass das normierte Beschenken der Gesandten spätestens mit dem 1. Jahrhundert v. Chr. geendet haben muss, da spätere Autoren keine Gesandtengeschenke in einer irgendwie genormten Größe erwähnen. Aus diesem Grund liegt es nahe, nach Gründen hierfür zu suchen. Dass die folgenden Antworten hypothetischer Natur sind, liegt dabei in der Natur der Sache.

Mit Beendigung des 3. Makedonischen Krieges im Jahre 168 v. Chr. war Roms Macht im europäischen Mittelmeerraum uneingeschränkt. Die nun folgenden Kämpfe müssen eher als Aufstände verstanden werden, denn als wirkliche Kriege. Selbst der 3.

Punische Krieg hat diesen Namen nur verdient, da er als direkte Konsequenz aus dem 2. Punischen Krieg zu sehen ist. Die Anzahl an Gesandtschaften fremder Staaten muss also rapide abgenommen haben.[28] Natürlich brachten die Unterworfenen weiterhin Geschenke, aber Rom als beherrschende Macht musste nur noch bedingt auf die Bedürfnisse der Gesandten eingehen und auf gute diplomatische Beziehungen achten. Des weiteren verlieren die späteren Autoren gegen Ende des 2. Jahrhunderts eine für bürokratische Angaben, wie Zahlungen, eminent wichtige Quelle, nämlich die Pontifikalannalen, die *tabulae apud pontificem maximum*, auf die an späterer Stelle noch eingegangen werden wird.

2) Wie hoch sind die überlieferten Zahlungen?

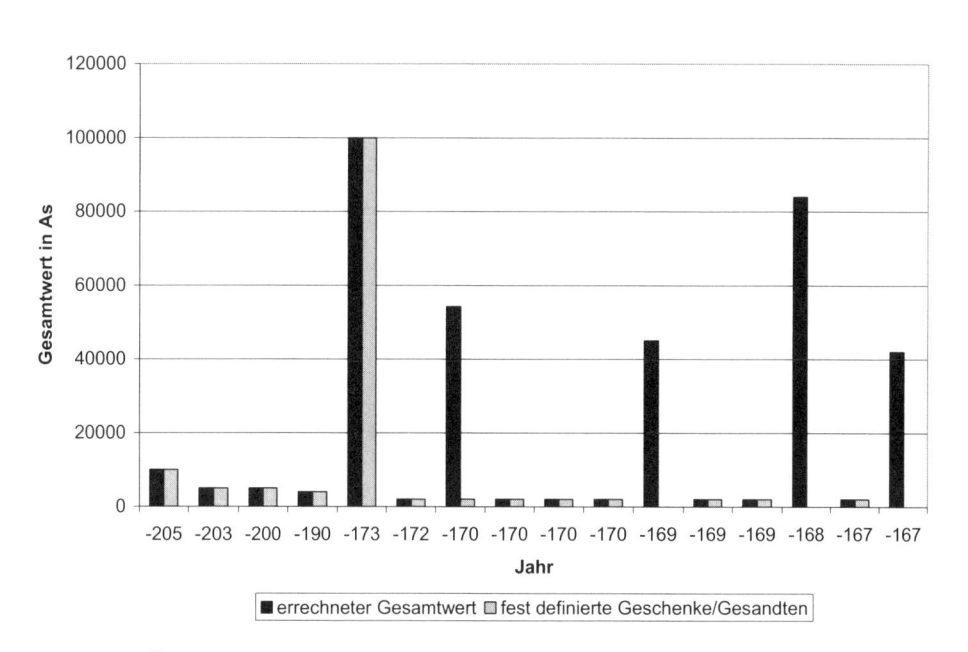

Diagramm 3: Überblick Gesandtschaftsgeschenke

Betrachtet man die überlieferten Daten, so fällt einem sofort einiges auf: Livius überliefert insgesamt an 16 Stellen Finanzdaten im Zusammenhang mit Gesandtschaften. Von diesen erhalten 12 Geschenke, von denen der genaue Wert bekannt ist, zwei genauer definierte Geschenke ohne Angabe eines Gesamtwertes und bei zwei Gesandtschaften werden sowohl genau als auch ungenau zu bemessende Geschenke gemacht. Beim definierten Wert der Geschenke kann man einen eindeutigen Trend ausmachen. So bekamen die Gesandten, die Sagunt im Jahre 205 v. Chr. nach Rom schickte, laut Livius jeweils Geschenke im Wert von 10.000 Assen,[29] eine ägyptische Gesandtschaft des

Jahres 203 v. Chr. erhielt, ebenso wie eine Gesandtschaft des Numiderkönigs Massinissa im Jahr 200 v. Chr., pro Person Geschenke für 5000 Asse[30] und eine ägyptische Gesandtschaft des Jahres 190 v. Chr. bekam Aufmerksamkeiten für 4000 Asse pro Person.[31] Die Gesandtschaften der Jahre 172 bis 167 v. Chr. erhielten schließlich pro Person Gaben im Wert von 2000 Assen.[32]

Offensichtlich reduzierte man also in Rom mit verstärktem Aufkommen von Gesandtschaften die Ausgaben, die für die einzelnen Gesandten bestritten wurden, auf ein festes Maß von 2000 Assen.[33]

Diese Entwicklung wurde nur von einer Gesandtschaft des Jahres 173 v. Chr. gestört. Hier erhält ein Gesandter des Seleukidenkönigs Antiochos IV. mit Namen Apollonios 100.000 Asse als persönliches Geschenk.[34] Ob und wie viel die anderen Teilnehmer der Gesandtschaft erhielten, ist nicht bekannt. Es stellt sich nun aber die Frage, warum dieser Apollonios so wertvolle Geschenke erhielt. Über die Person selbst ist nichts bekannt, außer der Bemerkung Livius', er stehe beim König in höchster Gunst und sei ein großer Freund (*amicissumum*) des römischen Volkes.[35] Wieso bekam dieser Gesandte also so wertvolle Geschenke? Man kann nur vermuten, dass man in Rom versuchte, durch ihn verstärkt Einfluss auf die seleukidische Politik zu bekommen. Antiochos selbst, obwohl lange Zeit Geisel in Rom, war nicht durch die Römer auf den Seleukidenthron gekommen, sondern durch Eumenes II.[36] Letzterer war zwar lange Zeit mit Rom verbündet, aber Ende der 70er Jahre des 2. Jahrhunderts begann das gute Einvernehmen zu bröckeln.[37] Vielleicht hat man mit dieser hohen Zahlung versucht, den bei Antiochos offensichtlich einflussreichen Gesandten auf die Seite Roms zu ziehen, weil man einen neuen Bündnispartner im Osten suchte.

Obwohl ab dem Jahr 172 v. Chr. offensichtlich jeder Gesandte, der nach Rom kam, die Geschenke im festgelegten Wert von 2000 Assen erhielt, gibt es auch hier einige Gesandtschaften, die mit außergewöhnlichen Zusatzgeschenken bedacht wurden. Meist handelte es sich dabei um persönliche Geschenke für den Anführer der Gesandtschaft. In bestimmten Fällen wurde offensichtlich versucht, auf diesem Weg Einfluss auf die andere Partei zu nehmen. So wurde im Jahr 170 v. Chr. der Bruder des keltischen Königs Cincibilus zusätzlich zu den Standardaufwendungen mit wertvollen persönlichen Geschenken bedacht,[38] 169 v. Chr. bekam der keltische Fürst Balanos großzügige Geschenke[39] und im Jahr 168 v. Chr. wurden dem Numiderprinz Masgaber ebenfalls außergewöhnlich wertvolle Geschenke zugesprochen.[40] Hierfür lassen sich verschiedene Gründe finden. So hatte Rom ohne eigene Truppen aufbringen zu müssen durch die Numider Karthago unter Beobachtung und die wiederholten Angriffe der Numider bedeuteten eine dauerhafte Schwächung der ehemaligen Großmacht. Dieses Vorgehen endete schließlich in der vollständigen Niederlage Karthagos im 3. Punischen Krieg. Die Geschenke an den Prinzen waren also eine lohnende und vor allem kalkulierbare Investition.

Im Fall der Gesandtschaft des Cincibilus lohnt es sich, ein genaueres Augenmerk auf sie zu werfen. Auf den ersten Blick schickt hier ein Gallierkönig, offensichtlich von einem Stamm im Ostalpenraum, eine Gesandtschaft nach Rom, um sich über den Konsul C. Cassius C. f. Longinus zu beschweren. Dieser plünderte die Völker der Ostalpen, nachdem der Senat seinen eigenmächtigen Zug nach Makedonien beendete.[41] Es stellt sich die Frage, aus welchem Grund Rom der Gesandtschaft des Cincibilus und dem König selbst so großzügige Zugeständnisse macht. Festhalten kann man, dass der Keltenkönig, da er für sich und seine Bundesgenossen spricht, in diesem Bündnis die hervorgehobene Position einnimmt. Er war, um die Begriffe des römischen Klientelwesens zu gebrauchen, ein Patron. Abhängig von der Marschroute des Cassius kann man versuchen, diesen Stamm zu lokalisieren. Istrer und Carner, bedeutende Stämme des Ostalpenraumes, scheiden aus, da sie laut Livius eigene Gesandtschaften nach Rom schicken.[42] Gustav Zippel sieht in Cincibilus einen König der Taurisker,[43] doch kann es sich bei dem Stamm auch um einen aus dem südlichen Pannonien handeln.[44] Auf jeden Fall war Rom darauf bedacht, sich diesen Stamm und damit auch seine Bundesgenossen durch großzügige Geschenke und Handelsprivilegien, insbesondere den Einkauf von Pferden, trotz der offensichtlichen Vergehen des Konsuls,[45] gewogen zu machen.[46] Vor allem in Hinblick auf die bevorstehenden Kämpfe in Makedonien, die sich seit der Thronbesteigung des Perseus abzeichneten,[47] wollte man keinen weiteren Konfliktherd schaffen. Die Bedeutung, die Rom dem Cincibilus beimisst, lässt sich erneut anhand der Gesandten sehen, die Rom selbst zu ihm schickte.[48] Bei diesen handelte es sich um C. Laelius C. f. C. n., der 196 v. Chr. Prätor[49] und 190 v. Chr. Konsul mit dem Kommando in der Gallia Cisalpina[50] war, und M. Aemilius M. f. M. n. Lepidus, 191 v. Chr. Prätor[51] und 187 und 175 v. Chr. Konsul mit einem zuerkannten Triumph über die Ligurer.[52]

Ähnlich interessant ist eine kurze Betrachtung des zweiten beschenkten Keltenfürsten.[53] Dieser hatte im Vorfeld der Gesandtschaft keinerlei Kontakte mit Rom oder seinen Heeren, sondern bot Waffenhilfe im Makedonischen Krieg an. Rom verzichtete auf die Hilfe, schickte aber wertvolle Geschenke. Insgesamt wurden den Keltenfürsten sechs Pfund Gold sowie ein geschmücktes Pferd und Reiterwaffen übersandt.[54] Aufgrund des für diese Zeit nicht gesicherten Wertverhältnisses von Gold zu Silber lässt sich nur ansatzweise abschätzen, welchen finanziellen Umfang dieses Geschenk hatte. Nimmt man aber die ersten halbwegs gesicherten Daten zur Zeit Sullas, so entsprachen sechs Pfund Gold 4500 Silber-Denaren, was zu dieser Zeit ca. 45.000 Assen entsprach. Somit ergibt sich ein Tauschverhältnis Gold-Silber von 1:8,9.[55]

Grundsätzlich wäre es interessant, wenn man anhand der vorhandenen Daten die Gesamtausgaben Rom für fremde Gesandte festlegen könnte. Obwohl dies aufgrund der geringen Datendichte nicht möglich ist, möchte ich an dieser Stelle zumindest die Faktoren aufführen, die Kosten verursachen. Prinzipiell sind dies in erster Line, wie gezeigt, die als eigentliche Gesandte reisenden Personen. Doch auch die begleitenden Personen, bis hin zu Dienern und Sklaven, wurden von Rom beschenkt. Zumeist erhielten diese Kleidungsstücke. Allerdings existiert eine Textstelle, die bezeugt, dass in Ausnahmefällen auch die Begleiter Geld in fest definierter Höhe bekamen. Für die bereits oben erwähnte ägyptische Gesandtschaft des Jahres 203 v. Chr. wird überliefert, dass die Begleiter jeweils Kleidung und 1000 Asse erhielten.[56]

Somit erscheint es durchaus sinnvoll, wenn Cicero, wie eingangs erwähnt, den mitgereisten Sklaven eine große Bedeutung beimisst,[57] da diese auch einen gewissen Anspruch auf Geschenke hatten.

3) Warum ist Livius der einzige Autor, der konkrete Zahlen überliefert?

Bei allen diesen Betrachtungen ist auffällig, dass einzig Livius von den oben genannten Aufwendungen Roms für fremde Gesandte berichtet. Somit muss man sich nahezu zwangsläufig die Frage nach der Glaubwürdigkeit der Aussagen stellen. Die einzige im größeren Umfang erhaltene Quelle des Livius ist Polybios, der aber von diesen Zahlungen nichts berichtet. Andere Quellen des Livius sind zwar bekannt, aber nicht überliefert, so dass ein direkter Vergleich unmöglich ist.[58] Somit bleiben nur zwei Möglichkeiten für die Interpretation:

1. Livius hat die gelieferten Informationen von den ihn vorliegenden Annalisten übernommen. Da unser Wissen über die Werke der römischen Annalisten des 2. Jahrhunderts v. Chr. sehr begrenzt ist, lassen sich Vergleiche nur schlecht ziehen.
2. Livius hat die Finanzdaten erfunden. Sollte dies so sein, so muss man sich letztendlich fragen, welche Gründe er dafür hatte, und ob wir trotz allem noch Rückschlüsse aus diesen Informationen ziehen können.

Eine mögliche Erfindung der Finanzdaten durch Livius halte ich aufgrund der Exaktheit einiger Daten, vor allem der Zusatzgeschenke, für unwahrscheinlich. Allein die Tendenz, die die Informationen aufweisen, und die – wie oben gezeigt – anhand der Ereignisse zu erklären ist, ist zu auffällig, um reine Erfindung zu sein. In diesem Fall müsste man sich nämlich fragen, was Livius mit dieser Tendenz aussagen wollte, und die meiner Meinung nach einzige mögliche Aussage ist eine Normierung der diplomatischen Geflogenheiten Roms. Allein diese Grundidee muss Livius irgendeiner Quelle entnommen haben. Selbst wenn also die Finanzdaten nicht exakt sind (wofür es keinerlei Anhaltspunkte gibt), so ist die überlieferte Tendenz mit großer Wahrscheinlichkeit historisch.

Somit muss man sich die Frage nach den Quellen des Livius stellen. Allein aufgrund des wesentlich größeren Interesses des Livius an Finanzdaten und einer vergleichenden Betrachtung scheidet Polybios als einzige Quelle für den betrachteten Zeitraum aus.[59] Somit rücken die Annalisten in den Mittelpunkt der Betrachtungen. Ich vermute als Quelle die bereits erwähnten Pontifikalannalen.[60] Letztere waren, wie Cato berichtet,[61] die jährlichen Aufzeichnungen des Pontifex Maximus, die ca. 125 v. Chr. durch den damaligen Pontifex P. Mucius Scaevola abgeschafft wurden.[62] Dieser ließ die bis dahin vorhandenen Aufzeichnungen in 80 Bücher niederschreiben.[63] Mit Erscheinen dieser Bücher wurden die *tabulae* nicht mehr weitergeführt.[64] Der Beginn der Aufzeichnung dieser *annales* wird viel diskutiert.[65] Doch ist die Forschung einig, dass sie spätestens in der Mitte des 3. Jahrhunderts begonnen haben müssen.[66] Der Inhalt dieser Tafeln dokumentierte die Tätigkeit des Pontifex Maximus,[67] in dessen Aufgabenfeld indirekt auch die Gesandtschaften fielen, da sie zumeinst, wie diverse Liviusstellen belegen, Geschenke auf dem Kapitol niederlegten und Opferhandlungen durchführten. Da auch die kaiserzeitlichen Quellen über die 80 Bücher des P. Mucius Scaevola berichten,[68] war deren Inhalt zur Zeit des Livius bekannt und könnten ihm als Quelle gedient haben. Aus diesen Gründen vermute ich, dass die überlieferten Angaben authentisch sind.

Natürlich gab es noch weitere Möglichkeiten, an die bei Livius überlieferten Informationen zu gelangen. So hatten zum Beispiel die Quästoren aufgrund ihrer Aufgaben Zugang zu den Abrechnungen des Staathaushaltes.[69] Diese beinhalteten auch die Ein- und Ausgaben für Gesandtschaften. Da die Anzahl der Quastoren im Laufe der Zeit stetig erhöht wurde – im 2. Jahrhundert kann man von 10 Quästoren ausgehen,[70] deren Anzahl durch Sulla nochmals verdoppelt wurde[71] – ergibt sich eine relativ große Anzahl von möglichen Informanten. Die genaue Anzahl der Quästoren ab dem Jahr 205 v. Chr. bis zur Lebenszeit des Livius ist aufgrund unzureichender Quellen nicht zu ermitteln. In der modernen Forschungsliteratur finden sich aber Namen von 196 Quästoren für diesen Zeitraum.[72] Wie viele dieser Männer sich auch als Schriftsteller betätigt haben, ist aufgrund der unzureichenden Quellenlage nicht zu sagen. Mindestens zwei der namentlich bekannten Quästoren waren aber literarisch tätig, so dass man wohl auch von einer größeren Zahl ausgehen kann.[73] Ob in deren Werken aber Finanzinformationen über den Staatsschatz überliefert wurden, ist unsicher. Livius selbst hat keine politische Karriere durchlaufen, so dass er nicht selbst die Originalaufzeichnungen einsehen konnte.[74] Der direkteste Weg für Livius, an die von ihm übermittelten Informationen zu kommen, waren also wahrscheinlich die Pontifikalannalen, vor allem da deren Inhalt mit Sicherheit für die von ihm gelieferten Informationen relevant war.

Geschenk und Gegengeschenk – Wie viele Gesandte konnte sich Rom leisten?

Da nachzuweisen ist, dass viele der von Rom beschenkten Gesandtschaften ebenfalls Geschenke mitbrachten, soll zuletzt noch der Frage nachgegangen werden, ob die römischen Aufwendungen in irgendeinem Verhältnis zur den „Einnahmen" standen. Aufgrund der unzureichenden Überlieferung lassen sich solche Überlegungen nur in Ausnahmefällen anstellen. Nur für die Gesandtschaften von 205 und 173 v. Chr. überliefert Livius Gesamtausgaben, diese allerdings nur für die Geldgeschenke. Beide Male gibt Rom hierfür 100.000 Asse aus.[75] In beiden Fällen liefern die Gesandte auch Wertgegenstände in Rom ab. 205 v. Chr. wird ein Goldkranz unbekannten Gewichts abgegeben,[76] 173 v. Chr. erhält der Senat neben den ihm zustehenden Abgaben ein Geschenk von 500 Pfund Gold.[77] Somit kann man zumindest im letzten Fall Überlegungen zur „Gewinnspanne" Rom anstellen. Wie bereits erwähnt, liegen die ersten halbwegs sicheren Umrechnungsdaten für Gold und Silber erst zur Zeit Sullas vor.[78] Hieraus ergibt sich, dass Rom ein zusätzliches Geschenk von ca. 3.750.000 Assen erhielt. Somit konnte man sich das großzügige Geschenk an den Gesandten durchaus leisten.

In einigen anderen Fällen kann man zumindest theoretische Überlegungen anstellen. Davon ausgehend, dass Rom bei diesen „Gesandtschaftsgeschäften" keinen Verlust machen wollte, können sowohl theoretische Gesamtkosten, als auch Geschenkwerte ermittelt werden. Wenn zum Beispiel die Gesandtschaftsgeschenke des Jahres 205 v. Chr. einen Gesamtwert von 100.000 Assen hatten, muss der überreichte Goldkranz mindestens 13,3 Pfund schwer gewesen sein. Ähnliche Überlegungen lassen sich für eine Gesandtschaft aus Pamphylien, die 169 v. Chr. in Rom vorsprach, anstellen. Diese Gesandten übergaben ein Geschenk von 20.000 Philippern.[79] Dies entsprach einem Gegenwert von ca. 3.981.450 Assen.[80] Bei einem überlieferten Gesandtengeschenk von 2000 Assen hätte man also 1990 Gesandte ohne finanzielle Verluste beschenken können. Auch wenn die Wertumrechnungen aufgrund der unzureichenden Quellenlage nur eine Näherung darstellen können, sieht man deutlich, dass Rom die Ausgaben, die für fremde Gesandte gemacht wurden, leicht durch die entgegengenommenen Geschenke decken konnte. Allein die Geschenke einer geringen Anzahl Gesandtschaften konnte somit ausreichen, um Roms Kosten zu decken. Dies war auch nötig, da einige Gesandtschaften keine Geschenke mitbrachten, andere Naturalien, wie Getreide, Pferde und so weiter, oder Bündnishilfe im Krieg boten. Vor allem letzteres lässt sich nur schwer durch harte Währung ausdrücken. Die Gesandtschaften des Jahres 170 v. Chr. können hierbei als Beispiel dienen. Livius belegt für dieses Jahr 12 Gesandtschaften, die nach Rom kommen. Bis auf eine Ausnahme erhalten alle Gesandten 2000 Asse als Geschenk.[81] Die Gesamtausgaben Roms lassen sich nicht berechnen, da aber allein für die keltische Gesandtschaft mindestens 54.300 Asse ausgegeben wurden, belaufen sich die Gesamtausgaben auf sicherlich weit mehr als 76.000 Asse. Die entgegengenommenen Geschenke sind weitaus schwerer festzulegen, da sie zum Teil aus Sachmitteln und Bündnisangeboten bestanden. Als definierbare Werte erhielt Rom aber auch insgesamt 130 Pfund Gold. Dies entsprach ungefähr 975.000 Assen. Abzüglich der außergewöhnlichen Ausgaben für die keltische Gesandtschaft könnte man mit der Restsumme 460 Gesandte mit je 2000 Assen beschenken.

Man achtete also offensichtlich darauf, dass der Gesandtschaftsverkehr nicht zu finanziellen Verlusten führte. Aufgrund fehlender Quellen kann allerdings keine Aussage darüber gemacht werden, ob die Höhe der Geschenke zu irgendeinem Zeitpunkt aufgrund theoretischer Überlegungen festgelegt wurde oder auf Erfahrungswerten basierte. Für letzteres würde die oben aufgezeigte Gesamtentwicklung sprechen. Gegen theoretische Überlegungen sprechen auch die Unsicherheitsfaktoren, die einer bei einer so gearteten Finanzrechung eine Rolle spielen. Niemand konnte exakt vorhersagen, wie viele Gesandtschaften mit wie wertvollen Geschenken in Rom eintrafen. Des weiteren ist nicht überliefert, aus welcher Kasse die Gesandtschaftsgeschenke entnommen wurden und wie diese Kasse gefüllt wurde. Es ist auszuschließen, dass die eingenommenen Geschenke für die Deckung diplomatischer Ausgaben herangezogen wurde, da es sich zumeist um Weihgeschenke an die römischen Götter handelte. Diese waren zwar nicht sakrosankt, wurden aber meist nur in Notfällen herangezogen. Da aber die Höhe der Geschenke in der Regel vom Einfluss und der Macht des Beschenkten anhing, konnte man sich in Rom im 2. Jahrhundert offenbar sicher sein, dass die eingenommenen Geschenke zumindest theoretisch die Ausgaben deckten. Somit stellten auch die verhältnismäßig großzügigen Geschenke an die fremden Gesandten kein finanzielles Problem dar.[82]

Zusammenfassung

Rom hatte offensichtlich nach Beendigung des 2. Punischen Krieges und im Zusammenhang mit den Makedonischen Kriegen mit dem verstärkten Auftreten von Gesandtschaften zu kämpfen. Zu dieser Zeit war man bemüht, gute Beziehungen, vor allem zu den Gegnern seiner Feinde, herzustellen. Somit wurden Gesandte, vor allem wenn sie selbst Ehrbezeugungen überbrachten, mit Geschenken bedacht. Mit der steigenden Anzahl der eintreffenden Gesandten mussten aber die Ausgaben, die für einzelne Gesandte geleistet wurden, reduziert werden, so dass sich im 2. Jahrhundert ein festes Maß von 2000 Assen pro Gesandten entwickelte. Dies wurde nur in Ausnahmefällen überschritten oder durch Geschenke bereichert. Anhand dieser Zusatzgeschenke kann man ersehen, welche Bedeutung der jeweiligen Gesandtschaft aus Sicht Roms beigemessen wurde.

Die Glaubwürdigkeit dieser Informationen, die einzig bei Livius zu finden sind, hängt von der Glaubwürdigkeit seiner Quellen ab. Obwohl für diese Zeit Polybios seine Hauptquelle war, kann er hierfür nicht herangezogen werden. Als Quelle, der man eine hohe Glaubwürdigkeit bescheinigen kann, kommen aber die Pontifikalannalen in Betracht. Somit gehe ich bei diesen Aussagen des Livius von einer hohen Authentizität aus.

Literatur

Beck, Hans; Walter, Uwe: Die frühen römischen Historiker, 2 Bde., übersetzt von H. Beck, U. Walter, Darmstadt 2001–2004.
Bengtson, Hermann: Die Staatsverträge des Altertums, 3 Bde., Berlin – München 1962–1969.
Biller, Hildegard; Olshausen, Eckart (Hgg.): Antike Diplomatie, Darmstadt 1979.
Bleicken, Jochen: Geschichte der Römischen Republik, München [4]1992.
Broughton, Thomas Robert Shannon: The Magistrates of the Roman Republic, 3 Bde., New York 1986.
Burck, Erich: Das Geschichtswerk des Titus Livius, Heidelberg 1992.
Burck, Erich (Hg.): Wege zu Livius, Darmstadt 1967.

Antike Kriegskosten, URL: http://www.uni-erfurt.de/kriegskosten/kriegskosten_db/, 2006–2008, Verantwortlich: Burrer, Friedrich (bis 2007); Müller, Holger.

Crake, J. E. A: The Annals of the Pontifex Maximus, in: Classical Philology 35 (1940) 375–386.

Dobesch, Gerhard: Die Kelten in Österreich nach den ältesten Berichten der Antike. Das norische Königreich und seine Beziehungen zu Rom im 2. Jh. v. Chr., Wien u. a. 1980.

Fuhrmann, Manfred: Geschichte der römischen Literatur, Stuttgart 1999.

Fuhrmann, Manfred; Schmidt, Peter L.: Livius [III 2], in: Der Neue Pauly, Bd. 7, 1999, 377–382.

Heftner, Herbert: Der Aufstieg Roms. Vom Pyrrhoskrieg bis zum Fall von Karthago (280–146 v. Chr.), Regensburg 1997.

Heucke, Clemens: Aquileia [1], in: Der Neue Pauly, Bd. 1, 1996, 935–936.

Huß, Werner: Die Karthager, München ³2004.

Itgenshorst, Tanja: Tota illa pompa. Der Triumph in der römischen Republik, Göttingen 2005.

Kehne, Peter: Geschenke § 2, in: H. Beck u. a.: Reallexikon der Germanischen Altertumskunde, Bd. 11, 1998, 470–474.

Kierdorf, Wilhelm: Annales maximi, in: Der Neue Pauly, Bd. 1, 1996, 709.

Klose, Dietrich: Philippeios, in: Der Neue Pauly, Bd. 9, 2001, 793.

Klotz, Alfred: Die Quellen des Livius, in: E. Burck (Hg.): Wege zu Livius, Darmstadt 1967, 217–223.

Kornemann, Ernst: Die älteste Form der Pontifikalannalen, in: Klio 11 (1911) 245–257.

Kunkel, Wolfgang; Roland, Wittmann: Staatsordnung und Staatspraxis der Römischen Republik. Die Magistratur, Teil 3, Bd. 2, Abschn. 2, München 1995.

Lauffer, Siegfried: Daten der griechischen und römischen Geschichte, München 1987.

Loomis, William T.: Wages, Welfare Costs and Inflation in Classical Athens, Ann Arbor 1998.

Mehl, Andreas: Eumenes [3], in: Der Neue Pauly, Bd. 4, 1996 (a), 251–253.

Mehl, Andreas: Antiochos [6], in: Der Neue Pauly, Bd. 1, 1996 (b), 769.

Mlasowski, Alexander: As, in: Der Neue Pauly, Bd. 2, 1996 (a), 72–74.

Mlasowski, Alexander: Aureus, in: Der Neue Pauly, Bd. 2, 1996 (b), 325–326.

Mlasowski, Alexander: Denarius, in: Der Neue Pauly, Bd. 3, 1996 (c), 476–477.

Mosley, Derek J.: Die Größe der Gesandtschaften in der antiken griechischen Diplomatie, in: H. Biller, E. Olshausen (Hgg.): Antike Diplomatie, Darmstadt 1979.

Schulzki, Hans-Joachim: Libra [1], in: Der Neue Pauly, Bd. 7, 1996, 147–148.

Wéry, Louise-Marie: Die Arbeitsweise der Diplomatie in Homerischer Zeit, in: H. Biller, E. Olshausen (Hgg.): Antike Diplomatie, Darmstadt 1979, 13–53.

Wolters, Reinhard; Szaivert, Wolfgang: Löhne, Preise, Werte. Quellen zur römischen Geldwirtschaft, Darmstadt 2005.

Ziegler, Karl-Heinz: Das Völkerrecht der römischen Republik, in: H. Temporini (Hg.): Aufstieg und Niedergang der römischen Welt, Bd. I 2, Berlin u. a. 1972, 68–114.

Zippel, Gustav: Die Roemische Herrschaft in Illyrien bis auf Augustus, Aalen 1877.

Anmerkungen

[1] Cic. Flacc. 43.
[2] So bei Biller/Olshausen (1979) 1.
[3] Zu finden bei Bengtson (1962–1969).
[4] Biller/Olshausen (1979) 2.
[5] Über diese Gesandtschaft, die von Marcus Porcius Cato abgewiesen wurde (Lauffer (1987) 223), berichtet unter anderem Gell. VI 14, 9; Macr. Sat. I 5, 15 und Plut. Cato 22, 5.
[6] Konstantinos VII. Porphyrogennetos: *Exerpta de legibus*. Dazu Biller/Olshausen (1979) 3.
[7] Ziegler (1972) 100.
[8] Hom. Il. IX 168–170. Dazu Wéry (1979) 19–20.
[9] Liv. XXXIX 54, 13.
[10] Liv. XXXI 10, 4–5; Liv. XXXIII 25, 4.
[11] Liv. XXXI 49, 1–3. Dazu Itgenshorst (2005) 267.
[12] Liv. XXXI 12, 1; Liv. XXXII 27, 5.
[13] Liv. XXXIII 23, 8. Dazu Itgenshorst (2005) 267.
[14] Liv. XXXIX 21, 6–10; XXXIX 29, 5. ebd. 267.
[15] CIL I 621. Dazu Heucke (1996).
[16] Liv. XL 43, 4.
[17] Thuk. IV 118, 6. Dazu Mosley (1979) 110–111. Xenophon (Xen. hell. IV 8, 13) berichtet von einer attischen Gesandtschaft an den Perser Tiribazos bestehend aus fünf Personen. Diodor (Diod. XIV 110, 2–3) wiederum erwähnt in einem anderen Fall einen Gesandten, der zum Perserkönig Artaxerxes geschickt wurde. Die Bedeutung dieser Gesandtschaft erkennt man allerdings daran, dass es sich um den Nauarchen Antalkidas handelte.
[18] Ebd. 111–112.
[19] Ebd. 113–116.
[20] Siehe Loomis (1998), insbesondere S. 205–219.
[21] Ziegler (1972) 77–78.
[22] Dazu Huß (2004) 47–53, zur Datierung 52.
[23] Der Gesandte genoss das *hospitium publicum*. Ziegler (1972) 100.
[24] Kehne (1998) 470–471.
[25] Alle relevanten Zitate bis auf eines (Liv. XXVIII 39, 19) entstammen den Büchern XXI bis XLV. Diese werden in der Forschung als Einheit betrachtet. Mit dem Werk des Polybios gibt es für diese Zeit eine Parallelüberlieferung, die allerdings teilweise eine so starke Übereinstimmung mit Livius aufweist, dass Polybios als Quelle von diesem angesehen werden muss. Dazu Burck (1967) 1; ders. (1992), 31, 35–50; Klotz (1967) 217–219.
[26] Zu den Quellen und zur Datierung vergleiche Wolters/Szaivert (2005) 265–266.
[27] Liv. XLV 42, 11; XLV 44, 14–15.
[28] Dazu Ziegler (1972) 80–82.
[29] Liv. XXVIII 39, 19. Es handelte sich um zehn Gesandte, so dass Rom insgesamt 100.000 Asse ausgab (Liv. XXVIII 39, 13).
[30] Liv. XXX 17, 14; Liv. XXXI 9, 5.
[31] Liv. XXXVII 3, 11.
[32] Liv. XLII 19,6; XLIII 5, 8–10; XLIII 6, 10; XLIII 6, 14; XLIV 14,3–4; XLIV 15, 8; XLV 42, 11.

[33] So bei Liv. XLII 19, 6; XLIII 5, 8–10; XLIII 6, 10; XLIII 6, 11; XLIII 6, 14; XLIV 14, 3–4; XLIV 15, 8; XLV 42, 11.
[34] Liv. XLII 6, 11.
[35] Liv. XLII 6, 12.
[36] Mehl (1996 b).
[37] Mehl (1996 a).
[38] Liv. XLIII 5, 8–10.
[39] Liv. XLIV 14, 2.
[40] Liv. XLV 44, 14–15.
[41] Liv. XLII 1, 5. Dazu Dobesch (1980) 108 ff.
[42] Liv. XLIII 5, 3.
[43] Zippel (1877) 121 f.
[44] Weitere Belege und Argumente bei Dobesch (1980) 125–127.
[45] Ebd.129.
[46] Der Handel über die römischen Grenzen hinaus wurde streng beobachtet und nur privilegierte Völker durften Waren ein- und ausführen. (vergleiche Tac. germ. 41). Ein Angebot, Pferde in Italien zu kaufen war zu dieser Zeit offensichtlich interessant. Da die Anzahl der Gesandten nicht genannt wird, kann keine Aussage darüber getroffen werden, wie viele Pferde insgesamt aus Italien ausgeführt wurden. Militärhistorisch eröffnet sich die Frage nach der Brisanz dieses Handels. Da Rom vermutlich aus Kostengründen keine eigene Kavallerie hatte, sondern in dieser Hinsicht auf seine Bundesgenossen oder Söldner vertrauen musste, stellt sich die Frage, ob mit diesem Handel gleichzeitig die Option eines Bündnisses offen gelegt wurde.
[47] Dazu Heftner (1997) 370–373.
[48] Allein die Tatsache, dass überhaupt Gesandte zum Keltenkönig geschickt wurden, zeigt, welche Bedeutung Rom dem Cincibilus beimisst. Im Normalfall hätte man den keltischen Gesandten die Antwort mitgegeben.
[49] Liv. XXXIII 24, 2. Dazu Broughton (1986), Bd. 1, 335.
[50] Liv. XXXVII 1, 10. Dazu ebd., Bd. 1, 356.
[51] Liv. XXXV 24, 6. Dazu ebd., Bd. 1, 352–353.
[52] Liv. XXXVIII 42, 2–3; Fast. cos. p. 66/67. Dazu ebd., Bd. 1, 367, 401.
[53] Liv. XLIV 14, 1–2.
[54] Dazu Dobesch (1980) 158–165.
[55] Zur Umrechnung vergleiche Mlasowski (1996 b), Mlasowski (1996 c) und Schulzki (1996).
[56] Liv. XXX 17, 14.
[57] Cic. Flacc. 43.
[58] Zu den Quellen von Livius vergleiche Burck (1992) 15–49.
[59] Abfragen unserer Projektdatenbank (URL:http://www.uni-erfurt.de/kriegskosten/kriegskosten_db/) ergaben, dass Livius 88 Angaben macht, wohingegen Polybios nur 38 Stellen überliefert. (Datenbestand: 21.01.2008). Es ist anzumerken, dass die Erfassungsdichte projektrelevanter Daten bei beiden Autoren zu diesem Zeitpunkt nahezu vollständig ist.
[60] Erstmals erwähnt bei Cato FRH 3 F 4, 1.
[61] Ebd.
[62] Diese Abschaffung hatte in sofern Sinn, als die in der Nachfolge des Fabius Pictor aufkommende analistische Geschichtsschreibung in Rom die Weiterführung der öffentlichen

Annalen als Bewahrung des historischen Erbes überflüssig machte. Dazu Bleicken (1992) 106.

[63] Kierdorf (1996). Einer Bemerkung Ciceros (de orat. II 52) kann man entnehmen, dass es schon vor der kaiserzeitlichen Edition eine literarische Aufarbeitung der Annalen gegeben haben muss. Dazu Bleicken (1992) 106, Crake (1940) 382 mit Anm. 33, Fuhrmann (1999) 36, Kornemann (1911) 248.

[64] Cic. de orat. II 52 ff.
[65] Dazu Crake (1940) 379–382.
[66] Ebd. 263.
[67] Beck/Walter (2001/2004) 34.
[68] So zum Beispiel Gell. IV 5, 6. Dazu Kierdorf (1996).
[69] Zu den Aufgaben des Quästors vergleiche Kunkel/Roland (1995) 515–528.
[70] Ebd. 513.
[71] Tac. ann. XI 22, 6.
[72] Siehe dazu Broughton (1986), Bd. 1 und 2.
[73] Zumindest fragmentarisch überliefert sind Werke von M. Porcius Cato (Quästor 204 v. Chr.) und C. Sempronius Tuditanus (Quästor 145 v. Chr.). Dazu ebd. Bd. 1, 307, 470. Zu den Werken siehe Beck/Walter (2001/2004) Bd. 1, 148–224, 330–339.
[74] Fuhrmann/Schmidt (1999) 377.
[75] Liv. XXVIII 39, 19; Liv. XLII 6, 11.
[76] Liv. XXVIII 39, 15.
[77] Liv. XLII 6, 8.
[78] Vergleiche Anm. 55.
[79] Liv. LIV 14, 3–4.
[80] Klose (2001).
[81] Liv. XLIII 6, 14; XLIII 8, 8.
[82] Zum Vergleich: Im 2. Jahrhundert v. Chr. erhielt ein römischer Kavallerist einen Tagessold von einer Drachme (Pol. VI 39, 12), was in etwa zehn Assen entsprach.

KAI BRODERSEN

Nützliche Forschung:
Ps.-Aristoteles' *Oikonomika* II und die Haushalte griechischer Poleis

1. Ps.-Aristoteles' *Oikonomika* II

„Wer Ratschläge geben will, sollte die Art und Höhe der Einnahmen (πρόσοδοι) der Polis kennen, damit, wenn etwas fehlt, es hinzugefügt, und wenn etwas nicht genügt, es vermehrt werden kann; ebenso sollte er alle Ausgaben (δαπάναι) der Polis kennen, damit, wenn etwas überflüssig ist, es getilgt, und wenn etwas zu groß ist, es reduziert werden kann. Man wird nämlich nicht nur dadurch reicher (πλουσιώτερος), dass man zum Vorhandenen etwas hinzufügt, sondern auch dadurch, dass man die Ausgaben reduziert." (Aristot. rhet. I 4,8 p. 1359b23)

„Man muss einmal die verstreuten Berichte darüber sammeln, wie es einigen geglückt ist, an Geld zu kommen (χρηματίζεσθαι)." (Aristot. pol. I 11 p. 1259a3)

Theoretische Überlegungen über die Haushalte griechischer Poleis sind in der antiken Literatur rar.[1] Zwar wird ein Buch des Aristoteles περὶ οἰκονομίας in der bei Diogenes Laërtios gebotenen Liste seiner Werke aufgeführt, doch ist es nicht erhalten,[2] und eine aristotelische Sammlung von Berichten darüber, wie es einigen geglückt ist, „an Geld zu kommen", ist nicht einmal dort belegt. Doch galt es in der Schule des Aristoteles durchaus als nützliche Forschung, Exempel aus früherer Zeit zu sammeln, die dann zur Grundlage theoretischer Überlegungen werden konnten. Am bekanntesten ist die wohl auf einen ähnlichen Aufruf zurückgehende Zusammenstellung antiker Verfassungen,[3] von denen eine – die der Polis Athen – erst vor gut hundert Jahren durch einen Zufallsfund auf einem Papyrus aus Ägypten wiederentdeckt wurde.[4] Und sogar gleich drei Bücher *Oikonomika* sind mit den Werken des Aristoteles tradiert worden, zwei in griechischer Sprache und ein drittes in mehreren lateinischen Übersetzungen aus dem Mittelalter.[5] Für keines dieser drei Bücher *Oikonomika* lässt sich jedoch Aristoteles selbst als Autor erweisen, wie sie auch untereinander in Inhalt und Sprachgestalt ganz unterschiedlich sind und sicher keine ursprüngliche Einheit bilden: Das erste und das dritte Buch befassen sich vor allem mit der privaten Haushaltsführung und der Beziehung zwischen dem Hausherrn und seiner Gattin, allein das zweite Buch widmet sich eher dem öffentlichen Haushaltswesen. Ps.-Aristoteles' *Oikonomika* II sind damit eines der wenigen Zeugnisse antiken Nachdenkens über Staatseinnahmen und -ausgaben.

Doch ist dieses Werk als Zeugnis für die antiken Kriegsfinanzen nutzbar? Ist es auf die Probleme bestimmter öffentlicher Haushalte ausgerichtet? Kann es als historische

Quelle für eine spezielle Epoche herangezogen werden? Fragen wie diese sind in der althistorischen Forschung bisher kaum behandelt worden. Bereits im frühen 19. Jahrhundert hatte einer der Begründer der Altertumswissenschaft, Barthold Georg Niebuhr, die *Oikonomika* II als Werk „eines rohen und ungebildeten Verfassers" verdammt,[6] das in der Folgezeit wohl deshalb weitgehend ignoriert blieb.[7] Erst zu Beginn des 20. Jahrhunderts sind dann – als Folge eines Inschriftenfundes[8] – einige wenige Spezialuntersuchungen angefertigt worden, meist in Dissertationen. Im Jahr 1903 hatte die Philosophische Fakultät der Universität München als Preisaufgabe ausgelobt: „*Die pseudoaristotelische Ökonomik soll interpretiert und die darin enthaltene Wirtschaftstheorie und Wirtschaftspolitik systematisch und geschichtlich erörtert werden.*" Preisgekrönt wurde 1906 die Dissertation von Kurt Riezler;[9] auf dieselbe Preisaufgabe geht auch die Arbeit von Paul Schneider 1907 zurück.[10] Die letzte ausführliche Untersuchung hat Bernhard Abraham van Groningen in seiner Dissertation im Jahr 1933 publiziert,[11] seither sind in der Forschung vor allem Einzelfragen erörtert worden.[12] 1970 bezeichnete einer der einflussreichsten Althistoriker des 20. Jahrhunderts, Moses Finley, den Verfasser der *Oikonomika* II als „idiot",[13] und erst 2006 erschienen nacheinander eine kleine zweisprachige Ausgabe von Kai Brodersen und eine umfangreich kommentierte Übersetzung von Renate Zoepffel.[14]

2. Die zwei Teile der *Oikonomika* II

Der erste Teil der *Oikonomika* II (I 1–7)[15] bietet eine knappe Übersicht über vier antike Wirtschaftsformen: die des persischen Großkönigs, die des Satrapen, die der Polis und die der Privatperson. Diese theoretischen Überlegungen führen schließlich zu der Maxime:

> „*Ein Gesichtspunkt ist allen Wirtschaftsformen gemeinsam und darf deshalb nicht nebensächlich behandelt werden ..., dass nämlich die Ausgaben* (ἀναλώματα) *nicht größer als die Einnahmen* (πρόσοδοι) *werden dürfen.*"   (*I 6*)

Der zweite, weitaus umfangreichere Teil (II 1–41) bietet sodann eine Zusammenstellung von Exempeln aus „früherer Zeit" für eine erfolgreiche Steigerung von Staatseinnahmen, die meist den Charakter eines „Tricks" haben.[16] In den ersten 36 Kapiteln werden dabei zu jedem Beispiel Name und Ort der Urheber genannt, oft auch der Anlass für die Notwendigkeit der Maßnahme; dann wird in jedem Fall der für die Steigerung von Staatseinnahmen benutzte Trick selbst geschildert. Wiederholt wird dabei ein- und demselben Urheber mehr als eine Maßnahme zugeschrieben: Die 36 Kapitel sind deshalb bereits für 72 Tricks gut. Die letzten fünf Kapitel, 37–41, bieten dann (ohne Wiederholung der zuvor bereits gemachten Detailangaben zu den Urhebern) Nachträge mit weiteren Tricks (nur in einem Fall, 40, ist dabei offenbar von einem zuvor nicht erwähnten Mann die Rede). Insgesamt lernen wir im zweiten Teil der *Oikonomika* II also 77 Tricks zur Steigerung der Staatseinnahmen kennen.

Sowohl begriffliche also auch inhaltliche Beobachtungen widersprechen, wie mir scheint, einer ursprünglichen Verbindung beider Teile der *Oikonomika* II: In der Begrifflichkeit fällt etwa auf, dass der vom persischen Großkönig erhobene Tribut im ersten Teil ταγή (I 3) genannt wird, im zweiten hingegen φόρος (II 13a, 25b, 33a, 35), und dass die Finanzierung von Sonderaufgaben durch eine Umlage, zu der alle Bürger beitragen müssen, im ersten Teil mit ἐγκύκλια (I 5) bezeichnet wird, im zweiten mit εἰσφορά oder mit damit verbundene Verbformen (II 3d, 5, 13a, 13b, 20b, 20d, 20e, 25b, 29a, 29b, 30a, 33c). Inhaltlich fällt auf, dass von den vier im ersten Teil genannten Wirtschaftsformen – des persischen Großkönigs, des Satrapen, der Polis und der Privatperson – im zweiten Teil des Buches drei kaum behandelt, dafür aber zahlreiche Beispiele für erfolgreiche Maßnahmen zur Steigerung der Staatseinnahmen von Tyrannen (die im ersten Teil gar nicht erwähnt werden) und vor allem von Poleis bietet.

3. Nützliche Forschung: Die Exempelsammlung in den *Oikonomika* II

Die Verbindung zwischen den beiden Teilen der *Oikonomika* II schafft folgender Satz:

„Mit welchen Maßnahmen manche in früherer Zeit (πρότερον) für den Weg zum Geld (εἰς πόρον χρημάτων) beschritten haben oder was man trickreich (τεχνικῶς) dafür eingerichtet hat, haben wir zusammengestellt, soweit wir es für nennenswert hielten. Auch diese Forschung (ἱστορία) nämlich hielten wir für nicht unnütz (οὐδὲ ... ἀχρεῖον), denn es ist ja möglich, dass etwas davon zu dem passt, was jemand heute unternehmen will." (I 8)

Die auf diesen Satz folgende Sammlung von Exempeln aus „früherer" Zeit wird – in einer an Herodots ἱστορίαι erinnernden Aussage – als Ergebnis von Forschung (ἱστορία) eingeführt, die für heutige Unternehmungen nützlich sein könne. Ziel ist der „Weg zum Geld"; der hier mit „Weg" übersetzte Begriff, πόρος, und zwei damit verbundene Begriffe erscheinen immer und immer wieder im Text, der das Wortfeld εὔπορος (II 7, 12, 13a, 16b, 20g, 22, 23b, 23c, 26, 30a, 31) von dem Wortfeld ἄπορος (II 3c, 18, 15a, 16a, 20c, 20d, 20g, 23a, 23b, 24a) scheidet. Wörtlich heißt εὔ-πορος „einen guten Weg habend" – wer εὔπορος ist, dem stehen alle Wege offen, denn er ist wohlhabend; ἄ-πορος hingegen heißt das Gegenteil, „keinen Weg habend"; wer ἄπορος ist, der leidet Mangel. Beides kann auch Staaten ereilen – und es ist das Anliegen des Autors, anhand von durch nützliche Forschung gewonnenen Exempeln aus früherer Zeit seinen Zeitgenossen den Weg vom ἄπορος zum εὔπορος zu zeigen.

In der althistorischen Forschungsliteratur ist nun bisher vor allem versucht worden, die Angaben der einzelnen Exempel für den „Weg zum Geld" historisch zu verorten, also aus der Sammlung Angaben zu der in ihr benannten „früheren Zeit" zu gewinnen. Dabei geriet freilich die Frage, in welche Zeit die Sammlung selbst gehört, aus dem Blickfeld. Ohne nähere Begründung wird oft angenommen, dass die I 8 genannte „frühere Zeit" sicher ein paar Generationen nach dem letzten datierbaren Exempel, etwa in der Zeit um 275 v. Chr. (plus/minus „several years") liegen müsse; dies hat zuletzt Makis Aperghis konstatiert und die *Oikonomika* II dann für weit reichende Schlüsse auf die Wirtschaftsgeschichte des Seleukidenreichs herangezogen.[17] Dies scheint zumindest für den zweiten Teil des Buches verfehlt, in dem Syrien oder Ägypten nie als Teile hellenistischer Flächenstaaten oder Herrschaftsgebiete eines Königs Seleukos beziehungsweise Ptolemaios erscheinen, sondern stets als Teile des Perser- beziehungsweise Alexanderreichs (siehe unten). Nimmt man die Sammlung der Exempel als Ganzes und fragt man, für welche Zeit just diese Exempel ge- (oder vielleicht auch teilweise er-?) funden wurden, jedenfalls aber „nützlich" waren, ergibt sich meines Erachtens ein anderes Bild.

Welche Welt also begegnet uns in den *Oikonomika* II?

4. Die Welt der Exempel in den *Oikonomika* II

Im Fokus der Sammlung steht einerseits das späte Perserreich, das vom Großkönig (dem „König der Könige", I 2-3, II 13a, 13b, 14d) und den ihm unterstehenden Satrapen oder von seinem Nachfolger Alexander dem Großen (336-323) beherrscht wird; letzterer, der 332 den letzten Perserkönig besiegte, erscheint wiederholt (und ohne klare Unterscheidung) als Nachfolger der Großkönigs, der wie jener das Reich mit Satrapen (II 31-34 und 38) beherrscht. Deren Satrapien sind durch die (schon von Herodot [V 52ff.] bewunderten) „Königsstraßen" (II 14b, 38) mit dem Zentrum des Reiches verbunden. Die Satrapen schulden dem Großkönig einen Tribut (siehe oben), den sie ihrerseits in ihrer Satrapie durch Beauftragte – „Finanzminister" (ἐπιμεληταί, „Besorger") – eintreiben lassen (II 28, 35); speziell in Ägypten können sie dabei auf die Einteilung in „Bezirke" (νόμοι II 33b, 35) zurückgreifen, die „Bezirksverwaltern" (νόμαρχοι, „Bezirks-Herrschern" II 25b, 32, 33a, 35) unterstehen. Dem Satrapen direkt unterstellt ist sonst der ὕπαρχος („Unter-Herrscher" II 14a). Unterbleibt die Tributzahlung, droht der Großkönig mit militärischen Maßnahmen (II 13a). Gegen die Oberherrschaft des Großkönigs beziehungsweise Alexanders des Großen wenden sich wohl deshalb immer wieder einmal Satrapen, so etwa Mausolos in Karien (II 13) oder Datames in Kappadokien (II 24), wenn auch ohne dauerhaften Erfolg. Auch sind – gleichsam eine Hierarchie-Ebene tiefer – Erhebungen gegen Satrapen belegt, so II 32 in Ägypten durch die Bezirksverwalter (νόμαρχοι; siehe oben). Zum Reich des Großkönigs und Alexanders des Großen gehören – der Sammlung zufolge – somit nicht nur die persischen Kernlande, sondern auch große Teile Kleinasiens sowie (von 525 bis 404 und erneut von 343 an) Babylon (II 34), Syrien (II 32) und Ägypten (II 25, 32, 33); wir hören hier von dem an der Spitze des Nildeltas gelegenen Gau Athribes (II 35) sowie von dem westlichsten Nilarm Kanobos, von dem neu gegründeten Alexandreia und von der diesem vorgelagerten Insel Pharos (II 33). Diese Aussagen über den persischen Großkönig und Alexander den Großen sind zweifellos von besonderem Interesse für die Leserschaft einer

Zeit, der ein Autor weder den Großkönig noch den großen Alexander erklären musste und der die strukturelle Vergleichbarkeit beider Herrscher vertraut war.

Im Fokus der Sammlung steht andererseits – und in besonderem Maße – die Welt der griechischen Poleis. Wir hören von den großen Poleis Athen in Attika (II 4, 5, 22, 23, 25, 26, 36) mit den Bergwerken in Laureion (II 36) sowie von Lakedaimon (Sparta, II 9) und von Korinthos (II 1) auf der Peloponnes. Die Inseln Korkyra (Korfu, II 23) im Westen und Euboia mit dem Ort Oreos (II 30) im Osten des griechischen Festlands werden ebenso erwähnt wie die Poleis Olynthos (II 23a, 35), Poteidaia (II 5) und Mende (II 21) auf der Halbinsel Chalkidike in der Nordwest-Ägäis, die im 4. Jahrhundert zunehmend unter den Einfluss Makedoniens gerät (II 22, 31). An Inseln in der Ägäis erscheinen im Text Naxos (II 2), Chios (II 12), Lesbos mit dem Ort Antissa (II 6), Samos (II 9, 23) und Rhodos (II 15, 28, 29). Auf dem westkleinasiatischen Festland werden indirekt die von Hermeias beherrschten Poleis Assos und Atarneus, direkt die küstennahen Poleis Phokaia (II 15), Klazomenai (II 16) und Ephesos (II 19) sowie das im Binnenland Kariens gelegene Mylasa (II 13) genannt. In der Region der Meerengen zwischen Ägäis und Pontos (Schwarzes Meer, II 3, 10) werden gleich sieben Poleis angeführt: Abydos (II 8), Lampsakos (II 29a), Kyzikos (II 11) und Chalkedon (II 10) auf der kleinasiatischen Seite, Perinthos (II 27), Sely(m)bria (II 17) und Byzantion (II 3) auf der thrakischen Seite; mit Thrakien (II 27) wird hier das erweiterte Reich des Kotys bezeichnet. Am Schwarzen Meer selbst hören wir von Herakleia Pontike (II 8) und Amisos (II 24) am Südufer und von den Tyrannen am Bosporos (der Straße von Kertsch bei der Krim) am Nordufer (II 8). Im fernen Westen der Polis-Welt werden nur Syrakusai, Rhegion und Tyrrhenien (Etrurien) erwähnt (II 20).

Die Welt, für die jene Exempel verständlich und damit „nützlich" sein können, ist der östliche Mittelmeerraum – eine Welt, die durch Alexander den Großen weitgehend unter eine Herrschaft gekommen war; dass sie nach dem Tod Alexanders wieder zerfallen sollte, war den an jener „nützlichen Forschung" Interessierten hingegen ganz offenbar noch unbekannt.

5. Die Zeit der Exempel in den *Oikonomika* II

Die – wie dargelegt – in der althistorischen Forschungsliteratur vor allem angestrebte Datierung der einzelnen Exempel gelingt nicht in allen Fällen, da einige Angaben über bestimmte Poleis – Byzantion (II 3), Lampsakos, Herakleia, Samos, Chalkedon, Kyzikos und Chios (II 7–12), Klazomenai, Sely(m)bria und Abydos (II 16–18) – oder über bestimmte Akteure – Sosipolis (II 6), Aristoteles von Rhodos (II 15), Euaises (II 32), Antimenes, Ophellas, Pythokles (II 34–36) und Stabelbios (II 40) – nur in den *Oikonomika* II belegt und mangels Parallelquellen nicht zu datieren sind. Hinzu kommt, dass – wie die nachstehende Übersicht über die datierbaren Ereignisse[18] ebenso zeigt wie etwa die Abfolge der in II 23 von Timotheos berichteten Einzelmaßnahmen – auch innerhalb des Buches keine strenge chronologische Ordnung der Exempel gewählt worden ist, so dass auch aus datierbaren Nachrichten vor oder nach einem undatierten Exempel dessen Datierung nicht gewonnen werden kann.

Anhand anderer Quellen ergeben sich nur für folgende Exempel Anhaltspunkte für die Zeit, in die sie gehören: In das ausgehende 7. Jahrhundert ist der Tyrann Kypselos von Korinthos (657–627) zu datieren (II 1), gut ein Jahrhundert später wirken der Tyrann Lygdamis von Naxos (um 540–524) und Hippias von Athen (II 2, 4), der mit seinem Bruder Hipparchos von 527 bis zu dessen Ermordung durch die „Tyrannenmörder" 514 über Athen herrscht. Das seither meist demokratisch verfasste Athen verfügt von 429 bis 405 und von 362 bis 351 über eine mit Bürgern bevölkerte Militärkolonie in Poteidaia (II 5). In das späte 5. und frühe 4. Jahrhundert gehört Dionysios I. (II 20), von 405 bis 367 Herrscher über Syrakusai in Sizilien; im Jahr 386 erobert er Rhegion (II 20g), 384 unternimmt er einen Feldzug gegen Tyrrhenien (Etrurien; II 20i). In dieselbe Zeit sind die athenischen Politiker und Militärs Kallistratos (ca. 400–355) und Timotheos (ca. 400–354) zu datieren (II 22–23), deren Karrieren aus anderen Quellen gut bekannt sind. Beim Erstgenannten ist allerdings seine Tätigkeit in Makedonien sonst nicht bezeugt; sie gehört wohl in seine letzten Lebensjahre. Beim Zweitgenannten lassen sich die angeführten Maßnahmen genauer einordnen: Die Einnahme von Korkyra (II 23b) gehört in das Jahr 375, die von Samos (II 23a) in das Jahr 365, die von Olynthos (II 23c) bald danach. Als Herrscher von Thrakien erscheint hier Kotys I. (II 27), von 383 bis 360 König der Odrysen, an dessen Hof sein Schwager, der Militärexperte Iphikrates von Athen (II 26), bis 374 und erneut in den späten 360er Jahren wirkt. In jener Zeit wird Kotys durch einen auch von seinem Schwiegersohn, dem Söldnerführer Charidemos von Oreos (II 30), unterstützten Feldzug trotz der Gegenwehr des Artabazos, des persischen Satrapen des Hellespontischen Phrygien (vergleiche II 30a), Herrscher über ganz Thrakien. Mausolos von Karien (II 13), der aus der Stadt Mylasa stammende (II 13b) Satrap des persischen Großkönigs in Karien von 377 bis zu seinem Tod 352 (er wird dann in dem nach ihm benannten Mausoleum bestattet), ist in den späten 360er Jahren – wie Datames (384-362), der Satrap von Kappadokien (II 24) – am so genannten „großen Satrapenaufstand" gegen den persischen Großkönig Artaxerxes II. (404–359) beteiligt. Mausolos erscheint hier nicht als Satrap, sondern als „Tyrann" von Karien und als Herrscher nicht nur über dieses Gebiet, sondern auch über das östlich davon gelegene (und von ihm nach dem Satrapenaufstand eroberte) Lykien (II 14d). In dieselbe Zeit gehört der Zug des von dem Söldnerführer Chabrias von Athen unterstützten ägyptischen Königs Taos (Teos, Tachos; 362–360) gegen das Perserreich (II 25, 37; die II 25a berichtete Maßnahme wird von den Angaben auf der so genannten Naukratis-Stele bestätigt).[19] Als Beteiligter an einem „kleinen" Aufstand gegen Artaxerxes III. (359–338) um 353 ist der eben schon genannte Satrap Artabazos bekannt, der von den Söldnerführern Mentor und Memnon von Rhodos, zwei Brüdern (II 28–29), unterstützte Satrap des hellespontischen Phrygien. Das den Brüdern aus Dankbarkeit verliehene Lehen am Hellespont, zu dem Lampsakos (II 29) gehört, erscheint auch nach der Begnadigung durch den Großkönig und dem Seitenwechsel zu ihm noch im Besitz der Brüder. Im Auftrag des Großkönigs Artaxerxes III., der 343 Ägypten wiedereroberte und nun für den Tyrannen von Atarneus und Assos in Nordwestkleinasien, Hermeias (auch Hermias geschrieben), zur Bedrohung wird, setzt Mentor ein oder zwei Jahre später eben den Hermeias gefangen (II 28; Hermeias' Nichte war übrigens die Ehefrau des Philosophen Aristoteles). Weitere chronologische Anhaltspunkte ergeben sich aus zwei auch sonst bezeugten Ereignissen, vor beziehungsweise nach denen eine in den *Oikonomika* genannte Maßnahme zu datieren ist: die Zerstörung von Olynthos im Jahr 348 ist *terminus ante quem* für das, was über die Bürger von Mende (II 21) und über den athenischen Söldnerführer Timotheos (II 23; siehe oben) gesagt wird, der Brand des Artemis-Tempels von Ephesos nach der Brandstiftung des Herostratos (der sprichwörtlich gewordenen „herostratischen Tat") im Jahr 356 der *terminus post quem* für das über Ephesos Angegebene (II 19). In das Umfeld Alexanders des Großen gehören schließlich ein als Satrap von Karien sonst nicht belegter „gewisser" Philoxenos (II 31) und der auch in anderen Quellen als Beauftragter Alexanders des Großen bezeugte Kleomenes (II 33). Das wohl jüngste datierbare Ereignis ist die von Alexander dem Großen 324 angeordnete Rückkehr der Bürger von Samos auf ihre Heimatinsel (II 9).[20]

Die Welt, für die jene Exempel verständlich und damit „nützlich" sein können, ergibt sich aus dem Schwerpunkt der wiedergegebenen Exempel, der im 4. Jahrhundert v. Chr., in der Zeit des Aristoteles und Alexanders des Großen liegt. Keines der Exempel lässt sich dabei in die Zeit nach dem Tod Alexanders 323 oder gar des Aristoteles 322 datieren; ihre Zusammenstellung ein paar Generationen nach die Alexanderzeit zu datieren, besteht keinerlei Anlass. Es mag sich vielmehr in der Tat um eine im 4. Jahrhundert v. Chr. in der Schule des Aristoteles – und warum nicht für den Meister selbst? – erstellte Sammlung historischer Exempel handeln.

6. Die Welt der griechischen Polis

Ziel der nachstehenden Überlegungen ist es nun, die Sammlung in ihrer Gesamtheit als Zeugnis für die Welt zu verstehen, die der Autor als das „Heute" datiert. Wenn die der Sammlung zugrunde liegende „Forschung" nämlich in der Tat – wie I 8 postuliert – „nützlich" sein und zu dem passen soll, „was jemand heute unternehmen will", eröffnet sie insgesamt einen Blick auf die Zeit, in der sie zusammengestellt wurde, und speziell auch auf die Finanzen griechischer Poleis in jener Zeit.

Besonders lebhaft ist die Sammlung an der griechischen Polis interessiert, die sie als Verband der Bürger auffasst (II 3, 7-12, 16–19). Grundeinheit der Bürgerschaft ist die Familie (das „Haus", οἶκος: II 32) mit ihrem Familienbesitz (II 4a); Waisen können erst bei Volljährigkeit Haushaltsvorstand werden (II 20f). Gegliedert ist die Bürgerschaft in einzelne φῦλαι („Stämme", Abstammungsverbände; II 4c) und δῆμοι („Wohnbezirke"; II 5), sie organisiert sich aber auch in Familienverbänden und Kultvereinen (II 3a). Konflikte zwischen den Bürgern der Polis sucht man durch Prozesse zu lösen, bei denen zur Vermeidung von Missbrauch der Gerichte der Kläger eine Einlage hinterlegen muss, die dem Gericht verbleibt (der erfolgreiche Kläger kann sie sich ja vom

Beklagten erstatten lassen); bei außergerichtlichen Schlichtungen verbleibt das verhängte Bußgeld zumindest teilweise beim Schlichter (II 15b). Als politische Gemeinde kommen die Bürger in Versammlungen zusammen (II 13b, 20a, 20b, 20c, 20g, 23b, 24a). Neben den Bürgern wohnen in der Polis die Metöken (ansässige Fremde) ohne Bürgerrecht, denen kein Immobilieneigentum (II 3d), aber – wie Fremden (II 20g) – das Handeltreiben (II 10) und Geldverleihen gestattet ist (II 18), außerdem eine Vielzahl von Sklaven (II 21b).

Im Tempel (II 19b, 20a) werden in der griechischen Welt die olympischen Götter – etwa der Göttervater Zeus (II 1), Athene (II 4d) und Artemis (II 19b) – verehrt, im Traum kann Demeter (II 20a) erscheinen; in Tyrrhenien (Etrurien) steht ein Tempel der Meeresgöttin Leukothea (II 20i). Den Gottheiten leistet man Gelübde und bringt man eigens angefertigte (II 2) Weihgaben (II 1, 19, 20i, 24a, 41), ihnen bereitet man Opferschlachtungen (II 20e), aber auch einfache Trankopfer, so auch für Agathos Daimon, den „guten Dämon" (II 41). Nicht zuletzt führt man für sie mit großem Aufwand Feste durch – so für Dionysos die Dionysien (II 6, 31) – und finanziert (als „Leiturgie") Chöre, die, oft von einem *aulos*-Spieler begleitet (II 41), bei den Festen auftreten (II 4c, 31).

Lebensgrundlage sind landwirtschaftliche Produkte: Getreide (II 8) und Mehl (II 7), speziell Gerste und Weizen (II 4d), Olivenöl (II 7, 8, 16c) und Wein (II 7, 8), aber auch Vieh (II 20c), nämlich Schafe, Schweine und Kälber (II 14a). Getreide muss – etwa aus dem Pontos, dem Schwarzmeer-Gebiet – in großer Menge in die Ägäiswelt importiert werden (II 3c, 10), woraus sich die strategische Bedeutung der Poleis und Satrapien an den Dardanellen, am Marmarameer und am Bosporos erklärt (siehe oben). Die Versorgung ist oft prekär, Nahrungsmittelmangel und gar Hungersnöte drohen immer wieder (siehe unten). Die von den Erzeugern produzierte Ware (II 33e) wird zunächst von (Groß-)Händlern (ἔμποροι: 3c, 8, 23a, 33e) an Handelsplätzen (ἐμπόρια: I 4, 5; II 16a, 26, 33c) gehandelt, dann von Kaufleuten (ἀγοραῖοι: II 23a) im Einzelhandel (II 3a, 8) an die Verbraucher verkauft. Für Söldner muss der Auftraggeber zusätzlich zum Sold die Verpflegung stellen (siehe unten); weitere Waren werden den Soldaten von Kaufleuten (einer Art Marketendern) verkauft (II 8, 24b).

Händler und Kaufleute machen nur einen Teil des Gewerbes in den Poleis aus; wir hören auch von spezialisierten Einzelhandelsplätzen (etwa zum Verkauf von Fisch und Salz), aber auch von Wundertätern, Magiern, Arznei-Händlern „und anderen Leuten dieser Art" und nicht zuletzt von Geldwechslern, die auf ihrem Tisch (τράπεζα – noch heute das griechische Wort für „Bank") fremde Münzen in die der eigenen Polis tauschen (II 3a). In der Regel entspricht der „Nennwert" der Münze dem tatsächlichen, durch Gewicht und Feingehalt bestimmten Wert des Metallstücks (II 24a); eine große Differenz zwischen Nennwert und tatsächlichem Metallwert gilt als Notmaßnahme oder „Trick" (II 4b, 16b, 20c, 20h, 23a).

Trotz Gerichtsprozessen und Schlichtungen eskalieren manche Konflikte in den Poleis zum Bürgerkrieg zwischen einzelnen Parteiungen (II 11, 15a, 18), meist die der reichen Aristokraten gegen die des einfachen Volks (δῆμος: II 11). Die unterlegene Parteiung muss damit rechnen, dass ihre Mitglieder hingerichtet (II 11) oder vertrieben werden (II 2, 9, 12) und dabei ihr Eigentum durch Beschlagnahme verlieren (II 2, 11, 18); die Vertriebenen werden freilich die Rückkehr zu betreiben suchen (II 9). Wiederholt führt ein Bürgerkrieg zur Etablierung eines Tyrannen, der auch gegen den Willen der Bürgerschaft herrscht (II 1, 2, 4, 6, 8, 20, vergleiche 13a); anschaulich macht dies der (nur hier beschriebene) Aufstieg des Aristoteles von Rhodos (II 15a).

Nicht nur innere Auseinandersetzungen, auch Konflikte mit anderen Poleis stellt die Sammlung dar: Gerät ein Bürger in einen (mangels polis-übergreifender Gerichtsbarkeiten ja nicht auf dem Rechtsweg zu klärenden) Streit mit dem Bürger einer anderen Polis, kann versucht werden, dies durch Pfandnahme an einem Landsmann des Beschuldigten zu lösen, dessen Freigabe nur bei einer befriedigenden Lösung des Konflikts erfolgt (II 10). Überhaupt ist die Welt, die wir in dieser Schrift kennen lernen, keineswegs friedlich: Die Menschen haben Angst, sie verstecken Waffen (II 30b), Geld und Wertsachen (II 20g, 28, 30a). Große Werte finden sich vor allem unter dem Schutz der Götter als Weihgaben in Tempeln und Heiligtümern (siehe oben), wo sie allenfalls von skrupellosen Machthabern geraubt werden (II 20a, 20i, 24a, 41). Bei Sklaven schließlich, die ja auch zu den Wertsachen ihrer Herren gehören, muss mit deren Flucht gerechnet werden. In diesem Zusammenhang erwähnt unser Text (übrigens erstmals für die klassische Antike) eine Art „staatliche Eigentumsversicherung" (II 34b).

Dies also ist die Welt der griechischen Poleis des 4. Jahrhunderts v. Chr., die uns in der Exempel-Sammlung der *Oikonomika* II begegnet. Fragen wir nun speziell nach den Aussagen, die uns bei einem solchen Verständnis der Sammlung als auf ein „Heute" bezogen für die Haushalte griechischer Poleis möglich werden.

7. Die Einnahmen der griechischen Polis

Das Ziel der Exempel-Sammlung in den *Oikonomika* II ist eine Zusammenstellung von „Tricks" zur Erhöhung der Staatseinnahmen, die jeweils außerordentlich, ja oft nachgerade genial scheinen. Sie zu betrachten führt im Zusammenhang dieser Studie gerade deshalb allerdings nicht weiter; aufschlussreich ist vielmehr, was an nicht-außerordentlichen Einnahmequellen gleichsam als Hintergrund für einen Trick erwähnt wird: die Einnahmen aus der Verpachtung der Einnahmen aus Zöllen, Gewerbesteuern und Ertragsabgaben, ferner Leiturgien und Umlagen, der Verkauf von Gemeindebesitz und nicht zuletzt die Kriegsbeute.

7.1 Verpachtung der Einnahmen aus Zöllen, Gewerbesteuern und Ertragsabgaben

„Kleomenes von Alexandreia, der Satrap (Alexanders des Großen) von Ägypten, untersagte, als in den übrigen Gegenden eine heftige, in Ägypten nur eine mäßige Hungersnot ausgebrochen war, die Ausfuhr von Getreide. Als die Bezirksverwalter ihm nun erklärten, sie könnten die Tribute nicht mehr abliefern, weil kein Getreide

mehr ausgeführt werde, ließ er die Ausfuhr zu, belegte aber das Getreide mit einem hohen Zoll, so dass er, obwohl nur wenig ausgeführt wurde, viel Zoll erhielt, zugleich aber sie selbst keine Ausrede mehr hatten." (II 33a1)

Wie dieses Beispiel (wie auch II 34a) zeigt, sind für Staatseinnahmen aus Zollabgaben bei der Einfuhr und der Ausfuhr von Waren regelmäßig zu erwarten (und lassen sich nötigenfalls trickreich erhöhen). Ähnliches gilt für Durchgangszölle durch Stadttore und für Hafenzölle (zu diesen vergleiche II 14c beziehungsweise 22; siehe jeweils unten).

„Den Geldwechsel vergaben sie (die Bürger von Byzantion) an eine einzige Bank: Niemand anderem war es gestattet, Geld zu verkaufen oder von einem anderen anzukaufen; widrigenfalls drohte die Beschlagnahme." (II 3a2)

„Kondalos, ein ὕπαρχος des Mausolos, pflegte, wenn immer er durch das Land zog und ihm jemand ein Schaf oder Schwein oder Kalb brachte, den Geber und den Zeitpunkt registrieren zu lassen und ihm zu befehlen, das Tier nach Hause zurückzubringen und aufzuziehen, bis er wiederkomme. Wenn ihm genug Zeit verstrichen zu sein schien, forderte er das aufgezogene Tier ein und berechnete noch die Ertragsabgabe. Von den Bäumen, die über die Königsstraßen überhingen oder Fallobst auf sie warfen, verpachtete er die (Eintreibung der) Ertragsabgabe." (II 14a–b)

Direkt besteuert werden konnten also auch Einkünfte aus der Landwirtschaft und Gewerbebetrieben; nur ein Exempel (II 25a; siehe unten) bezieht sich ferner auf eine Kopfsteuer und eine Abgabe auf Haus- und Grundbesitz; allein letztere wird freilich auch andernorts (II 21a) für einen Trick verwendet.

Die Eintreibung der Einnahmen aus Zöllen, Gewerbesteuern und Ertragsabgaben verpachtete die Polis (oder der jeweilige Machthaber) in der Regel an den Meistbietenden, der die erwarteten Einnahmen im Voraus stellen musste und dann selbst einzuziehen hatte (so in dem eben zitierten Exempel II 14b eine Ertragsabgabe). Solange dabei aber die Zahl der Bieter (etwa durch den Zwang, Bürgen stellen zu müssen) beschränkt war, konnte es zu einer Art „Kartell" der Bieter und damit für die Polis zu geringeren Einnahmen aus der Pacht kommen, als dies sonst möglich wäre. Für dieses Problem bietet folgendes Exempel eine Lösung:

„Kallistratos (von Athen) fand, als in Makedonien der Hafenzoll zumeist für zwanzig Talente verpachtet wurde, einen Weg, das Doppelte zu erzielen. Er bemerkte nämlich, dass nur die Wohlhabenderen die Pacht übernahmen, weil man Bürgen mit jeweils einem Talent für die zwanzig Talente stellen musste, und verkündete dann, dass künftig jeder Beliebige die Pacht übernehmen dürfe, dass die Bürgen nur ein Drittel (des bisher verlangten Betrags) bereitstellen müssten und dass der Zuschlag danach gehe, wie viel ein jeder biete." (II 22)

7.2 Ersatz von Staatseinnahmen durch Leiturgien und Umlagen

„Für all diejenigen, die eine Triere zu stellen, die Ausgaben einer φυλή zu finanzieren, einen Chor auszustatten oder sonst eine derartige Leiturgie zu erbringen hatten, setzte er (Hippias von Athen) einen mäßigen Betrag fest und befahl, dass sich jeder, der diesen bezahlen wollte, auf die Liste derer setzen lassen konnte, die bereits eine Leiturgie erbracht hatten." (II 4c)

Spezielle Aufgaben für das Gemeinwesen – etwa die Ausrüstung eines Kriegsschiffes oder des militärischen Aufgebots einer φυλή oder auch die Funktion des χορηγός (noch heute das griechische Wort für „Sponsor") eines Chores für Götterfeste (so auch II 31) – übernahmen wohlhabende Bürger aus ihren Privatmitteln in einer so genannten Leiturgie (λειτουργία, „Dienst für die Gemeinde"); als „Trick" wird im eben zitierten Exempel nur die Möglichkeit genannt, sich durch eine direkte Abgabe an die Polis von dieser Ehrenschuld freizukaufen und so zur Erhöhung der Staatseinnahmen beizutragen. Andere besondere Aufgaben wurden meist durch das Aufbringen einer Umlage finanziert, zu der alle Bürger gleichermaßen oder nach Leistungsfähigkeit beizutragen haben (εἰσφορά und Ableitungen davon II 3d, 5, 13a, 13b, 20b, 20d, 20e, 25b, 29a, 29b, 30a, 33c; siehe oben).

7.3 Sondereinnahmen durch Verkauf von Gemeindebesitz

„Die Bürger von Byzantion verkauften, als sie Geld brauchten, die im Gemeindebesitz befindlichen Grundstücke, und zwar die ertragreichen auf eine bestimmte Zeit, die unergiebigen endgültig, ebenso die Grundstücke der Kultvereine und der Familienverbände, und auch, was vom Besitz von Privatpersonen eingeschlossen war; es kauften die, deren Besitz angrenzte, diese Grundstücke für viel Geld; den Kultvereinen (gaben) sie andere Plätze. Die im Gemeindebesitz befindlichen Plätze, die am Gymnasion, an der Agora oder am Hafen lagen, außerdem die Einzelhandelsplätze, an denen jemand etwas verkaufte, am Meer das Recht zum Fischfang und das zum Salzverkauf, (die Stände) der beruflichen Wundertäter, Magier, Arznei-Händler und anderer Leute dieser Art (belegten sie mit einer Abgabe) und sie trugen ihnen auf, ein Drittel des Erarbeiteten abzuführen." (II 3a)

Die Polis insgesamt verfügte nicht nur über gemeindeeigenen Grund, sondern auch über gemeinschaftliche Einrichtungen wie eine Agora (Markt- und Versammlungsplatz) und ein Gymnasion (Sport- und Bildungsstätte), hier auch einen Hafen (vergleiche II 21a). Manche Polis hatte auch zumindest für einige Zeit Außenbesitzungen (II 5 Athen in Poteideia; II 27 Perinthos), speziell Athen besaß die Bergwerke in Laureion, die ihm besondere Einnahmen ermöglichten:

„Pythokles von Athen riet den Bürgern von Athen, dass die Polis das Blei aus den Bergwerken in Laureion von den Privatpersonen zu dem Preis übernehmen solle,

für den sie es verkauften, nämlich zwei Drachmen, dass sie dann aber den Preis festsetzen und es so für sechs Drachmen verkaufen solle." (II 36)

Athens Silberminen in Laureion sind, wie sich zeigt, der Leserschaft der *Oikonomika* II nicht mehr aus der Zeit der Perserkriege vertraut, die Athen teilweise mit dem Silber aus Laureion finanzierte; vielmehr wird hier einem sonst unbekannten Pythokles ein Trick mit dem bei der Silbergewinnung anfallenden Blei zugeschrieben.

7.4 Kriegsbeute

„Als er (Dionysios von Syrakus) Rhegion eingenommen hatte, berief er eine Versammlung ein und erklärte dann, sie (die Bürger) könnten mit Recht von ihm in die Sklaverei verkauft werden, er aber wolle, sofern man ihm die für den Krieg aufgewendeten Mittel und für jede Person drei Minen bringe, sie laufen lassen. Die Bürger von Rhegion brachten nun alles, was sie irgendwie versteckt hatten, hervor, und die Mangel Leidenden liehen sich Geld von den Wohlhabenderen und von den Fremden und brachten so viel Geld auf, wie er befohlen hatte. Als er dieses von ihnen bekommen hatte, verkaufte er die Personen nichtsdestoweniger als Sklaven und erhielt dazu noch alle ihre Dinge, die verborgen gewesen und nun ans Licht gekommen waren. – Nach Tyrrhenien (Etrurien) fuhr er mit hundert Schiffen und nahm aus dem Heiligtum der Leukothea (von den dort bewahrten Gaben) viel goldenen und silbernen und auch nicht wenig anderen Schmuck. Er wusste, dass auch die Seeleute viel behalten hatten und ließ deshalb eine Botschaft verkünden, dass jeder die Hälfte dessen, was er habe, bei ihm abliefern müsse, die andere Hälfte dürfe derjenige behalten, der es sich genommen habe. Für jeden, der nicht abliefere, setzte er den Tod als Strafe fest. Da nun die Seeleute annahmen, sie könnten, wenn sie die eine Hälfte ablieferten, die andere behalten, lieferten sie unbesorgt ab; er aber befahl, nachdem er jene erhalten hatte, ihm auch die andere Hälfte abzuliefern." (II 20 g und i)

Wie diese Exempel (wie auch etwa II 23a zu Timotheos von Athen) zeigen, war eine Aufbesserung der Polis-Finanzen nicht zuletzt durch den Verkauf von Kriegsgefangenen in die Sklaverei und durch Kriegsbeute möglich – dies freilich nur, wenn Kriege erfolgreich geführt wurden. Kriege aber gehören zu den bedeutendsten Ausgabe-Posten einer Polis, denen nunmehr nachgegangen werden soll.

8. Die Ausgaben der griechischen Polis

Das Ziel der Exempel-Sammlung in den *Oikonomika* II ist – wie dargelegt – eine Zusammenstellung von „Tricks" zur außerordentlichen Erhöhung der Staatseinnahmen. Die nicht-außerordentlichen Einnahmen stehen dabei ebenso wenig im Zentrum der

Überlegungen wie die gewöhnlichen – und gewöhnlich sehr geringen – Ausgaben einer Polis. Thematisiert werden letztere in der Sammlung vor allem, wenn ein Grund für eine außerordentliche Erhöhung der Staatseinnahmen angeführt wird. Welche Fälle von ἀπορία, von Mangel an Geld, finden sich unter den Exempeln in den *Oikonomika* II?

8.1 Erfüllung von Tributforderungen

Die einzige regelmäßige Ausgabeverpflichtung einer Gemeinde, von der die Exempel berichten, sind Tributforderungen:

„*Mausolos, der Tyrann von Karien, lud, als der Großkönig Boten zu ihm schickte und die Tribute von ihm einforderte, die Wohlhabendsten im Land ein und sagte ihnen, dass der Großkönig die Tribute einfordere, dass aber er selbst nicht wohlhabend genug sei. Eigens dafür vorbereitete Männer versprachen ihm daraufhin sofort, wie viel jeder als Umlagebetrag aufbringen werde. Nachdem diese das getan hatten, versprachen die Wohlhabenderen, die sich einerseits schämten, andererseits ängstigten, noch mehr als jene und brachten den Umlagebetrag auf. – Als er wieder Geld brauchte, berief er die Bürger von Mylasa zu einer Versammlung ein und sagte ihnen, dass diese Polis, seine Mutterstadt, ohne Mauern sei, der Großkönig aber mit einem Heer gegen ihn ziehe. Er befahl daher den Bürgern von Mylasa, ein jeder solle so viel Geld wie möglich bringen, wobei er ihnen zusagte, dass sie mit dem jetzt durch Umlage Aufgebrachten das Übrige retten würden. Als nun viel Geld durch Umlage aufgebracht worden war, behielt er es und sagte, die Mauer zu bauen aber (lasse) zum gegenwärtigen Zeitpunkt der Gott nicht zu.*" (II 13a–b)

Es ist übrigens bemerkenswert, dass Mausolos hier nicht als „Satrap" des persischen Großkönigs, sondern als „Tyrann von Karien" erscheint, gegen den der Perser Tributforderungen erhebt und nötigenfalls mit militärischer Gewalt durchsetzen will. Konnte – insbesondere nach der „Befreiung" der griechischen Städte durch Alexander den Großen – die Leserschaft der *Oikonomika* II eher aus den Tricks eines „Tyrannen" lernen, weil ihr diese Verfassungsform vertrauter war als die des Satrapen eines Perserkönigs?

8.2 Linderung von Hungersnot

Als Anlass für besondere Ausgaben einer Polis erscheinen in den *Oikonoimika* II wiederholt Nahrungsmittelmangel oder gar eine Hungernot (siehe auch II 16a, II 17 und die oben zitierte Passage II 33a1):

„*Als sie (die Bürger von Byzantion) Mangel an Nahrungsmitteln und Geld litten, brachten sie die aus dem Pontos (Schwarzen Meer) kommenden (mit Getreide beladenen) Schiffe auf (und zwangen sie in den Hafen der Polis). Als nach einiger Zeit die Händler ungehalten wurden, zahlten sie ihnen Zinsen in Höhe von einem*

Zehntel, und denen, die etwas kauften, befahlen sie, über den Kaufpreis hinaus ein Zehntel zu bezahlen." (II 3c)

8.3 Aufwendungen eines Bürgerkriegs

Aus mehreren Exempeln wird deutlich, dass Bürgerkriege beachtliche Ausgaben erfordern können, sei es aufgrund des Gelübdes eines in Folge eines Aufstand zum Tyrannen gewordenen Machthabers (so Kypselos II 1), sei es, weil während des Aufstands das Land unbestellt blieb (so in Abydos II 18), sei es für die Rückkehr von Vertriebenen:

„Die Bürger von Lakedaimon (Sparta) beschlossen, als die (nach einem Aufstand vertriebenen) Bürger von Samos sie um Geld für ihre Rückkehr baten, dass an einem Tag sie selbst, ihre Knechte und ihr Vieh hungern sollten, und so viel, wie sonst von allen verbraucht werden würde, den Bürgern von Samos zu geben." (II 9)

8.4 Aufwendungen für auswärtige Kriege: Rüstung und insbesondere Söldner

Tatsächlich aber ist der in den Exempeln am häufigsten genannte Grund für Ausgaben einer Polis die Kriegführung. Wir hören von Angriffen, derer man sich zu erwehren sucht (II 7, 13b, 30a) und von Kriegen, die man führen will oder muss (II 5, 8, 21b, 23a, 25a). Ausgaben werden dabei zum einen durch Rüstungsmaßnahmen wie den Bau von Kriegsschiffen verursacht:

„Als er (Dionysios von Syrakus) Trieren bauen wollte, wusste er, dass er Geld brauche. Er berief eine Versammlung ein und sagte, man wolle ihm durch Verrat eine bestimmte Polis ausliefern, wofür er nun Geld brauche. Er forderte, dass für ihn jeder Bürger zwei Statere als Umlagebetrag aufbringen solle; diese brachten ihn auf. Nachdem er zwei oder drei Tage hatte verstreichen lassen, tat er, als habe er das Vorhaben nicht umsetzen können, belobigte sie und gab jedem zurück, was er aufgebracht hatte. Indem er dies tat, gewann er die Bürger für sich. Dann brachten sie durch Umlage wieder Geld auf, weil sie meinten, es zurückzuerhalten. Er aber nahm und behielt es für den Schiffbau." (II 20b)

Der am häufigsten genannte und offenbar kostspieligste Ausgabenbereich sind jedoch die Kosten für Söldner unter Führung eines Söldnerführers (der in einem Fall sogar den Tod eines seiner Soldaten zu verheimlichen sucht, um bei den Auftraggebern weiterhin Sold für jenen einzufordern):

„Wenn einer von den Soldaten (Söldnern) gestorben war, verlangte er (Kondalos, ὕπαρχος des Mausolos) einen Torzoll von einer Drachme für den Leichnam. Zum einen nahm er von daher Geld ein, zum anderen konnten ihn die Söldnerführer nicht darüber täuschen, wann ein Soldat gestorben war." (II 14c)

„Als sie (die Bürger von Klazomenai) den Soldaten den Sold in Höhe von zwanzig Talenten schuldeten und nicht zahlen konnten, gaben sie als Zinsen den Söldnerführern vier Talente pro Jahr (also 20 %). Weil sie dadurch aber nichts von der alten Schuld tilgten und immer nur vergeblich zahlten, prägten sie eisernes Geld mit dem Nennwert des Silbers in Höhe von zwanzig Talenten, gaben dies dann den wohlhabendsten Leuten in der Polis im jeweiligen Verhältnis und nahmen von jenen dafür den gleichen Betrag in Silber. So konnten die Privatpersonen Geld für die täglichen Bedürfnisse aufbringen, und die Polis war ihre Schulden los. Als zweites zahlten sie aus den Einkünften jenen den Zins, (den) sie abzutragen hatten, indem sie jeweils einem jeden einen Teil für die Rückzahlung abzweigten, und sammelten so das Eisengeld wieder ein."* (II 16c)

Erfolgversprechende Einsätze von Söldnern lockten dabei zudem noch Nachzügler an, was zusätzliche Ausgaben für die Polis mit sich bringen konnte:

„Als er (Timotheos von Athen) Samos (das von den Persern mit Unterstützung der Oligarchen gehalten wurde) belagerte, verkaufte er selbst den Bürgern von Samos die Früchte und die Feldererträge, so dass er für die Besoldung seiner Soldaten wohlhabend genug war. Als dann aber in seinem Lager wegen der Nachzügler die Lebensmittel knapp wurden, verbot er, gemahlenes Getreide in Einheiten von weniger als einem Medimnos zu verkaufen, bei flüssigen Nahrungsmitteln in Einheiten von weniger als einem Metretes. Die ταξίαρχοι und λοχαγοί kauften nun gemeinsam ein und verteilten es an die Soldaten, die Nachzügler aber mussten je für sich ihre Verpflegung (auf andere Weise) heranschaffen, und wenn sie wieder abführen, verkauften sie, was ihnen etwa übrig geblieben war; so kam es dazu, dass die Soldaten an Verpflegung wohlhabend waren." (II 23c)

Dass manche Söldnerführer auf eigene Rechnung arbeiteten und den Soldaten, die sich ihnen angeschlossen hatten, nicht immer loyal gegenübertraten, kam hinzu – und konnte für einen „Trick" genutzt werden, die Söldner wieder loszuwerden (was offenbar ohne Trick nicht gut gelingen konnte):

„Stabelbios, (Feldherr) der Myser, (schuldete) den Soldaten Sold, berief die (Söldnerführer) ein und erklärte, für die Privatpersonen (die einfachen Soldaten) gebe es bei ihm keinen Bedarf mehr, für die Söldnerführer hingegen durchaus: Wenn er aber wieder Soldaten brauche, werde er jedem von ihnen Geld geben und sie zur Anwerbung von Söldnern aussenden; die Soldbeträge dagegen, die er jenen geben müsse, würde er viel lieber den Söldnerführern geben. Er forderte sie also auf, jeder solle die von ihm angeworbenen Soldaten aus dem Land fortschicken. Die Söldnerführer nahmen an, dass hier für sie eine Gewinnmöglichkeit bestehe, und schickten die Soldaten fort, wie jener es ihnen aufgetragen hatte. Nachdem er ein wenig Zeit hatte verstreichen lassen, berief er sie wieder und sagte, weder sei ein aulos-Spieler ohne Chor noch seien Söldnerführer ohne einfache Soldaten zu etwas nütze; er befahl ihnen also, sich aus dem Land zu entfernen." (II 40)

Die Söldner erwarteten neben dem Sold auch die Bereitstellung von Verpflegung (II 8, 14c, 23b, 24a, 29c, 29d, 39, 40). Der Söldnerführer sorgte für die Verteilung an seine Soldaten und konnte (wie der bereits genannte Timotheos II 23a–c) so selbst zum Machtfaktor werden. So heißt es über den Söldnerführer Chabrias von Athen, der im Dienst des Ägpyterkönigs Taos (Teos, Tachos; siehe oben) stand:

„Chabrias von Athen gab dem Ägypterkönig Taos, der mit einem Heer (gegen den Großkönig) auszog und Geld brauchte, den Rat, er solle zu den Priestern sagen, dass einige Heiligtümer und ein Großteil der Priesterstellen aufgelöst werden müssten wegen des Aufwands. Als die Priester dies hörten und alle wollten, dass das jeweilige Heiligtum bei ihnen bleibe und sie dort Priester seien, gaben sie ihm Geld. Als Taos dann von allen etwas bekommen hatte, hieß Chabrias ihn, ihnen aufzutragen, für das Heiligtum und für sich selbst nur noch den zehnten Teil von dem aufzuwenden, das sie bisher verbraucht hätten, ihm aber das Übrige zu leihen, bis der Krieg gegen den Großkönig beendet sei. Auch solle er befehlen, dass alle Haushalte einen von ihm festzusetzenden Umlagebetrag aufbrächten und ebenso jede Person (als Kopfsteuer); von dem verkauften Getreide sollten zusätzlich zum Kaufpreis der Verkäufer und der Käufer pro Artabe einen Obol geben. Und er solle befehlen, dass von allen Schiffen, Werkstätten und allem, was sonst einen Gewinn aus Arbeit gewährte, ein Zehntel des Ertrags abgeführt werde. – Wenn er aus dem Land losziehen wolle, so solle er befehlen, dass jeder, was immer er an ungeprägtem Silber oder Gold habe, zu ihm bringe. Als die meisten dies gebracht hatten, hieß er ihn, dieses zu benutzen, die Gläubiger aber an die Bezirksverwalter zu verweisen, so dass diese ihnen aus den Tributen die Rückzahlung gaben. – Als Besatzungen für hundertzwanzig Schiffe angeworben worden waren, bei Taos aber nur Bedarf für sechzig bestand, (riet er ihm,) er solle den Besatzungen auf den sechzig zurückbleibenden Schiffen anordnen, die ausfahrenden für zwei Monate zu verproviantieren oder aber selbst zu fahren. Die wollten lieber auf ihren eigenen Schiffen bleiben und gaben, was er angeordnet hatte." (II 25a-b und 37)

Mittel zur Finanzierung von Söldnern versuchte auch ein anderer Söldnerführer aus Athen, Iphikrates, für den thrakischen König Kotys (zu ihm siehe II 27) zu ermöglichen:

„Iphikrates von Athen verschaffte, als Kotys Soldaten anwarb, diesem auf folgende Weise Geld. Er hieß ihn, allen Menschen, über die er herrschte, aufzutragen, drei Medimnoi Getreide für ihn auszusäen. Nachdem man dies getan hatte, erntete man eine große Menge Getreide. Er brachte dieses nun an die Handelsplätze, verkaufte es und wurde so wohlhabend." (II 26)

Zwei Brüder aus Rhodos, Mentor und Memnon, handelten ähnlich, als sie ihrem Auftraggeber Artabazos, siehe oben) beziehungsweise der ihnen übertragenen Polis Wege zur Kriegsfinanzierung aufzeigten:

„Mentor von Rhodos, der Hermeias gefangen genommen und seine Plätze besetzt hatte, ließ die von Hermeias eingesetzten Finanzminister an ihrem Platz. Als diese

nun alle Zuversicht fassten und, was immer ein jeder versteckt oder beiseite geschafft hatte, wieder bei sich hatten, ließ er sie ergreifen und nahm ihnen alles ab, was sie hatten." (II 28)

„Memnon von Rhodos, der nach der Übernahme der Herrschaft über Lampsakos Geld brauchte, nahm von den Reichsten eine Anleihe über viel Silbergeld auf und sagte, die Rückzahlung würden sie von den anderen Bürgern bekommen. Als nun die anderen Bürger Umlagebeträge aufbrachten, befahl er ihnen, ihm auch dieses Geld zu leihen, wobei er einen Zeitpunkt bestimmte, zu dem er es zurückzahlen werde. – Als er wieder Geld brauchte, forderte er sie auf, Umlagebeträge aufzubringen und die Rückzahlung aus den Staatseinkünften zu erwarten. Sie machten die Umlage, da sie meinten, dass ihnen die Rückzahlung in Bälde zuteil werde. Als aber die Zahlungen aus den Einkünften fällig waren, erklärte er, dass er auch dieses Geld jetzt benötige, doch werde er es jenen später mit Zins zurückgeben. – Von den bei ihm beschäftigten Soldaten verlangte er die Verpflegung und den Sold für sechs Tage pro Jahr, indem er sagte, an diesen Tagen hätten sie keine Wache zu halten, keinen Marsch zu unternehmen und keine Ausgaben zu tätigen; er meinte damit die „Ausnahmetage" (Schalttage). – In der Zeit davor hatte er den Soldaten am zweiten Tag nach dem Monatsersten die Verpflegung gegeben, nun aber ließ er beim ersten Monat drei Tage verstreichen, beim darauf folgenden fünf; auf diese Weise ging er weiter, bis er zum Monatsletzten kam." (II 29a–d)

Schließlich erfahren wir, wie die Gegner des von den rhodischen Brüdern unterstützten Artabazos ihrerseits auf den Rat eines Söldnerführers hörten, um die Kriegsausgaben finanzieren zu können:

„Charidemos von Oreos, der bestimmte Plätze in der Aiolis innehatte, brauchte, als (der persische Satrap) Artabazos gegen ihn einen Feldzug unternahm, Geld für die Soldaten. Zuerst brachten die Bewohner für ihn eine Umlage auf, dann aber sagten sie, dass sie nichts mehr hätten. Charidemos aber befahl, von dem Platz, den er für den wohlhabendsten hielt, sofern sie dort noch Geld oder sonst eine nennenswerte Gerätschaft hätten, dies an einen anderen Platz bringen zu lassen; er werde dafür ein Geleit stellen. Zugleich sah es auch so aus, dass er dies selbst tue. Als die Menschen sich überreden ließen, führte er sie ein wenig vor die Polis, durchsuchte alles, was sie hatten, nahm, was er brauchte, und führte jene wieder zu dem Platz zurück. – Auch machte er in den Poleis, über die er herrschte, eine Ankündigung, dass niemand irgendeine Waffe im Haus haben dürfe; andernfalls müsse der Besitzer eine Strafsumme zahlen, deren Höhe er verkündete. Dann kümmerte er sich nicht mehr darum und schenkte dem keinerlei Beachtung mehr. Als die Menschen glaubten, dass er die Ankündigung nicht ernst gemeint habe, hatte ein jeder im Land wieder das (an Waffen), was er sich erworben hatte. Er aber ließ plötzlich eine Durchsuchung der Häuser durchführen und trieb von denen, bei denen er irgendeine Waffe fand, die Strafsumme ein." (II 30)

Ganz besonders problematisch aber war es für eine Polis, wenn sie den geschuldeten Sold nicht mehr bezahlen kann (II 8, 10, 11, 16b, 23c, 24a, 40a). Ohne eine Erhöhung der Staatseinnahmen musste sie dann nämlich gewärtigen, dass diese Söldnerführer mit ihren Soldaten die Seite wechseln (wie dies etwa Mentor und Memnon tatsächlich getan hatten; siehe oben) – diese Gefahrensituation erforderte einen besonders findigen Trick:

> „Als er (Timotheos von Athen) bei Korkyra Krieg führte und an Geldmangel litt, und als die Soldaten ihren Sold einforderten und ihm den Gehorsam verweigerten und ankündigten, sie würden zu den Gegnern überlaufen, berief er eine Versammlung ein und sagte, es könne wegen der Stürme kein Silbergeld zu ihm herankommen, doch sei er so wohlhabend, dass er ihnen die für die nächsten drei Monate (im Voraus) gestellte Verpflegung umsonst überlasse. Jene aber glaubten, Timotheos werde ihnen wohl kaum soviel vorstrecken, wenn das Geld nicht wirklich zu erwarten wäre, und hielten in Sachen Sold Ruhe, bis jener in Ordnung gebracht hatte, was er wollte." (II 23b)

9. Ergebnis

Die Zusammenstellung von 77 Exempeln für die Steigerung von Staatseinnahmen, die den zweiten Teil von Ps.-Aristoteles' *Oikonomika* II ausmachen, erhellen – als Ganzes gelesen – die Situation griechischer Poleis zur Entstehungszeit jener Sammlung im 4. Jahrhundert v. Chr., in der Zeit des Aristoteles und Alexanders des Großen. Das Anliegen des anonymen Sammlers dieser Exempel, nützliche Forschung vorzulegen, ist dabei klar formuliert:

> „Mit welchen Maßnahmen manche in früherer Zeit für den Weg zum Geld beschritten haben oder was man trickreich dafür eingerichtet hat, haben wir zusammengestellt, soweit wir es für nennenswert hielten. Auch diese Forschung nämlich hielten wir für nützlich, denn es ist ja möglich, dass etwas davon zu dem passt, was jemand heute unternehmen will."

Keines der ausgewählten Exempel ist in die Zeit nach Alexander dem Großen und Aristoteles zu datieren. „Nützlich" war die Sammlung in der Tat vor allem in einer Zeit, in der die traditionell wenigen und wenig ertragreichen Einnahmequellen der griechischen Poleis – Verpachtung der Einnahmen aus Zöllen, Gewerbesteuern und Ertragsabgaben, Leiturgien und Umlagen, Verkauf von Gemeindebesitz, Kriegsbeute – nicht mehr ausreichten, um die steigenden Ausgaben der Polis zu finanzieren. Als wichtigste Anlässe für solche Ausgaben erscheinen dabei die Erfüllung von Tributforderungen, die Linderung von Hungersnot, Aufwendungen als Folgen eines Bürgerkriegs und Ausgaben für auswärtige Kriege, namentlich für Rüstung und ganz besonders für Söldner, deren Söldnerführer eine Steigerung der Einnahmen ihrer Soldaten und auch ihrer eigenen Einkünfte nachgerade skrupellos verfolgten und sogar mit einem Seitenwechsel zu drohen verstanden.

Ps.-Aristoteles' „Forschung" zu den oft sehr einfallsreichen Tricks zur Steigerung der Staatseinnahmen war in der Welt der Poleis des 4. Jahrhunderts v. Chr. zweifellos „nützlich", konnte aber letztlich den wirtschaftlichen und dann auch politischen Niedergang dieser Staatsform in der Zeit nach Alexander dem Großen nicht mehr verhindern. Angesichts von Bürgerkrieg und Krieg, vor allem aber angesichts des Söldnerwesens, kamen die Haushalte der griechischen Poleis in Schieflage; es gelang ihnen schließlich nicht mehr sicherzustellen, „dass die Ausgaben nicht größer als die Einnahmen werden dürfen." (I 6)

Ps.-Aristoteles' *Oikonomika* II lassen sich insofern auch als ein – wenn auch durchaus burlesker – Abgesang auf das große Zeitalter der griechischen Poleis verstehen.

Literatur

Andreades, Andreas: Περὶ τῶν δημοσιονομικῶν θεωρίων τοῦ Ἀριστοτέλους καὶ τῆς σχολῆς αὐτοῦ, in: Ἐπιστημονικὴ Ἐπετηρὶς τοῦ Πανεπιστημίου Ἀθηνῶν 11 (1914/15) 23–144.

Andreades, Andreas: Geschichte der griechischen Staatswirtschaft, München 1931.

Andreades, Andreas: Rez. van Groningen 1933, in: Πρακτικὰ Ἀκαδημίας Ἀθηνῶν 9 (1934) 293–294.

Aperghis, Gerassimos G.: The Seleukid Royal Economy, Cambridge 2004.

Armstrong, G. Cyril: Oeconomica and Magna Moralia, in: Aristotle in Twenty-Three Volumes, Bd. 18, Cambridge/Mass. – London 1935.

Audring, Gert: Rez. Zoepffel, http://hsozkult.geschichte.hu-berlin.de/rezensionen/2006-4-187.

Audring, Gert; Brodersen, Kai: OIKONOMIKA: Quellen zur Wirtschaftstheorie der griechischen Antike, Darmstadt 2008.

Baloglou, Christos P.; Peukert, Helge: Zum antiken ökonomischen Denken der Griechen: Eine kommentierte Bibliographie, Marburg ²1996.

Bekker, Immanuel: Aristotelis opera, Bd. 2, Berlin 1831, 1345b–1353b.

Brodersen, Kai: Aristoteles. 77 Tricks zur Steigerung der Staatseinnahmen. Oikonomika II, Stuttgart 2006.

Brodersen, Kai: Rez. Aperghis, The Seleukid Royal Economy (2004), in: Classical Review N. S. 57 (2007) 454–456.

Cataudella, Michele R.: Oikonomika: Esperienze di finanza pubblica nella Grecia antica, Florenz 1984.

Chambers, Mortimer: Aristoteles, Staat der Athener. (Aristoteles. Werke in deutscher Übersetzung 10/I), Berlin 1990.

Cracco Ruggini, Lellia: Eforo nello Pseudo-Aristotele, *Oec.* II?, in: Athenaeum N. S. 44 (1966) 199–236 und N. S. 45 (1967) 3–88.

Engelmann, Helmut: Ps.-Aristoteles über Prozesse in Phokaia, in: Zeitschrift für Papyrologie und Epigraphik 24 (1977) 226.

Engels, Johannes: Zu einigen Problemen des zweiten Buches der pseudo-aristotelischen Oikonomika-Schrift, in: Laverna 4 (1993) 1–25.
Erdmann, Karl Dietrich (Hg.): Kurt Riezler. Tagebücher, Aufsätze, Dokumente, Göttingen 1972.
Erman, Adolf; Wilcken, Ulrich: Die Naukratisstele, in: Zeitschrift für ägyptische Sprache 38 (1900) 127–135.
Finley, Moses I.: Rez. van Groningen & Wartelle 1968, in: Classical Review N. S. 20 (1970) 315–319.
Finley, Moses I.: Aristoteles und ökonomische Analyse, in: Jahrbuch für Wirtschaftsgeschichte 2 (1971) 87–105 (engl. 1970).
Finley, Moses I.: Die antike Wirtschaft, München 1977 (^{3}1993; engl. 1973, Neuausg. 1984).
Forster, Edward Seymour: Oeconomica, in: W. D. Ross (Hg.): The Works of Aristotle, Bd. X, Oxford 1921.
Germis, Carsten: Rez. Brodersen 2006, in: Frankfurter Allgemeine Sonntagszeitung 16/2006 (23.4.2006) 42.
Gohlke, Paul: Aristoteles: Die Lehrschriften, Teil VII 6: Über Hauswirtschaft, Paderborn 1947, ^{2}1953.
Goldbrunner, H.: Rez. van Groningen & Wartelle 1968, in: Gnomon 42 (1970) 336–339.
Groningen, Bernhard Abraham van: Aristote: Le second livre de l'Économique, Leiden 1933.
Groningen, Bernhard Abraham van; Wartelle, André: Aristote: Économique, Paris 1968.
Habicht, Christian: Der Beitrag Spartas zur Restitution von Samos während des Samischen Krieges (Ps.-Aristoteles, Ökonomik II 2, 9), in: Chiron 5 (1975) 45–50.
Isager, Signe: Once Upon a Time: On the Interpretation of [Aristotle], *Oikonomika* II, in: Studies in Ancient History and Numismatics Presented to Rudi Thomsen, Aarhus 1988, 77–83.
Jackson, G.: Sulla fortuna dell'*economico* pseudo-aristotelico o di Teofrasto fino all XIV secolo, in: Annali dell'Istituto Universitario Orientale di Napoli [AION], Sezione filologico-letteraria 4–5 (1982–1993) 141–183.
Kirchhoff, Adolf: Zur Aristotelischen Ökonomik, in: Hermes 13 (1878) 139–140.
Kornhass, Eike-Wolfgang: Kurt Riezlers frühe Schriften, Diss. München 1973.
Koslowski, Peter: Politik und Ökonomie bei Aristoteles, Tübingen ^{3}1993.
Laurenti, Renato: Aristotele: Il trattato sull'economia, Bari 1967 (u. ö.).
Laurenti, Renato: Studi sull'Economico attribuito ad Aristotele (= Pubblicazioni dell'Istituto di Filosofia, Facoltà di Magistero dell' Università di Genova, Bd. III), Mailand 1968, 31–59.
Meikle, Scott: Aristotle's Economic Thought, Oxford 1995.
Niebuhr, Barthold Georg: Über das zweyte Buch der Oekonomika unter den aristotelischen Schriften (1812), in: Kleine historische und philologische Schriften I, Bonn 1828, 412–416.
Passerini, Alfredo: Rez. van Groningen 1933, in: Gnomon 12 (1936) 142–145.

Riezler, Kurt: Das zweite Buch der pseudoaristotelischen Ökonomik, Diss. München 1906, wieder in: Über Finanzen und Monopole im alten Griechenland, Berlin 1907, 9–43.

Rose, Valentin: Aristotelis qui ferebantur librorum fragmenta, Leipzig 1886.

Schlegel, Otto: Beiträge zur Untersuchung über die Quellen und die Glaubwürdigkeit der Beispielsammlung in den Pseudo-Aristotelischen Ökonomika, Diss. Berlin 1909.

Schneider, Peter: Das zweite Buch der Pseudo-Aristotelischen Ökonomika, Diss. Würzburg 1907.

Schnitzer, Carl Friedrich: Aristoteles' Werke, Abth. 6, Bdch. 6: Acht Bücher vom Staate, Buch VI – VIII, und Ökonomik, Stuttgart 1856.

Spengel, Leonhard von: Aristotelische Studien III: Zur Politik und Oekonomik, Abhandlungen der philosophisch-philologischen Classe der königl. Bayer. Akademie der Wissenschaft 11 (= Denkschriften 42), 3. Abt., München 1868, S. 53–128 (auch einzeln als S. 1–76), München 1868, spez. 125–128 (73–76).

Stern, Ernst von: Zur Wertung der Pseudo-Aristotelischen zweiten Oekonomik, in: Hermes 51 (1916) 422–440.

Susemihl, Franz: Aristotelis quae feruntur Oeconomica, Leipzig 1887.

Thillet, Pierre: Rez. van Groningen & Wartelle 1968, in: Revue des études grecques 82 (1969) 563–589.

Thompson, Wayne C.: In the Eye of the Storm: Kurt Riezler and the Crises of Modern Germany, Iowa City 1980.

Tricot, Jean: Aristote: [Les] économiques, Paris 1958 (u. ö.).

Wilcken, Ulrich: Zu den pseudo-aristotelischen Oeconomica, in: Hermes 36 (1901) 187–200.

Willers, Dorothea: Die Ökonomie des Aristoteles, Diss. Breslau 1931 (nicht zu den *Oikonomika*)

Zoepffel, Renate (Übers.): Aristoteles, Oikonomika. Schriften zu Hauswirtschaft und Finanzwesen (Aristoteles. Werke in deutscher Übersetzung 10/II), Berlin 2006.

Anmerkungen

[1] Vergleiche die von Audring/Brodersen (2008) gesammelten Texte.

[2] Diog. Laert. V 22. Zu Aristoteles' ökonomischen Theorien siehe allgemein Willer (1931), Finley (1971) und ders. (1977), Koslowski (1993), Meikle (1995) und die kommentierte Bibliographie von Baloglou/Peukert (1996).

[3] Aristot. Frg. 381 ff. ed. Rose (1886).

[4] Vergleiche etwa Chambers (1990).

[5] Editionen aller drei Bücher: Bekker (1831) 1345b–1353b; Susemihl (1887); van Groningen (1933); van Groningen/Wartelle (1968); Audring/Brodersen (2008).

[6] Niebuhr (1812/1828) 414.

[7] Einzelbeobachtungen bei Spengel (1868) und Kirchhoff (1878).

[8] Offenbar reagierte die Forschung auf die im Jahr 1900 erstmals publizierte ägyptische Inschrift auf der sogenannten Naukratis-Stele (Erman/Wilcken (1900) 127–135), die Über-

einstimmungen mit dem in den *Oikonomika* II des Ps.-Aristoteles (II 25a) Berichteten aufweist; siehe Wilcken (1901).

[9] Riezler wurde Diplomat, postum machten ihn die sogenannten Riezler-Tagebücher als Zeugen für die Kriegsschuldfrage im Ersten Weltkrieg bekannt; vergleiche Erdmann (1972), Kornhass (1973) und Thompson (1980).

[10] Schneider (1907); siehe auch Schlegel (1909); Andreades (1914/15) und ders. (1931); Stern (1916).

[11] Van Groningen (1933) (siehe dazu die Rezensionen von Andreades (1934) und Passerini [1936]); siehe auch van Groningen/Wartelle 1968 (siehe dazu die Rezensionen von Thillet (1969), Finley (1970) und Goldbrunner [1970]).

[12] Cracco Ruggini (1966) und ders. (1967) will ohne überzeugende Gründe Ephoros als Quelle des Buchs erweisen. Siehe weiter Laurenti (1968); Habicht (1975); Engelmann (1977); Jackson (1982/83); Cataudella (1984): datiert – nur – den Theorie-Teil ins 3. Jh. v. Chr.; Isager (1988); Engels (1993); Aperghis (2004).

[13] Finley (1970) 317.

[14] Brodersen (2006): danach auch die nachstehenden Übersetzungen und Überlegungen; siehe auch die Rezension von Germis (2006); Zoepffel (2006): siehe auch die Rezension von Audring (2006). Die insbesondere auch in der historischen Begrifflichkeit vielfach mangelhaften früheren deutschen Übersetzungen von Schnitzer (1856) und Gohlke (1947) sind damit überholt. Vergleiche auch die Übersetzungen ins Englische von Forster (1921) und Armstrong (1935), ins Italienische von Laurenti (1967) und ins Französische von van Groningen/Wartelle (1968).

[15] Für Zählung der beiden Teile der *Oikonomika* II werden römische, für die Kapitel arabische Ziffern genutzt. Die Seiten in der Ausgabe von Bekker (1833) sind damit leicht zu ermitteln.

[16] Die Übersetzung von τεχνικῶς in I 8 mit „trickreich" legt etwa II 24a nahe: „*Datames der Perser, der Soldaten hatte, konnte die tägliche Verpflegung für sie aus dem Feindesland beschaffen; da er aber kein Münzgeld ausgeben konnte und er schon eine ganze Zeitlang um das gebeten worden war, was er schuldete, kam er auf folgenden Trick* (τεχνάζει): *Er berief eine Versammlung ein, sagte, dass er nicht an Geldmangel leide, sondern dass es ihm an einem bestimmten Ort zur Verfügung stehe, wobei er auch sagte, wo es sei. Dann ließ er anspannen und machte sich auf den Weg dorthin. Als er dann in der Nähe des Ortes war, fuhr er (allein) dorthin voraus und nahm aus den dort befindlichen Heiligtümern, was immer an Weihgaben aus hohl gearbeitetem Silber darin war; damit belud er dann die Maulesel, als ob sie – deutlich sichtbar – Silber schleppten, und machte sich auf den Weg. Die Soldaten sahen den Zug, glaubten, dass die ganze Last Silber sei, und fassten daher Mut in der Überzeugung, sie würden ihren Sold erhalten. Er aber sagte, man müsse erst nach Amisos, um es prägen zu lassen. Der Marsch nach Amisos jedoch war viele Tage lang und durch Stürme beschwerlich. In dieser Zeit nutzte er das Heer aus und gab ihm nur die Verpflegung.*"

[17] Aperghis (2004) 135 datiert die *Oikonomika* II „*probably to c. 275 B.C., when it seems to be describing the administration of the Seleukid empire under Antiochos I*" und meint, der zweite Teil des Buches „*had probably been compiled several years earlier and added on to the first either when this was written or possibly even later*"; dagegen Brodersen (2007) 455.

[18] Umfassend informiert hierzu Zoepffel (2006), deren Einzelnachweise im Folgenden nicht wiederholt werden müssen.

[19] Zur Naukratis-Stele siehe Anm. 8.

[20] Habicht (1975), übersehen von Zoepffel (2006) *ad loc.*

HANS VAN WEES

„Diejenigen, die segeln, sollen Sold erhalten"

Seekriegführung und -finanzierung im archaischen Eretria[1]

Bei Ausgrabungen in Eretria wurden im März 1912 zwei zerbrochene Blöcke aus Poros-Stein entdeckt, die auf zwei Seiten Inschriften tragen. Die Blöcke waren in die klassische Hafenmauer verbaut worden, aber sie stellten ursprünglich eine einzelne große Platte dar, welche die Ecke eines archaischen Gebäudes – vielleicht die Ante eines Tempels –, das hier in der Nähe stand, gebildet haben muss. Auf der Vorderseite des Steins wurden um 525 v. Chr. zwei oder drei Vorschriften eines Rechtsverfahrens eingemeißelt, und nicht viel später wurde an der Seite des Blocks vertikal und nicht sehr regelmäßig die folgende Rechtsvorschrift hinzugefügt (Abb. 1, 2):

Diejenigen, die segeln, sollen Sold erhalten,   τὸς πλέοντας : ἀϱ[έσ]θαι μισθὸν
wenn sie jenseits der Petalai oder Kenaion   hοίτινες ἂν π[ε]ταλὰς : ἒ Κέναιον
fahren. Jeder muss einen Beitrag leisten.   [ἀ]μείπσονται : φέ[ϱ]εν δὲ πάντας
Diejenigen, die im Land sind...   τος ἐπιδ[έ]μος ἐόν[τας---]
...   ------ ονγνον – νασεν
  Jeder, der nimmt...   hός [ἂ]ν hελοι ------
... wird nicht anfechtbar sein.[2]   ------ ιαϱφιν -- ἀναφισβετεει

Dieses richtungweisende Gesetz führte in Eretria für die Besatzungen von Kriegsschiffen Sold ein, etwa 40 Jahre bevor wir den ersten Beleg für Soldzahlungen andernorts haben, in der athenischen Flotte von 480 v. Chr. Dennoch ist der Sinn der Inschrift nur von wenigen erkannt und ihre historische Bedeutung nicht ernsthaft diskutiert worden. Die Einführung von Flottensold verursachte nichts weniger als eine Umgestaltung der öffentlichen Finanzen, und wenn dies etwa eine Generation früher geschah, als man allgemein annimmt, müssen wir die Entwicklung der Seekriegführung und der Staatenwerdung im archaischen Griechenland neu überdenken.

Der Buchstabe des Gesetzes: Text und Interpretation

Wenige Studien zur frühen griechischen Seefahrtsgeschichte erwähnen das Gesetz von Eretria; wenn es Autoren überhaupt zitieren, wird es gewöhnlich als unklar abgetan.[3] Ein Grund für diese Vernachlässigung ist, dass sich alle detaillierten Diskussionen der Inschrift bis in letzte Zeit stark auf den längeren und leichter zu lesenden Text auf der Vorderseite des Steins konzentrierten, der von großer Bedeutung speziell für Numismatiker ist, da er eine frühe Erwähnung von „gültigem Geld" (χρέματα δόκιμα) enthält, worauf wir zurückkommen werden. Ein anderer Grund ist, dass die meisten maßgeblichen Publikationen der Inschrift Ergänzungen unseres Gesetzes über Flottensold übernommen haben, die es schwer verständlich machten.

Der 1915 von Ziebarth in den *Inscriptiones Graecae* publizierte Text lieferte die ersten drei Zeilen wie ich sie zitiert habe, aber in den folgenden Zeilen wurden auf Vorschlag Hillers von Gaertringen irreführende Ergänzungen eingefügt, besonders das Wort ελλιμένιον (Hafensteuer) am Ende von Zeile 5. Das setzt nicht nur die Lesung ελ voraus, wo auf dem Stein εν steht, sondern erfordert die Lesung λιμένιον, wo eindeutig nichts als leerer Raum zu sehen ist. Ziebarths Übernahme dieser offenkundig unmöglichen Ergänzung führte ihn dazu, das Gesetz als eine Reihe von Hafenvorschriften misszuverstehen; in den ersten drei Zeilen sah er ein Dekret, das die Zahlung für Fährdienste vorschrieb (Ziebarth 1929, 123). Diese Interpretation fand ihren Weg in „Local Scripts of Ancient Greece", wo das Gesetz als Beleg für „Schiffs- und Hafenwesen" (Jeffery 1961, 85, 87) zusammengefasst wird.

Eine neue Edition des Textes wurde 1964 von Vanderpool und Wallace publiziert. Sie verwarfen die alten Ergänzungen, verbesserten verschiedene Lesungen und schlugen vor, dass, als die originale Platte in zwei Hälften geschnitten wurde, um daraus zwei Blöcke für die neue Stadtmauer zu gewinnen, mehr von der Inschrift weggemeißelt wurde, als frühere Herausgeber angenommen hatten. Auf der Vorderseite des Steins fehlt von der Inschrift mindestens eine Zeile: An der Oberkante der unteren Hälfte des Blocks kann man noch die unteren Reste einiger verlorener Buchstaben erkennen. Eine Lücke von einer Zeile im horizontalen Text auf der Vorderseite des Steins würde eine Lücke von einem oder maximal zwei Buchstaben in der Mitte des vertikalen Textes auf der Seite bedeuten. Vanderpool und Wallace bemerkten, dass auf der Vorderseite des Blocks der Text genau vor der Lücke von einer anderen Hand geschrieben wurde als der Text genau hinter der Lücke und postulierten daher, dass nicht nur eine, sondern zwei Zeilen fehlen. Die erste habe den Text über der Lücke fortgesetzt und ihn beendet, während die zweite, gerade noch sichtbare Zeile unter der Lücke einen neuen Text begann, der von einem anderen Steinmetz eingemeißelt wurde. Wenn vom Text auf der Vorderseite zwei Zeilen fehlten, würde in der Mitte des Textes auf der Seite eine Lücke von ca. fünf Buchstaben bestehen, so dass die einfachen, unkomplizierten und minimalen Ergänzungen, die von Ziebarth für seine ersten drei Zeilen vorgeschlagen wurden, nicht länger möglich wären, und die vier übrigen Zeilen in der Interpretation sogar noch offener würden. Dies hatte zur Folge, dass die Herausgeber einfach vor unserem Gesetz kapitulierten: Sie räumten ein, dass ihnen „*keine Ergänzungen ... einfallen*" und taten den Text in einem einzigen kurzen Abschnitt ab, da er unmöglich über die Tatsache hinaus interpretiert werden könne, etwas mit der „*Bezahlung von Seeleuten*" zu tun zu haben (Vanderpool und Wallace 1964, 391). Fast jeder, der in der Folge das Gesetz diskutierte, teilte ihre Verwirrung über seine angebliche „*fast hoffnungslose Dunkelheit*".[4]

Die Ausnahme ist Francis Cairns, der 1991 beobachtete, dass es nicht zwingend notwendig ist, eine zusätzliche verlorene Zeile in der Lücke zwischen den Blöcken zu postulieren, da von den zwei Zeilen auf der Vorderseite unmittelbar über der Lücke nur die erste in einem deutlich anderen Stil gemeißelt war. Der Wechsel der Hand könnte gut am Ende dieser ersten Zeile stattgefunden haben, und alles Folgende vor und nach der Lücke könnte ein einziger, von einer Hand geschnittener, Text sein. Er fuhr fort, eine plausible Ergänzung dieses Textes zu liefern, die nicht die zusätzliche Zeile erforderte. Darüber hinaus erhob Cairns einen größeren Einwand gegen Vanderpools und Wallace' Ergänzung: Der Einschub einer zusätzlichen Zeile würde die Boustrophedon-Struktur unterbrechen, die sonst überall perfekt beachtet wurde (Cairns 1991, 299–300). Ich würde einen zweiten, und sicher entscheidenden, Einwand hinzufügen: Es wäre ein unglaublicher Zufall, wenn der Text auf der Seite des Blocks fünf Buchstaben in der Mitte jeder Zeile verloren hätte und dennoch einen perfekten Sinn mit einem einzigen eingefügten Buchstaben in der Lücke ergäbe – und auch trotz der schrägen Ausrichtung der unteren Zeilen perfekt ausgerichtet blieb. Eindeutig kann es niemals eine Lücke von mehr als einem Buchstaben in dem Text auf der Seite des Steins gegeben haben: Cairns' Ergänzung muss richtig sein und wird hier übernommen.

Es kann nicht viel Zweifel über die Bedeutung des so restaurierten Textes geben. Ziebarths Idee, dass „diejenigen, die segeln" Fährleute seien und das Gesetz „jedem", der auf einer Fähre reist, vorschreibe, zu ihrem „Lohn" durch Zahlung der Gebühr „beizutragen", ist schwer haltbar. Man kann den Sinn eines Gesetzes verstehen, das spezifische Tarife für spezifische Fährrouten vorschreibt, so wie das athenische Gesetz von 446 v. Chr., das Ziebarth als Parallele zitiert (IG I³ 41), aber ein Gesetz, das nur in allgemeinen Worten verlangt, dass Passagiere den Fährmann bezahlen sollen, wäre ziemlich redundant. Nicht nur das, es würde auch sehr vage formuliert gewesen sein, speziell in seinem verschwommenen Bezug auf „diejenigen, die segeln" anstelle des genaueren Begriffs „Fährleute" (πορθμῆες), der schon Homer bekannt war (Od. XX 187–188). Und am seltsamsten würde das Gesetz die Zahlung an die Fährleute nur für Routen „jenseits der Petalischen Inseln und Kap Kenaion" vorgeschrieben haben, die äußersten südlichen und nördlichen Enden von Euboia, zu nicht näher bezeichneten Zielorten jenseits des offenen Meers: Implizit hätte es Fährdienste innerhalb der Meerenge von Euboia für kostenlos erklärt.[5]

Man könnte theoretisch die Möglichkeit in Erwägung ziehen, dass „diejenigen, die segeln" Eretrias auswärtige Gesandte waren, speziell seine Repräsentanten bei internationalen religiösen Festen, denen ein „Lohn" für ihre Dienste garantiert war. Aber wieder wäre es seltsam, wenn sich das Gesetz so vage ausdrücken würde, anstatt „heilige Gesandte" (θεωροί) auch als solche zu bezeichnen, und es ist sehr unwahrscheinlich, dass eine solche kleine regelmäßig wiederkehrende Ausgabe eine spezielle Abgabe erfordert hätte, zu der „jedermann beitragen muss", als von einer regulären Kasse finanziert worden zu sein. Ein archaisches athenisches Gesetz, möglicherweise eines der solonischen, legte zum Beispiel fest, dass „Reisegeld und andere Ausgaben für die heiligen Gesandten, die nach Delphi reisen" von den staatlichen Schatzmeistern aus dem „naukrarischen Silber" zugewiesen werden sollten.[6]

Die einzige plausible Erklärung des Gesetzes ist die von Cairns: „Diejenigen, die segeln" sind die Besatzungen von Kriegsschiffen[7] – Ruderer, Seeleute, Marineinfanteristen – und das Gesetz legt fest, dass diese alle „Sold" (μισθός) erhalten sollen, wenn, und nur wenn, sie an Flottenexpeditionen teilnehmen, die jenseits der Meerenge von Euboia führen (Cairns 1991, 310–312). Solche weiträumigen Operationen würden per definitionem eher offensiv als defensiv sein und länger als einen einzigen Tag dauern – zwei Gründe, warum es notwendig geschienen haben dürfte, Mannschaften für ihre Dienste zu bezahlen. Zum Beispiel werden die Mannschaften der fünf eretrischen Schiffe, die 499 v. Chr. die Ägäis überqueren, um ihren alten Verbündeten Milet zu unterstützen (Hdt. V 99), nach den Bestimmungen des Gesetzes Sold erhalten haben. Zahlungen in einem solchen großen Maßstab waren eine größere Belastung der öffentlichen Ressourcen, und dementsprechend sah das Gesetz eine spezielle Finanzierungsquelle vor: Eine Abgabe, zu der „jeder", das heißt jeder Steuerzahler, einen Beitrag leisten musste. Kurz, die ersten drei Zeilen des Gesetzes stellen eine glasklare und stimmige Maßnahme dar, die die Flottenfinanzierung in einer Weise regelt, die der des klassischen Athen sehr ähnlich ist, aber bis zu 40 Jahre vor dem frühesten athenischen Beleg zu datieren ist.

Der Rest des Texts ist schwer zu rekonstruieren. Der Beginn von Zeile 4 könnte im Prinzip die Fortsetzung und der Schluss der vorigen Zeile sein, die dann lautete: „*Jeder, der im Land ist, muss einen Beitrag leisten.*" Angesichts der Leerstellen, die die zwei Zeilen trennen, ist es aber wahrscheinlicher, dass in Zeile 4 ein neuer Paragraph beginnt, der sich mit „denjenigen, die im Land sind" befasst im Gegensatz zu „denjenigen, die segeln". Der folgende Text dürfte festgelegt haben, wie ihre „Beiträge" veranlagt und/oder vereinnahmt wurden.[8]

Die mangelnde Bereitschaft der Wissenschaft, zu akzeptieren, dass sich das Gesetz auf die Einführung von Flottensold bezieht, ist zweifellos zum Teil auf die Autorität von Vanderpool und Wallace zurückzuführen, deren Text die Bedeutung des Gesetzes völlig offen lässt. Das entscheidende Hindernis für eine breitere Akzeptanz war aber sicher, dass die Einführung von Sold für Ruderer im Eretria des 6. Jahrhunderts ein Niveau der staatlichen Marineorganisation voraussetzt, das mit unserer gewöhnlichen Vorstellung von Seestreitkräften im archaischen Griechenland unvereinbar scheint, die nur aus privat finanzierten Schiffen in privater Hand bestanden und nur selten und kurz im öffentlichen Dienst der Stadt mobilisiert wurden. Nach dieser Vorstellung, die hauptsächlich auf Thukydides' Darstellung der frühen griechischen Geschichte beruht, war Korinth die einzige Stadt auf dem griechischen Festland, die eine staatliche Flotte vor 500 v. Chr. entwickelte; solche Flotten erschienen nirgendwo sonst im griechischen Mutterland bis wenige Jahre vor den Perserkriegen.[9] Die Implikationen des Gesetzes für die Organisation von Staat und Flotte im Eretria des späten 6. Jahrhunderts und des spätarchaischen Griechenlands insgesamt – was nicht von Cairns untersucht wurde, da sein Hauptinteresse dem Text auf der anderen Seite des Blocks galt –, erfordern daher eine nähere Betrachtung.

Der Geist des Gesetzes: Implikationen des Flottensolds

Ein „Lohn" (μισθός), wie der Begriff in den Epen von Homer und Hesiod verwendet wird, ist eine Belohung für geleistete Dienste, die im Voraus vereinbart wurde. Die Dichter betonen, wie wichtig es war, Versprechen einzuhalten und den Lohn „sicher" zu machen. Dies trifft gleichermaßen auf den bescheidenen „vereinbarten Lohn", der einem gedungenen Landarbeiter angeboten wurde[10] und dem prestigeträchtigen „sicheren Lohn" eines Wagens und von Pferden als Belohnung für eine heroische Spionagemission – letztere versprochen von Hektor, der auf das Beharren des Freiwilligen für die Aufgabe einen Eid schwört, dass der Lohn speziell aus Achilleus' Wagen und Pferden bestehen wird (Il. X 303–332). Noch größer ist der „vereinbarte Lohn", der nach Herodot Hippokrates für den Verrat von Zankle angeboten wurde: Die Hälfte des gesamten beweglichen Eigentums und der Sklaven der Stadt, und alle Sklaven und das gesamte bewegliche Eigentum auf dem Land (Hdt. VI 23, 5). Was auf allen diesen Ebenen die Belohnung als „Lohn" definiert, ist, dass sie im voraus festgelegt wurde, im Unterschied zu Geschenken oder Gefälligkeiten, die per definitionem willkürlich und nicht Gegenstand von Verhandlungen sind.[11]

Löhne in diesem Sinn scheinen im frühen Griechenland von begrenzter Bedeutung gewesen zu sein. Obwohl gedungene Landarbeiter für Lohn arbeiteten, erhielten sie ihn nur am Ende ihrer Dienstzeit, die normalerweise ein ganzes Jahr dauerte, und in der Zwischenzeit lebten sie von Lebensmittel- und Getränkerationen ihres Arbeitgebers.[12] Diese Rationen – und nicht die abschließende Lohnzahlung – stellte wahrscheinlich den Hauptteil ihres Einkommens dar. Soldaten und Ruderer erhielten in der homerischen Welt normalerweise gar keinen vereinbarten Lohn, sondern leisteten ihren Dienst freiwillig und erwarteten im Gegenzug eine Kombination aus Essen und Trinken, Geschenken und Anteilen an der Beute. Telemachos' Mannschaft auf seiner Reise zur Peloponnes bestand zum Beispiel aus zwanzig hochrangigen „Freiwilligen" (ἐθελοντῆρες, Od. II 291–292), die ihm „aus Freundschaft" (Od. III 363) folgten; er stellte Brot und Wein für die Dauer der Reise zur Verfügung und gab ihnen ein „feines Festmahl von Fleisch und süßem Wein" auf ihrer Heimreise als „Reiselohn" (ὁδοιπόριον).[13] Agamemnons Kommandeurskollegen im Trojanischen Krieg wurden öfter daran erinnert, dass sie ihm loyalen Dienst schuldeten im Austausch für die Festmähler, zu denen er sie einlud, und umgekehrt erinnerten sie ihn daran, dass sie seinetwegen kämpften, nicht ihretwegen, und dass er verpflichtet war, ihnen Gastfreundschaft zu gewähren.[14] Die Zehntausende von „Verbündeten" (ἐπίκουροι), die Troja zu Hilfe kamen, betonten, dass für sie im Krieg nichts direkt auf dem Spiel stand und sie erwarteten, „Tag und Nacht gebeten" zu werden für ihre fortgesetzte Hilfe (Il. V 483–492). Sie erhielten von den Trojanern Verpflegung und mindestens hin und wieder Geschenke, um ihre Moral aufrecht zu erhalten, wie Hektor sie erinnerte: *„Also gesinnt, erschöpf' ich durch Kriegessteuer und Speise / Unser Volk, und streb' euch allen das Herz zu ermuntern."* (Il. XVII 225–226; übers. von J. H. Voß). Aber es kam weder für die trojanischen Verbündeten noch Agamemnons Kameraden in Frage, für einen vereinbarten Lohn zu kämpfen, und dies unterschied sie von Kriegern, die später „Söldner" genannt worden wären.[15]

Die größere Belohnung für Militärdienst in Homer war ein Anteil an der Beute. Alle Teilnehmer eines Plünderungszugs oder einer Kampagne erhielten einen „angemessenen Teil" der Beute, und auch einige Nichtteilnehmer dürften einen Anteil erhalten haben, zum Ausgleich für frühere Verluste oder in Anerkennung ihres hohen Ranges. „Angemessen" (ἴσος) bedeutete nicht exakt gleich, sondern im Verhältnis zur Höhe der jeweiligen Ansprüche. Dasselbe Prinzip wurde auf die Beuteverteilung nach der Schlacht von Plataiai 479 v. Chr. angewandt, als nach Herodot „jeder erhielt, was er verdiente" (Hdt. IX 81).[16] Selbst überreiche Beute wurde nach archaischer griechischer Sitte vollständig aufgeteilt, wie nach Achilleus' Raubzügen oder der Eroberung des persischen Lagers bei Plataiai, ohne einen „gemeinsamen Vorrat" für künftigen Gebrauch übrig zu behalten.[17] Soldaten könnten sich beschwert haben, dass ihre Anteile kleiner waren, als sie es verdient hatten, und sogar, dass sie „mit leeren Händen" nach Hause gingen,[18] aber das verstärkt nur die Tatsache, dass die einzige bedeutende Belohnung für Militärdienst gewöhnlich ein Anteil an der Beute war, der natürlich, anders als ein Lohn, im voraus nicht festgelegt werden konnte und in der Tat auch ganz entfallen konnte, wenn die Expedition fehlschlug.

Die verschiedenen von Homer erwähnten Belohnungen für Militärdienst wurden alle von Königen und Kommandeuren übergeben, aber sie wurden letztlich als Auszeichnungen von Gemeinschaften und Armeen angesehen. Die von Agamemnon zugewiesenen Beuteanteile werden als „von den Griechen" verliehen bezeichnet und er handelte eindeutig im Namen der Armee als Ganzes.[19] Ähnlich wurden die Festmähler, die er seinen Kameraden bereitete, „öffentlich" (δημία, Il. XVII 250) genannt. Ein klarer Beleg für direkte Abgaben der Gemeinschaft insgesamt ist Hektors bereits erwähnter Hinweis, dass er die Ressourcen des Volkes (λαός) erschöpft habe, um seine Verbündeten zu versorgen, so dass der legendäre Reichtum Trojas zu nichts zusammengeschmolzen sei: *„Viel nach Phrygien nun und Mäoniens schönem Gefilde / Gehn zum Verkauf Kleinode"*, möglicherweise im Austausch für Nachschub (Il. XVIII 291–292; vergleiche IX 401–403, übers. von J. H. Voß). Ähnlich erzählte der Herrscher von Knossos, dass er einst, als Odysseus' Flotte auf seinem Territorium strandete, Odysseus selbst private Gastfreundschaft angeboten hatte, all die anderen aber auf öffentliche Kosten mit Proviant versehen hatte: *„Und versorgte sein Schiff und seiner Reisegefährten / Reichlich, auf Kosten des Volks, mit Mehl und funkelndem Weine, / Und mit gemästeten Rindern, dass ihre Seele sich labte."* (δημόθεν ἀγείρας, Od. XIX 196–198, übers. von J. H. Voß). Das Prinzip, Beiträge unter dem Volk zu erheben, war so gut gefestigt, dass die führenden Männer der Gemeinschaft sogar die Kosten ihrer Gastfreundschaft gegenüber fremden Besuchern in Rechnung gestellt haben dürften. Wie es Alkinoos formulierte, als er Odysseus Geschenke anbot:

"Wir werden wieder sammeln unter dem Volk [ἀγειρόμενοι κατὰ δῆμον] / und uns Ersatz schaffen; denn schwer ist es für einen Mann, Geschenke umsonst zu verteilen" (Od. XIII 14–15).

Das vorgeschlagene Geschenk eines Dreifußes und eines Kessels würde schwerlich eine Auswirkung auf den sagenhaften Reichtum von Alkinoos und seine Standesgenossen gehabt haben. Dennoch besteht Homer darauf, dass das Volk einen Beitrag leisten muss.

Die durch das Gesetz von Eretria festgesetzte spezielle Abgabe zur Finanzierung von Militärausgaben hatte also Vorläufer etwa zwei Jahrhunderte früher,[20] aber der „Lohn", den diese Abgabe finanzierte, war etwas neues: Eine festgelegte Zahlung, die Essen, Trinken und einen Anteil an der Beute als Entlohnung für den Dienst ersetzte. Es ist streng genommen nicht unmöglich, dass der Lohn eher zusätzlich, als anstelle von diesen traditionellen Belohnungen gezahlt wurde, aber das erscheint unwahrscheinlich. Im klassischen Athen erwartete man auf jeden Fall von den Mannschaften der Kriegsschiffe, dass sie ihre Verpflegung aus den erhaltenen Löhnen bezahlten,[21] und normalerweise erhielten sie keinen Anteil an der Beute. 470 v. Chr. verwandte Athen das Geld, das durch die Freilassung von Gefangenen gegen Lösegeld und Beuteverkauf erzielt worden war, um die Löhne des Flottenpersonals zu bezahlen, aber reservierte jeden Überschuss „für die Stadt" (Ion von Chios, FGrHist 392 F 13), indem es ihn zum Beispiel für öffentliche Bauarbeiten auf der Akropolis umleitete (Plut. Kim. XIII 2), anstatt ihn den Truppen zu übergeben.[22] Mit großer Wahrscheinlichkeit haben die Eretrier ein ähnliches System angewandt, als sie zwischen 525 und 500 v. Chr. zum ersten Mal Sold für Flottendienst einführten.

Das Gesetz von Eretria bewirkte also drei bedeutende Veränderungen. Erstens wurde die Entlohnung für Militärdienst in der Seekriegführung nun im voraus festgelegt und war für alle Mannschaftsmitglieder sicher gleich (wie in späterer Zeit, obwohl manche Zulagen erhielten); sie wurde nicht mehr festgesetzt auf individueller Basis als einer „angemessenen" Spiegelung des jeweiligen Rangs, persönlichen Verdiensts und Beitrags zur Kampagne. Zweitens wurde die Entlohnung für Flottendienst nun eher vollständig aus speziellen kurzfristigen Steuererhebungen finanziert, als in erster Linie aus Beute; die alte Praxis, Nachschub für Streitkräfte durch „Sammlung unter dem Volk" zu beschaffen, wurde dadurch stark ausgedehnt. Drittens wandelte sich Beute vom „kollektiven" Eigentum, das unter einer Armee oder Gemeinschaft verteilt wurde, zu einem „öffentlichen" Einkommen, da die durch Verkauf erzielten Erlöse im Staatsschatz gelagert wurden.[23] Indem es diesen potentiell großen neuen Strom von Einkommen den öffentlichen Einnahmen der Stadt hinzufügte, den Umfang der Besteuerung stark erweiterte und den Sold von Hunderten, wenn nicht Tausenden von Flottenangehörigen den städtischen Ausgaben hinzufügte, formte unser kurzes und einfaches Gesetz über Flottensold Eretrias Finanzorganisation um und trieb die Stadt auf ein viel höheres Niveau der Staatenwerdung.

Das Gesetz im Kontext: Spätarchaische Seekriegführung

Die radikalen Veränderungen, die das Gesetz repräsentiert, geschahen etwa eine Generation früher, als man es auf Basis von Thukydides' allgemein akzeptierter Schilderung der frühen griechischen Marinegeschichte erwartet hätte und dies dürfte scheinbar die Interpretation ausschließen, die ich oben gegeben habe. Dennoch liefert das, was wir von anderen Entwicklungen in der Seekriegführung des späten 6. Jahrhunderts rekonstruieren können, einen völlig plausiblen Hintergrund für die Einführung von Flottensold und alles, was sie nach sich zog.

Fast in der gesamten archaischen Zeit war griechische Militäraktivität zur See im Kern räuberischer Natur: Das Ziel, so weit wir das sagen können, war entweder, geplünderten oder von den Opfern erpressten Besitz wegzuschleppen, oder Überseegebiete zu besiedeln, nachdem man die einheimische Bevölkerung eliminiert oder versklavt hatte.[24] Der dominante Schiffstyp, der auf allen solchen Expeditionen verwendet wurde, war der Pentekontoros, die „fünfzig-ruderige Galeere", ein Begriff, der offensichtlich auch größere Schiffe mit Besatzungen bis zu 120 Mann umfasste. Herodot schätzte die durchschnittliche volle Besatzung einer Pentekontere auf 80 Mann.[25] In der zweiten Hälfte des 6. Jahrhunderts sind zwei entscheidende neue Entwicklungen zu beobachten: Die Entstehung von „hegemonialer" Seekriegführung und die Erfindung, oder in jedem Fall die Verbreitung, der Triere als das dominante Kriegsschiff.

„Hegemoniale" Kriegführung unterscheidet sich von „räuberischer" Kriegführung insofern, als seine primären Ziele eher politische als ökonomische sind: Ihr Ziel ist es in erster Linie eher, den internationalen Status und die Macht der Stadt zu vergrößern oder zu verteidigen, als Reichtum und Ressourcen für seine Bürger zu gewinnen. Obwohl politische und ökonomische Ziele natürlich Hand in Hand gehen können, müssen sie das nicht immer tun, und ein hegemonialer Krieg könnte Prestige und Macht bringen, ohne auch mit materiellen Vorteilen verbunden zu sein. Ein frühes Beispiel eines solchen Krieges ist die Eroberung von Naxos durch die Athener unter Peisistratos um 540 v. Chr.: Das Resultat war ein Regimewechsel – wie man heute sagen würde –, da Peisistratos die Insel dem verbannten lokalen Oligarchen Lygdamis zur Herrschaft übergab. Naxos hatte zu dieser Zeit eine große Flotte und eine Armee von 8000 Hopliten, so dass diese Kampagne viele Schiffe und Soldaten erfordert haben muss, aber sie brachte nur politischen Gewinn und wenig Beute.[26] Etwa zur selben Zeit kämpften die Athener unter Peisistratos lange und hart, um Sigeion zu verteidigen, ein überseeisches Territorium am Hellespont, das sie in einem Raubzug um 600 v. Chr. besetzt hatten, aber nun von Mytilene, einem machtvollen Gegner, ständig attackiert wurde.[27] Anstatt Sigeion durch seine Einwohner verteidigen zu lassen, schickten die Athener Streitkräfte über das Meer zu ihrer Unterstützung, eine weitere Unternehmung, die sehr teuer gewesen sein muss, ohne materielle Vorteile gebracht zu haben.

Lygdamis von Naxos soll in einen Regimewechsel auf Samos verwickelt gewesen sein, wo er Polykrates half, die Macht zu übernehmen (Polyain. I 23, 2), und Polykrates setzte nicht nur die Seeraubzüge und Hochseepiraterie fort, für die die Samier lange bekannt waren, sondern verfolgte noch ehrgeizigere Ziele. „*Polykrates ist der erste Grieche, von dem wir wissen, dass er seinen Blick auf Seeherrschaft gerichtet hat ... Er hatte große Hoffnungen, Ionien und die Inseln zu beherrschen*" (Hdt. III 122, 2), und brachte es tatsächlich fertig, „*eine große Anzahl von Inseln und viele Städte auf dem Festland*" zu erobern, Milet anzugreifen und die ganze Flotte von Lesbos gefangen zu nehmen, als sie Milet zu Hilfe kam (Hdt. III 39, 4). Eine seiner kleineren Eroberungen, die Insel Rheneia, kettete er buchstäblich an ihren Nachbarn Delos, indem er sie dem Delischen Apollon weihte, wodurch er auf jeden materiellen Gewinn, den er aus ihr hätte ziehen können, zugunsten eines größeren internationalen Prestiges verzichtete. Diese Weihung sollte sicher die „Reinigung" der Insel durch Peisistratos übertrumpfen, eine andere kostspielige symbolische Geste, die eine führende Stellung in der Ägäis geltend machen sollte.[28] Die hegemoniale Seekriegführung eskalierte weiter, als Sparta den Kampfplatz betrat. Sparta kontrollierte das größte Territorium von allen griechischen Staaten und hatte in der vergangenen Generation eine hegemoniale Stellung auf der Peloponnes aufgebaut, so dass seine Ressourcen an Bürgern, Unterworfenen und Verbündeten unübertroffen waren. 525 v. Chr. sandten die Spartaner „eine große Streitmacht" nach Samos und belagerten die Stadt vierzig Tage lang in einem fehlgeschlagenen Versuch, Polykrates zu stürzen. Nicht viel später fielen sie erfolgreich auf Naxos ein, um Lygdamis abzusetzen, und 511 v. Chr. sandten sie eine Flotte, um einen Regimewechsel in Athen zu erzwingen, der erste von mehreren erfolglosen Versuchen.[29]

Eretria war in diese hegemonialen Rivalitäten stark verwickelt. Der internationale Rang der Stadt und die lange Geschichte ihrer Flottenaktivität ist gut bezeugt: Eretrier waren seit dem 8. Jahrhundert Reise- und Siedlerpioniere im östlichen und westlichen Mittelmeer; sie konnten sich rühmen, in ihrem endlosen Kampf gegen den Nachbarn Chalkis Verbündete aus der ganzen griechischen Welt herbeigerufen zu haben, einschließlich Milets; und sie waren neben den Athenern eine von nur drei ionischen Gemeinwesen, die Stimmrechte in der wichtigsten internationalen Organisation des archaischen Griechenland hatten, der Delphischen Amphiktyonie.[30] Insbesondere nahmen Peisistratos und Lygdamis während der Zeiten ihres Exils Zuflucht in Eretria, und eretrische Truppen hatten geholfen, Peisistratos als Tyrann in Athen zu etablieren, und vielleicht auch Lygdamis in Naxos. Wahrscheinlich konkurrierten die Eretrier mit Naxos um die Hegemonie über die Kykladeninseln, die sie voneinander trennten, da Strabon behauptet, dass Eretria früher über „Andros, Tenos, Keos und andere Inseln" geherrscht habe, während Herodot berichtet, dass am Ende des 6. Jahrhunderts Andros, Paros und andere Kykladeninseln von Naxos „abhängig waren".[31] Eretria soll sogar den Naxiern – und die Spartaner und die Samier vor ihnen – als beherrschende Seemacht nachgefolgt sein; und obwohl die Listen der Thalassokratien, die uns das erzählen, spät sind, viel zu schematisch und in ihrer Chronologie unglaubwürdig, zeigen sie, dass Eretria im späten 6. Jahrhundert einen Ruf als größerer Mitspieler in der Ägäis hatte.[32] Als solcher war sie die einzige Stadt des griechischen Mutterlandes außer Athen, die Schiffe zur Unterstützung des Ionischen Aufstands entsandte; eine spätere Tradition behauptet, dass das eretrische Kontingent eine führende Rolle gespielt hatte.[33]

Die zweite größere neue Entwicklung war die Übernahme der Triere, τριήρης, eine Rudergaleere mit 170 Ruderern und einer Besatzung von insgesamt 200 Mann. Die genaue Beschaffenheit und der Ursprung der Triere sind noch immer stark umstritten, aber uns interessiert hier mehr ihre Verbreitung als ihre Erfindung. Nach Herodot verwandten sogar die Samier unter Polykrates, die stärkste griechische Seemacht der archaischen Zeit, bis ca. 530 v. Chr. nur Pentekonteren und andere „lange Schiffe", aber um 480 v. Chr. war die Triere fast überall als das Hauptlinienschiff in Gebrauch.[34] Die allerersten von Herodot erwähnten griechischen Trierenkontingente erscheinen 525 v. Chr., als Trieren aus Samos, Lesbos und vielleicht anderen griechischen Städten und Inseln in der persischen Reichsflotte dienten, die Ägypten angriff und es zu erobern half.[35] Die Perser hatten vor dieser Zeit keine Flotte gehabt und die wahrscheinlichste Erklärung für das plötzliche Erscheinen zahlreicher Trieren in ostgriechischen Städten ist, dass die Perser ihre Flotte schufen, indem sie den Bau und die Bemannung dieser Schiffe durch unterworfene und „verbündete" Staaten an den Küsten und Inseln des Mittelmeers finanzierten, anfangs hauptsächlich durch phoinikische und kyprische Städte, aber zunehmend auch durch Griechen.[36] Die gesamte persische Flotte von 600 Schiffen, die 512 für Dareios' Expedition nach Skythien mobilisiert worden war, scheint aus griechischen Kontingenten bestanden zu haben, und einige der Hauptseestaaten müssen schon perserfinanzierte Trieren gehabt haben, in einer ähnlichen Anzahl wie die Streitkräfte, die sie bei Lade 494 v. Chr. stellten: Samos 60, Lesbos 70, Milet 80 und Chios 100.[37] Außerhalb der persischen Einfluss-Sphäre ist die früheste Trierenstreitmacht, die Herodot explizit erwähnt, bemerkenswerterweise die eretrische Flotte von fünf Schiffen, die 499 v. Chr. nach Ionien entsandt wurde.[38]

Was die Militärfinanzierung anbelangt, ist der fundamentale Unterschied zwischen der Triere und der Pentekontere die Größe ihrer Besatzung, und dementsprechend die kleine Zahl solcher Schiffe in den Händen von Privatbesitzern. Da die Triere eine Mannschaft von 200 gegenüber dem Durchschnitt einer Pentekontere von 80 benötigte, erforderte eine Flotte wie die Streitmacht der Chier von 100 Trieren bei Lade zweieinhalb mal so viel Mannschaftsstärke wie Polykrates' Flotte von 100 Pentekonteren nur eine Generation früher. Eine Pentekontere und ihre Mannschaft waren kostspielig genug, und es ist offensichtlich, dass sehr wenige Personen die Mittel oder die Motivation gehabt hätten, ihre privaten Pentekonteren gegen Trieren einzutauschen, weil die größeren Schiffe teurer im Bau waren, wie auch in der Ausstattung mit Rudern und vor allem in der Bemannung mit einer mehr als doppelt so großen Besatzung. Ein paar private Trieren sind bezeugt, sogar in der klassischen athenischen Flotte, aber sie waren notwendigerweise sehr selten.[39] Eine Stadt, die mit den perserfinanzierten ionischen Flotten mithalten und eine Flotte von mehr als ein paar Trieren aufbauen wollte, musste sie daher auf öffentliche Kosten bauen. Die eretrische Streitmacht von fünf Trieren, die 499 nach Milet geschickt wurde, war gerade klein genug, um es denkbar erscheinen zu lassen, dass es sich um die Privatschiffe einer Handvoll sehr reicher und ehrgeiziger Männer handelte wie ihr Anführer, ein Topathlet, dessen Siege von Simonides gepriesen worden waren, dem berühmtesten Dichter seiner Zeit (Hdt. V 102). Wenn man aber annimmt, dass die Eretrier nicht jede einzelne Triere entsandten, die sie finden konnten, sondern nur die Hälfte oder weniger ihrer verfügbaren Schiffe, ist es wahrscheinlich, dass die Stadt um 500 v. Chr. tatsächlich staatliche Trieren baute.[40]

Die Entwicklungen in der Seekriegführung des späten 6. Jahrhunderts tendierten also zu einem Typ von Hegemonialkrieg, der sehr kostspielig war und oft keine Beute oder Land einbrachte, um die Kosten zu decken, und zum Gebrauch von Kriegsschiffen, die staatliche Finanzierung für ihre Erbauung und viel größere Mannschaftsstärken für ihre Operationen benötigten. Traditionelle Mittel der Kriegsfinanzierung reichten für diese neuen Anforderungen nicht aus. Nach Herodot scheiterte Milet um 500 v. Chr. bei dem Versuch, Naxos zu unterwerfen, ebenso in seinem nachfolgenden Aufstand gegen Persien, da seine Flotte über keine ausreichende Finanzierung verfügte (Hdt. V 31, 2; 34, 3; 36, 3). Thukydides vertritt den Standpunkt, dass nur Tyrannen, die weitaus größere Einkünfte erzielen konnten, als es traditionell möglich war, in der Lage waren, Flotten zu bauen (Thuk. I 13, 1), und es ist kein Zufall, dass – mit der Ausnahme einer eindeutig erfundenen Geschichte über Kypselos von Korinth – die einzigen archaischen Tyrannen, denen spezielle Finanzierungsmaßnahmen zugeschrieben wurden, genau diejenigen waren, die sich am meisten in hegemonialer Seekriegführung engagierten: Peisistratos und sein Sohn Hippias, Lygdamis und Polykrates.[41]

In diesem Kontext hat die Einführung des Flottensolds exzellenten Sinn als ein Mittel, einige der größeren Beschränkungen der früheren Kriegführung zu überwinden: Es beendete die Abhängigkeit von mitgeführten oder im Feindesland requirierten Vorräten zur Ernährung von Seestreitkräften und es beendete die Abhängigkeit von Beute zur Entlohnung der Mannschaften.

Die erste Beschränkung wurde von Thukydides bemerkt, der die Auffassung vertrat, dass die griechische Armee im Trojanischen Krieg relativ klein war, und dass *„die Ursache nicht so sehr ein Mangel an Mannschaften war als ein Mangel an Geld. Aus Knappheit an Verpflegung führten sie eine kleinere Armee heran, deren Größe von der Menge der Nahrungsmittel abhing, die sie während der Kampfhandlungen an Ort und Stelle zu finden hoffen."* Sogar diese Truppen, so stellte er sich vor, hätten viel Zeit damit verbringen müssen, Lebensmittel durch Plünderung und sogar Ackerbau jenseits des Hellesponts aufzubringen – was erklärte, warum es sie zehn Jahre gekostet habe, Troja zu erobern (I 11, 1–2). Im Gegensatz dazu beschafften sich in Thukydides' eigener Zeit Truppen Proviant nicht nur durch Plündern, sondern sie verwandten ihren Sold, um Lebensmittel von Händlern zu kaufen, die der Flotte folgten, oder auf Märkten in nahen verbündeten oder neutralen Städten.[42] Dies bedeutete, dass sich eine Armee oder Flotte auf die überschüssigen Ressourcen vieler Gemeinwesen und Personen stützen konnte, statt nur auf das, was sie von zu Hause mitbrachte oder mit Gewalt dem Feind abnahm. Streitkräfte, die Sold erhielten, konnten dementsprechend viel größer sein und für längere Zeiträume eingesetzt werden.

Die zweite Beschränkung, Abhängigkeit von Beute, um Mannschaften für ihren Dienst zu belohnen – zusätzlich zu bloßer Nahrung – bedeutete, dass es schwer gewesen wäre, Mannschaften für Kampagnen zu rekrutieren, bei denen keine großen Beutemengen zu erwarten waren oder zur Eroberung von Land führten, das hätte verteilt werden können. Besatzungen für kurze defensive Kampagnen zu rekrutieren, dürfte wahrscheinlich nicht schwierig gewesen sein, aber für eine offensive Aktion brauchte man andere Anreize. Städte konnten – und taten das auch – ihren Bürgern eine formale Verpflichtung zum Militärdienst auferlegen, aber vor der Einführung von Sold konnten solche Verpflichtungen nur vermögenden Männern übertragen werden, die es sich leisten konnten, ihre Zeit fern der Heimat zu verbringen. Streitkräfte, die allein auf der Basis eines verpflichtenden Dienstes aufgestellt wurden, wären daher notwendigerweise klein gewesen. In Konsequenz war die Fähigkeit einer Stadt, hegemoniale Kriege mit politischen Zielen zu führen – im Gegensatz zu reinen Raubzügen – sehr begrenzt. Eine Möglichkeit, hegemoniale Kriege realisierbar zu machen, war es, die gesamte Bürgerbevölkerung in eine „Freizeitklasse" zu verwandeln, die sich auf Kosten einer Sklavenbevölkerung der Kriegführung widmen konnte, wie es in Sparta geschah. Der einzige andere Weg war, Bezahlung für den Dienst einzuführen und es so zu ermöglichen, große Zahlen von ärmeren Bürgern und auch Nichtbürgern zu rekrutieren, die sonst nicht in der Lage gewesen wären – ganz abgesehen davon willens –, in Kriegen zu dienen, in denen die Aussichten auf eine Belohnung in Form von Beute oder Land gering waren.

Die Anstrengungen der Eretrier, mit Entwicklungen in der Seekriegführung während der zweiten Hälfte des 6. Jahrhunderts und speziell nach 525 v. Chr. Schritt zu halten, liefern somit einen perfekten Kontext für ein Gesetz, das Flottensold einführte und für eine Besteuerung sorgte, um die Lohnkosten zu decken. Es bietet auch einen plausiblen Kontext für die erste Herausgabe von Münzen durch die Stadt. Obwohl zwei Münzen als ältere Währung Eretrias identifiziert worden sind, ist die Zuweisung höchst unsicher, und es dürfte wahrscheinlicher sein, dass das „gültige Geld" und die „Statere", die in der von uns bereits diskutierten Inschrift auf der anderen Seite des Blocks erwähnt werden, eher aus gewogenem als aus gemünztem Silber bestanden, oder aus Münzen anderer Städte, wie Cairns (1984) vorgeschlagen hat. Nach 525 oder vielleicht 510 produzierte die Stadt jedenfalls ganz sicher in gewissem Umfang ihre eigenen Silbermünzen,[43] und die Notwendigkeit, ihre Ruderer zu bezahlen, war sicher ein größerer Anreiz. Kurz, alles deutet in die gleiche Richtung: Flottensold gehörte zu einer Reihe von Neuerungen, die zwischen 525 und 500 v. Chr. in Eretria eingeführt wurden, um die Stadt mit einer zeitgemäßen, steuerfinanzierten und voll staatskontrollierten Flotte auszustatten.

Fazit: Die Entwicklung der Seekriegführung neu betrachtet

Die Eretrier revolutionierten die Finanzierung und Organisation ihrer Flotte, um den Herausforderungen zu begegnen, die im späten 6. Jahrhundert durch den Aufstieg von hegemonialer, im Gegensatz zu rein räuberischer, Seekriegführung entstanden, und das Aufkommen der Triere als das wichtigste und bald einzige Kampfschiff. Der Hauptgrund, warum Gelehrte nicht schon längst diesen Schluss gezogen haben, ist, dass er Thukydides' Nachrichten über die Flottenentwicklungen im griechischen Mutterland widerspricht und speziell, dass er Eretria eine Generation vor Athen eine zentralisierte Flotte schaffen lässt. Es wird gemeinhin angenommen, dass Athen bis 483 v. Chr. keine staatliche Trierenflotte besessen und den Flottensold noch später eingeführt habe. Es ist unwahrscheinlich, dass Athen 20 bis 40 Jahre hinter seinem Nachbarn her hinkte. Das Zeugnis für Eretria ist jedenfalls eindeutig und es sollte uns dazu veranlassen, die Geschichte der Flotte in Athen und auf dem griechischen Mutterland insgesamt noch einmal zu überdenken.

Für den ersten Bau staatlicher Kriegsschiffe in Athen haben wir das Zeugnis Herodots und Thukydides', dass die Stadt bis wenige Jahre vor den Perserkriegen so gut wie keine Trieren besaß. Beide Historiker glaubten, dass alle 200 athenischen Trieren, die bei Salamis fochten, auf Vorschlag des Themistokles 483 gebaut worden waren. Thukydides fügte hinzu, dass bis zu diesem Zeitpunkt Athen wie alle anderen Städte außer Korinth, Korkyra und einigen sizilischen Tyrannen eine „unbedeutende" Anzahl von Schiffen besessen hatte „*und die meisten davon Pentekonteren waren*" (I 13, 2; 14, 1–3; Hdt. VII 144, 1–2). Aber Thukydides hat sicher übertrieben. Herodots detaillierte Liste von Kontingenten für die Seeschlachten von 480 v. Chr. zeigen, dass jedes Gemeinwesen außer Lokris und ein paar kleine Kykladeninseln Trieren beisteuerte, und zwar nur Trieren.[44] Eine solche Übertreibung ist nicht überraschend, da Thukydides zeigen wollte, dass die Entwicklung von Mannschaftsstärken und Reichtum, speziell im Seekrieg, niemals in der Geschichte so groß war wie während „seines" Peloponnesischen Krieges – der daher ein viel wichtigeres historisches Ereignis war als irgendeines, das ihm voranging.[45] Was Herodot anbelangt, war eine seiner wichtigen Themen, wie es Griechenland trotz seiner Armut und Schwäche wundersamerweise gelungen war, den unendlichen Reichtum und die Macht des Perserreiches zu besiegen. Er identifizierte als den entscheidenden Wendepunkt des Krieges die athenische Entscheidung, den Persern zur See zu begegnen, was wiederum nur möglich war, weil Athen kurze Zeit vorher Schiffe gebaut hatte, um gegen Aigina Krieg zu führen: „*Die Tatsache, dass dieser Krieg stattfand, rettete Griechenland zu dieser Zeit, da er die Athener dazu zwang, Seeleute zu werden.*"[46] Herodot dürfte Athens maritime Ressourcen herabgespielt haben um einer packenden Siegesgeschichte willen, die gegen alle Wahrscheinlichkeit dank einer zufälligen Entscheidung in letzter Minute gut ausgegangen war.

Da die Programme beider Historiker sie in verschiedener Weise im Glauben bestärkten, dass Athen und Griechenland bis wenige Jahre vor der Perserinvasion fast keine Trieren hatten, ist ihre Überlieferung eher suspekt. Andere Quellen legen nahe, dass Athen viel früher Trieren hatte, und im Hinblick auf die Entwicklungen in Eretria verdient diese alternative Tradition ernst genommen zu werden.

Nach dem aristotelischen „Staat der Athener" und späteren Quellen baute Athen 483 v. Chr. nur 100 Trieren, ließ aber 480 v. Chr. 200 Trieren gegen die Perser auslaufen.

Bei dieser Version der Ereignisse muss die Stadt impliziterweise bereits um die hundert Trieren besessen haben, bevor sie 483 weitere hundert baute.[47] Wenn das stimmt, müssen die 489 v. Chr. von Athen gegen Paros und kurz vorher oder nachher gegen Aigina gesandten 70 Schiffe, die Herodot vage „Schiffe" (νέες) nennt, Trieren gewesen sein.[48] Und wenn Athen 489 eine Flotte von 70 Trieren besaß, ist es wahrscheinlich, dass die 20 Schiffe, die es zehn Jahre vorher nach Ionien sandte und die Herodot wieder nur „Schiffe" nennt, ebenso Trieren waren. Zufälligerweise wissen wir, dass Herodots Zeitgenosse Chares von Lampsakos sie explizit als „Trieren" bezeichnete.[49]

Wenn Chares Recht hat, wird es denkbar, dass die Schaffung einer Trierenflotte im Staatsbesitz zu den Reformen des Kleisthenes 508 v. Chr. gehörte. Nach einem Historiker des 4. Jahrhunderts schuf Kleisthenes 50 ναυκραρίαι, „Schiffs-Kapitänschaften", die, wie er sagte, den hundert Symmorien ähnlich seien, die zu seiner Zeit existierten (Kleidemos FGrHist 323 F 8). Diese Symmorien müssen Gruppen von Männern gewesen sein, die im 4. Jahrhundert dafür verantwortlich waren, die Kosten von Trieren zu übernehmen, und möglicherweise hat Kleisthenes durch die Schaffung einer Vorläuferinstitution ein Flotte von fünfzig staatlichen Trieren aufgestellt.[50] Die früheste Operation dieser Flotte würde 506 stattgefunden haben, als die Athener die Meerenge von Euboia hinaufsegelten, an Eretria vorbeifuhren, um eine andere größere Stadt anzugreifen, Chalkis, die sie eroberten und ihres Landes beraubten, eine erstaunliche Leistung, die ohne eine starke Flotte nicht möglich gewesen wäre.[51] Kurze Zeit später zerstörten die Aigineten Athens Hafen bei Phaleron, eine Offensive, die eine zusätzliche Bedeutung gewinnt, wenn hier eine brandneue Trierenflotte stationiert war (Hdt. V 81). Athen ersetzte zweifellos alle verlorenen Schiffe, und die etwa zehn Jahre später begonnene Erbauung eines ganz neuen, befestigten Hafens im Peiraieus, diente dazu, die städtischen Trieren vor wiederholten Überfällen zu schützen.[52]

Abgesehen von Athen und Eretria haben wir nur Streiflichter auf Flotten-Entwicklungen, aber diese bestätigen tendenziell, dass staatliche Trierenflotten einige Zeit vor den Perserkriegen weit verbreitet waren. Wenn in den Jahren um 490 v. Chr. Athens Flotte bereits aus Trieren bestand, muss die aiginetische Flotte von 70 Schiffen, der es gelang, die Athener in dieser Zeit zu besiegen, ebenfalls aus Trieren bestanden haben, und eine Flotte dieser Größe könnte kaum ohne staatliche Finanzierung existiert haben.[53] Das gleiche muss auf die Flotte von Korinth zutreffen, die Thukydides als die erste und nur „mehr oder weniger moderne" Flotte im griechischen Mutterland vor Athen betrachtete (I 13, 2) und die 480 mindestens 40 Trieren umfasste. Um 500 v. Chr. wurden nach Thukydides große Zahlen von Trieren auf Sizilien und Korkyra gebaut und Herodot berichtet, dass Thasos 493 beschloss, seine Mineneinkünfte dazu zu verwenden, „lange Schiffe" zu bauen (Hdt. VI 46,2), wobei er hier Trieren meinen muss, da die Entscheidung eine Reaktion auf den Angriff einer Trierenflotte war (VI 5, 3; 26; 28, 1). Schließlich entsandten, wie oben bemerkt, 480 v. Chr. fast alle Städte, die zu der alliierten Flotte beisteuerten, eher Trieren, und nur Trieren, als hauptsächlich Pentekonteren, wie es sich Thukydides vorstellte und man es erwartet hätte, wenn viele Kriegsschiffe noch im Privatbesitz gewesen wären. Die meisten Staaten hatten offensichtlich zu dieser Zeit staatlich finanzierte Flotten im Staatsbesitz und es ist unwahrscheinlich, dass diese alle urplötzlich und gleichzeitig in den wenigen letzten Jahren vor den Perserkriegen geschaffen wurden.

Die Erbauung und Unterhaltung von Staatsschiffen erforderte neue Institutionen und Vorgehensweisen, die kaum weniger komplex waren als die Einführung des Flottensolds, und auch dieses mag in Athen weiter zurückdatieren, als es uns die Quellen erzählen. Geschichten, die 470 v. Chr. regulären Sold für athenische Ruderer implizieren – und eine Art Sold zehn Jahre früher bei Salamis –, müssen wir nicht länger für anachronistisch ansehen, auch wenn viele andere Details dieser Geschichten nicht besonders glaubwürdig sind.[54] Vor diesen Daten haben wir einfach keine direkten Belege, aber wenn wir akzeptieren, dass die 70 Schiffe, die Paros und Aigina um 490 v. Chr. belagerten, Trieren waren, und daher eine Streitmacht von 14.000 Mann transportierten, sind wir beinahe gezwungen anzunehmen, dass diese Männer Sold erhielten, da sie sich kaum von dem ernähren konnten, was sie mit sich führten oder an Ort und Stelle plündern konnten. Eine späte Quelle behauptet, dass die Kosten der Expedition gegen Paros 50 Talente betragen hätten, und Flottensold hätte sich in der Tat grob auf diese Summe belaufen.[55] Der exponentielle Anstieg des Umfangs der athenischen Prägungen am Ende des 6. Jahrhunderts – *„Tetradrachmen flossen in Strömen aus der Münzstätte"* (Kraay 1976, 62) – dürfte zum Teil durch den Flottensold für die Mannschaften einer neuen Trierenflotte veranlasst worden sein. Es ist sogar denkbar, dass Besatzungen in Athen Sold erhielten, bevor das in Eretria der Fall war, um Expeditionen nach Sigeion und die Eroberung von Naxos unter Peisistratos zu finanzieren, und dass Flottensold einer der Gründe war, warum Athen zu den frühesten Griechenstädten außerhalb Kleinasiens gehörte, die um 550 v. Chr. mit der Münzprägung begannen, gemeinsam mit Aigina, Korinth und Korkyra.[56]

Thukydides unterschätzt folglich die Entwicklung der griechischen Flotten vor den Perserkriegen. Am Ende des 6. Jahrhunderts hatten nicht nur Korinth, sondern auch mindestens Eretria, Athen und Aigina, und nach aller Wahrscheinlichkeit noch viele andere Staaten Flotten, die aus Dutzenden von Trieren bestanden und die gänzlich im Staatsbesitz und unter Staatskontrolle waren. Diese Flotten waren Zwerge gegenüber den riesigen Armaden von je 200 Trieren, die Athen und Syrakus etwa eine Generation später erbauten, und infolgedessen wurden sie meist aus der historischen Überlieferung getilgt. Dennoch waren die früheren, kleineren Trierenflotten des 6. Jahrhunderts in vielerlei Hinsicht historisch bedeutender als die berühmten Flotten der Perserkriege, da ihre Schaffung die Mechanismen und Prinzipien von Staatskontrolle und staatlicher Finanzierung begründete, ohne welche die spektakuläre Flottenexpansion der 480er Jahre nicht möglich gewesen wäre.[57]

Seekriegfinanzierung im archaischen Eretria 143

Abbildung 1

Abbildung 2

Literatur

Cairns, Francis: ΧΡΗΜΑΤΑ ΔΟΚΙΜΑ, IG XII 9, 1273 and 1274 and the Early Coinage of Eretria, in: Zeitschrift für Papyrologie und Epigraphik 54 (1984) 144–155.

Cairns, Francis: The „Laws of Eretria" (IG XII.9 1273 and 1274): Epigraphic, Historical and Political Aspects, in: Phoenix 45 (1991) 291–313.

Casson, Lionel: Ships and Seamanship in the Ancient World, rev. Aufl. Princeton 1995.

Constantakopoulou, Christy: The Dance of the Islands, Oxford 2007.

De Libero, Loretana: Die archaische Tyrannis, Stuttgart 1996.

De Souza, Philip: Towards Thalassocracy? Archaic Greek Naval Developments, in: N. Fisher, H. van Wees (Hgg.): Archaic Greece: New Approaches and New Evidence, London – Swansea 1998, 271–293.

Frost, Frank J.: Politics and the Athenians: Essays on Athenian History and Historiography, Toronto 2005.

Gabrielsen, Vincent: The naukrariai and the Athenian Navy, in: Classica et Mediaevalia 36 (1985) 21–51.

Gabrielsen, Vincent: Financing the Athenian Fleet, Baltimore 1994.

Gabrielsen, Vincent: Warfare and the State, in: P. Sabin, H. van Wees, M. Whitby (Hgg.): The Cambridge History of Greek and Roman Warfare, Bd. I, Cambridge 2007, 248–272.

Gagarin, Michael: Early Greek Law, Berkeley 1986.

Gorman, Vanessa: Miletus, the Ornament of Ionia, Michigan 2001.

Haas, Christopher J.: Athenian Naval Power before Themistocles, in: Historia 34 (1985) 29–46.

Hall, Jonathan M.: History of the Archaic Greek World, ca 1200–479 BCE, Malden 2007.

Hornblower, Simon: A Commentary on Thucydides. Bd. I: Books I–III, Oxford 1991.

Hornblower, Simon: The Dorieus Episode and the Ionian Revolt (5.42-8), in: E. Irwin, E. Greenwood (Hgg.): Reading Herodotus, Cambridge 2007, 169–178.

Jeffery, Lilian Hamilton: Local Scripts of Archaic Greece, Oxford 1961; rev. Aufl. von Alan W. Johnston, Oxford 1991.

Jordan, Borimir: The Athenian Navy in the Classical Period, Berkeley 1975.

Kallet-Marx, Lisa: Money, Expense and Naval Power in Thucydides' History 1–5.24, Berkeley 1993.

Kraay, Colin: Archaic and Classical Greek Coins, London 1976.

Krentz, Peter: Archaic and Classical Greek war, in: P. Sabin, H. van Wees, M. Whitby (Hgg.): The Cambridge History of Greek and Roman Warfare, Bd. I, Cambridge 2007, 147–185.

Labarbe, Jules: La loi navale de Thémistocle, Paris 1957.

Lambert, Stephen D.: The Phratries of Attica, Ann Arbor 1993.

Latte, Kurt: Kleine Schriften zu Religion, Recht, Literatur und Sprache der Griechen und Römer, Hgg. von O. Gigon, W. Buchwald, W. Kunkel, München 1968.

Lavelle, Brian M.: Fame, Money and Power. The Rise of Peisistratos and „Democratic" Tyranny at Athens, Ann Arbor 2005.

Lloyd, Alan B.: Saite Navy, in: G. Oliver u. a. (Hgg.): The Sea in Antiquity, Oxford 2000, 81–91.
Loomis, William T.: Wages, Welfare Costs and Inflation in Classical Athens, Ann Arbor 1998.
Morrison, John S. und Williams, Roderick T.: Greek Oared Ships 900–322 BC, Cambridge 1968.
Morrison, John S. u. a.: The Athenian Trireme, Cambridge ²2000.
Myres, John L.: On the List of „Thalassocracies" in Eusebius, in: Journal of Hellenic Studies 26 (1906) 84–130.
Parker, Victor.: Untersuchungen zum Lelantischen Krieg und verwandten Problemen der frühgriechischen Geschichte, Stuttgart 1997.
Petrakos, Basilios Chr.: Dédicace des aeinautai d'Érétrie, Bulletin de correspondence hellénique 87 (1963) 545–547.
Pritchett, William Kendrick, The Greek State at War. Bd. I, Berkeley 1971; Bd. V, Princeton 1991.
Ritsonis, Angelos: Eine Hermesstele aus Eretria, Αρχαιολογικά Ανάλεκτα εξ Αθηνών 17 (1984) 141–147.
Robert, Louis: Bulletin épigraphique, in: Revue des études grecques 78 (1965).
Sabin, Philip, van Wees, Hans, Whitby, Michael (Hgg.): The Cambridge History of Greek and Roman Warfare, Bd. I, Cambridge 2007.
Scott, Lionel: Were there Polis Navies in Archaic Greece?, in: G. Oliver u. a. (Hgg.): The Sea in Antiquity, Oxford 2000, 93–115.
Scott, Lionel: Historical Commentary on Herodotus, Book 6, Leiden 2006.
Trundle, Matthew: Greek Mercenaries. From the Late Archaic Period to Alexander, London – New York 2004.
van Effenterre, Henri und Ruzé, Françoise: Nomima, recueil d'inscriptions politiques et juridiques de l'archaïsme grec. Bd. I, Rom 1994.
van Wees, Hans: Status Warriors. War, Violence and Society in Homer and history, Amsterdam 1992.
van Wees, Hans: Politics and the Battlefield: Ideology in Greek Warfare, in: A. Powell (Hg.): The Greek World, London 1995, 153–178.
van Wees, Hans: The Law of Gratitude: Reciprocity in Anthropological Theory, in: C. Gill u. a. (Hgg.): Reciprocity in Ancient Greece, Oxford 1998, 13–49.
van Wees, Hans: Homer and Early Greece, in: Colby Quarterly 38 (2002 a) 94–117 (verb. Nachdruck von: I. de Jong (Hg.): Homer: Critical Assessments, London 1999, 1–32).
van Wees, Hans: Herodotus and the Past, in: E. Bakker u. a. (Hgg.): Brill's Companion to Herodotus, Leiden 2002 (b) 321–349.
van Wees, Hans: Greek Warfare: Myths and Realities, London 2004.
Vanderpool, Eugene und Wallace, William P.: The Sixth-Century Laws from Eretria, in: Hesperia 33 (1964) 381–391.
Vélissaropoulos, Julie: Les nauclères grecques, Genf 1980.

Walker, Keith G.: Archaic Eretria: A Political and Social History from the Earliest Times to 490 BC, London – New York 2004.
Wallinga, Herman T.: Ships and Sea-Power before the Great Persian War, Leiden 1993.
Wallinga, Herman T.: The Athenian naukraroi, in: H. Sancisi-Weerdenburg (Hg.): Peisistratos and the Tyranny. A Reappraisal of the Evidence, Amsterdam 2000, 131–146.
West, Martin L.: Hesiod. Works and Days, Oxford 1978.
Ziebarth, Erich: Inscriptiones Graecae, Bd. XII: Inscriptiones insularum maris Aegaei praeter Delum, Berlin 1915.
Ziebarth, Erich: Beiträge zur Geschichte des Seeraubs und Seehandels im alten Griechenland, Hamburg 1929.

Anmerkungen

[1] Aus dem Englischen übersetzt von Friedrich Burrer.

[2] IG XII 9, 1273; 1274, Z. 10–16 = SEG XLI 725. Auf 550–525 v. Chr. datiert von Jeffery (1961) 84, der nach Cairns (1984) 147–48; 1991, 298–299 seine spätere Herabdatierung auf ca. 525 v. Chr. für möglich gehalten haben soll. Für die Rekonstruktion des originalen Blocks siehe Vanderpool und Wallace (1964): ca. 60 cm breit, mindestens circa 54 cm hoch, ca. 25 cm dick.

[3] „Unklar": siehe Anmerkung 4. Nach meiner Kenntnis zitieren, abgesehen von Cairns (1991) [siehe unten], nur van Wees (2004) 205 und Gabrielsen (2007) 257 das Gesetz beiläufig als Beleg für Flottensold. Walker (2004) 192–196 diskutiert das Gesetz, ohne diese Interpretation in Erwägung zu ziehen. Pritchett (1991) 379 Anmerkung 541 und van Effenterre und Ruzé (1994) 333 sagen, das Gesetz habe nichts mit Flottensold zu tun, liefern aber keine Gründe für ihre Sicht. Das Gesetz ist nicht erwähnt in Diskussionen früher Flotten zum Beispiel von Scott (2006) 466–478; Scott (2000) 107; Wallinga (2000 und 1993); de Souza (1998); oder in Diskussionen des (athenischen) Flottensolds von Morrison u. a. (2000) 118–120; Loomis (1998) 32–61; Gabrielsen (1994) 110–114; Pritchett (1971) 3–29; oder in der Diskussion von μισθός bei Trundle (2004) 15–21, 82–98.

[4] Robert (1965) Nr. 322; Vélissaropoulos (1980) 24–25; Gagarin (1986) 92; van Effenterre und Ruzé (1994) 331–333.

[5] Walker (2004) 192–196, der Vanderpools und Wallace' Text übernimmt, zitiert als Parallele die gleichen späteren Fährvorschriften wie Ziebarth, aber meint, dass das Gesetz eine weitergehende Anwendung gehabt haben könnte und die Verhängung von „Auflagen und Gebühren für alle diejenigen, die in euboischen Wassern segelten" (ebd. 196), zur Folge hatte. Das überzieht die mögliche Bedeutung sogar seiner Version des Textes und ist sicher inkompatibel mit Ziebarths oder Cairns' Lesungen. Constantakopoulou (2007) 224–227 nimmt korrekterweise das Gesetz von Eretria nicht in ihre Liste von Fährvorschriften auf.

[6] Androtion FGrHist 324 F 36. Sowohl der Name der Kasse als auch der Name der Schatzmeister, κωλακρέται, verweisen auf eine archaische Datierung, und die Formulierung ist den Gesetzen sehr ähnlich, die von [Aristot.] Ath. pol. VIII 3 Solon zugeschrieben werden (wie Lambert [1993] 385–388 ausführt).

[7] Xen. hell. IV 8, 24 verwendet τοὺς πλέοντας, um eine Seestreitmacht zu beschreiben; vergleiche Thuk. I 27, 1 (οἱ πλέοντες sind diejenigen, die an einer militärischen Expedition

zum Zweck einer Koloniegründung nach Epidamnos teilnehmen, im Gegensatz zu denen, die daheim bleiben) und VI 31, 1 (Athener „votierten zu segeln", das heißt eine Flottenexpedition zu starten).

[8] Cairns (1991) 310 schlägt allerdings vor, dass der Zwischenraum leer gelassen wurde, um fehlerhaften und beschädigten Teilen des Steins auszuweichen.

[9] Thuk. I 13–14; diskutiert weiter unten. Siehe zum Beispiel Gabrielsen (2007) besonders 253–254; Gabrielsen (1994) 33–34; van Wees (2004) 207; de Souza (1998) 285–286 (erste Staatsschiffe in Athen 491 v. Chr.); Scott (2006) 466–478; Scott (2000) 105–106; Wallinga (2000); Wallinga (1993) 140–147; Jordan (1975) 16–20 (späte 480er Jahre).

[10] Il. XXI 444–445; Od. XVIII 358; Hes. erg. 370.

[11] Siehe van Wees (1998) 15–20 für diese Definition von „Geschenk" und „Gefälligkeit".

[12] Lohnzahlung am Jahresende: Il. XXI 444–445, 450–451; vergleiche West (1978) 309–310 zu Hes. erg. 602. Rationen: Od. XVIII 360–361; vergleiche Hes. erg. 441–442, 559–560, 765–767.

[13] Proviant: Od. II 288–291, 337–415; ὁδοιπόριον: Od. XV 506–507. Alkinoos bereitete auch ein Festmahl für eine Schiffsbesatzung (Od. VIII 34–39, 55–61) und stellt Verpflegung für ihre Reise (Od. XIII 69, 72: sicher für die Besatzung, nicht für ihren Passagier Odysseus, der während der Nachtreise schlafen würde); vergleiche die Festmähler, die Freiwilligen eines Plünderungszuges in Od. XIV 249–251 angeboten wurden.

[14] Festmähler: Il. IV 257–264, 341–346; XVII 248–261; Verpflichtung zur Gastfreundschaft: IX 68–73. Dienst als Gefälligkeit für Agamemnon: Il. I 148–160; vergleiche Od. XXIV 114–119.

[15] Eine Ausnahme ist Othryoneus, dessen Dienste von dem Versprechen abhingen, Priamos' Tochter Kassandra zur Ehe zu erhalten (Il. XIII 363–382), was eine Art von „Lohn" darstellt.

[16] „Angemessener Teil": Il. XI 705; Od. IX 42, 549; vergleiche van Wees (1992) 299–310.

[17] Il. I 123–126; vergleiche XI 704–705; Hdt. IX 81 („sie teilten den Rest auf").

[18] Od. X 41; vergleiche Il. I.163–168; II 225–231, 235–238.

[19] Il. I 162, 276, 299, 366–369, 392; II 226–228; XVI 56; XVIII 444.

[20] Siehe van Wees (2002 a) für die Sicht, dass die homerischen Epen die Welt von ca. 700-650 v. Chr. widerspiegeln, gegen die gängigere Sicht, sie reflektierten eine frühere Welt.

[21] So richtig Trundle (2004) 82–90; Loomis (1998) 32–61 gegen Pritchett (1971) 3–29.

[22] Siehe Pritchett (1991) 378–438 für die Verwendung und den Verkauf von Beute; auf S. 379 Anmerkung 541 erhebt er Zweifel an der Glaubwürdigkeit des frühen Belegs für den bereits zitierten athenischen Flottensold; siehe unten.

[23] Eine ähnliche Unterscheidung machte Kurt Latte, der 1947 für eine Entwicklung von „Kollektivbesitz" zu „Staatsschatz" argumentierte (1968, 294–312).

[24] Über die entscheidende Rolle von Beute und Land als ein Anreiz in der archaischen Kriegführung siehe Frost (2005) 175–190, der aber zu weit mit seiner Argumentation geht, dass dies ein Fehlen von öffentlich organisierter Kriegführung belege. Siehe zum Beispiel Jackson (2000) für die öffentliche Organisation von Seeraubzügen im archaischen Samos.

[25] Hdt. VII 184, 3; die Zahl liegt nahe am Durchschnitt der Bandbreite von 50 bis 120, die Thukydides (I 10, 4) aus der Ilias (II 509–510, 719–720; vergleiche das „hundert-bänkige Schiff" in XX 247) zitiert, und stimmt überein mit Darstellungen in der Kunst, die vom späten 8. Jahrhundert v. Chr. an zweistöckige Schiffe mit viel mehr als 50 (aber viel weniger als die 170 der Triere) Ruderern zeigen. Siehe zum Beispiel Casson (1995) 43–76. Da Herodot die Anzahl von 80 als Durchschnitt bezeichnete, ist es unwahrscheinlich, dass er eine

Standardmannschaft von 50 plus einem Kontingent von 30 persischen Marineinfanteristen annahm. Es ist auch unwahrscheinlich, dass seiner Meinung nach die durchschnittliche Mannschaftsstärke aller vier Typen von Nicht-Trieren-Schiffen, die er früher erwähnt hatte (VII 97), 80 betragen habe, da Triakonteren, „kleine Pferde-Transporter" und κέρκουροι (Transportschiffe, Casson [1995] 163–166) alle viel kleinere Mannschaften gehabt haben müssen. Seine Multiplikation von 80 mit 3000, als ob alle 3000 Nicht-Trieren in der persischen Flotte Pentekonteren gewesen wären, war entweder ein Versehen oder ein absichtlicher Trick, um die Zahlen aufzublähen.

[26] Hdt. I 64, 2; [Aristot.] Ath. pol. XV 3. Beide Erzählungen sind verkürzt und problematisch, aber eine Expedition mit athenischen Streitkräften ist sehr wahrscheinlich. Ressourcen von Naxos: Hdt. V 30, 4.

[27] Hdt. V 94–95, der allerdings Peisistratos' Kampagnen zur Verteidigung von Sigeion mit der ursprünglichen Eroberung der Stadt durch die Athener zwei Generationen früher vermengt.

[28] Thuk. I 13, 6; III 104, 1–2; vergleiche Hdt. I 64, 2 mit Lavelle (2005) 228–230 zu Peisistratos' symbolischer Geste. Constantakopoulou (2007) 47–49.

[29] Samos: Hdt. III 54, 56. Lygdamis: Plut. mor. 859 D (schreibt auch Sparta zu, die Tyrannen von Ambrakia, Thasos und Milet vertrieben zu haben, was alles lange Flottenexpeditionen erfordert haben würde); vergleiche Thuk. I 18, 1. Athen: Hdt. V 63; [Aristot.] Ath. pol. XIX 5.

[30] Eretrier in Übersee: Siehe die Zusammenfassungen der Belege zum Beispiel bei Walker (2004) 141–155; Parker (1997) 45–59. Verbündete im Krieg gegen Chalkis: Thuk. I 15, 3; Milet: Hdt. V 99; man kann die Historizität dieser Information akzeptieren, ohne auch an das Konstrukt des Großen Lelantischen Krieges von ca. 700 v. Chr. zu glauben (kritisch diskutiert von Hall [2007] 1–8 gegen zum Beispiel Parker [1997]; vergleiche Walker [2004] 156–171). Stimmrechte in der Amphiktyonie: Aischin. leg. 116.

[31] Strab. X 1, 10; Hdt. V 31, 2; vergleiche Walker (2004) 122–125, 270. Peisistratos und Lygdamis in Eretria: Hdt. I 61, 2–4, 64, 1–2; [Aristot.] Ath. pol. XV 2–3.

[32] Listen: Diod. VII 11 = Eus. chron. I 225 Schoene, und ähnliche Informationen in Eusebius' Canon, Syncellus und Hieronymus, tabellarisch dargestellt in Myres (1906) 88; vergleiche de Souza (1998) 277–288.

[33] Hdt. V 99, 1, 102, 3. Spätere Tradition: Lysanias von Mallos FGrHist 426 F 1 (bei Plut. mor. 861 B-D); vergleiche Pl. Menex. 240 a–c; Walker (2004) 274–277.

[34] Polykrates stieg mit einer Flotte von 100 Pentekonteren zur Vormacht auf: Hdt. III 39, 3; vergleiche III 41, 2, 124, 2. Dieser Schiffstyp wurde von allen früheren Seemächten verwandt: Hdt. I 163, 2, 164, 3 (vergleiche I 152, 2); siehe auch Thuk. I 14, 1. Für die Rolle der Trieren um 480 v. Chr. siehe unten.

[35] Kambyses bat Polykrates um die Stellung von 40 Trieren: III 44; er betraute auch ein Schiff von Lesbos mit einer Mannschaft von 200, das heißt eine Triere (Hdt. III 13, 1–2, 14, 4–5), mit einer bedeutenden diplomatischen Mission, was sicher auf ein großes Kontingent von der Insel hinweist. Siehe Wallinga (1993) 118–122.

[36] Persische Flotte: Hdt. III 34 (Kambyses als erster persischer Großkönig, der das Meer beherrschte); I 143, 151 (sein Vorgänger Kyros war unfähig, Inseln anzugreifen). Flotte „abhängig" von Phoinikern und Kyprern: III 17, 19. Siehe weiters Wallinga (1993) 118–139, obwohl ich argumentieren würde, dass vor dem Ionischen Aufstand die griechischen Städte selbst die Schiffe kontrollierten, die von den Persern finanziert wurden – und dass Polykra-

tes' Trieren auch von Persien finanziert wurden, nicht von Ägypten (gegen Wallinga [1993] 84–101).

[37] Hdt. IV 87, 89, 97, 137–138 für die 600 Schiffe von 512 (die eher für den Bau von Schiffsbrücken als im Kampf verwandt wurden und so vielleicht Pentekonteren beinhalteten: vergleiche Hdt. VI 36, 1). Obwohl 600 eine große runde Zahl ist, stimmt sie mit der Anzahl der Trieren überein, die Hdt. VI 8 für 494 überliefert. 480 v. Chr. stellten die Städte, die 512 v. Chr. 600 Schiffe gestellt hatten, der persischen Flotte nur 277 oder 310 Trieren (Hdt. VII 94 95; Diod. XI 3, 7), aber dies war, nachdem viele von ihnen revoltiert hatten und die Hauptseestaaten – Milet, Chios und Lesbos – 494/93 entvölkert worden waren (Hdt. VI 20, 31).

[38] Die einzigen früher bezeugten Trieren sind die eine, in der die Peisistratiden Miltiades um 515 v. Chr. zur Chersonnes sandten (Hdt. VI 39) und die Triere des Philippos von Kroton um 510 v. Chr. (Hdt. V 47); die letztere war in Privatbesitz, was auch bei der ersten der Fall gewesen sein kann. Eine andere einzelne Triere erscheint in einer undatierbaren und legendären athenischen Geschichte bei Hdt. V 85.1.

[39] Hdt. VIII 17; Plut. Alk. 1 (Kleinias); vergleiche Hdt. VIII 47; Plut. Alex. 34, 2 (Phayllos von Kroton). Hornblower (2007) 178 argumentiert überzeugend, dass Alkibiades auch eine private Triere besaß (Thuk. VI 50, 1); vergleiche Jordan (1975) 91; gegen zum Beispiel Gabrielsen (1994) 1–2, 201–203; van Wees (2004) 208.

[40] Eine Inschrift (SEG XXXIV 898), die vielleicht in das späte 6. Jahrhundert datiert (so Ritsonis [1984] 147 gegen Petrakos [1963] 545–547, der sie in das späte 5. Jahrhundert datiert), belegt in Eretria die Existenz einer „Vereinigung ständiger Seefahrer" ἀειναῦται: Ihr Titel, der auch von einem mächtigen Gremium im archaischen Milet getragen wurde (Plut. mor. 298 C–D; Gorman [2001] 108–110), dürfte auf eine Gruppe hinweisen, deren Aufgabe es war, eine staatliche Flotte zu unterhalten. Vergleiche Scott (2000) 107; Vélissaropoulos (1980), 21–26; und ἀειναῦται im Chalkis des 3. Jahrhunderts (IG XII 9, 909, 923).

[41] Peisistratos' und/oder Hippias' 10- oder 5-prozentige Steuer auf Agrarprodukte: Thuk. VI 54, 5; [Aristot.] Ath. pol. XVI 4. Polykrates: Hdt. III 122–123; Ath. 540 E–F (zitiert Klearchos fr. 44). [Aristot.] Oec. II 2, 2–4 zitiert Finanzierungsprogramme von Hippias, Lygdamis und Polykrates (vergleiche Hdt. III 46) sowie die fiktive Geschichte von Kypselos (Hdt. II 2, 1); man beachte, dass es von Kypselos' Nachfolger Periander (um 600 v. Chr.) ausdrücklich heißt, er habe keine anderen Abgaben als reguläre Handelssteuern erhoben (Aristot. F 611, 20 Rose = Herakleides FHG II F 5). Siehe die Materialsammlung in de Libero (1996).

[42] Siehe zum Beispiel Krentz (2007) 150–154; van Wees (2004) 104–105, 219; Pritchett (1971).

[43] Siehe Cairns (1984); Kraay (1976), 91–92.

[44] Hdt. VIII 1; 43–46. Abgesehen von Athen (180 Schiffe), Korinth (40) und Aigina (siehe unten) stellten die elf Kontingente von Euboia, der Peloponnes und des westgriechischen Inseln ausschließlich Trieren (von 2 bis 20 Schiffen); zwei Kykladeninseln stellten Trieren und Pentekonteren (Keos zwei von jeder Sorte, Kythnos eines von jeder Sorte); andere drei stellten nur Pentekonteren (Melos zwei, Siphnos eine, Seriphos eine); bei Artemision stellte Lokris sieben Pentekonteren.

[45] Thuk. I 1, 1; siehe Hornblower (1991) 3–51; Kallet-Marx (1993).

[46] Hdt. VII 139; 144, 2; vergleiche Pl. Leg. 706 C; Plut. Them. IV 4. Für die Themen der Historien siehe van Wees (2002 b) besonders 337–343.

⁴⁷ [Aristot.] Ath. pol. XXII 7; vergleiche Plut. Them. IV 1; 3; Polyain. I 30, 6. Vergleiche van Wees (1995) 157–158, 173 Anmerkung 10. Wallinga (1993) 148–157 und Labarbe (1957) behaupten nicht überzeugend, dass die Tradition zwei separate Gruppen von hundert Schiffen impliziere, die gleichzeitig zwischen 483 und 480 gebaut worden seien.

⁴⁸ Hdt. VI 92–93, 132; Nep. Milt. 7. 20 dieser 70 Schiffe wurden kurze Zeit vorher von Korinth gekauft; Herodot bezeichnet sie als „Schiffe" (Hdt. VI 89) und Thukydides als „lange Schiffe" (Thuk. I 41, 2). Wahrscheinlich handelte es sich um Trieren, da (a) schwer zu verstehen ist, warum Athen Pentekonteren gekauft haben sollte anstatt ein paar mehr Privatschiffe zu mobilisieren, und (b) die Korinther einen Ruf als Trierenbauer hatten (Thuk. I 13, 2).

⁴⁹ FGrHist 262 F 10. Die Tatsache, dass Herodot sie im gleichen Satz vage „Schiffe" nennt, in dem er die eretrischen Schiffe als „Trieren" bezeichnet (Hdt. V 99, 1) legt für einige Historiker nahe, er dachte, die athenische Schiffe seien nicht (alle) Trieren gewesen (Morrison und Williams [1968] 129), aber der Oberbegriff „Schiff" (ναῦς) ist das bei weitem häufigste Wort für Kriegsschiff bei Herodot, und in den meisten Fällen bezieht es sich eindeutig auf Trieren (besonders Hdt. VI 8; VIII 1–2, 42–48); man beachte speziell, dass in seinem Bericht von Themistokles' Flottenbau (VII 144) Herodot nur von „Schiffen" spricht, nie von „Trieren".

⁵⁰ Es gibt eine weitverbreitete Skepsis gegenüber der Vorstellung, die ναυκραρίαι vor oder nach Kleisthenes hätten irgendetwas mit der Flottenorganisation zu tun gehabt außer ihren Namen (siehe zum Beispiel Gabrielsen [1994] 19–26; Gabrielsen [1985]; Haas [1985]), aber ich hoffe an anderer Stelle belegen zu können, dass dies ungerechtfertigt ist.

⁵¹ Hdt. V 77. Man beachte zum Beispiel den Vorschlag von Walker (2004) 255–259, die Athener müssten Hilfe von Eretria gehabt haben, um ihre Eroberung zu erreichen.

⁵² Thuk. I 93; Diod. XI 41–43; mit Dion. Hal. ant. VI 34, 1 für das Anfangsdatum.

⁵³ Hdt. VI 93; 480 v. Chr. wählten sie ihre „30 besten Schiffe" aus, um bei Salamis zu kämpfen, und behielten die „anderen Schiffe" für die Verteidigung von Aigina selbst zurück (Hdt. VIII 46, 1).

⁵⁴ Sold 470 v. Chr.: siehe oben Anmerkung 21; Sold 480 v. Chr.: [Aristot.] Ath. pol. XXIII 1; Plut. Them. VII 6–7 (zitiert Phanias von Lesbos), X 6–7 (zitiert Kleidemos FGrHist 323 F 21).

⁵⁵ Nach Nep. Milt. VII 6 sollte die Strafe von 50 Talenten, die Miltiades auferlegt wurde (vergleiche Hdt. VI 136, 3), die Kosten seiner fehlgeschlagenen Expedition decken. Bezeugter athenischer Staatssold vor etwa 440 betrug entweder zwei oder vier Obolen (Loomis [1998], 9–12, 17) und die Kampagne dauerte 28 Tage (26 Tage Belagerung [Hdt. VI 135, 1] plus zwei Tagesreisen): Bei vier Obolen am Tag würden sich die Soldkosten für die ganze Expedition auf knapp über 43,5 Talente belaufen haben.

⁵⁶ Für die Datierungen siehe Kraay (1976) 43–45, 60–62, 80, 128.

⁵⁷ Dieser Beitrag ist abgeleitet vom Teil eines weiter gespannten Vortrags, den ich auf der Konferenz in Mannheim gehalten habe und nachfolgend, in etwas unterschiedlichen Versionen, auf Seminaren in Swansea, Tokyo, Kyoto und London; die exzellenten Kommentare und Anregungen durch das jeweilige Auditorium haben viel dazu beigetragen, die oben vorgetragene Diskussion zu verbessern. Mein besonderer Dank gebührt Michael Crawford für verschiedene Empfehlungen und Hinweise sowie Friedrich Burrer für seine exzellente Übersetzung meines Textes.

LÉOPOLD MIGEOTTE

Kriegs- und Verteidigungsfinanzierung in den hellenistischen Städten[1]

In einem im Jahr 2000 erschienenen Artikel schlug ich eine Typologie der Militärausgaben der griechischen Städte in klassischer und hellenistischer Zeit vor.[2] Ich führte dort zahlreiche Beispiele für Kriegskosten und Verteidigungsausgaben an und ordnete sie in den allgemeinen Rahmen der öffentlichen Einnahmen und Ausgaben ein. Allerdings sind die in den antiken Texten angegebenen Zahlen selten und verstreut. Wir kennen zum Beispiel in manchen Epochen und Städten die Höhe des Truppensolds, die Kosten von Befestigungsarbeiten oder von Expeditionen. Für die gesamte athenische Geschichte konnte ich aber nur zwei Gesamtberechnungen vornehmen, die allerdings nur Näherungswerte liefern und weiterhin diskussionswürdig bleiben: In den von zahlreichen Konflikten geprägten 370er Jahren konnte der Krieg zwei Drittel der städtischen Einnahmen verschlingen; mit der Rückkehr des Friedens und des Wohlstands in den 340er Jahren stellten die Militärausgaben nicht mehr als ein Drittel der öffentlichen Einkünfte dar.[3] Diese Proportionen gelten für eine starke und ehrgeizige Stadt, die an einem Großteil der Konflikte der Epoche beteiligt war. Nebenbei bemerkt, entsprechen diese auch *grosso modo* denen mehrerer Königreiche des modernen Europa.[4]

In gleicher Weise investierten Städte wie Rhodos und Milet auf dem Gipfel ihrer Macht im 3. oder 2. Jahrhundert zweifellos einen vergleichbaren Teil ihrer öffentlichen Mittel in den Krieg und die Verteidigung. Aber die Hypothese ist nicht beweisbar und kann sicher nicht auf die gesamte griechische Welt ausgedehnt werden. Denn die Mehrzahl der griechischen Städte war nicht in der Lage, diesem Bereich so viel Ressourcen zu widmen wie die großen Flächenstaaten, die hellenistischen Königreiche und die römische Republik, da sie vielfältige lokale Verpflichtungen wie Kulte, Feste, Wettkämpfe, Städtebau, das politische Leben, Nahrungsmittelversorgung und so weiter hatte, zu denen die Könige durch ihre Wohltaten nur marginal beitrugen.[5] Auf der anderen Seite konnten viele Städte geringerer Bedeutung einen Teil ihrer militärischen Verpflichtungen gegen Geldzahlung den Zentralstaaten wie Städten mit hegemonialer Stellung und Königreichen übertragen.[6]

Angesichts der Tatsache, dass mir für die hellenistische Zeit nur eine begrenzte Seitenzahl zur Verfügung steht, verfolge ich diesen Untersuchungsgegenstand nicht weiter, da man nur zu isolierten und enttäuschenden Resultaten gelangt, selbst wenn man ein Vielfaches an antiken Zahlen heranzieht. Ich setze mich vielmehr mit zwei allgemeinen Fragen auseinander. Erstens stelle ich unter Verwendung der Publikationen der letzten sieben bis acht Jahre die Frage, welche militärischen Verpflichtungen die griechischen Städte hatten und wie sie sich seit der klassischen Zeit entwickelten.[7] Ausgehend von einigen inschriftlichen Indizien versuche ich zweitens zu untersuchen, ob die Militärausgaben bestimmten Regeln folgten, mit anderen Worten, ob die Bürger auf diesem Gebiet eine planmäßige Politik verfolgten. Aus dem Blickwinkel der Städte können diese drei Jahrhunderte trotz ihrer gewaltigen politischen Umbrüche als kohärent bezeichnet werden.

Entwicklung der militärischen Verpflichtungen

Neuere Studien haben einige Ergebnisse bestätigt, die schon in früheren Untersuchungen erzielt wurden. Der Hellenismus ist bekanntermaßen vor allem durch die Konfrontationen zwischen großen Staaten gekennzeichnet.[8] Aber diese Kriege scheinen – auch wenn der Vergleich schwer zu belegen ist – umfangreicher und zerstörerischer als jene der klassischen Zeit gewesen zu sein, da die großen Mächte über bedeutendere Truppen- und Ausrüstungskapazitäten als die verbündeten Städte des 5. und 4. Jahrhunderts verfügten. Die Städte waren oft *nolens volens* beteiligt oder waren von den Folgen betroffen, im Allgemeinen ohne selbst die Initiative ergriffen zu haben. Viele von ihnen waren dem königlichen φόρος unterworfen, später dem römischen *tributum* und anderen Anforderungen – regelmäßig oder punktuell – an Mannschaften, an Geld, an Lebensmitteln und an Ausrüstung; auch wurden sie von ausländischen Truppen besetzt[9] und erfuhren Belagerungen und Zerstörungen. Aber außer in einigen Fällen sind diese Auswirkungen unmöglich zu ermitteln, um so mehr, als die Konflikte nicht dauerhaft waren und die Schauplätze der Operationen immer räumlich begrenzt waren. Außerdem sind die Kriege zwischen Städten auf lokaler und regionaler Ebene nicht verschwunden,[10] selbst wenn ihre Häufigkeit und möglicherweise ihre Intensität zurückgehen konnte: Die Könige – später die Römer – suchten sie mittels Schiedsgerichtsbarkeit zu regulieren oder in den von ihnen kontrollierten Territorien sogar ganz zu verhindern.[11] Aber man hat festgestellt, dass die Spannungen und Zusammenstöße in Zeiten fehlender oder schwacher Königsmacht wiederauflebten: Freie und sogar unterworfene Städte handelten Bündnisse untereinander oder mit anderen Staaten aus, rekrutierten Bürgermilizen, rüsteten Flotten aus und engagierten Söldner, um Kriege zu beginnen, für die sie einvernehmlich bestimmte Modalitäten wie die Pflicht gegenseitigen Beistands, die Soldzahlung, den Truppentransport oder die Beuteteilung und bestimmte Folgen wie den Austausch von Gefangenen und so weiter festlegten.[12] Schließlich sind die Piraten und die Barbaren, zumindest in einigen Regionen, genauso bedrohlich geblieben wie in früheren Zeiten und ihre Einfälle scheinen sogar häufiger geworden zu sein.[13] Im Ganzen hat die hellenistische Welt also weder an Stabilität noch an Sicherheit gewonnen. Selbstverständlich war die Häufigkeit kriegerischer Konflikte für die Städte je nach Region und Epoche starken Schwankungen unterworfen: Die Entwicklung hatte Höhen und Tiefen. Ein erster Höhepunkt ist am Anfang der Periode mit den Diadochenkriegen zu verzeichnen, der zweite befindet sich am Ende mit den Kriegen Roms gegen Mithridates und den römischen Bürgerkriegen.

Die Schutz- und Verteidigungsverpflichtungen variierten freilich je nach Situation, blieben allerdings ständig präsent und nahmen im Hellenismus tendenziell ständig zu. Zusätzlich zu den Befestigungswerken wie Türmen und Festungen, die sie immer auf ihrem Territorium unterhielten, haben sich die Mehrzahl der Städte mit Mauern umgeben: Die archäologischen und epigraphischen Zeugnisse sind zahlreich, und die Texte belegen, dass die auf den Wällen, in den lokalen Garnisonen und mobilen Wacheinheiten dienenden Männer im allgemeinen Bürger waren und nicht Söldner.[14] Außerdem verbesserte sich ihre Ausbildung: Vom 4. Jahrhundert an hat sich fast überall die Ephebie entwickelt, deren Schwerpunkt auf dem physischen Exerzieren, der Handhabung der Waffen und der Vorbereitung auf die athletischen Disziplinen und den Kampf lag.[15] Parallel vervielfachte sich die Anzahl der Gymnasien als bevorzugte Orte dieser Erziehung und Gymnasiarchen wurden jährlich gewählte Magistrate, die in ihrer Stadt Funktionen der ersten Ebene einnahmen[16], wie zum Beispiel die Strategen, die Phrourarchen oder die Verteidigungsbeauftragten, die ebenfalls durch Inschriften bezeugt sind.[17] Freilich trainierten die Epheben und jungen Männer mehr für die Wettkämpfe und die Kämpfe in leichten Waffen, die sie gut auf die Bewachung und den Schutz der Stadt vorbereiteten: Man kann daraus ableiten, dass die Armeen selbst eher aus Söldnern gebildet wurden, aber Beispiele belegen, dass die Übung im Massenkampf in Hoplitenformation sich mindestens in einigen Städten gehalten hat und außerhalb des Gymnasiums oder innerhalb der Armee erfolgen konnte.[18]

Diese Entwicklungen haben sich sicher nicht überall im selben Rhythmus vollzogen. Zum Beispiel nahm das militärische Training in Athen – wenigstens bis zur Mitte des 2. Jahrhunderts – ab.[19] In Delphi ist keine Teilnahme der Epheben an Militäraktivitäten bezeugt, da sein Status und sein Prestige ihm wie Delos eine faktische Unverletzlichkeit verschaffte.[20] Viele Gymnasien hatten finanzielle Schwierigkeiten, die sie manchmal zwangen, zu schließen oder den Betrieb während bestimmter Perioden einzuschränken.[21] Die Analyse der Inschriften des Schwarzmeergebiets hat für die zweite Hälfte des Hellenismus die Schwäche von Städten, die ständig von Barbaren der Umgebung bedroht wurden, offenbart:[22] Sie unterhielten weiterhin ihre Mauern, aber mussten den Schutz der Ländereien vernachlässigen; sie bestimmten ständig Strategen und rekrutierten Bürgertruppen, vorwiegend als Polizei für die Stadt, das Territorium und das Meer, aber eher auf einer freiwilligen Basis und mit bescheidenen Ergebnissen; sie hatten kaum die Mittel, Söldner zu verpflichten, und vertrauten schließlich Mithridates VI. Eupator ihren Schutz bis zur Niederlage des Königs an, aber fanden noch die Kraft, sich 61/60 v. Chr. gegen die Römer aufzulehnen.

Somit ist für die Gesamtheit der Periode die Tendenz in sich stimmig. Während viele bescheidene Städte (möglicherweise) Friedensperioden kannten, die länger als in klassischer Zeit waren, blieben mehrere ehrgeizige und mächtige Städte aktiv im Krieg engagiert, manchmal auf Kosten ihrer Nachbarn, wie auf Kreta. Aber alle verstärkten im Rahmen des Möglichen ihre Schutzmaßnahmen, erhielten die Bürgerpflichten aufrecht, wenigstens für ihre eigene Verteidigung, und diversifizierten das militärische Training. Der Krieg und die Verteidigung belastete also weiterhin die öffentlichen Finanzen schwer. Da die erhaltenen Zahlen weder eine Berechnung noch einen Vergleich erlauben, kann man wenigstens versuchen festzustellen, wie die Städte die Ausgaben in diesem Sektor decken konnten.

Verwendung der öffentlichen Mittel

Die Quellen können den Eindruck vermitteln, dass die Mehrzahl der Städte schlecht organisiert war, oft mittellos und unaufhörlich gezwungen, zu improvisieren und um die Hilfe der Oberschicht und der Könige zu bitten. Dies ist tatsächlich die *opinio communis*, aber eine aufmerksamere Prüfung der Verwaltung der öffentlichen Mittel erlaubt differenziertere Aussagen.

Zuerst muss man eine Praxis berücksichtigen, die nur dank indirekter Anspielungen in manchen Dekreten bekannt ist. Tatsächlich arbeiteten viele hellenistischen Städte regelmäßig einen Plan zur Verteilung ihrer laufenden Ausgaben aus und legten ihn zur Abstimmung den Bürgern vor.[23]. Diese Institution ist nicht nur im Athen des 4. Jahrhunderts unter dem Namen μερισμός bezeugt, sondern auch in den folgenden Jahrhunderten unter anderen Bezeichnungen (namentlich ἀνάταξις, διάταξις und κατάταξις), besonders in Städten der Ägäis und Kleinasiens: in Delos, Paros, Lesbos, Imbros, Samothrake, Milet, Erythrai, Smyrna, Xanthos und so weiter. Sie war also überaus verbreitet und fand auf die laufenden Ausgaben der Staatskasse oder wenigstens auf einen Teil von ihnen Anwendung, die so im Voraus, oft für ein Jahr und manchmal für mehrere, festgelegt wurden. In jedem Fall sah der Plan einige feste Posten vor und wies ihnen reservierte Mittel zu, unter denen man zum Beispiel die διοίκησις oder tägliche Verwaltung der Stadt findet, die Zuschüsse der Staatskasse für die Kulte und Feste, die Zuwendungen an die Bürger auf offizieller Dienstreise, an die Priester oder an die Sieger der Wettbewerbe, die Kosten für die Empfangszeremonien, die Ausgaben aufgrund von Gesetzen oder Dekreten und so weiter. Aber man findet dort auch Mittel, die dezidiert dem Mauerbau (τειχοποιικά) oder der Verteidigung (φυλακή) zugewiesen wurden. Die Beispiele sind zwar nicht zahlreich, aber ihre Seltenheit erklärt sich aus der Natur der Quellen, wie oben zu sehen war, und man kann annehmen, dass sie verbreiteter waren, als die Texte offenbaren. Zwar sind diese Mittel in einigen Fällen für andere Zwecke verwendet worden als für ihren primären Zweck, zum Beispiel um das Gravieren von Inschriften zu bezahlen. Aber diese Umwidmungen illustrieren meiner Meinung nach keine mangelnde Verwaltungsorganisation: Sie bedeuten eher, dass diese Posten damals über disponible Überschüsse verfügten, wahrscheinlich dank der Vollendung oder Unterbrechung der Befestigungsarbeiten oder dank der Dauer des Friedenszustandes. Obwohl die Einzelheiten unbekannt sind, können wir annehmen, dass zum Beispiel die Wartung der Befestigungswerke, die Ausrüstung und der Sold der lokalen Milizen so zu den laufenden Budgetposten gehörten und über jährlich reservierte Mittel verfügten.

Außerdem spielen andere Inschriften auf Zuwendungen an, die für die Gymnasien bestimmt waren, die einige Texte γυμνασιαρχικά nennen. Wie die τειχοποιικά stammten diese Mittel aus der Staatskasse und gehörten wahrscheinlich auch zu den regelmäßigen Budgetposten. Allerdings waren die für den Betrieb der Gymnasien erforderlichen Ausgaben gewaltig und überschritten die normalen Kapazitäten der Städte bei weitem. Aber diese haben sich bemüht, im Rahmen des Möglichen ihre finanzielle Autonomie mit Hilfe von königlichen oder privaten Stiftungen und mit Hilfe von Eintrittsgeldern zu behalten, zu denen Spenden großzügiger Wohltäter wie der Gymnasiarchen selbst oder der Könige hinzukommen mussten, oft insbesondere für den Kauf des Öls.[24] Gleiches gilt, *mutatis mutandis*, für die Kosten des Baus (oder der Erneuerung) der Mauern und der anderen Festungswerke, für die die Städte ebenfalls verschiedene Finanzierungsmittel kombinierten: öffentliche Mittel, allgemeine Subskriptionen, Anleihen, Spenden von privaten εὐεργέται oder Königen.[25] Man kann also feststellen, dass die Städte die notwendigen Maßnahmen ergriffen, um zahlreiche laufende Kosten optimal zu finanzieren.

Während die Athener in den 370er Jahren eine echte Kriegskasse mit der Bezeichnung στρατιωτικά geschaffen hatten,[26] scheint aber in den anderen hellenistischen Städten kein regelmäßiger Posten der Staatskasse für den eigentlichen Krieg noch allgemein für Notfälle bezeugt zu sein. Die Lösungen waren dann sehr unterschiedlich. In bestimmten Fällen konnten die Städte auf Notlösungen zurückgreifen wie Ephesos, das in den Jahren 300–297 sein Bürgerrecht an einige Fremde verkaufte, um ein oder zwei Talente zu vereinnahmen. Diese waren dafür bestimmt, eine öffentliche Anleihe zurückzuzahlen und Waffen an Flüchtlinge aus Priene zu liefern, die sich in einer Festung nahe der Grenze verschanzt hatten.[27] In kritischen Situationen bedienten sie sich verzweifelter Mittel, wie die vom Achäischen Bund organisierten Requisitionen und allgemeinen Subskriptionen im Jahr 146 v. Chr., mit denen der Widerstand gegen die Römer finanziert werden sollte.[28] In wieder anderen Fällen waren die Städte trotz des Ausmaßes und manchmal auch Dringlichkeit der Finanzierungsanforderungen in der Lage, sich schnell und wirksam zu organisieren. So unternahmen die Einwohner des alten Kolophon zwischen 311 und 306 eine echte nationale Anstrengung, um ihre Altstadt wieder aufzubauen und die Stadtmauern zu vergrößern: Eine allgemeine Subskription lieferte eine Summe zwischen 265.000 und 300.000 Drachmen.[29] Um 285 beschlossen die Milesier, den Knidiern die Summe zu leihen, die für die von König Lysimachos geforderte Kontribution erforderlich war: Sie sammelten auf diese Weise zwölf Talente und zehn Minen in rhodischem Geld.[30] Obwohl sie in den Jahren 205–201 mehreren Aggressionen ausgesetzt waren, haben sich Kos und benachbarte Inseln erfolgreich verteidigt, indem man sowohl auf staatliche Mittel zurückgriff als auch auf die Großzügigkeit opferbereiter Bürger und mehrerer Subskriptionen, von denen die wichtigste ungefähr 150.000 Drachmen ergab; eine Inschrift unterrichtet uns außerdem, dass ein Spezialfonds namens ὑπόθηκα für die Festungswerke (περιπόλια) des Landes reserviert war, aber wir wissen nicht, ob er immer bestand und zu einem Verteilungsplan der laufenden Ausgaben gehörte oder ob er situationsbedingt entstanden war, zum

Beispiel anlässlich einer besonderen Subskription.[31] Nach Ablauf des Ersten Mithridatischen Krieges 84 v. Chr. erlegte Sulla der Provinz Asia eine gewaltige Geldstrafe von 20.000 Talenten auf, die die griechischen Städte zwang, auf alle möglichen Mittel zurückzugreifen und speziell, durch die Verpfändung mehrerer Jahreseinnahmen Kredite aufzunehmen: Aber nachdem in etwa fünfzehn Jahren der schwindelerregende Gipfel von 120.000 Talenten erreicht war, konnte ihre Schuld dank der von Lucullus ergriffenen Maßnahmen in einigen Jahren getilgt werden.[32] Zwischen 70 und 30 v. Chr. forderten die Römer zur Vorbereitung einer Kampagne großen Ausmaßes Kontributionen von mehreren Städten, insbesondere auf der Peloponnes: So mussten ihnen die Messenier 100.000 Denare (oder Alexanderdrachmen) liefern. Unter der Leitung des Sekretärs des Rates handelten sie den Betrag und die Zahlungsmodalitäten aus und beschlossen, anstelle einer Anleihe auf eine Eisphora, das heißt eine außergewöhnliche, auf dem Vermögen aller Einwohner beruhenden Umlage, zurückzugreifen, deren Organisation und Zeitablauf ihnen selbst überlassen blieb.[33]

Was zeigen uns diese Beispiele? Unstreitig erlebten die hellenistischen Städte manchmal Perioden großer Turbulenzen und mussten sich hastig und unter chaotischen Umständen organisieren. Auch war ihre Finanzverwaltung weder gegen Fehler noch Nachlässigkeiten gewappnet. Andererseits kann man feststellen, dass es ihnen sogar in Notsituationen und den Krisenzeiten des 1. Jahrhunderts nicht immer an Mitteln fehlte. Die Maßnahmen, die sie ergriffen, hingen selbstverständlich von den Umständen ab, und die ausgewählten Finanzierungsmittel hatten nicht alle die gleiche Bedeutung: Außerordentliche Steuern und Subskriptionen in zweierlei Form schöpften aus dem lokalen Vermögen der Einwohner; Anleihen nahmen die Vermögen von in- und ausländischen Einzelpersonen in Anspruch und mussten im Prinzip zurückgezahlt werden; Spenden von Königen oder Euergeten brachten hingegen kostenlose externe Ressourcen. Aber das wichtige ist, dass die Wahl dieser Mittel immer der Diskussion und der Entscheidung der Bürger in der Volksversammlung oder – am Ende der hellenistischen Periode – wenigstens im Rat unterlag. In einem solchen Zusammenhang war es viel wahrscheinlicher, dass sie eher das Ergebnis einer durchdachten Abstimmung als einer reinen Improvisation war.

Die wichtigste Schlussfolgerung, die man aus diesen wenigen Seiten ziehen kann, ist meines Erachtens, dass es der Mehrzahl der griechischen Städte gelungen ist, die größten Schwierigkeiten dieser drei Jahrhunderte zu überwinden. Einige zogen sogar Nutzen daraus, indem sie zum Beispiel ihr Territorium vergrößerten oder vom Bündnis mit einer großen Macht profitierten, wenn sie das richtige Lager gewählt hatten. Was ihre finanziellen Probleme betrifft, waren sie sicher zahlreich und manchmal ernst. Aber in ihrer Gesamtheit waren die Städte besser organisiert und weniger mittellos, als man im Allgemeinen denkt.

Literatur

Ager, Sheila L.: Interstate Arbitrations in the Greek World 337–90 B. C., Berkeley – Los Angeles – London 1996.

Andreau, Jean; Briant, Pierre; Descat, Raymond (Hgg.): Entretiens d'archéologie et d'histoire. Économie antique. La guerre dans les économies antiques, Saint-Bertrand-de-Comminges 2000.

Avram, Alexandru: La défense des cités en mer Noire à la basse époque hellénistique, in: P. Fröhlich, C. Müller (Hgg.): Citoyenneté et participation à la basse époque hellénistique, Genf 2005, 163–182.

Baker, Patrick: Cos et Calymna, 205–200 a. C.: Esprit civique et défense nationale, Québec 1991.

Baker, Patrick: Coût des garnisons et fortifications dans les cités à l'époque hellénistique, in: Andreau/Briant/Descat (2000), 177–196.

Baker, Patrick: La vallée du Méandre au IIe siècle: Relations entre les cités et institutions militaires, in: Bresson/Descat (2001), 61–75.

Baker, Patrick: La guerre à l'époque hellénistique, in: F. Prost (Dir.): L'Orient méditerranéen de la mort d'Alexandre aux campagnes de Pompée. Cités et royaumes à l'époque hellénistique, Rennes 2003 (a), 381–401.

Baker, Patrick: Warfare, in: A. Erskine (Hg.): A Companion to the Hellenistic World, Oxford 2003 (b), 373–388.

Bekker-Nielsen, Tønnes; Hannestad, Lise (Hgg.): War as a Cultural and Social Force. Essays on Warfare in Antiquity, Selskab 2001.

Bresson, Alain; Descat, Raymond (Hgg.): Les cités d'Asie Mineure occidentale au IIe siècle a. C., Bordeaux – Paris 2001

Bugh, Glenn Richard: Hellenistic Military Developments, in: G. R. Bugh (Hg.): The Cambridge Companion to the Hellenistic World, Cambridge 2006, 265–294.

Burckhardt, Leonhardt: Die attische Ephebie in hellenistischer Zeit, in: Kah/Scholz (2004), 193–206.

Chaniotis, Angelos; Ducrey, Pierre (Hgg.): Army and Power in the Ancient World, Stuttgart 2002.

Chaniotis, Angelos: Foreign Soldiers – Native Girls? Constructing and Crossing Boundaries in Hellenistic Cities with Foreign Garrisons, in: Chaniotis/Ducrey (2002), 99–114.

Chaniotis, Angelos: War in the Hellenistic World. A Social and Cultural History, Oxford 2005.

Chankowski, Andrzej Stanislaw: L'entraînement militaire des éphèbes dans les cités grecques d'Asie Mineure à l'époque hellénistique: Nécessité pratique ou tradition atrophiée?, in: Couvenhes/Fernoux (2004), 55–76.

Chatzopoulos, Miltiades: La formation militaire dans les gymnases hellénistiques, in: Kah/Scholz (2004), 91–95.

Couvenhes, Jean Chistophe; Fernoux, Henri-Louis (2004): Les cités grecques et la guerre en Asie Mineure à l'époque hellénistique, Tours 2004.

Couvenhes, Jean Christophe: Les cités grecques d'Asie Mineure et le mercenariat à l'époque hellénistique, in: Couvenhes/Fernoux (2004), 77–113.
de Callataÿ, François: Guerres et monnayages à l'époque hellénistique. Essai de mise en perspective suivi d'une annexe sur le monnayage de Mithridate VI Eupator, in: Andreau/Briant/Descat (2000), 337–364.
Fernoux, Henri-Louis: Les cités s'entraident dans la guerre: historique, cadres institutionnels et modalités pratiques des conventions d'assistance dans l'Asie Mineure hellénistique, in: Couvenhes/Fernoux (2004), 115–176.
Gabrielsen, Vincent: Naval Warfare: Its Economic and Social Impact on Ancient Greek Cities, in: Bekker/Nielsen/Hannestad (2001 a), 72–89.
Gabrielsen, Vincent: Economic Activity, Maritime Trade and Piracy in the Hellenistic World, Revue des études anciennes 103 (2001 b), 219–240.
Gabrielsen, Vincent: Piracy and the Slave-Trade, in: A. Erskine (Hg.): A Companion to the Hellenistic World, Oxford 2003, 389–404.
Gauthier, Philippe: Bulletin épigraphique, in: Revue des études grecques 118 (2005).
Herrmann, Peter: Milet au IIe siècle a. C., in: Bresson/Descat 2001, 109–116.
Kah, Daniel; Scholz, Peter (Hgg.): Das hellenistische Gymnasion, Berlin 2004.
Kah, Daniel: Militärische Ausbildung im hellenistischen Gymnasion, in: Kah/Scholz (2004), 47–90.
Kennel, Nigel Martin: Ephebeia. A Register of Greek Cities with Citizen Training Systems in the Hellenistic and Roman Periods, Hildesheim 2006.
Labarre, Guy: Phrourarques et phrouroi des cités grecques d'Asie Mineure à l'époque hellénistique, in: Couvenhes/Fernoux (2004), 221–248.
Ma, John: Fighting Poleis of the Hellenistic World, in: van Wees (2000), 337–376.
Ma, John: „Oversexed, overpaid and over here": A Response to Angelos Chaniotis, in: Chaniotis/Ducrey (2002), 115–122.
Migeotte, Léopold: L'emprunt public dans les cités grecques, Québec – Paris 1984.
Migeotte, Léopold: Les souscriptions publiques dans les cités grecques, Genf – Québec 1992.
Migeotte, Léopold: Les dépenses militaires des cités grecques: Essai de typologie, in: Andreau/Briant/Descat (2000 a), 145–176.
Migeotte, Léopold: Retour à la grande souscription publique de Cos des années 205–201, in: J.-C., Τιμαί Ιωάννου Τριανταφυλλοπούλου, Athen 2000 (b), 159–172.
Migeotte, Léopold: La διάταξις de Délos durant l'indépendance: Un budget pour la cité?, Les études classiques 73 (2005) 27–38.
Migeotte, Léopold: La planification des dépenses publiques dans les cités hellénistiques, in: B. Virgilio (Hrg.): Studi ellenistici, XIX, Pisa, 2006, 75–95.
Migeotte, Léopold: L'organisation de l'oktôbolos eisphora de Messène, in: C. Grandjean (Hrg.): Le Péloponnèse d'Épaminondas à Hadrien, Bordeaux 2008, 229–243
Rousset, Denis: Le territoire de Delphes et la terre d'Apollon, Athen – Paris 2002.
Schuler, Christoph: Die Gymnasiarchie in hellenistischer Zeit, in: Kah-Scholz (2004), 163–191.

Tracy, Stephen V.: Reflections on the Athenian Ephebeia in the Hellenistic Age, in: Kah-Scholz (2004), 207–210.
van Wees, Hans (Hg.): War and Violence in Ancient Greece, London 2000.
Wiemer, Hans-Ulrich: Krieg, Handel und Piraterie. Untersuchungen zur Geschichte des hellenistischen Rhodos, Berlin 2002.

Anmerkungen

[1] Aus dem Französischen übersetzt von Friedrich Burrer.
[2] Migeotte (2000 a).
[3] Migeotte (2000 a) 162–163.
[4] de Callataÿ (2000) 337–340.
[5] Migeotte (2000 a) 168.
[6] de Callataÿ (2000) 353–354.
[7] Ohne den Anspruch auf Vollständigkeit beziehe ich mich in meinem Text vor allem auf neuere Untersuchungen, in denen man Hinweise auf Quellen und ältere Studien findet. Für eine Gesamtschau der hellenistischen Periode siehe jetzt Chaniotis (2005), dessen Seiten 115–121 besonders dem „Budget des Krieges" gewidmet sind, und Bugh (2006).
[8] Baker (2003 a), Baker (2003 b), Chaniotis (2005).
[9] Chaniotis (2002) und Ma (2002).
[10] Ma (2000), Wiemer (2002), Baker (2003 a), Baker (2003 b), Couvenhes (2004) mit den Bemerkungen von Gauthier (2005) 140.
[11] Ager (1996) 20–29.
[12] Baker (2001), Herrmann (2001), Gabrielsen (2001 a), Fernoux (2004).
[13] Gabrielsen (2001 b), Gabrielsen (2003), Avram (2005).
[14] Baker (2000), Baker (2003 a), Labarre (2004), Couvenhes (2004), 86.
[15] Kah (2004), Chatzopoulos (2004), Kennel (2006).
[16] Schuler (2004).
[17] Baker (2001).
[18] Schuler (2004); Chatzopoulos (2004); Chankowski (2004) mit den Bemerkungen von Gauthier (2005) 139.
[19] Burckhardt (2004), Tracy (2004).
[20] Rousset (2002) 291.
[21] Gauthier (2005) 149.
[22] Avram (2005).
[23] Migeotte (2005) und Migeotte (2006).
[24] Migeotte (2000 a) 152–154, Schuler (2004) 178–189.
[25] Migeotte (2000 a) 147–149.
[26] Migeotte (2000) 164.
[27] Migeotte (1984) 287–290.
[28] Migeotte (1992) 49–54.
[29] Migeotte (1992) 214–223.
[30] Migeotte (1984) 299–304.

[31] Baker (1991) 23–65, Migeotte (1992) 147–160, Migeotte (2000 a) 160–161 und Migeotte (2000 b).
[32] Migeotte (1984) 339–341.
[33] Migeotte (2008).

WOLFGANG SZAIVERT

Kriegskosten – eine Spurensuche in der antiken Numismatik

Nach dem bekannten Ausspruch eines österreichischen Feldherrn[1] des 17. Jahrhunderts benötigt man zum Kriegführen Geld, Geld und noch einmal Geld. Dies gilt heute ebenso wie es bereits für das Altertum gegolten haben mag. Da antikes Quellenmaterial für Fragen der Kriegskosten relativ selten und noch seltener eindeutig ist, soll untersucht werden, ob sich vielleicht im numismatischen Material zweifelsfreie Hinweise für die Identifizierung von Münzen zur Kriegskostenfinanzierung finden lassen. Dabei kann es nicht nur darum gehen, eine Prägegruppe als solche zu identifizieren, sondern darüber hinaus auch um den Versuch, quantitative Angaben zu gewinnen.

Bevor man in dieser Richtung überhaupt weiter denken kann, sind einige theoretische Überlegungen anzustellen:
1. Welche Arten von Kosten fallen überhaupt an?
2. Welche Kriterien müssen Münzen erfüllen, um als Geld zur Kriegskostenfinanzierung angesprochen werden zu können?
   Auf den eingangs zitierten Ausspruch bezogen könnte eine Mehrproduktion eine solche Prägung kennzeichnen, doch ist dies als einziges Kriterium sicherlich nicht stringent genug. Erst das Zusammentreffen mehrerer Argumente und Beobachtungen unter Einbeziehung des historischen Hintergrundes kann eine recht sichere Basis für die Erklärung einer Prägung als „Kriegskostengeld" bieten.

Nur die Beantwortung dieser Fragen liefert das nötige Rüstzeug, im antiken Münzmaterial nach entsprechenden Beispielen zu suchen.

1. Kostenarten

Ein Krieg ist kein kontinuierlich ablaufendes Geschehen, sondern zerfällt in einzelne chronologische Phasen. Wenn sich diese auch nicht immer mit der nötigen Schärfe definieren und von einander abgrenzen lassen, so wird man doch stets – und diese Gliederung mag für unsere Überlegungen genügen – drei Phasen unterscheiden können, in denen unterschiedliche Kosten anfallen:
   a. Die Kriegsvorbereitungskosten
      Darunter fallen Kosten, die in der Vorbereitung des Krieges entstehen, wie zum Beispiel Ausrüstung der Armee, Flottenausrüstung, Anmietung der Ruderer, Wege- und Straßenbau, Anwerbung von Hilfstruppen, aber auch diploma-

tische Kosten (etwa für Bestechungsgelder oder Zahlungen zur Abwerbung gegnerischer Söldner und so weiter).
b. Die Kriegsdurchführungskosten
Kriege, vor allem solche, die sich in weiteren Räumen abspielen (also nicht die Belagerung einer einzelnen Stadt), sollten – so denke ich – nach Meinung der Kriegsbetreiber kostenneutral sein. Das heißt, ein Krieg könnte oder sollte sich nach einiger Zeit über die erworbene Beute selbst finanzieren. Wenn der Kriegsverlauf aber nicht so günstig ist, werden Kosten für Ersatz verloren gegangener Ressourcen entstehen; aber nicht nur Ersatz, sondern – je nach Stärke des Gegners – auch weitere Aufwendungen für die Intensivierung des Kriegsgeschehens werden notwendig sein.
c. Die Kriegsbeendigungskosten
Gewonnene Kriege mit eindeutigen Siegern bringen diesen etwa über Beute, Kriegskostenentschädigungen oder Lösegeld für Kriegsgefangene reiche Einkünfte; für den Verlierer fällt eben all dies als Kosten an.

Diese Phasen der Kriegskostenfinanzierung gehen natürlich in einander über, sind aber vor allem bei länger andauernden Kriegshandlungen doch oft zu differenzieren. Will man also Kriegskosten *in toto* erfassen, kann man sich nicht nur auf die Zeit der tatsächlichen Kampfhandlungen beschränken, sondern muss auch Zeiten vor und nach dem unmittelbaren Kriegsgeschehen mit berücksichtigen.

2. Numismatische Kriterien

Wenn wir noch einmal auf das Zitat zu Beginn des Beitrags zurückblicken, dann stellt sich unweigerlich die Frage, wodurch der erhöhte Bedarf an Geld für die Kriegführung überhaupt gedeckt werden kann, und dafür gibt es im Wesentlichen nur die beiden möglichen Antworten: es ist genug in den Kassen vorhanden und kann direkt ausgegeben werden, oder Geld beziehungsweise das Rohmaterial für die vermehrte Geldproduktion muss beschafft werden. In den Kassen vorhandenes Geld, das direkt in den Geldverkehr kommt, hinterlässt keine verwertbaren Spuren.

Für die Geldvermehrung gibt es zunächst die Möglichkeit fiskalischer Maßnahmen, die Aufnahme von Anleihen[2] oder steuerliche Maßnahmen (Steuererhöhung oder Einführung von Sondersteuern), die im numismatischen Material – wenn überhaupt – ebenfalls nur sehr undeutliche Spuren hinterlassen; eventuell kann die Erhöhung der Prägemenge konstatiert werden. Es bleibt also zur Vergrößerung des Geldvolumens als letzter Schritt nur mehr die Produktion neuen Geldes; und gerade die Geldproduktion hinterlässt genug Spuren, die eine numismatische Analyse sinnvoll machen werden. Damit berühren wir natürlich eines der grundlegenden Probleme der antiken Numismatik überhaupt – nämlich die von Howgego auf den Punkt gebrachte Frage: „Why did the ancient strike coins?"[3] Nach Durchsprache etlicher Beispiele kommt er zur Antwort, es gäbe keine monokausale Erklärung; jeder Fall müsse für sich untersucht werden. Dennoch bleiben fixe Aufgaben des Staates, die den Einsatz von Geld erfordern wie etwa Beamtenbesoldung, Verwaltungskosten, Unterhalt öffentlicher Einrichtungen, öffentliche Wohlfahrt (Getreidespenden) oder Staatsopfer. Diese Ausgaben und der natürliche Abfluss aus dem Geldumlauf erfordern einen einigermaßen geregelten Nachschub an jeweils neu geprägten Münzen. Sonderaufwendungen wie öffentliche Bauten oder Spiele benötigen Sonderfinanzierung und führen zu eine gesteigerten Münzproduktion. Daher kann eine Vergrößerung der Prägemenge allein nicht zwangsläufig als Indiz für Kriegskosten verstanden werden und wir müssen uns um weitere Kriterien bemühen; hier hat Howgego[4] folgende Kriterienliste aufgestellt:

    a. militärische Legenden
    b. ausgesprochen militärische Typologie (also Bilderwelt)
    c. ein zweifelsfreier militärischer Zusammenhang
    d. ein monetäres Phänomen, das augenscheinlich nicht anders erklärt werden kann
    e. ein klares literarisches Zeugnis, dass eine bestimmte Prägung für militärische Zwecke realisiert worden ist.

Der Autor hat damit eine derart anspruchsvolle Liste erstellt, dass er selbst kein Beispiel aus der antiken Numismatik beibringen kann, das diesen Ansprüchen gerecht würde. Das soll aber nicht heißen, dass die Numismatik keine Aussage zu treffen vermag, vielmehr scheinen die Kriterien vielleicht etwas zu rigoros formuliert. Im Folgenden sollen diese etwas modifiziert und auch darauf hin untersucht werden, inwieweit sie im antiken Münzmaterial auch tatsächlich gefunden werden können:

    a. Änderungen der Münztypologie
        Unter Münztypologie verstehen wir die Bilderwelt der Münzen und die ihr eigenen Gesetzmäßigkeiten. Münzen sind keine Einzelstücke, sondern Teile einer Serienproduktion und stehen daher in einem chronologischen und systematischen Kontext mit ähnlichen Objekten. Für die Änderung eines Münztyps muss ein Grund bestehen, aber die Meinung Howgegos, ausschließlich die Änderung von Bild oder Legende auf „kriegerisch" als Begründung zu akzeptieren ist deutlich zu eng, aber auch zu unscharf. Die Hauptschwierigkeit liegt im Begriff „kriegerisch". Gehören dazu auch Victoriadarstellungen[5], VIRTVS, FIDES EXERCITVS oder die lang laufende Serie der GLORIA EXERCITVS aus constantinischer Zeit?[6] Die interpretatorische Unschärfe und Relativität der Begriffe lassen sicher keine eindeutige Antwort zu.
    b. Änderungen im Münzfuß
        Der Münzfuß ist das technisch-materielle System, in dem eine Prägung hergestellt wird; er ist definiert durch das Grundgewicht, auf dem das gesamte Nominaliensystem aufbaut, durch die Teilungen in Werteinheiten (Nominalien) und schließt die Festlegung der für diese verwendeten Metalle beziehungsweise Legierungen (also die Festsetzung von Fein- und Raugewicht) mit ein.

i. Einführung neuer Nominalien
Die Einführung neuer Münzwerte, die Hand in Hand mit einer Veränderung des Feingehalts gehen kann, führt zu Änderungen im Geldverkehr. Entweder ist damit eine neue Zweckbestimmung des Geldes gegeben, oder es handelt sich eine andere Abnehmer des Produktes Geld – neue Handelspartner, neue Verbündete und so weiter.[7]

ii. Verringerung des Feingehalts
Diese Maßnahme ist die einzige, die ohne Vermehrung der Edelmetallmenge eine Erhöhung der Prägemenge zulässt, indem sie das Feingewicht durch Streckung mit unedlem Metall je Stück reduziert. Da dies recht einfach zu bewerkstelligen ist, war es sehr beliebt, führte aber fast unweigerlich in monetäre und schließlich auch dramatische gesamtstaatliche Schwierigkeiten: Dafür liefert die römische Münzprägung der zweiten Hälfte des 3. Jahrhunderts mit der Prägung des Gallienus in seiner Alleinherrschaft nach 260 das beste Beispiel für die Antike.[8] Für die späteren Jahrhunderte genügt hier ein Hinweis auf die Zeit der Schinderlinge im 15. Jahrhundert oder die große Kipper- und Wipperzeit des 17. Jahrhunderts.[9]

c. Änderungen der Prägemenge
Zwar kann für die Antike nicht – wie schon oben erwähnt – von einer einheitlichen oder auch nur gleichmäßigen jährlichen Prägemenge[10] ausgegangen werden; Phasen geringer Prägetätigkeit wechseln mit solchen großer Intensität, ohne für uns heute sicher fassbarer Begründung. Dennoch gibt es zahllose Bemühungen, aus numismatischen Daten mithilfe statistischer Methoden zu quantifizierten Angaben zu gelangen. Alle diese Wege führen über die Feststellung der Zahl der ursprünglich verwendeten Stempel[11], deren Zahl sich manchmal aus Kennzeichnungen der einzelnen Stempel selbst zu erkennen geben (im Sinne einer antiken Stempelsignierung) oder aus Fund- und Sammlungsvorkommen hochgerechnet werden. Dieses Ergebnis nun mit der Zahl der je Stempel geprägten Stücke multipliziert führt zur Gesamtmenge der Prägung. Die Hauptschwierigkeit ist dabei die Unmöglichkeit des Nachweises einer definitiven Zahl der aus einem Stempel produzierbaren Stücke. Schätzungen schwanken zwischen 10.000 und 30.000 Stück, was einer Relation von 1 zu 3 in den Ergebnissen entspricht, womit eine weitere ernsthafte Argumentation aus dem ausschließlichen Mengenkriterium fast überflüssig wird. Will man lediglich eine Abschätzung relativer Prägequantitäten gegen einander ohne absolute Zahl, wird man die etwa bei Crawford (1974) oder Callataÿ (1997) gebotenen Stempelzahlen getrost gebrauchen können.

d. Geld, das für die Kriegführung eingesetzt wird, wird zwangsläufig andere Umlaufmuster erzeugen. Geld für Zahlungen an Soldaten wird deutlich schneller weitere Entfernungen zurücklegen, als solches, das sich im normalen Handel vom Entstehungsort aus verbreitet. Auch die Einrichtung von zusätzlichen

Münzstätten (etwa in der Nähe des Kriegsschauplatzes) kann die Struktur des Geldumlaufs deutlich verändern.

Und schließlich

e. Eine nicht numismatische Quelle, die eine entsprechende Kriegshandlung nachweist.

Dabei gilt es zu beachten, dass die Münze nicht schon zuvor aus historischen Überlegungen heraus datiert ist; dies könnte zu eklatanten Zirkelschlüssen führen. Deshalb ist die möglichst exakte Datierung der Münze nach numismatischen Kriterien eine weitere wichtige Grundforderung.

Mit diesem theoretischen Rüstzeug soll nun die Einführung des römischen Denars gegen Ende des 2. Jahrhunderts v. Chr. untersucht werden, um zu überprüfen, ob die oben aufgezählten Bedingungen erfüllt sind, den ersten Denar als Geld zur Finanzierung von Kriegskosten anzusprechen.

Die Denareinführung in Rom
Ein Beispiel für Prägungen zur Deckung von Kriegskosten?

Geht man die römische Geldgeschichte durch, so ist das erste Beispiel, das sich für eine Analyse anbietet, die Einführung des Denars in Rom etwa im Jahr 211 v. Chr. Diese Datierung – gestützt unter anderem auf die Analyse der Funde aus den Grabungen in Morgantina (zerstört 210 v. Chr.) und der Analyse der Schatzfunde bei Crawford (1974) und (1985) – ist heute allgemein akzeptiert. Der römische Denar ist die Silbermünze, die innerhalb von 150 Jahren zur Weltwährung aufsteigen und vierhundert Jahre lang das Rückgrat der römischen Geldwirtschaft bilden sollte. Seine Einführung ist in die Münz- und Geldgeschichte Italiens eingebettet und fällt historisch-politisch gesehen in eine der bedrohlichsten Phasen der frühen römischen Geschichte – nämlich in die Jahre des Zweiten Punischen Krieges (218–201). Der römische Denar hat zwei Wurzeln, nämlich das mittelitalische Kupfer und das griechisch-unteritalische Silber.

Abb. 1: Aes grave der Janus-Prora-Serie (verkleinert); Semis (Halb-As): Saturnkopf links/Prora; Triens (Drittel-As): Minervakopf links/Prora.

Der Beginn des römischen Münzwesens[12] liegt etwa um 300 v. Chr. Für den mittelitalischen Raum wird aes grave[13] produziert, wohingegen für den süditalischen Raum Silber in griechischer Manier hergestellt wird. Die Eingliederung des Umlandes und die Ausweitung des Handels nach Süden machen diese Währungssysteme notwendig und auch ökonomisch sinnvoll. Das mittelitalische Bronzegeld ist etwa ab 300/290 v. Chr. in Form von gegossenem Kupfermünzen hergestellt worden. Offensichtlich in unmittelbarem Anschluss an die ersten Barren in Rom beginnen dann andere Städte, wie Ancona in Picenum oder Iguvium und Tuder in Umbrien,[14] die Produktion, teilweise in eigenen Gewichtsstandards. Einheitlich an den verschiedenen Serien des aes grave ist die Nominalienteilung. Der Bezugspunkt und Basis des Systems ist der As, dessen Hälfte der Semis durch ein S gekennzeichnet ist. Alle kleineren Nominalien werden als Vielfaches der Unze (= 1/12 des Grundgewichts) ausgedrückt, wobei eine Wertkugel auf der Münzen ihren Wert als eine Unze markiert; 12 Unzen machen dann einen As aus und dazwischen gibt es fast alle Teilungen, wie Quadrans, Triens oder Sextans. Doch auch größere Werte als den As gibt es etwa als größten den Decussis[15] (10 As). Diese mehrfachen As-Stücke werden erst später hergestellt, in einer Zeit, in der der Münzfuß des römischen aes grave bereits vom Libralfuß (Basis: 1 As = 1 Pfund Kupfer) bis gegen 217[16] auf die Hälfte gesunken war. Um 211 bei Einführung des Denars liegt das Grundgewicht des As bereits bei einem Sechstel des römischen Pfundes (daher Sextantalfuß)[17]; der As wiegt aber immer noch 54,58 g.

Die zweite Wurzel ist das griechisch-unteritalische Silbergeld fußend auf der kampanischen Didrachme von 7,3 g.[18]. Diese Gepräge fügen sich nahtlos in die griechische Münzwelt des ausgehenden 3. Jahrhunderts v. Chr. Die Bilderwelt wirkt griechisch, wenn auch Hollstein[19]– mit neuen Datierungsansätzen – sehr überzeugend darlegen konnte, dass hinter der Bilderwahl vermutlich römisches Bildverständnis stehen dürfte. Neben diesen Silberprägungen stehen einige wenige Kupfermünzen[20], die als Litren in das griechische Gewichtssystem mit den Didrachmen gehören.

Abb. 2: Von links: a: Marskopf/Pferdekopf; b: Romakopf/stehende Viktoria; c: Marskopf/Pferdekopf.

Eine zweite eigenständige Serie mit reduzierter Typenvielfalt sind die so genannten Quadrigati, in riesigen Mengen geprägte Didrachmen deutlich geringeren Gewichtes und Feingehalts mit dem Bild des jugendlichen Januskopfs und dem siegreichen Jupiter in der Quadriga rechts. Parallel dazu gehört das sogenannte Schwurszenengold, nach der Darstellung der Rückseite so genannt.

Abb. 3: Der Quadrigat Januskopf/Jupiter in Quadriga rechts.

Crawford[21] hat diese Quadrigati und das zugehörige Gold in die Zeit nach 225 datiert, jedoch selbst einbekannt, dass die Menge der geprägten Quadrigati für die angenommene Prägedauer von 225 bis 211 sehr groß ist. Hollstein greift mit zusätzlichen Argumenten die 1982 von Ritter[22] gebrachte Bildinterpretation auf, die zu einer Frühdatierung der Quadrigati auf die Jahre um 241 führt und diese damit aus dem Kontext des Zweiten Punischen Krieges herauslöst. Um die gleiche Zeit wird von Hollstein[23] – Ritter folgend – parallel zu den Quadrigati die Janus-Prora-Serie des aes grave, gegen die traditionelle Datierung um 225 v. Chr. angesetzt.

Das römische Münzwesen ist zwischen als zwischen dem lokalen und mittelitalischen Kupfer auf die Vorläufer in der mittelitalischen Bronze und in dem griechisch-unteritalischen Silber zurückführen. Die Serien werden (vermutlich ab etwa ab 270 v. Chr.) zumindest teilweise in Rom produziert worden sein, wie sich an gemeinsamen Beizeichen in der gesamten Serien zeigen lässt.[24] Sie wurden aber für gänzlich unterschiedliche Abnehmer und Umlaufgebiete hergestellt. Wie die Zusammenstellung bei Crawford 1985 zeigt, findet sich das aes grave in Mittelitalien[25] und scheint ganz eindeutig das Geld einer städtisch bäuerlichen Kultur zu sein. Mit aes grave lassen sich keine größeren Zahlungen tätigen. Strafsummen werden in der lateinischen Literatur nach aes grave bemessen; oftmals finden sich auch Gleichungen zwischen bäuerlichem Vieh und aes grave. Dahingegen gibt sich das romano-kampanische Silbergeld als Handelsdevise, die von Mittelitalien beziehungsweise Rom aus den ganzen süditalischen Raum erfasst hat.

Die Bedrohung durch Hannibal, seine Alpenüberquerung, sein Einfall in Italien (218 v. Chr.) muss die Römer ganz besonders getroffen haben, stand damit doch zum ersten Mal nach etwa 170 Jahren wieder ein nicht-italischer Gegner mitten im von Rom beanspruchten Interessensgebiet. An dem weiteren Werteverfall (Verringerung von Gewicht und Feingehalt) der Quadrigati kann man ermessen, wie groß auch die finanziellen Anstrengungen waren, die mit der Bekämpfung Hannibals verbunden waren.

Und nun setzt um 211 v. Chr. die Denarprägung ein.

Abb. 4 Das Denarsystem: a: Gold zu 60 As, Mars/Adler; b: Denar zu 10 As, Romakopf/Dioskuren rechts; c: Quinar zu 5 As; d: Sesterz zu 2,5 As (jeweils Romakopf/Dioskuren rechts).

Was ändert sich nun durch die Denarwährung – welche Unterschiede gibt es zum früheren Geld? Ich greife auf die oben gegebene Liste der Kriterien zurück und versuche sie zu benennen:

a. Änderungen der Münztypologie
Das Münzbild wird neu gestaltet und die nächsten 50 Jahre fast unverändert geprägt; es zeigt im Avers einen Romakopf in phrygischem Helm und im Revers die beiden nach rechts galoppierenden Dioskuren – ausgewiesen durch die Sterne über ihren Köpfen. Die Legende nennt ROMA; in den nächsten Jahren werden dann die Münzmeister ihre Monogramme oder Beibilder auf die Münzen setzen. Das Münzbild wird von den meisten Forschern mit der Schlacht am See Regillus (496 v. Chr. im ersten Latinerkrieg) in Zusammenhang gebracht, bei der die göttlichen Brüder auf ihren Pferden den bedrängten Römern zu Hilfe geeilt sein sollen.

b. Änderungen im Münzfuß
Die geprägten Silbermünzen erhalten Wertangaben, die sich auf Nominalien in anderem Metall beziehen, eine Usance, die im etruskischen Edelmetall gleichfalls begegnet, sonst aber äußerst selten ist. Die Gewichtsbasis dieser Silbermünzen ist ein 1/72 des römischen Pfundes.[26] Die Münzen werden wieder in gutem Silber bei einem Feingehalt über 90% ausgeprägt.

c. Einführung neuer Nominalien
Der Denar mit dem Wertzeichen X (für *decem*) ist wertgleich dem Decussis, dem aes grave zu 10 As.[27] Dazu gibt es Teilstücke, zur jeweiligen Hälfte, also Quinare zu fünf und Sesterzen zu zweieinhalb Assen. Noch zu erwähnen ist die Goldprägung – das Mars-Adler-Gold – gleichfalls mit Angabe der Wertgleichung zum As zu 20, 40 und 60 As. Außerhalb dieser Gruppe gibt es noch Victoriaten. Der Victoriat, der als ein ¾ Denar ganz offensichtlich noch weiterhin den griechischen Raum bedienen sollte, hält die Verbindung zum alten griechi-

schen Münzsystem. Seinen Namen erhält er von der Reversdarstellung einer Victoria mit Palmzweig. Diese Typologie und das Fehlen von Wertzeichen machen zusätzlich klar, dass es sich hier um Geld für griechische Handelspartner handelt.

d. Änderungen der Prägemenge
Wie immer man zu den von Crawford (1974) genannten Stempelzahlen stehen mag, eines ist sicher, sie geben eine zumindest relativ stimmigen Leitfaden für relative Größen. Nach ihm haben die Römer für die romano-kampanischen Prägungen vor dem Quadrigatus etwa 96 Stempel[28] verwendet, für die Quadrigati nennt er keine konkreten Zahlen[29], schätzt sie aber deutlich höher ein. Für die erste Denarserie kommt Crawford (1974) Nr. 44–48 aus den Jahren 211/10 auf ca. 140 Stempel, was eine deutliche Erhöhung der Prägemenge bedeutet. Rechnet man diese Stempelzahl grob mit dem Multiplikator von 20.000 Stück je Stempel hoch, so könnte man auf eine Zahl von etwa 2,8 Millionen Denaren kommen.

e. Änderungen des Umlaufgebietes
Die Einführung des Denars schafft ein einheitliches Währungsgebiet, in dem nur Münzen umlaufen, deren Wert auf den Stücken selbst angegeben ist und die sich alle auf die gemeinsame Basis des As beziehen. Die Trennung der Währungsgebiete in den Raum des mittelitalischen aes grave und den der griechisch-unteritalischen Silberprägung (abgesehen vom Victoriat) existiert nicht mehr.

f. Die außernumismatische Bezeugung
Die erste Phase der Denarprägung (Crawford (1974) 35) läuft von 211 bis 208 in Rom und einigen Hilfsmünzstätten in Italien. Für diese Jahre bietet uns Livius eine dichte Überlieferung und so haben wir zwei bezifferbare Mengenangaben für diese Zeit. Livius XXVI 14, 8[30] beziffert die nach der Eroberung von Capua 211 erhaltene Edelmetallmenge mit 2070 Pfund Gold und 31.200 Pfund Silber. Diese Metallmenge wird sehr rasch verbraucht, denn schon im nächsten Jahr berichtet Livius XXVI 35, 3[31] von einem leeren *aerarium*. In der dort wieder gegebenen Rede des Konsuls Laevinus wird an die Großmut und die Vaterlandsliebe der Senatoren appelliert, ihr Vermögen dem Staat zur Kriegführung zur Verfügung zu stellen. Durch ihr Beispiel mögen auch die anderen Stände (Ritter und Plebs) angespornt werden, gleichfalls zur Auffüllung der leeren Staatskasse beizutragen. So empfiehlt er, ein Senator dürfe ein Pfund Silber behalten, sofern er kein kurulisches Amt bekleidet; grundsätzlich sollen aber jedem Familienvater 5000 aes grave verbleiben. Wie Livius selbst berichtet, hatte diese Rede vollen Erfolg; das *aerarium* füllte sich wieder und die Konsuln konnten beruhigt in ihre Provinzen aufbrechen.

Daraus ergibt sich, dass die aus Capua nach Rom gebrachte Edelmetallmenge im Jahr 211 ausgegeben wurde. Die einzige Möglichkeit, dieses Edelmetall zu verbrauchen, ist die Herstellung von Münzen. Die genannten 31.200 Pfund Silber ergeben, wenn sie zu Denaren zu einem 1/72 des Pfundes ausgeprägt werden, 2.246.000 Denare. Rechnet man die Goldmenge in geprägtes Mars-Adler Gold (im Schnitt zu 3,35 g Gold auf das 60 As-Stück) um, kommt man auf etwa 200.000 Stück. Mit der Ausprägung dieser Metallmengen war das *aerarium* wieder geleert worden. Insgesamt passt diese aus der Literatur erschlossene Prägemenge recht gut zu den Zahlen, die sich aus der Crawfordschen Stempelzählung (siehe oben) ergeben haben. Dieses Beispiel zeigt, dass sich bei glücklicher Quellenlage in Kombination mit entsprechend gut aufgearbeitetem numismatischem Material sich exakte Zahlen gewinnen lassen, nämlich Kriegskosten von etwa 2,5 Millionen Stück für das Jahr 211/210.

Doch mit den bisherigen Erläuterungen ist noch nicht geklärt, warum gerade um diese Zeit das Währungssystem gekippt wurde. Eine mögliche Antwort wäre, den Silberabfluss zu verhindern. Dem ist aber entgegen zu halten, dass die Metallqualität nach den ersten Quadrigatenserien deutlich nachgegeben hat und nicht mehr mit sehr starkem Abfluss zu rechnen ist. Eine Erklärung im Sinne einer politisch propagandistischen Maßnahme scheint mir eher plausibel. Die politische und militärische Situation war reichlich prekär. Hannibal stand mitten in Italien; er konnte sich hier relativ ungehindert bewegen, wenn ihm auch keine großartigen militärischen Erfolge gelungen sind. Die Auseinandersetzung hat sich sicher nicht nur auf dem Schlachtfeld abgespielt, sondern auch auf wirtschaftlichem Gebiet. Abwerbung von Verbündeten, Bestechung von Verteidigern der Städte und so weiter waren an der Tagesordnung. Großzahlungen werden üblich gewesen sein. Gerade diese Situation, in der es auch um die Bindung der Bundesgenossen, der *socii* ging, in der man sich aus der Umklammerung Hannibals lösen wollte, kann ein guter Anlass für eine gänzliche Änderung des Geldwesens gewesen zu sein. Mit aes grave sind größeren finanziellen Transaktionen praktisch nicht möglich. Zehn As haben immer noch mehr als ein halbes Kilogramm gewogen, ein Denar wiegt etwa 4,5 Gramm. Da eine glatte Umrechnung zwischen den aes grave und dem griechischen Silber nicht existierte, war es fast ein Gebot der Stunde, eine zum aes grave passende Silberwährung zu schaffen. In solchen Notzeiten ist selbstbewusstes Auftreten wichtig; es stärkt die eigenen Verbündeten, es schreckt vielleicht sogar die Gegner. Nicht mehr in der Ausrichtung auf die Griechen im Süden, sondern in der engeren Bindung der *socii* an Rom scheint man das Heil gesucht zu haben und zu diesem Gedanken passt dann auch die Wahl der Typologie. Nicht mehr Janus und Jupiter – wie auf den Quadrigati – sind die Garanten des erhofften römischen Sieges, sondern Roma und die Dioskuren, also Rom und seine Bundesgenossen, wenn man vorsichtig die Dioskuren stellvertretend für die Bundesgenossen sehen will.

Mit diesen Zeilen konnte also gezeigt werden, dass sich bei glücklicher Fügung der Überlieferungen Ergebnisse aus verschiedenen Fachgebieten zu einem stimmigen Bild vereinen lassen.

Literatur

Buttrey, Theodore V.: Calculating Ancient Coin Production II: Why It Cannot Be Done (The President's Address); in: Numismatic Chronicle 154 (1994) 341–352.

Buttrey, S. E.; Buttrey, Theodore V.: Calculating Ancient Coin Production, Again; in: American Journal of Numismatics Ser. 2–9 (1997) 113–136.

Callataÿ, François de: Calculating Ancient Coins Production: Seeking a Balance; in: Numismatic Chronicle 155 (1995) 289–311.

Callataÿ, François de: Recueil quantitatif des émissions monétaires hellénistiques, Wetteren 1997.

Crawford, Michael H.: Roman Republican Coinage, Cambridge 1974.

Crawford, Michael H.: Coinage and Italy and the Mediterranean Economy, London 1985.

Gaettens, Richard: Geschichte der Inflationen. Vom Altertum bis zur Gegenwart, München 1955.

Hollstein, Wilhelm: Überlegungen zu Datierung und Münzbildern der römischen Didrachmenprägung; in: Jahrbuch für Numismatik und Geldgeschichte 48/49 (1998–1999) 133–164.

Hollstein, Wilhelm (Hg.): Metallanalytische Untersuchungen an Münzen der Römischen Republik (Berliner numismatische Forschungen 6), Berlin 2000.

Howgego, Christopher: Geld in der Antiken Welt. Was Münzen über Geschichte verraten, Darmstadt 2000. (englische Originalausgabe 1995).

Hultsch, Friedrich Otto: Griechische und römische Metrologie, Berlin 1882.

Mielsch, Harald; Niemeyer, Barbara: Römisches Silber aus Ägypten in Berlin, 2001 (139/140. Winckelmannsprogramm der Archäologischen Gesellschaft zu Berlin), Berlin 2001.

Ritter, Hans Werner: Zur römischen Münzprägung im 3. Jahrhundert v. Chr., Marburg 1982.

Rutter, N. Keith: Historia Numorum. Italy, London 2001.

Szaivert, Wolfgang; Wolters, Reinhard: Löhne, Preise, Werte: Quellen zur römischen Geldwirtschaft, Darmstadt 2005.

Thomsen, Rudi: Early Roman Coinage. A Study of Chronology, Aarhus 1961.

Thurlow, Bradbury K.; Vecchi, Italo G.: Italian Cast Coinage, London 1979.

Abbildungsverzeichnis:

Abbildung 1: Aes grave
a: Semis der Janus-Prora-Serie, 225–217.
Vorderseite: Kopf des Saturn links; Rückseite: Prora rechts.
Astarte Auction XIX (6. Mai 2006) Nr. 813.
b: Triens der Janus-Prora-Serie, 225–217.
Vorderseite: Behelmter Kopf des Mars links; Rückseite: Prora rechts.
Astarte Auction XIX (6. Mai 2006) Nr. 806.

Crawford (1974) Nr. 35/3a.

Abbildung 2: Romano-kampanische Didrachmen
a: Didrachme, Metapont, 280–276.
Vorderseite: Bärtiger Marskopf mit Helm links; Rückseite: Pferdekopf mit Zaumzeug nach rechts, dahinter Ähre.
Münzen & Medaillen Deutschland GmbH Auction 19 (16. Mai 2006) Nr. 477.
Crawford (1974) Nr. 13/1.
b: Didrachme, 241–235
Vorderseite: Kopf des Mars mit korinthischem Helm links. Rückseite: ROMA, Pferdekopf nach rechts mit Zaumzeug, dahinter Sichel.
A. Tkalec AG Auction 2005 (9. Mai 2005) Nr. 115.
Crawford (1974) Nr. 25/1.
c: Didrachme, Rom oder Süditalien, circa 265–242.
Vorderseite: Kopf der Roma in phrygischem Helm rechts; Rückseite: ROMANO, Victoria mit Palmzweig.
Numismatica Ars Classica Auction 29 (11. Mai 2005) Nr. 245.
Crawford (1974) Nr. 22/1.
d: Didrachme, Rom, 225–212
Vorderseite: Januskopf der Dioskuren mit Lorbeerkranz; Rückseite: ROMA, Jupiter mit Zepter und Blitzbündel in Quadriga rechts.
Gorny & Mosch Giessener Münzhandlung Auction 146 (6. März 2006) Nr. 366.
Crawford (1974) Nr. 28/3.

Abbildung 3: Das Denarsystem
a: Mars-Adler-Gold zu 60 As.
Vorderseite: Marskopf mit Helm rechts. Rückseite: Adler auf Blitz rechts stehend.
UBS Gold & Numismatics Auction 73 (5. September 2007) Nr. 347.
Crawford (1974) Nr. 44.

Für das Silber gilt folgende Beschreibung.
Vorderseite: Kopf der Roma mit phrygischem Helm rechts; Rückseite: Die beiden Dioskuren rechts reitend.
b: Denar.
Numismatica Ars Classica Auction 25 (25. Juni 2003) Nr. 243.
Crawford (1974) Nr. 44/5.
c: Quinarius.
Numismatica Ars Classica Auction N (26. Juni 2003) Nr. 1460.
Crawford (1974) Nr. 44/6.

d: Sesterz.
Numismatica Ars Classica Auction 25 (25. Juni 2003) Nr. 244.
Crawford (1974) Nr. 44/7.

Anmerkungen

[1] Raimund Graf von Montecuculi (1609–1681).
[2] So zum Beispiel: Liv. XXIII 48, 9–49, 4 Ausrüstung der spanischen Armee auf Vorschuss; Liv. XXIV 11, 7–9 Flottensoldaten werden direkt bezahlt; Liv. XXXIII 21, 5 Anleihe bei Hieron II.
[3] Howgego (1980); in größeren und breiteren Kontext gestellt bei Howgego (2000), dort besonders 38 ff.
[4] Howgego (2000) 43.
[5] Letztere ist ein gutes Beispiel für die Ambivalenz der Bildaussage: Victoria kann für einen errungenen Sieg, kann für einen erhofften Sieg stehen, kann als Erinnerung an eine große Siegesfeier oder Triumph gedacht sein.
[6] So gilt es etwa auch das Beharrungsvermögen von Münzbildern zu beachten. Einmal eingeführte Münzbilder werden nicht mehr so leicht und grundlos aufgegeben. Das heißt, das erste Auftreten (also die Erfindung) eines Münztyps hängt oft an einem konkreten Anlass, die Fortprägung aber nicht mehr zwangsläufig.
[7] So hat sich Philipp II. von Makedonien entschieden, für die ersten makedonischen Goldmünzen überhaupt, den attischen Münzfuß zu wählen, und nicht den persischen. Es ist dies als deutliche Hinwendung zum Westen, also zur griechischen Welt zu verstehen.
[8] Der Antoninian, der unter Gordianus III. noch über 80% Silber enthielt, war 20 Jahre später fast silberlos.
[9] Vergleiche dazu für Beispiele aus verschiedenen Epochen den Überblick bei Gaettens (1962).
[10] Auch heute noch mit wesentlich verfeinerten Methoden der Marktbeobachtung gibt es dramatisch unterschiedliche Prägezahlen; so etwa für Österreich aus den Jahren 2002, 2003 und 2004: 1 Cent: 378/ca. 11/115 Millionen; 2 Cent 326/118/156 Millionen und 2 € 196/4,7 und 2,5 Millionen Stück.
[11] Erstmals in großem Stil bei Crawford (1974); vergleiche grundsätzlich kritisch Buttrey (1994); eine umfangreiche Materialsammlung für hellenistische Prägungen bietet Callataÿ (1997).
[12] Die wohl umfänglichste Dokumentation unter Einbeziehung aller Quellen zum frühen römischen Geldwesen findet sich bei Thomsen (1961).
[13] In der kurzen Übersicht werden Vorformen wie *aes rude, formatum, signatum* nicht weiter erwähnt, da sie für die folgende Argumentation gegenstandslos sind.
[14] Für das italische Bronzegeld vergleiche Thurlow/Vecchi (1979) und als Überblick zur gesamten italischen Münzprägung Rutter (2001).
[15] Crawford (1974) Nr. 41/1 aus 215–212 v. Chr.
[16] Crawford (1985) 59 f.

[17] Grund dafür mag der enorme Verbrauch von Kupfer für Rüstungen der Soldaten gewesen sein, daher ist die Umrechnung der bei Livius genannten Beuten (etwa aus dem Samnitenkrieg im Jahr 293) auf hergestellte Geldsummen nicht wirklich zielführend.
[18] So zum Beispiel Hollstein (1998/1999).
[19] Vergleiche dazu jetzt grundlegend: Hollstein (2000).
[20] Crawford (1974) Nr. 17.
[21] Crawford (1974) 46.
[22] Ritter (1982) 6 ff.
[23] Hollstein (1998/1999) 148; für ihn ist diese Parallelisierung der Quadrigati und des Aes grave so eindeutig und zwingend, dass er auf Alföldis komplementäre Doppeltypen hinweist.
[24] So zum Beispiel Crawford (1974) Nr. 25 – eine Serie von der Didrachme bis zur Unze durch das Beizeichen der Sichel zusammen gehalten.
[25] Craword (1985) 306 führt einige Fundorte auf Sizilien an, doch handelt es sich dort um Einzelstücke und kleine Nominalien (Quadrantes und Unzen).
[26] Im Übrigen genau das später (309 n. Chr.) von Constantinus I. verwendete Gewicht für den erstmals in Trier geprägten Solidus.
[27] Allerdings ist das Gewicht des As bis zum Jahr 211 bereits auf ein Sechstel des römischen Pfundes gesunken.
[28] Crawford (1974) 676.
[29] Wobei Crawford (1974) an verschiedene Münzstätten denkt, Hollstein (2000) 145 mit Anm. 48 den größeren Teil in Rom direkt produziert sieht.
[30] *Auri pondo duo milia septuaginta fuit, argenti triginta milia pondo et mille ducenta.*
[31] Liv. XXVI 36, 3 ff. = Szaivert/Wolters (2005) 137, Nr. 441/1267 ff.; *per tot annos tributo exhaustos nihil reliqui praeter terram nudam ac uastam habere.*

OLIVIER PICARD

Thasische Tetradrachmen und die Balkankriege im ersten Jahrhundert v. Chr.[1]

Kriegskosten und Kriegsfinanzierung: Der Tagungstitel wirft eine berechtigte Frage auf. Die erste Schwierigkeit, mit der zeitgenössische Kriegsherren und heutige Historiker konfrontiert sind, war die der Finanzierung. Ich möchte das Thema aus einem anderen Blickwinkel angehen, indem ich nicht vom Krieg, sondern von den Münzen ausgehe und untersuche, wie eine Analyse der Besonderheiten dieser Münzen unsere Kenntnis von sehr schlecht überlieferten Kriegen erweitern kann.

Die Münzen

Bei den hier untersuchten Münzen handelt es sich um thasische Tetradrachmen auf einem breiten Schrötling, die auf dem Avers den efeubekränzten Kopf des jugendlichen Dionysos tragen und auf dem Revers den namentlich bezeichneten Herakles Soter in Dreiviertelansicht nach links stehend, die rechte Hand auf der Keule und ein Löwenfell über der Schulter (Abb. 1–2). Diese zwei Götter, die als Beschützer (φυλακοί) der Stadt deren Tor hüten, gehören seit dem 4. Jahrhundert zur thasischen Münztradition und um diese zu verstehen, muss man die neueren Münzen mit denen des 4. Jahrhunderts vergleichen. Sie zeigen die gleichen Götter, aber Dionysos erscheint alt und bärtig, während Herakles, der ebenfalls älter als im 2. Jahrhundert und bärtig dargestellt ist, mit dem Bogen schießt (Abb. 3).

Abb. 1: Thasisches Tetradrachmon (ca. 175–170 v. Chr.)

Abb. 2: Thasisches Tetradrachmon (ca. 175–170 v. Chr.)

Abb. 3: Thasisches Tetradrachmon (ca. 360–340 v. Chr.)

Die Prägung der neuen Typen beginnt kurz vor dem Dritten Makedonischen Krieg, um 175–170 v. Chr., wie zwei Schatzfunde beweisen, die zur gleichen Zeit – am Ende des Krieges – vergraben wurden.[2] Die Lage der zwei Orte ist im Zusammenhang mit den Bewegungen der römischen Armee zwischen dem Operationsgebiet und der adriatischen Küste zu sehen. Die thasischen Stücke sind in den zwei Schätzen sehr schwach vertreten, doch sie reichen aus, um uns über das Engagement von Thasos in diesem Krieg auf Seiten Roms Auskunft zu geben.[3]

Die Tetradrachmen der 170er Jahre, die von einigen Drachmen begleitet werden, sind von sehr gutem Stil: Der Kopf ist schön rund und der relativ kleine Efeukranz lässt den oberen Teil der Schädelkalotte frei. Die ersten Emissionen unterscheiden sich stark von der großen Masse der Münzen dieses Typs (Abb. 4–7). Lange Zeit haben Historiker und Numismatiker keine Unterschiede innerhalb der Münzserie gesehen und die gesamte Prägung als Ausdruck der *„wirtschaftlichen Expansion des Stadt"*[4] und ihrer wirtschaftlicher Aktivität interpretiert. Aber trotz der Kontinuität der Typen tragen mehrere Kriterien dazu bei, die thasische Produktion in zwei deutlich verschiedene Gruppen zu unterteilen: der Stil, das Verbreitungsgebiet und die Datierung.

Auf der großen Masse der Stücke nimmt die Drehung der Haare, die von der Schläfe an zusammengefasst sind und eine über dem Nacken hochgesteckten Ringellocke bilden, eine zunehmende Bedeutung ein. Vor allem die herzförmigen Efeublätter des Kranzes sind mehr und mehr betont und bedecken den gesamten Kopf, ohne vom oberen Teil des Kopfes mehr als ein paar Haare sehen zu lassen. Der Wechsel von einem Stil zum anderen geschieht deutlich, ohne Übergang. Mehrere neue Stücke zeigen eine sehr ausgewogene Komposition, eine beherrschte Darstellung des Götterkopfs und, selbst wenn ihr Stil „spät" sein kann, das Werk von meisterhaften Künstlern ist. Andere zeugen von einer geringeren Sorgfalt und Qualität; aber ähnliche Phänomene kann man auch in hervorragenden Werkstätten feststellen. Dagegen sind bestimmte Stücke, bei denen die Legende – zwar in gleicher Anordnung, einschließlich des Ethnikon – auf eine Reihe von Punkten ohne Bedeutung reduziert ist, und bei denen die Bildtypen wie Karikaturen erscheinen, sehr früh als „barbarische Imitationen" angesehen worden (Abb. 8).

Abb. 4: Tetradrachmon thasischen Typs (ca. 110–90 v. Chr.)

Abb. 5: Tetradrachmon thasischen Typs (ca. 110–90 v. Chr.)

Abb. 6: Tetradrachmon thasischen Typs (ca. 110–90 v. Chr.)

Abb. 7: Tetradrachmon thasischen Typs (110–90 v. Chr.)

Abb. 8: Imitation eines Tetradrachmons thasischen Typs

Seit Beginn dieser Münzprägung ist die Kontrolle der Silber- und der zeitgleichen Bronzegeldprägung verschiedenen Verantwortlichen anvertraut worden. Die ersten Tetradrachmen tragen auf dem Revers das Monogramm ⌀, das vermutlich eine Kontrollmarke darstellt. Die jüngeren Stücke sind von einem M begleitet, vom Monogramm ᛗ (das manchmal schwer von einem einfachen M zu unterscheiden ist), oder seltener von einem ᛟ (das als HPOΔOT... gedeutet werden kann). Keines dieser Monogramme findet sich auf den Bronzemünzen, aber vor allem können einige dieser Zeichen, die sich auf Dutzenden von Stempeln finden und mit sehr unterschiedlichen Stilen verbunden sind, anscheinend nicht als gewöhnliche Kontrollmarken interpretiert werden. Ihre Funktion bleibt uns verborgen. Bis auf einige Fälle erscheint regelmäßig das Ethnikon ΘΑΣΙΩΝ und, im Unterschied zu anderen Imitationsgruppen wie die meisten Nachahmungen rhodischer Stücke,[5] nichts erlaubt eine Unterscheidung zwischen einer „thasischen" Produktion und einer Imitation. Der Reverstyp Herakles mit der Keule findet sich auf kaiserzeitlichen Bronzen wieder.

Die barbarischen Kopien und die qualitätvollen Stücke liefen gemeinsam in den gleichen Regionen um und sind in den gleichen Schätzen gehortet, zusammen mit „Zwischenstücken", die man ebenso als Imitationen einstufen könnte. Lange Zeit hat man alle Stücke, die nicht dem „barbarischen Stil" angehören, als thasisch angesehen: Dies ist noch die Meinung von G. Le Rider in seiner Darstellung von 1968.[6] Aber 1985 schrieb M. Crawford, dass er nach einer persönlichen Untersuchung keinen Zweifel habe, dass „*virtually all the ... Thasian issues in these hoards [of Bulgaria and Romania] are local imitations.*"[7] Diese Aussage ist zweifellos übertrieben, denn es würden nicht viele thasische Stücke übrigbleiben, die als Modell für diese Imitationen dienen könnten. Allerdings folgte die Forschung dem von Crawford gegebenen Anstoß und in Coin Hoards IX[8] setzt A. Meadows den Namen Thasos in Anführungszeichen oder spricht bei Stücken, die er nicht gesehen hat, von Imitationen, was für ihn mit einschließt, dass die Hauptmasse des Materials nicht original thasisch ist.

Wie ich festgestellt habe, erlaubt der Stil keine Unterscheidung zwischen den Stücken, die sicher nicht aus der Stadt stammen und den anderen, deren Qualität nicht erlaubt, sie *a priori* der Stadt abzusprechen. Der Übergang von den einen zu den anderen vollzog sich schrittweise und ohne merkliche Zäsuren im Gesamtmaterial, das unbestreitbar sehr homogen ist. Es muss also ein anderes Kriterium geben, das es erlaubt, von einer Imitationsprägung zu sprechen, nämlich deren Verbreitungsgebiet. Die beiden Schatzfunde, die Stücke der ersten Emission enthalten – die unzweifelhaft aus Thasos stammt – sind im Westen der griechischen Halbinsel gefunden worden. Keiner der 340 Schatzfunde mit den neueren Prägungen stammt aus Griechenland, sieht man von einer oder zwei Ausnahmen in Makedonien ab. Ein einziges Stück ist in Thasos selbst gefunden worden. Die südlichsten Funde beginnen in der Gegend von Drama und in Didymoteichos, also in Thrakien. Von der Südseite der Rhodopen und vom unteren Hebrostal an findet man davon eine große Anzahl in beinahe allen thrakischen Gebieten bis zu den Geten des unteren Donautals und jenseits der Karpaten bis nach Transsylvanien und zur Moldau. Zahlreiche dieser Funde wurden zerstreut, bevor sie untersucht werden konnten, aber die Analyse des veröffentlichten Materials zeigt, dass es kaum möglich ist, anhand der Fundverteilung eine klare Unterscheidung zwischen qualitätvollen Stücken und solchen lokalen Stils zu treffen. Es handelte sich um Bargeld, das als solches in der gesamten Region kursierte. Ich werde zukünftig von „Tetradrachmen thasischen Typs" sprechen, indem ich den von I. Prokopov in seinem neuen Buch über „die Tetradrachmen thasischen Typs" verwendeten Ausdruck benutze.[9] Aber ich werde ihm einen etwas anderen Sinn geben, da ich nicht glaube, dass man noch von einer „Silberprägung" der Insel Thasos sprechen kann.

Um das Phänomen zu interpretieren, empfiehlt es sich, die Chronologie zu präzisieren. Die Numismatiker waren sich sehr schnell einig, das Ende der Prägungen in die ersten Jahre des 1. Jahrhunderts v. Chr. zu legen,[10] genauer: zu einem Zeitpunkt des Ersten Mithridatischen Krieges, als sich Thasos durch seinen mutigen Widerstand gegen die pontische Armee hervorgetan hat. Einige Schatzfunde (insbesondere IGCH 659 und 975) lassen sich durch die darin enthaltenen Denare der Römischen Republik nach 64 und nach 44 datieren, aber sie enthalten Prägungen, die schon lange vorher geprägt wurden, und die thasischen Exemplare müssen älter als die Denare sein. Ihr Beginn blieb lange im Dunkeln. Auch war man lange Zeit, als die erste Emission noch nicht deutlich separiert wurde (durch die Schatzfunde von 168), mehr oder weniger stillschweigend der Meinung, dass es eine Kontinuität in den Emissionen der Stadt geben musste und folglich, dass diese Münzen seit dem Jahr 148, das man damals als Beginn der Serie festlegte, geprägt wurden.

Aber nach und nach zeigte die Entwicklung der im *Inventory of Greek Coin Hoards*, später in den aufeinanderfolgenden Lieferungen der *Coin Hoards* vorgeschlagenen Datierungen, einschließlich der verstreuten Schatzfunde, deren Stücke nie der Wissenschaft zu Gesicht kamen,[11] dass die Numismatiker von einer ungefähren Datierung in der zweiten Hälfte des 2. Jahrhunderts v. Chr. und am Beginn des 1. Jahrhunderts zu einer viel engeren Chronologie übergingen, die erst in den letzten Jahren des 2. Jahrhunderts beginnt. Wir verfügen nur über wenige Indizien, denn zahlreiche Schatzfunde sind zerstreut, andere umfassen nur Stücke des thasischen Typs, und die Prägungen, mit denen sie gemeinsam verborgen wurden, sind selbst schlecht datierbar. Aber wenn wir Indizien haben, weisen sie alle in dieselbe Richtung. So hat Fr. de Callataÿ eine gewisse Anzahl von Überprägungen von Tetradrachmen thasischen Typs durch späte Alexandreier von Städten des Schwarzmeergebiets veröffentlicht. Die Münzen, mit denen sie gemeinsam verborgen wurden, datieren vom 1. Jahrhundert v. Chr.: Dies trifft auch für die römischen Denare oder die Drachmen aus Apollonia und Dyrrachion zu, die nicht vor den Jahren 120–110 in diese Gegend kamen, wie wir haben zeigen können.[12] Der Schatzfund von Edirne (IGCH 971), der Tetradrachmen von Alexandreia/Troas, Prusias II., Nikomedes von Bithynien und späte Lysimacheier von Byzantion enthält, ist um 85 v. Chr. vergraben worden. Wir werden sehen, dass eine Emission thasischen Typs von einem römischen Magistraten geschlagen wurde, der in den Jahren 93–87 amtierte. Diese Daten geben uns den chronologischen Rahmen, während dessen unseres Erachtens die Gesamtheit dieser Münzprägung geschlagen wurde.

Es ist festzuhalten, dass diese umfangreiche Produktion nur eine sehr kurze Zeit angedauert hat und dass ihre Kürze im starken Gegensatz zum bemerkenswerten Volumen der Emissionen steht.[13] Diese Feststellung führt zur Frage nach der Herkunft des Metalls. Wenn Thasos in der Vergangenheit jahrhundertelang für seinen Reichtum aus seinen Silberminen bekannt war,[14] muss man unterstreichen, dass die Silberprägung der Stadt nach 463 nie wieder den Umfang hatte, der vorher durch die Ausbeutung der Lagerstätten möglich war, auf welche die Stadt damals Zugriff hatte. Die Silberprägungen gehen im 4. Jahrhundert zurück, um im 3. Jahrhundert ganz zu versiegen. Die wenigen Emissionen des 2. Jahrhunderts sind von untergeordneter Bedeutung. Seit den 360er Jahren besteht das gewöhnliche Bargeld der Stadt aus Bronze. Es ist ausgeschlossen, dass diese immensen Prägungen des thasischen Typs aus Bergwerken, die die Stadt kontrolliert, gespeist wurden.

Die thrakischen Kriege

Die Münzprägung des thasischen Typs stellt zwar eine umfangreiche Produktion dar, aber sie ist auf einen Zeitraum von ungefähr 30 Jahren begrenzt und war nur in einem ganz fest umrissenen Bereich in Gebrauch, dem Gebiet der Thraker. Nun wird aber genau in dieser Zeit diese Region von intensiven Konflikten erschüttert, über die wir nur sehr schlecht unterrichtet sind.

Der erste Grund für unsere Unkenntnis hängt mit dem beinahe vollständigen Verlust der antiken Geschichtsschreibung dieser Zeit zusammen: Vom historischen Werk des Poseidonios von Apameia[15] oder des Strabon sind nur geringe Teile erhalten. Das Buch, das Appian den Makedonischen und Illyrischen Kriegen gewidmet hat, ist ebenfalls unvollständig und handelt nicht von Thrakien. Man ist gezwungen, sich mit Notizen ethnographischen Charakters oder den moralischen Reflexionen im 7. Buch der *Geographie* des Strabon zu begnügen, die das Interesse belegen, das Poseidonios der Region entgegengebracht hat. Die lateinische Geschichtsschreibung für diese Zeit ist so lückenhaft, weil von den Büchern des Livius über diese Jahre nur die *periochae* oder die Zusammenfassungen später Autoren existieren.[16] Tatsächlich kennen wir bis zum Feldzug Sullas nur die Aufzählung der in Makedonien amtierenden Promagistrate und der Triumphe, die sie erhielten. Die griechische Epigraphik liefert einige Informationen über Schwierigkeiten mit den griechischen Städten und den Niederlagen der römischen Armeen.

Die Lücken in der literarischen Überlieferung erklären nicht alles: Aus der Sicht Griechenlands oder Roms erscheint Thrakien als ein Randgebiet, das die antiken Historiker nur schlecht kannten und das sie nur im Rahmen von Plünderungszügen in Griechenland behandeln. Es ist bezeichnend, dass die häufigste Erwähnung von Thrakien in dieser Epoche durch den Spartakusaufstand eingeleitet wird, der nur eine indirekte Folge der römischen Intervention auf der Halbinsel darstellt. Diese Kriege, bei denen die Statthalter Makedoniens oft eine defensive Position einnehmen, scheinen in den Machtkämpfen innerhalb der römischen Aristokratie keine Rolle gespielt zu haben.[17] Sie erscheinen nur indirekt in den sehr lebhaften politischen Debatten der Zeit. Einer der erhellendsten Texte, der Anklage Ciceros gegen das Kommando des Piso, *in Pisonem* (der nach unserer Zeit entstand), ist für den Redner nur ein zweitrangiges Argument in einem Angriff, in dem alle Register gezogen werden.

Unsere Unkenntnis wird noch vergrößert durch die Ungenauigkeit und Unbeständigkeit, welche die Formen der politischen Organisation, die Machtstrukturen und die Kriegspraxis der Thraker in dieser Zeit zu charakterisieren scheinen. Die meisten griechischen Texte benutzen den allgemeinen Namen „Thrakien", der jedoch nie einer Staatsstruktur dieser Zeit entsprach. Einige besser informierte Historiker haben die Namen mehrerer ἔθνη, „Völker" oder „*tribus*" überliefert, aber es ist sehr schwierig, zwischen großen Völkern, die in mehrere Einheiten untergliedert sein können, kleinen „*tribus*" und einfachen Clans, die offenbar nur Untergruppen bedeutender Gesamtstämme darstellen, zu unterscheiden. Plinius (nat. hist. IV 40) zählt folglich viele Untergruppen der Bessen auf. Chr. Danov spricht von „Stammesverband", zusammengesetzt aus „Unterstämmen" und „Zweigstämmen", Begriffe, in deren Ungenauigkeit sich die Unsicherheit unserer Kenntnisse ausdrückt. Dieser ausgezeichnete Kenner der thrakischen Verhältnisse stellt fest, dass es umso schwerer ist, eine genaue Karte der Verteilung der antiken Volksgruppen zu erstellen, als unsere sehr lückenhaften Informationen verschiedenen Zeiten entstammen und sich die Gebiete dieser Völker und die politischen Verhältnisse sicher im Laufe der Zeit veränderten. Die Karte, die wir vorschlagen, kann daher nur einen ungewissen und ungenauen Entwurf darstellen (Karte 1).

Abgesehen von kurzzeitigen Vereinigungen, die niemals das gesamte thrakische Gebiet betrafen, zur Zeit des Königreichs der Odrysen im 5. und 4. Jahrhundert, später anlässlich der Bildung eines Klientelkönigtums des Römischen Reiches, lag die wahre Macht und die Kriegführung bei den lokalen Anführern. Die Titel und die Machtbereiche dieser Herrscher, deren Autorität anscheinend stets von zahlreichen Rivalen bestritten wurde, sind im Ganzen ebenfalls schlecht bekannt. Man spricht gern von „Königen". Aber Appian (App. civ. IV 10, 75) erwähnt die Frau τινος τῶν βασιλίσκων, deren Mann von Feinden ermordet worden ist. Anderswo tragen diese Anführer weniger glänzende Titel wie Dynasten, *reguli* oder *principes*, wie in Ciceros Bericht vom Verrat eines thrakischen Machthabers unter dem Prokonsulat des Piso (Cic. Pis. 84).

Das Verschwinden des Makedonischen Königreichs hatte schlimme Konsequenzen für die Thraker. In Fortsetzung der von Philipp II. begonnenen brillanten Politik haben Philipp V. und Perseus sehr wichtige Kontingente dieser Völker (die oft nur sehr allgemein namentlich genannt werden) in die makedonische Kriegsmaschinerie integriert. Dieses massive Anwerben thrakischer Söldner hat im ganzen Land bis an die Donau die Verbreitung zahlreicher Silberstatere Philipps II. verursacht, die Vorbilder für lokale Imitationen waren, später auch von Alexandreiern sowie von Bronzeprägungen der letzten Könige. Daraus erklärt sich die große Zahl der Schatzfunde mit diesen Stücken seit dem Ende des 4. Jahrhunderts, die überall im Land gefunden werden.

Die Bildung der Provinz Makedonien hat diesen Rekrutierungen ein Ende bereitet, was diese Krieger veranlasst hat, in Makedonien einzufallen, um sich mit der Waffe in der Hand das Geld zu beschaffen, das sie nicht mehr im ordentlichen Dienst des Königs verdienen konnten. Der Befehl für diese Plünderungszüge stammte von irgendeinem Stammesführer, der die Initiative ergriffen hatte und dessen Namen manchmal erhalten ist. Aber die antiken Historiker und die epigraphische Überlieferung betonen die vielfältige Zusammensetzung der Angreifer, was zeigt, dass jeder Kriegsherr nicht nur Männer seines eigenen Stammes anheuerte, sondern auch Abteilungen benachbarter oder abgelegenerer Völker, die es akzeptierten, sich seinem Kommando zu unterstellen. So können Völkerschaften, die zu einem bestimmten Zeitpunkt bedeutend waren, aber in der Folgezeit einen Niedergang erlebten, am Krieg teilnehmen, ohne genannt zu werden: Dies trifft auf die Triballer zu, die im 4. Jahrhundert sehr gefürchtet waren, aber in anderen Zeiten aus unseren Quellen verschwinden, zweifellos, weil sie von einem auswärtigen Machthaber unterworfen wurden.

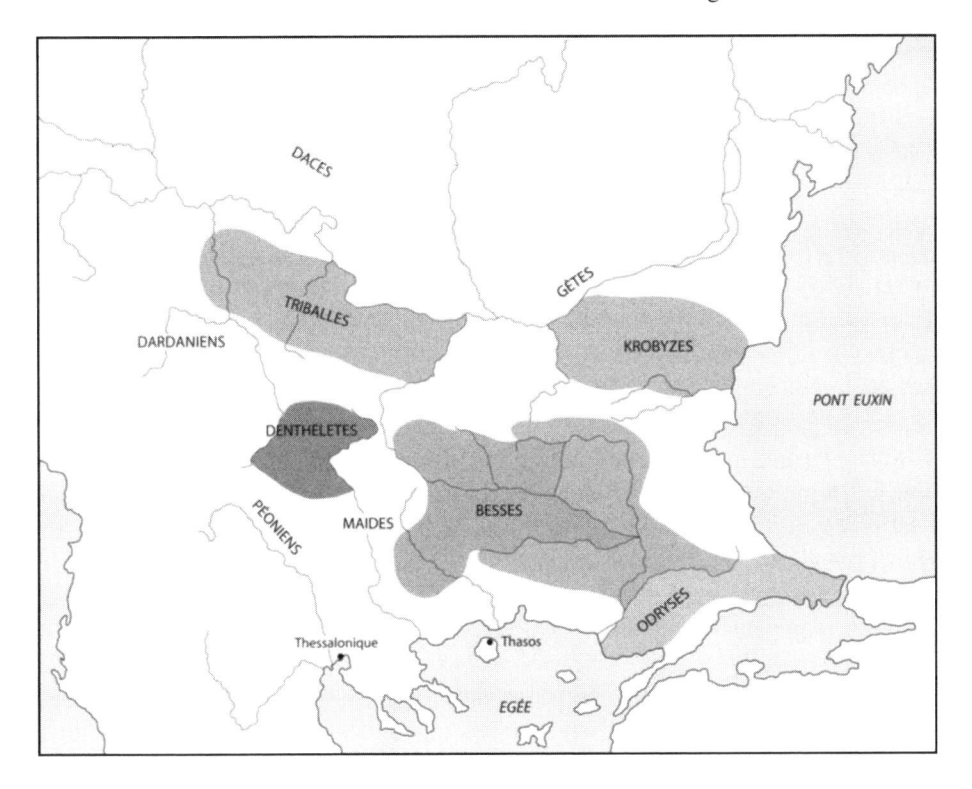

Karte 1: Karte der thrakischen Stämme

Aufgrund der Quellensituation können wir die chronologische Abfolge der Ereignisse nur in groben Zügen nachvollziehen.[18] Der große Einfall der Skordisker und Mäden im Jahr 119 markiert den Beginn einer neuen Epoche, die durch intensive militärische Aktivitäten gekennzeichnet ist. Der Erfolg dieses Einfalls ist bezeugt durch die Inschrift von Lete,[19] einer kleinen Stadt im Norden von Thessalonike, welche die verursachten Schäden und den Tod des Prätors Sextus Pompeius erwähnt.

114 v. Chr. erlitt der Konsul C. Porcius Cato, späterer Prokonsul von Makedonien, auf seinem Marsch eine schlimme Niederlage (συμφορά) durch die Skordisker und ihre Verbündeten (Dio fg. 88; Liv. per. 63).

Im folgenden Jahr erhielt der nach Makedonien entsandte Konsul C. Caecilius Metellus für seine Erfolge gegen die Thraker einen Triumph. Er wird später wegen Erpressung in Ausübung seines Kommando verurteilt. Wie Eutrop notiert, beginnen die römische Armeen von diesem Moment an, von Süden ins Innere Thrakien einzudringen, das heißt in das Land der Bessen im mittleren Tal des Hebros (Maritza): *Alter autem Lucullus, qui Macedoniam administrabat, Bessis primus Romanorum intulit bellum atque eos ingenti proelio in Haemo monte superavit. Oppidum Uskudamam (= Hadrianopolis), quod Bessi habitabant, eodem die, quo adgressus est vicit, Cabylen cepit, usque ad*

Dardanium penetravit. Inde multas supra Pontum positas civitates adgressus est. Illic Apolloniam evertit, Callatim, Paerthenopolim, Tomos, Histrum, Burziaonem (= Bizonem) cepit.[20]

Ein erneuter Einfall von *„Skordiskern, Bessen und anderen Thrakern"* wurde im Jahr 109 vom Prokonsul M. Minucius Rufus beendet, der sie nach Thrakien zurückdrängte, wo er ihnen auf dem zugefrorenen Hebros, also im Land der Bessen, eine Schlacht lieferte (Fest. 9, 3). Dieser Sieg brachte ihm einen Triumph und zwei Ehrenstatuen ein, die ihm von der Stadt Delphi[21] errichtet wurden. M. Didius, Proquästor im Jahr 101, *„beendete das Vagabundieren der Thraker. Marcus Drusus hielt sie innerhalb ihrer Grenzen"* (Fest. 9, 2).

Weitere Überfälle traten unter der Statthalterschaft des C. Sentius Saturnius zwischen 92 und 88 auf.

Die Unruhe in Thrakien wurde durch die Kriegsvorbereitungen des Mithridates, der zahlreiche Bastarner anheuerte (stationiert in der Dobrudscha auf der anderen Seite der Donau) und sich die Unterstützung zahlreicher thrakischer Machthaber sicherte, wieder belebt. So sind anlässlich des Einfalls in Makedonien für die Jahre 89–88 Überfälle erwähnt, an denen thrakische Abteilungen teilnahmen.[22] Im Jahr 88 v. Chr. und zweifellos auch im Folgejahr konnte der Statthalter von Makedonien nicht verhindern, dass der thrakische Machthaber *Sothimus cruente vastavit; cunctos Macedones fines depopulatus est.*[23] Auch wenn wir keine genauen Informationen haben, ist anzunehmen, dass Thraker an der Belagerung von Thasos teilgenommen haben. Um diese Plünderungen zu beenden, nutzte Sulla die Atempause, die ihm der Waffenstillstand mit dem König von Pontos im Jahr 85 verschaffte, für eine Strafoperation gegen die Mäden und Dentheleten (eher als gegen die Dardaner) sowie gegen die Skordisker[24], die sein Legat L. Hortensius fortführte.

Die Belagerung von Thasos und die Kampagne Sullas scheinen nach den Daten der Schatzfunde zu urteilen das Ende unserer Prägung gut zu datieren. Nicht dass das Land fortan von den Römern gut kontrolliert worden wäre: Im Jahr 84 gelangte ein neuer Einfall, bei dem sich die Skordisker mit Thrakern verbündeten, bis nach Delphi, wo der Apollontempel in Brand gesteckt wurde.[25] Die Operationen setzten sich fort, bis der Krieg in anderem Maßstab vom Dakerkönig Burebista wiederaufgenommen wurde, was zeigt, dass sich der Schauplatz der Operationen nach Norden verlagerte. Aber vor allem änderte sich die Finanzierung der Konflikte durch eine zunehmend größere Beteiligung des römischen Denars.

Die Verteilung der Schatzfunde

Die Prägung und Verwendung der Tetradrachmen thasischen Typs lassen sich meiner Meinung nach mit diesen von Rom mit wechselndem Erfolg geführten Kriegen erklären; gleiches gilt auch für weitere parallele Prägungen wie die den thasischen sehr nahe stehenden von Maroneia[26], in den Typen der ersten makedonischen Meris, des Aesillas oder der LEG MAKEΔONΩN.[27] Zu den bereits erörterten Argumenten, die für die These sprechen (der Unterschied zu der eigentlichen thasischen Prägung, die Chronologie), kommt die geographische Verteilung der Schatzfunde.

Im Unterschied zu den ersten Emissionen sind die Schatzfunde mit Tetradrachmen thasischen Typs ausschließlich im östlichen Teil der Balkanhalbinsel gefunden worden, im Gebiet, wo die Alten die Heimat der Thraker und der Dako-Geten[28] lokalisieren: Keiner in Griechenland, nur zwei in Makedonien[29], ein isoliertes Exemplar auf der Chalkidike, keiner in Paionien, keiner im Land der Skordisker und Dardaner, während die Kelten und Illyrer regelmäßig mit den thrakischen Kriegen in Verbindung gebracht werden: Es handelt sich folglich um ein typisch thrakisches Phänomen, das nur nördlich der Rhodopen beginnt. Es gibt auch keine Funde bei den Odrysen: Der östlichste Schatzfund stammt aus Adrianopolis-Edirne.[30] Sie sind an der Küste sehr selten und keiner stammt aus den griechischen Städten des Schwarzmeergebiets, was bestätigt, dass diese Stücke nicht für den Überseehandel genutzt wurden. Auch stammt kein Fund aus dem Gebiet der Dentheleten, von denen Cicero berichtet, dass sie bis zum Prokonsulat des Piso die treuesten Verbündeten Roms waren. Dagegen kann man im Herzen Thrakiens mindestens 71 Schätze zählen, die man auf einer modernen Karte eintragen kann.[31]

Die Karte mit den Vergrabungsorten ergibt also ein ganz anderes Verteilungsbild als die nüchterne Aufzählung einer Chronologie der Kampagnen und legt von der Verwicklung der verschiedenen Stämme viel besser Zeugnis ab. In dem so definierten geopolitischen Rahmen muss man die große Streuung der Funde unterstreichen: Sie sind nicht auf die antiken Zentren konzentriert. Sicher ist Thrakien in späthellenistischer Zeit kein urbanisiertes Land, aber man kann auch keine Konzentration auf bestimmte Gebiete feststellen; dies ist eine Garantie für die Zuverlässigkeit der Namen der festgestellten Orte, die keine Zentren des antiken Handels waren. Diese Schatzfunde sind nicht entlang einer Fernhandelsroute verteilt,[32] sondern überall im Land zerstreut, an sehr vielen Orten, die man nur auf Karten mit großem Maßstab eintragen kann.

Unsere Unkenntnis der historischen Geographie macht die Zuordnung dieser Schatzfunde zu einem bestimmten Volk sehr schwer und die Untersuchung des Geldverkehrs stößt auf große Schwierigkeiten. Ich werde aber den Versuch unternehmen, die Fundorte auf die Karte der thrakischen Völker von Chr. Danov zu übertragen, wobei ich mir der Unsicherheit einer solchen Rekonstruktion wohl bewusst bin: Wie der Autor zu Recht betont,[33] sind unsere Informationen ungenügend und auf mehrere Zeiträume verteilt, ohne den lokalen Entwicklungen Rechnung tragen zu können.

Die nach unseren Quellen am meisten in die Kriegshandlungen verwickelten Völker sind die Mäden und Bessen. Die ersten lebten im mittleren Strymontal,[34] nördlich der jetzigen Grenze zu Griechenland. Dort wurde nur ein einziger Schatzfund entdeckt. Dagegen bildet das Gebiet der Bessen, das heißt die Nordseite der Rhodopen, das obere und mittlere Tal des Hebros (Maritza), ab dem Pass, der zur Ebene von Sofia führt, dann die Region von Philippopolis (eine makedonische Gründung, deren Fall selbstverständlich getrennt zu betrachten ist) und das Gebiet des heutigen Stara Zagora bis zur Vereinigung des Hebros mit dem Fluss Tonsos (Tundscha) in Hadrianopolis-Edirne, mit 16 Schatzfunden eine der beiden fundreichsten Regionen. Die andere starke Konzentration findet sich im Osten, im Tal der Tundscha, in einer Gegend, die im 4. Jahrhundert unter der Herrschaft der Odrysen stand,[35] wo 11 Schatzfunde gemacht wurden und auf der anderen Seite im Norden der Bessen. Die Völker, die in der Moderne in dieser Gegend lokalisiert werden, sind die Usdikenser auf der Nordseite des Balkangebirges und in der Donauebene zwischen Oiskos (Iskar) und Althrys (Jantra), bei denen 18 Schatzfunde gemacht wurden, sowie die Großen Koilaleten, die Chr. Danov in der Balkankette zwischen den Bessen und den Krobyzen lokalisiert, was der Gegend des heutigen Veliko Tarnovo und Šumen entspricht, wo sechs Funde gemacht wurden.

Je mehr man sich von diesem zentralen Gebiet entfernt, desto mehr verringern sich die Funde. Es gibt nicht mehr als drei in der Ebene von Sofia, wo es schwer ist, den Wohnraum der drei Gruppen genau zu bestimmen, der Serden (von denen der Name der Stadt Serdica stammt), der Treren und der Tilateer. Darüber hinaus hat das viel größere Gebiet der Triballer[36] zwischen den Moesiern entlang der Donau und der Ebene von Serdica nur sieben Funde zu bieten, was einer geringen Funddichte entspricht.

Eine Überprüfung der Gebiete östlich des Landes der Bessen führt zum gleichen Ergebnis. Es gibt nur zwei Schatzfunde in der Küstenebene, nicht weit von der thrakischen Stadt Develt (nahe dem heutigen Burgas), vier bei den Krobyzen, die im Norden des Balkangebirges lebten, in der Gegend von Šumen, und zwei im Nordosten bei den Geten der Dobrudscha.

Noch einmal: Wir sind weder in der Lage, eine genaue historische Karte mit der Verteilung der thrakischen Völker am Beginn des 1. Jahrhundert aufzustellen, noch die Entwicklung ihrer Wohngebiete seit dem 5. Jahrhundert zu verfolgen. Man muss sich im Übrigen davor hüten, den Einfluss einer kriegerischen Aristokratie auf ihre Nachbarn, der Schwankungen unterlag,[37] und ihre Fähigkeit, andere ethnische Gruppen zu mobilisieren, mit dem Siedlungsraum eines wahrscheinlich stabileren ἔθνος zu verwechseln. Daher zeigt die Lokalisierung der Schatzfunde, dass deren Vergraben nicht zufällig geschah, sondern dass sie mit einer genauen Geographie korrespondierten: Es erscheint klar, dass die zentrale Zone, die sicher von den Bessen und ihren nördlichen Nachbarn bewohnt wurde, eine wesentliche Rolle im Gebrauch der Tetradrachmen thasischen Typs gespielt hat. Wir können diese antiken Informationen über die Rolle der Bessen in diesen Kriegen mit der Chronologie dieser Prägungen vergleichen, um daraus zu schließen, dass diese Münzprägung mit einigen anderen dazu gedient haben, bestimmte thrakische Kriege zu finanzieren.

Die Verteilung der Schatzfunde liefert uns eine zweite Information von großem Interesse, nämlich das Verbreitungsgebiet der Tetradrachmen thasischen Typs bei den Völkern nördlich der Donau bis in den Norden des heutigen Rumänien, in Regionen, von denen wir vor der Regierung Burebistas keine Nachricht haben.

Man zählt wenigstens 35 Schatzfunde, die in der Donauebene am Fuß der Subkarpaten gefunden wurden, zu denen man die fünf aus der Dobrudscha hinzuzählen muss. Es gibt 22 in den eigentlichen Karpaten zuzüglich einen in Moldavien und 12 in Transsylvanien (davon einer im heutigen Ungarn). Diese beträchtliche Menge an Münzen gibt den seltenen literarischen Angaben größeres Gewicht, die die Daker mit den thrakischen Kriegen in Verbindung bringen:[38] Florus (III 4) berichtet, dass 113 v. Chr. die von Drusus verfolgten Skordisker versucht haben, über die Donau zu fliehen; Eutrop (IV 10) zeigt, dass sich die Daker den Barbaren in der Kampagne des Jahres 109 angeschlossen haben. Man kann sich auch vorstellen, dass mit dem allmählichen Vorrücken der römischen Armeen nach Norden einige Besitzer dieser Stücke in Regionen nördlich des Flusses auswichen, die vor den Strafexpeditionen der römischen Legionen in diesen Jahren sicher waren. Andererseits erscheint die Zahl der nördlich der Donau vergrabenen Schätze bedeutender, weil im Süden in moderner Zeit nur die Depots wiedergefunden wurden, die in der Antike der Beutesammlung der Sieger entkommen sind. Diese starke Präsenz von Münzen aus dem Süden zeigt jedenfalls, dass der Fluss kein Hindernis für die Bewegungen der Soldaten bildete. Sie wirft ein deutliches Licht auf die Situation des Landes vor der Staatsgründung Burebistas.

Thasos, die Tetradrachmen thasischen Typs und die thrakischen Kriege

Wir ziehen also den Schluss, dass die Tetradrachmen thasischen Typs als Zahlungsmittel für die thrakischen Kriege gedient haben, die, wie alle Kriege, mit allen Arten von Finanzoperationen verbunden waren. Wir haben dafür keine direkten Belege, aber bestimmte Quellen erlauben es, mehrere Spuren zu verfolgen.

Das Tetradrachmon attischen Standards ist das Nominal für die Besoldung von Kriegern par excellence. Auf der Seite der römischen Truppen haben die griechischen Städte sicher Kontingente gestellt, deren Umfang wir nicht kennen, die aber nicht unbedeutend waren.[39] Im gegnerischen Lager waren die Thraker seit der Zeit Philipps II. daran gewöhnt, zumindest einen Teil ihres Solds bar zu empfangen, so dass kaum vorstellbar ist, die thrakischen Dynasten hätten sie anheuern können, ohne sie zu bezahlen; aber wir wissen nicht, mit welchen Prägungen. Die diplomatischen Verhandlungen und der eventuelle Anschluss thrakischer Stammesführer waren von finanziellen Zuwendungen begleitet, wie *in Pisonem* einige Jahre später anprangert. Rom selbst hat thrakische Hilfstruppen angeheuert. Solche Rekrutierungen sollen bei den traditionellen thrakischen Verbündeten der Römer, wie den Dentheleten, häufig gewesen sein. Allerdings waren die Thraker nicht in zwei deutlich getrennte Lager geteilt und je nach Kampagne, momentaner Interessenslage und wahrscheinlich auch nach dem Stand der Verhältnisse mit den Nachbarn, konnte sich eine Volksgruppe den Römern anschließen oder sich gegen sie entscheiden: So kommt kurz nach unserer Epoche, unter dem Prokonsulat des Piso, einer der Stammesführer der Bessen, eines besonders romfeindlichen Stammes, um Piso Truppen anzubieten, weil er sich die Feindschaft der Dentheleten zugezogen hatte.[40]

Thrakien bot während dieser Kriegsjahre ein vorteilhaftes Gebiet für Finanzgeschäfte, die reichlich Bargeld erforderten. In den Schatzfunden sind republikanische Denare nur sehr gering mit thasischen Stücken vermischt und die direkte Finanzierung durch Rom muss sehr schwach gewesen sein. Aber andere Prägungen finden Verwendung: Auf der einen Seite makedonische Prägungen, im Namen der ersten Meris oder des römischen Magistraten Aesillas, die Prägung von Maroneia und die Alexandreier der Städte des Schwarzmeergebiets. Unter den großen Griechenstädten an der thrakischen Küste wurden die Münztypen derer benutzt, die im Dritten Makedonischen Krieg und im Krieg gegen Mithridates Roms treueste Verbündete gewesen waren: Maroneia und Thasos, während Abdera und Ainos an diesen finanziellen Kreisläufen nicht beteiligt waren.

Anlässlich der thrakischen Feldzüge, die dem Krieg gegen Mithridates vorangingen, bot Thasos einen sicheren Stützpunkt, mit einem aktiven Handelshafen und einem sicheren Hafen für die Kriegsflotten. Diese Einrichtungen wurden 48 v. Chr. anlässlich der Schlacht bei Philippi von den Republikanern genutzt, von denen einige zu den Patronen der Stadt gehörten. Die Insel liegt gegenüber der Mündung des Nestos (der Mesta), dessen Tal die Rhodopen durchbricht und zu den Pässen nach Philippopolis führt, ein kurzer Zugangsweg ins Land der Bessen. Es scheint also sehr wahrscheinlich, dass die thasischen Autoritäten den Römern anlässlich dieser Operationen geholfen haben, indem sie ihnen eine Abteilung thasischer Soldaten oder ein griechisches Hilfscorps (von dem wir nichts wissen) zugeführt haben, das heißt sie waren die Händler und Finanziers gewesen, die üblicherweise Kriegszüge begleiten. Ihre Rolle war so bedeutend, dass sie Münzen schlagen durften und dafür Münztypen aufgriffen, die die Stadt 60 Jahre früher verwendet hatte. Wie ich betont habe, kann man nicht annehmen, dass die Tetradrachmen thasischen Typs Teil der regulären städtischen Prägungen waren. Man kann diese Sonderproduktion mit den athenischen Stephanephoren in der zweiten Hälfte des 2. Jahrhunderts vergleichen. Die gleichmäßige Steigerung der für dieses Geld gebrauchten Stempel, die einen Höhepunkt im Jahr 100 erreicht,[41] entspricht bei weitem weder dem Bedarf der Stadt, noch ihren Ressourcen. Die finanziellen Angelegenheiten dieser Jahre lagen fortan in den Händen von Finanziers und italischen *negotiatores*, die in Athen mit athenischen Finanziers in Verbindung standen.[42] Die thrakische Front musste auf gleiche Weise die Entwicklung gewinnbringender Transaktionen römischer und griechischer Finanziers begünstigen, unter denen die Münzen die Thasier auf den ersten Rang brachten.

Die ersten Tetradrachmen thasischen Typs sind zweifellos auch auf Anordnung der Thasier, die sich im Lager Roms befanden, geschlagen worden. Wenn man dies festhält, besteht kein Zweifel, dass viele Stücke, die in den Schatzfunden Bulgariens und Rumäniens entdeckt wurden, im Besitz der Feinde Roms waren, als sie vergraben wurden. Die zahlreichen Erfolge der thrakischen Krieger, von denen die Quellen berichten, haben es den Angreifern erlaubt, Beute zu machen, was ihr Ziel war. Aber diese Analyse erklärt weder die barbarischen Prägungen noch zweifelsfrei die Gesamtheit der Tetradrachmen thasischen Typs. Diese Münztypen, die aufgrund ihres Volumens und ihrer Qualität allen am Krieg Beteiligten gut bekannt war, wurden von beiden Seiten verwendet.

Die Frage „thasische Prägung oder Imitationen?" scheint mir daher eine komplexe Antwort zu erfordern. Es handelt sich nicht um gewöhnliche Prägungen der Stadt, wie es noch die ersten Emissionen zur Zeit des Dritten Makedonischen Krieges waren. Es sind aber auch nicht nur thrakische Imitationen, wie es sie Ende des 5./Anfang des 4. Jahrhunderts gab.[43] Eine gute Anzahl dieser Stücke bezeugt eine sehr spezielle Prägung, die für die Bedürfnisse der thrakischen Kriege von Finanziers geschlagen wurden, die gleichzeitig in ihrer Stadt politisch aktiv waren, aber deren wirtschaftliche Angelegenheiten in enger Beziehung zu den römischen Autoritäten und den *negotiatores*, teilweise auch zu den Feinden, stand. Dies ist die ganze Vieldeutigkeit einer komplizierten Epoche, in der das Imperium Romanum seine Macht ohne finanzielle Rücklagen in Griechenland ausübte, aber wo die Städte versuchten, daraus den besten Nutzen zu ziehen.

Die Gewohnheit, die Metallreserven des Landes für Prägungen zu nutzen, ging nicht verloren, wie nahezu ein halbes Jahrhundert später eine Maßnahme des Brutus zeigt, die ich zitiere, weil es sich um das einzige schriftliche Zeugnis über eine Praxis handelt, deren Bedeutung uns die Münzen enthüllt haben. Brutus verwendete die Schätze, die er von der Witwe eines ermordeten thrakischen Königs erhalten hatte, um Münzen zu schlagen: ἐν δὲ τοῖς θησαυροῖς, εὗρε παράδοξον χρυσίου τι πλῆθος καὶ ἀργύρου. καὶ τοῦτο μὲν ἔκοπτε καὶ νόμισμα ἐποίει (App. civ. IV 75).

Der bestehende Kontrast zwischen der enormen Menge der in Thrakien umlaufenden Tetradrachmen thasischen Typs und der relativen Bedeutungslosigkeit der Stadt Thasos in dieser Zeit ist so erklärlich. Die Sonderrolle dieses Geldes in den Emissionen der Stadt, zu denen sie nach ihren Typen, nicht aber nach ihrer finanziellen Verwendung gehören, die Kürze ihrer Ausgabezeit, die mit Beginn der thrakischen Kriege einsetzt und mit der Schwächung von Thasos zur Zeit der Mithridatischen Kriege endet, die Bedeutung ihrer Verbreitung im Land der Bessen und den Gegenden im Norden, die privilegierten Bande von Thasos mit dem makedonischen Statthalter, ermuntern dazu, in diesen Münzen ein Mittel der Kriegsfinanzierung zu sehen, was uns eine der wichtigsten Informationen über die thrakischen Kriege liefert. Insbesondere werfen diese Münzen ein Licht auf die bedeutende Rolle, die thasische Finanziers in diesem Krieg gespielt haben.

Literatur

Ashton, Richard: Rhodian Bronze Coinage and the Earthquake of 229–226 B. C., in: Numismatic Chronicle 146 (1986) 1–18.

Ashton, Richard: Pseudo-Rhodian Drachms from Central Greece, in: Numismatic Chronicle 155 (1995) 1–20.

Broughton, Thomas Robert S.: The Magistrates of the Roman Republic, 3 Bde., Atlanta 1986.

Crawford, Michael: Coinage and Money under the Roman Republic, London 1985.

Danov, Christo: Altthrakien, Berlin 1976.

Danov, Christo: Die Thraker auf dem Ostbalkan von der hellenistischen Zeit bis zur Gründung Konstantinopels, in: Aufstieg und Niedergang der römischen Welt, Bd. II 7.1, 1979, 21–185.

Daux, Georges: Delphes au IIe et au Ier siècle depuis l'abaissement de l'Etolie jusqu'à la paix romaine 191-31 av. J.-C., Paris 1936.

Dunant, Christiane; Pouilloux, Jean: Recherches sur l'histoire et les cultes de Thasos II, Paris 1958.

Edelstein, Ludwig; Kidd, Ian (Hgg.): Poseidonius, 2 Bde., Cambridge 1972–1989.

Gaebler, Hugo: Die antiken Münzen von Makedonia und Paionia, 2 Bde., Berlin 1906.

Gjondecaj, Shpresa; Picard, Olivier: Les monnaies d'Apollonia à la vache allaitant, in: Revue numismatique 155 (2000) 137–160.

Habicht, Christian: Athènes Hellénistique, Paris ²2006 (dt. Originalausgabe: Athen: Die Geschichte der Stadt in hellenistischer Zeit, München 1995).

Hinard, François: Histoire romaine, Paris 2000.

Le Rider, Georges: Les Monnaies, in: G. Daux (Hg.): Guide de Thasos, Paris 1968, 185–191.

Jacquemin, Anne: Offrandes monumentales à Delphes, Paris 1999.

Meadows, Andrew; Wartenberg, Ute (Hgg.): Coin Hoards IX. Greek Hoards, London 2002.

Mørkholm, Otto: The Chronology of the New Style Coinage of Athens, in: ANS Museum Notes 29 (1984) 29–42.

Ooteghem, Jules van: Les Caecilii Metelli de la République, Brüssel 1967.

Papazoglou, Fanula: The Central Balkan Tribes in Pre-Roman Times: Triballi, Autariatae, Dardanians, Scordisci and Moesians, Amsterdam 1978.

Picard, Olivier: Le commerce de l'argent dans la charte de Pistiros, in: Bulletin de correspondance hellénique 123 (1999) 331–346.

Picard, Olivier: Mines, monnaies et impérialisme: Conflits autours du Pangée (478–413), in: Rois, cités, nécropoles. Institutions, rites et monuments en Macédoine, Μελετήματα 45 (2006) 269–283, Tafeln 37–38.

Prokopov, Ilya: Die Silberprägung der Insel Thasos und die Tetradrachmen des thasischen Typs, Berlin 2006.

Reinach, Adolphe-J.: Delphes et les Bastarnes, in: Bulletin de correspondance hellénique 34 (1910) 249–330.

Schönert-Geiss, Edith: Die Münzprägung von Maroneia, Berlin 1987.

Thompson, Margaret: The New Style Silver Coinage of Athens, New York 1961

Anmerkungen

[1] Aus dem Französischen übersetzt von Holger Müller und Friedrich Burrer. Jean-Robert Manseau sei an dieser Stelle für seine Hilfe und die Korrekturen der herzlichste Dank ausgesprochen.

[2] IGCH 234 und 559.

[3] Die antiken Quellen schweigen hierüber.
[4] Der Ausdruck ist Pouilloux/Dunant (1958) 5–9 entnommen.
[5] Ashton (1986) 1–18; Ashton (1995) 1–20.
[6] Le Rider (1968) 185–191.
[7] Crawford (1985) 131–132. Er fügt hinzu: „it remains unclear why precisely these issues were chosen for imitation".
[8] Meadows/Wartenberg (2002) Nr. 265, 256–258.
[9] Prokopov (2006).
[10] Siehe Anmerkung 6.
[11] Siehe die von M. Thompson vorgeschlagenen Daten (IGCH 647, 649, 654, 656, 659 und 975) und nun von A. Meadows in *Coin Hoards IX*.
[12] Gjongecaj/Picard (2000).
[13] Prokopov (2006) 14 besteht auf die große Bedeutung dieser Prägungen. Ich kann ihm aber nicht zustimmen, wenn er eine Verwendung von lokalem Metall annimmt.
[14] Hdt. VI 46–47. Picard (2006).
[15] FGrHist 87. Edelstein/Kidd (1972–1989).
[16] Die Livius entnommenen zerstreuten Informationen stammen von Florus, Eutrop, Festus und Orosius.
[17] Hinard (2000) Bd. 1, 587 macht eine wichtige Bemerkung über die Bedeutung des Krieges gegen Jugurtha und über die Operationen in Makedonien und Thrakien.
[18] Die Frage hat die Aufmerksamkeit jugoslawischer und bulgarischer Historiker verstärkt auf sich gezogen, die manchmal divergierende Thesen über die Verteilung der Völker zwischen Illyrern und Thrakern vorgetragen haben. Neben zahlreichen Hinweisen auf thrakische Völker im Kleinen Pauly hat Chr. Danov zwei Studien vorgelegt: Danov (1976) mit einem soliden Studium der historischen Geographie (98–134) und einer Karte (92–93) sowie Danov (1979). F. Papazoglou (1978) schneidet die Frage aus der Sicht Illyriens an.
[19] Syll.³ 700.
[20] Eutr. VI 10. Ooteghem (1967); Broughton (1986) Bd. 1 u. 2.
[21] Jacquemin (1999) Nr. 183–184.
[22] App. Mithr. XIII 15, 69.
[23] Obseq.; Oros.
[24] Plut. Sulla 23; Eutr. V 7. Laut Papazoglou (1978) ist die Nennung der Dardaner anstelle der Dentheleten falsch.
[25] Daux (1936), 392–397, vergleiche Euseb. chron. II, p. 133; Plut. Numa 9, 12.
[26] Schönert-Geiss (1987), aber die Chronologie und Interpretation sind traditionell.
[27] Gaebler (1906) Bd. 1, Nr. 189, Tafel II, 11. Die Datierung ist zu berichtigen.
[28] Die historische Geographie dieses Volkes ist noch schlechter bekannt als die der Thraker. Der Namensunterschied dürfte vor allem der zeitlichen Reihenfolge geschuldet sein.
[29] Schatzfunde von Makedonien: IGCH 479 und 478, die wahrscheinlich zusammengehören, sowie CH IX, 264.
[30] Schatzfund von Edirne: IGCH 971: Da die genauen Fundumstände unbekannt sind, ist es unmöglich, den genauen Verbergungsort dieses mit dem Namen einer großen Handelsstadt verknüpften Schatzfundes zu bestimmen.
[31] Schwer zu lokalisierenden Funde (in Thrakien und Bulgarien) habe ich beiseite gelassen.
[32] Siehe das Studium dieser Routen bei Danov (1976).
[33] Danov (1976).

[34] Danov (1976) 105–109; ders.: Strymon, in: Der Kleine Pauly, Bd. 5, 1979, 400. Sie sind im Dekret von Lete (Syll.³ 700) erwähnt und mehrfach an der Seite der Skordisker.

[35] Die Karte von Chr. Danov weist diese Region den Odrysen zu. Die Heimat der Odrysen befindet sich südlicher, jenseits des Flusses Erginos. Aber diese erscheinen nicht in den Kriegen des ersten Jahrhunderts und es wurde auch kein Schatzfund bei ihnen gefunden. Ich bevorzuge deshalb eine Trennung der zwei Gebiete.

[36] Auch hier muss man beachten, dass die Karte notwendigerweise Informationen verschiedener Zeiten einschließt. Die Triballer haben anscheinend seit der Zeit, in der sie gefürchtet waren (im 5. und 4. Jahrhundert vor Chr.), einen starken Niedergang erlebt. Sowohl Strabon (VII 5, 11–12) als auch Cassius Dio (LI 23) stellen den Niedergang der Triballer fest, die von den Autariaten und später von den Bastarnern unterworfen wurden.

[37] Dies wird für die Odrysen und Triballer besonders deutlich.

[38] Vergleiche Reinach (1910) und Vell. II 8, 3.

[39] Im Jahr 88 wurde die Verteidigung von Thasos durch die Stadt und nicht die römischen Truppen gesichert. Das Dekret von Lete (Syll.³ 700) bezeugt die Bedeutung der städtischen Truppen.

[40] Cic. Pis. XXXIV 84: *Denseletis, quae natio semper oboediens huic imperio.*

[41] Siehe die Zahlen bei Thompson (1961) für die Emissionen von Dositheos – Charias bis Aropos – Mnasago, die sie 100/99 bis 96/95 datiert. Vergleiche Mørkholm (1984) 29–42.

[42] Siehe Habicht (2006) 291–303.

[43] Picard (1999).

UWE TRESP

Kostenbewusstsein im Krieg? Zur Verwaltung und Finanzierung der Kriegführung deutscher Fürsten im 15. Jahrhundert

Einführung

In der Kriegführung des Mittelalters spielten ökonomische Aspekte stets eine wichtige Rolle. Bereits das mittelalterliche Lehnswesen diente ursprünglich sowohl zur Organisation militärischer Dienste für den Lehnsherrn als auch zur materiellen Versorgung der Krieger. Mit dem tief greifenden Wandel der ökonomischen und sozialen Verhältnisse im Hoch- und Spätmittelalter wurde jedoch auch das Kriegswesen von einem fortschreitenden Prozess der Verrechtlichung erfasst. In der Folge mussten die Kriegsherren immer mehr zusätzliche Leistungen bei der Versorgung und Bezahlung ihrer Truppen verantworten.[1] Auch Strategie und Taktik mittelalterlicher Feldzüge ordneten sich dem unter. So war in der Regel nicht die Vernichtung des Gegners in der Feldschlacht das Ziel, sondern in mehr oder weniger ausgedehnten Beutezügen mit einhergehender Verheerung ganzer Landstriche sollten einerseits die eigenen Truppen versorgt und andererseits die ökonomische Basis des Gegners geschwächt werden – und dies nicht nur für den Moment, sondern auch für die Folgezeit. Zudem verband sich mit der Hoffnung auf Kriegserfolg auch die Erwartung, in diesem Fall die Kriegskosten durch Beute, Lösegelder und Tributzahlungen der Besiegten wieder einzunehmen.

Über lange Zeit hinweg waren mittelalterliche Heere in ihrer Größe, Dauerhaftigkeit und ihrem Aktionsradius eng an die dienstrechtlichen Grundlagen sowie die vorhandenen Möglichkeiten zur Versorgung durch mitgeführten Proviant oder aus Kriegsbeute gebunden. Das änderte sich jedoch im späten Mittelalter, als sich parallel zur wachsenden Rolle des Geldumlaufs auch das Kriegswesen und mithin wesentliche Grundbedingungen der Kriegsorganisation veränderten. Der Anteil von Söldnern in den Heeren stieg und damit ebenso die Größe sowie der Finanz- und Versorgungsbedarf dieser Heere, während die teure Verrechtlichung des gesamten Kriegswesens immer weiter um sich griff.[2] Zugleich verursachte der wachsende Aufwand für Logistik, wehrtechnische Baumaßnahmen und modernisierte Kriegstechnik neue Kosten, denen die staatlichen Strukturen nur unzureichend gewachsen waren.[3] Dennoch konnten sich die Herrscher des ausgehenden Mittelalters dem wachsenden Druck zur Leistungssteigerung des gesamten Kriegswesens nicht entziehen. Eine Beteiligung am beginnenden Rüstungswettlauf war überlebenswichtig, denn Sparsamkeit konnte zur militärischen Niederlage und daraus folgenden schmerzhaften Konsequenzen führen. Andererseits jedoch barg die Kriegsrüstung neue Risiken, weil sie kurzfristig nur auf dem herkömmlichen Weg der Verschuldung oder der Verpfändung von Gütern und Einkünften zu finanzieren war. Daraus folgte eine Schwächung der ökonomischen Basis, bis hin zum Ausverkauf der

Herrschaftsrechte. In jedem Fall drohte also ein Machtverlust. Als Ausweg aus diesem Dilemma boten sich vor allem zwei Möglichkeiten an: Zum einen mussten neue Wege der Kriegsfinanzierung gefunden werden. Zum anderen war es notwendig, die Verwaltung der Kriegsausgaben effizienter, also auch überschaubarer zu machen. Nur so konnte sich ein fundiertes Bewusstsein für die im Kriegsfall entstehenden Kosten entwickeln, konnten sie im besten Falle planbar gemacht werden.

Von der Dynamik dieser Entwicklung wurden spätestens im 15. Jahrhundert auch die deutschen Landesherrschaften erfasst. Bislang hatten sich die Reichsfürsten in militärischer Hinsicht vorrangig auf Lehns- und Landesaufgebote gestützt, während sie ihre landesherrlichen Einkünfte zumeist aus Ämtern und Regalien wie Zinsen, Zöllen usw. schöpften. Zunehmend jedoch benötigte man für ein den Erfordernissen der Zeit angepasstes Kriegswesen erheblich mehr Geld, als der landesherrliche Haushalt kurzfristig hergeben konnte. Dies konnte nicht ohne Auswirkungen bleiben: Die Kriegführung selbst hatte sich stärker an den vorhandenen finanziellen Möglichkeiten zu orientieren, während gleichzeitig die Beschaffung und effektive Verwaltung von ökonomischen Ressourcen zur wichtigsten Grundlage der Kriegsfähigkeit wurde.

Allerdings ist fraglich, wie klar sich die kriegführenden Fürsten des späten Mittelalters dieser veränderten Bedingungen bewusst waren. Nach damaligem Selbstverständnis hatten sie als Feldherren Ruhm und Ehre zu erstreben, was grundsätzlich immer noch an der Zahl der erschlagenen und unterworfenen Feinde, dem Ausmaß von Eroberungen, Verwüstungen und Beutemengen gemessen wurde.[4] Das verdeutlicht unter anderem ein Blick in die damals verbreiteten einflussreichen Fürstenspiegel, wie etwa die „Fürstenregel" oder die „Tugendregel" vom Anfang des 15. Jahrhunderts. Dort wurden die Fürsten zwar zu klugem Haushalten als sorgfältige Verwalter ermahnt. In militärischen Dingen jedoch stand die Orientierung an Ruhm, Klugheit und Stärke antiker Helden im Vordergrund. Wenn überhaupt praktische Hinweise gegeben wurden, dann betrafen sie allenfalls taktische Bereiche wie die Heerführung in der Schlacht.[5] Auch die frühen deutschen kriegstheoretischen Lehrschriften des späten Mittelalters behandelten die ökonomischen Zusammenhänge von Kriegführung und Kriegskosten nicht. Sie konzentrierten sich – umfassender als die Fürstenspiegel – vor allem auf militärtechnische und taktische Fragen. Themen wie Heeresfinanzierung und Logistik fanden hier frühestens ab der Wende vom 15. zum 16. Jahrhundert eine gewisse Beachtung.[6] Ähnliches gilt für die relativ zahlreich überlieferten deutschen Feld- und Heeresordnungen des 15. Jahrhunderts. Sie basierten zwar in der Regel auf den Erfahrungen einzelner Heerführer und waren daher besonders praxisorientiert.[7] Allerdings widmeten sie sich vorrangig taktischen Aspekten beim Marsch, in der Feldschlacht und im Heerlager sowie der Wahrung von Ordnung und Disziplin im Heer.[8] Ansonsten besteht das umfangreiche, aus dem späten Mittelalter überlieferte deutsche Schriftgut zu Kriegs- und Feldzugsplanungen hauptsächlich aus Aufgebotslisten wie zum Beispiel den Reichsmatrikeln, in denen lediglich die Anzahl der jeweils von den Lehnsträgern pflichtgemäß zu stellenden Kriegsleute verzeichnet und zusammengerechnet war. Nur gelegentlich finden sich dort pauschale Angaben zur notwendigen Mindestausstattung der Kriegsleute und die voraussichtliche Einsatzdauer des Heeres.

Ein neuer Maßstab für erfolgreiche Kriegführung?

Hinweise auf ein wachsendes Bewusstsein für die Zusammenhänge von Kriegserfolg und Ökonomie bei den deutschen Reichsfürsten des 15. Jahrhunderts sind also eher dort zu suchen, wo sich ihre persönlichen Erfahrungen und Ansichten äußern. Das könnten zum Beispiel Briefe sein. Die persönlichen Korrespondenzen spätmittelalterlicher Fürsten, vor allem Briefwechsel mit nahen Verwandten, Freunden und engen Ratgebern, stellen durchaus einen geeigneten Zugang zur Mentalität und Lebenswelt spätmittelalterlicher Fürsten dar. Hier äußerten sie Gedanken, Erfahrungen und Ratschläge, die je nach individuellen Neigungen und Fähigkeiten sowohl intime als auch öffentliche Bereiche ihres Lebens betreffen konnten. Große Bedeutung hatten dabei auch finanzielle oder haushälterische Aspekte sowie das Kriegswesen.

Einer der kommunikationsfreudigsten deutschen Fürsten des 15. Jahrhunderts war Kurfürst Albrecht Achilles von Brandenburg (1414–1486). Seine umfangreich überlieferte Korrespondenz gilt als der bedeutendste und ergiebigste Quellenfundus dieser Art in Mitteleuropa. Darin findet sich auch ein interessanter Brief, der hier als Ausgangspunkt weiterer Betrachtungen zu Finanzverwaltung und Kostenbewusstsein spätmittelalterlicher deutscher Fürsten im Krieg dienen soll. Dieser Brief, den der hoch betagte Kurfürst im Sommer 1485 auf der fränkischen Residenz Ansbach diktierte, war an seinen ältesten Sohn Johann (1455–1499) gerichtet, der in seinem Namen die Regierung in der Mark Brandenburg führte. Wie zuvor bereits häufig geschehen, ermahnte Albrecht Achilles seinen Sohn nachdrücklich zu Sparsamkeit und maßvollem Haushalten. Wiederholt griff er dabei auf den reichen Schatz an Erfahrungen und Anekdoten zurück, den er in seinem bewegten Leben gesammelt hatte. Diesmal erinnerte er an seinen langjährigen Kontrahenten Herzog Ludwig IX., „den Reichen", von Bayern-Landshut (1417–1479). Kurfürst Albrecht behauptete, dieser Wittelsbacher hätte im Süddeutschen Fürstenkrieg der Jahre 1459–62 zwei Millionen Gulden ausgegeben. Die Hälfte davon brachte er durch Zugriff auf den Staatshaushalt und die Schatzkammer selbst auf. Hinzu kamen noch 600.000 Gulden, die das Land durch nachträgliche Steuern tragen musste. Weitere 400.000 Gulden wurden durch Schuldenaufnahme erbracht. Diese Kosten aus nur drei Jahren Krieg hätten den Herzog und sein Land so sehr an den Rand des finanziellen Ruins getrieben, dass Ludwig danach sogar bei ihm, dem ehemaligen Kriegsgegner, schon kleinere Summen leihen musste, um persönlich solvent zu bleiben.[9]

Diese Aussagen des Kurfürsten sind im Hinblick auf unser Thema gleich in mehrfacher Hinsicht interessant. Zuerst fällt seine eigenwillige Deutung des Kriegsausgangs auf, die sich deutlich von der noch in der heutigen Handbuchliteratur allgemein überwiegenden Interpretation unterscheidet. Der Süddeutsche Fürstenkrieg gehörte zu den größten militärischen Auseinandersetzungen im Reich während des 15. Jahrhunderts.[10]

In seinem Verlauf gelang es Herzog Ludwig in mehreren Feldzügen, die Herrschaft der Hohenzollern in Franken schwer zu erschüttern. Zudem errangen die Wittelsbacher mehrere eindrucksvolle Schlachtensiege gegen ihre Gegner – etwa 1462 zu Seckenheim und Giengen. Davon ausgehend konnte die bayerische Chronistik in der Folgezeit den Kriegsausgang als Sieg der Wittelsbacher über die Hohenzollern und ihre Verbündeten interpretieren und propagieren.[11] Allerdings war es zumindest auf dem bayerisch-fränkischen Kriegsschauplatz zu keiner eindeutigen militärischen Entscheidung gekommen, was Albrecht Achilles später – aus der Distanz von über zwanzig Jahren – die Gelegenheit gab, die damaligen Ergebnisse anders zu interpretieren.[12] Aus seiner Sicht hatte er sich damals mit geringen Mitteln und Kräften erfolgreich gegen einen finanziell und militärisch weit überlegenen Gegner behauptet und somit seine bedrohte Landesherrschaft gerettet. Albrecht beanspruchte demnach eine Art frühes „Mirakel des Hauses Brandenburg" bereits im 15. Jahrhundert.

Eine solche Deutung wurde dem alten Kurfürsten durch den Verlauf und die Ergebnisse der Auseinandersetzungen vor allem in den Jahren 1460/61 ermöglicht. Tatsächlich lag die Initiative in diesem Krieg vorwiegend beim Bayernherzog, der sich auf seine überlegene Finanzkraft und ein dementsprechend großes Söldnerheer stützen konnte.[13] Erst der Kriegseintritt wichtiger Reichsstädte gegen die Wittelsbacher im Frühjahr 1462 ermöglichte ein Gleichgewicht der Kräfte. Letztlich war es dann die allgemeine Erschöpfung, die den Kampf beendete und zum Prager Frieden von 1463 führte. Beide Seiten hatten sich behauptet, waren aber in ihren weiteren Zielen gescheitert. Für Albrecht Achilles bedeutete der Friedensschluss das enttäuschende Ende seiner großen Ambitionen auf eine juridische Oberhoheit in Süddeutschland. Allerdings konnte er das Gesicht wahren und seine politische Handlungsfähigkeit letztlich sogar erweitern. Herzog Ludwig hingegen konnte seine ehrgeizigen Expansionspläne in Franken trotz anfänglich großer Überlegenheit nicht realisieren, was kaum daran lag, dass er seine Gegner geschont hätte, wie seine Geschichtsschreiber behaupteten.[14] Vielmehr war dafür die militärische und finanzielle Überdehnung seiner Kriegführung verantwortlich, die sich auf ein großes, kostspieliges und nur temporär geworbenes Söldnerheer stützte. Als Ludwig in der Endphase des Krieges begann, Schuldscheine statt Geld auszugeben, verlor er seine Attraktivität als Kriegsherr und Bündnispartner. Das hatte Folgen: Zunächst verließen ihn die Söldner und schließlich drohte er sogar politisch isoliert zu werden, als sich während der Friedensverhandlungen sein wichtigster Bundesgenosse, König Georg von Böhmen, den Gegnern zuwandte. Es war diese Wendung, auf die 1485 der brandenburgische Kurfürst vor seinem Sohn anspielte. Durch seine verschwenderische Kriegführung war der Wittelsbacher 1462 an den Rand des Ruins geraten. Hingegen standen die Hohenzollern dank sparsamer Zurückhaltung auch nach dem Krieg – seiner Ansicht nach – noch einigermaßen gut da. Immerhin so gut, dass Albrecht Achilles nun selbst zum Kreditgeber seines ehemaligen Feindes werden konnte.

Eine derartige pragmatische Interpretation von erfolgreicher Kriegführung war für das Mittelalter nicht selbstverständlich. Statt nach den damaligen Maßstäben von Erfolg und Ruhm zu urteilen, deutete Kurfürst Albrecht Achilles hier eine mit letzter Kraft erreichte Selbstbehauptung im Krieg zwar nicht ausdrücklich als Sieg, aber immerhin als moralischen Erfolg – und dies vor allem auf der Grundlage haushälterischer Kriterien. So etwas sollte nicht einfach mit Eitelkeit, Realitätsverweigerung oder rückblickender Schönfärbung in der Erinnerung des Kurfürsten erklärt werden. Hier zeichnete sich am Ende des Mittelalters ein wachsender Einfluss rationaler Erwägungen in der Kriegführung ab, bei denen finanzielle Aspekte eine immer größere Rolle spielten. Zweifellos waren ruhmreiche Siege weiterhin wichtige Erfolgskriterien eines guten Heerführers. Noch besser aber war er, wenn es ihm gelang, dabei auch die ökonomische Verhältnismäßigkeit zu wahren, denn kurzfristige Erfolge durften nicht die Zukunft von Land und Herrschaft gefährden.

Kostenbewusstes Handeln setzt eine möglichst genaue Kenntnis von Umfang und Entstehung der Kosten voraus. Daher betrifft der zweite hier interessierende Aspekt an der eingangs geschilderten Aussage Kurfürst Albrechts von Brandenburg die von ihm beschriebenen Kriegskosten Herzog Ludwigs von zwei Millionen Gulden. Die Summe selbst wirkt zwar übertrieben und stark pauschalisiert, ihre Glaubwürdigkeit wird von Albrecht jedoch untermauert durch die Aufschlüsselung auf die Anteile verschiedener Finanzierungswege und durch die Behauptung, diese Angaben stammten von Herzog Ludwig selbst. Da es sich hier offenbar nur um die Wiedergabe einer mündlichen Information handelt, ist dies nicht nachzuprüfen. Allerdings kann tatsächlich vorausgesetzt werden, dass Ludwig über den Finanzhaushalt seines Landes und dessen Kriegskosten gut informiert war: Im 15. Jahrhundert besaß das Herzogtum Bayern-Landshut ein relativ gut entwickeltes System territorialer Rechnungslegung. Dieses ermöglichte Herzog Ludwig eine gute Kontrolle des Landeshaushaltes, seiner aus dem Land kommenden Einnahmen und der Ausgaben. Von besonderem Interesse ist hier aber, dass die herzogliche Verwaltung in den Jahren 1460/61 auch gesonderte, in der Forschung gelegentlich als „Kriegsrechnungen" bezeichnete Akten produzierte, die zu den umfangreichsten Spezialrechnungen gehören, die wir überhaupt aus den deutschen Landesherrschaften des späten Mittelalters kennen.[15]

Die „Kriegsrechnungen" des Herzogtums Bayern-Landshut

Die allmählich wachsende Erkenntnis der Notwendigkeit von ökonomischer Effizienz der Kriegführung und wirksamer Kostenkontrolle fiel zusammen mit einer zunehmenden Verschriftlichung der Landesverwaltung – auch dies eine Folge des gewachsenen Bedürfnisses an kontrollierter Haushaltsführung zur Konsolidierung der landesherrlichen Finanzen, die durch kostspielige Hofhaltung, vor allem aber durch Kriege in Schieflage gerieten. Daher begann man in einigen deutschen Territorien seit dem 14. Jahrhundert, von einzelnen Amtleuten eine regelmäßige schriftliche Rechnungslegung zu verlangen, bei der die Einnahmen den Ausgaben gegenübergestellt wurden. Überschüsse mussten dem Landesherrn abgegeben werden, Defizite wurden von ihm ausgeglichen. Aus der Zusammenführung der Amtsrechnungen entstanden Gesamtrechnungen eines Territoriums, die in einzelnen besonders gut überlieferten Fällen bedingte Aussagen zu den landesherrlichen Finanzhaushalten insgesamt ermöglichen.[16]

Wegen ihrer sorgfältigen Gegenüberstellung und Bezeichnung von Einnahmen und Ausgaben scheinen sich mittelalterliche Amtsrechnungen hervorragend für die Ermittlung von Kosten der Krieg- und Fehdeführung zu eignen. Allerdings ist dabei Vorsicht geboten. In der Regel wurden hier zwar sämtliche Ausgaben des Amtmannes für militärisches Personal, Waffen und Logistik oft bis ins kleinste Detail erfasst. Jedoch geben diese Rechnungen stets nur die zeitlich und räumlich begrenzte Sicht der jeweiligen Zahlstelle wieder, also die eines lokalen Verwalters, der die Kosten, die während einer Rechnungsperiode in seinem Zuständigkeitsbereich entstanden, unter die laufenden Ausgaben verbuchte. Ein umfassenderes Bild könnten die aus der Zusammenführung der gesammelten lokalen Amtsrechnungen eines Berichtszeitraumes entstandenen Territorialrechnungen geben. Sie sind eine gute Basis für die Ermittlung einzelner Kostenfaktoren – also auch des Kriegswesens – im Finanzhaushalt einer Landesherrschaft. Doch muss hier ebenfalls mit zum Teil erheblichen Unschärfen und Fehlstellen gerechnet werden. Häufig fanden bei der Anfertigung dieser Dokumente speziellere militärische Ausgaben, die nicht in die Verantwortung der Rechnung führenden Zentrale fielen und zudem schwer von anderen Ausgaben getrennt werden konnten, keine eigene Berücksichtigung mehr.[17] Zudem unterliegen auch sie der allgemeinen Problematik spätmittelalterlicher Rechnungslegung: Für den Amtmann zählte letztlich nicht die genaue Dokumentation der Fakten, sondern allein die Endsumme der Ausgaben und ihr Verhältnis zu den Einnahmen. Daher ist stets mit Unwägbarkeiten zu rechnen, wie sie sich zum Beispiel aus der individuell schwankenden Mitteilungsbereitschaft der Rechnungsführer, aus Bilanzfälschungen, Rechenfehlern oder in der Unübersichtlichkeit der Details versteckten Kostenpunkten ergeben können.

Bei den hier interessierenden Landshuter „Kriegsrechnungen" aus der Zeit des Süddeutschen Fürstenkrieges handelt es sich im Grunde um eine Kombination aus Amtsrechnung und selektiver Territorialrechnung. Amtsrechnungen sind sie deshalb, weil sie die Arbeit eines mit Verwaltung der speziell für den Krieg eingerichteten Finanzkasse beauftragten Amtmannes dokumentieren. Territorialrechnungen aber sind sie zugleich ebenfalls, da sie auch ausgewählte kriegsspezifische Ausgaben lokaler Amtskassen erfassen, die von der verantwortlichen Zentrale ausgeglichen werden mussten.

Die bedeutendste dieser „Kriegsrechnungen" ist die des Hofmeisters Diebold Reigker, der 1460 mit der Führung einer zentralen Kriegskasse beauftragt wurde.[18] Unter der Überschrift: *„Vermerckt, was ich Diebolt Reigker von meinem genadigen hern herczog Ludwigen etc. an gelt und gold eingenommen habe, auch von andern hernach geschriben, auf die kriegs lauffe anno 1460"*, verbuchte der Hofmeister zunächst auf vier Folioseiten die Gelder, die seiner Kriegskasse zur Verfügung gestellt wurden, insgesamt über 182.000 Pfund oder – umgerechnet in die damalige Leitwährung – ca. 243.000 rheinische Gulden. Durch Inflation reduzierte sich der reale Wert jedoch innerhalb weniger Monate um nahezu die Hälfte.[19] Dabei handelte es sich zu 74% um Beiträge der einzelnen Rentmeisterkassen, also der größeren regionalen Finanzverwaltungsebenen des Herzogtums, die je nach Bedarf in unregelmäßigen Abständen größere Summen in die Kriegskasse einzuspeisen hatten. Ebenfalls größere Beiträge, etwa 16% der Gesamtsumme, kamen direkt aus der herzoglichen Schatzkammer. Hingegen machten Anleihen bei anderen Fürsten oder der Stadt Nürnberg nur einen verhältnismäßig geringen Anteil von etwas über 9% aus. Das spricht klar für die Finanzkraft Niederbayerns zu Beginn des Krieges. Allerdings änderte sich dies im Verlauf der beiden folgenden Jahre erheblich, wobei der Anteil der Anleihen und Schuldverschreibungen gegen Kriegsende dramatisch wuchs.

Nach den Zugängen in die Kriegskasse folgen auf 95 Folioseiten die Ausgaben:[20] *"Vermerckt die ausgab, so ich Diebolt Reigker von meins genadigen hern herczog Ludwigs wegen getan habe, soldnern und annders, hernach geschriben, inn den kriegs lauffen anno etc. 60."* Dazu notierte Reigker in chronologischer Abfolge jede einzelne Zahlung, die von der Kriegskasse getätigt wurde. In der Summe erreichten diese schließlich ein Ausgabevolumen von insgesamt ca. 143.000 Pfund, die Reigker selbst auf etwa 190.000 rheinische Gulden umrechnete. Die „Kriegsrechnung" von 1460 ermöglicht Einblicke in Kriegsverwaltung und Heeresorganisation, die durch ihre Detailgenauigkeit und vermeintliche Sorgfalt auch heute noch beeindrucken. Problematisch ist aber, dass diese Detailverliebtheit zu großer Unübersichtlichkeit führt, wovon nicht zuletzt auch eine wünschenswerte strukturelle Aufschlüsselung der Ausgaben nach Kostenarten erheblich erschwert wird. Für weitere Verwirrung sorgen immer wieder die ständig auftretenden Kursschwankungen zwischen den verwendeten Währungen.

Einige grundsätzliche Aussagen zu wichtigen Kostenfaktoren sind aber dennoch möglich. So wird zum Beispiel klar ersichtlich, dass nahezu das gesamte Geld für die Söldner aufgewendet wurde.[21] Innerhalb der Gesamtkosten dürfte bereits der Sold einen Anteil von etwa zwei Dritteln bis drei Vierteln ausgemacht haben. Die Art der Rechnungsführung macht auch den regelmäßigen, in diesem Fall zweiwöchigen, Rhythmus der Soldzahlungen und ihre detaillierte Aufschlüsselung auf die einzelnen Söldnergruppen nachvollziehbar. Ebenfalls zu den Soldausgaben zu rechnen sind die Zahlungen auf Grund langfristiger Dienstverträge, die Herzog Ludwig mit einzelnen Adeligen geschlossen hatte. Dafür erhielten sie in jährlichem oder halbjährlichem Rhythmus einen Jahrsold, der ebenfalls die Kriegskasse belastete, jedoch nicht mit den regelmäßigen Soldzahlungen an die kurzfristig geworbenen Söldner zu verwechseln ist.[22] Der zweite wesentliche Kostenfaktor waren die Schadensersatzleistungen für den Verlust oder die Beschädigung von Pferden, Waffen oder sonstigen Ausrüstungsteilen während des Kriegseinsatzes. Den Söldnern und Bundesgenossen musste ein solcher Schadensersatz vertraglich zugesichert werden. Aber auch die Lehnsleute konnten einen Rechtsanspruch darauf geltend machen. Eine solche Praxis der Risikoversicherung war im spätmittelalterlichen Kriegswesen weithin üblich und notwendig, weil das finanzielle Ausmaß materieller Kriegsverluste für die Söldner im Extremfall Existenz bedrohend werden konnte und mit dem üblichen Sold nicht auszugleichen war. Nach Ausweis der Landshuter „Kriegsrechnungen" gehörte 1460 im bayerischen Heer auch die Übernahme von Arztkosten bei Verwundung oder Krankheit sowie der Auslösungsgelder bei Gefangenschaft zu den Schadensersatzpflichten des Kriegsherrn.[23] Kleinere Kostenfaktoren, die sich gelegentlich in der Landshuter „Kriegsrechnung" von 1460 niederschlugen, waren Sonderzahlungen für besondere Leistungen einzelner Söldner oder für herzogliche Gunstbeweise an einzelne wichtige Söldnerführer.[24] Hinzu kamen verwaltungsimmanente Ausgaben, zum Beispiel für die Kanzleischreiber, Boten und Diener oder für notwendige Materialien wie Papier und Siegelwachs.

Dennoch, bei aller Detailliertheit der Aufzeichnungen und trotz der beeindruckenden Höhe der erfassten Gesamtausgaben, bietet die zentrale Perspektive der großen „Kriegsrechnung" noch längst kein realistisches und umfassendes Bild der gesamten Kriegskosten, die das Herzogtum Bayern-Landshut im Jahr 1460 zu tragen hatte. Das verdeutlicht schon der Blick auf die gleichzeitigen Rechnungen der untergeordneten Verwaltungsebenen, insoweit sie überliefert sind. So führte zum Beispiel der Rentmeister des Niederbayerischen Oberlandes im selben Jahr ebenfalls eine eigene „Kriegsrechnung" mit einem Ausgabevolumen von etwa 1500 Gulden, größtenteils für den Sold der dort stationierten Söldner.[25] Aus einer weiteren Rechnung dieses Amtmannes geht zudem hervor, dass seine Kasse auch für die Versorgung der Streitkräfte auf dem nahe gelegenen Kriegsschauplatz verantwortlich gemacht wurde. Allein in den zwei Monaten, die das ca. 20.000 Mann starke herzogliche Heer im Lager vor der fränkischen Stadt Roth verbrachte, lieferten die Ingolstädter Bäcker unter anderem über 58.000 größere Brote zu je einem Scheffel und etwa 910.000 kleinere Brote zu je 1/7 Scheffel Mehl. Weitere mehr als 164.000 Brote lieferte das nächstgelegene bayerische Amt Hilpoltstein. Hinzu kamen große Mengen an Schmalz, Getreide, Fleisch, Fisch und vor allem Bier.[26]

Die erheblichen Kriegsaufwendungen der untergeordneten Verwaltungsebenen und lokalen Ämter fanden keinen Niederschlag in der großen „Kriegsrechnung" des Hofmeisters Diebolt Reigker. Von seiner spezialisierten Buchführung ist daher auch keine vollständige Übersicht der Kriegskosten zu erwarten. Diesen Anspruch konnte und sollte sie nie erfüllen. Aber auch ohne eine genaue Kenntnis der Gesamtsumme wird bereits deutlich, dass der Süddeutsche Fürstenkrieg extrem hohe finanzielle Belastungen für das Herzogtum Bayern-Landshut mit sich brachte. Allein schon die in der „Kriegsrechnung" Reigkers enthaltenen Kriegsausgaben des Jahres 1460 summierten sich auf etwa 190.000 Gulden. Das war bereits das Dreifache der durchschnittlichen Jahreseinkünfte des Herzogtums in der zweiten Hälfte des 15. Jahrhunderts.[27] Nach etwa zwei Jahren Krieg, im Frühjahr 1462, schätzte Herzog Ludwig seine bisherigen Aufwendungen sogar auf 300.000 Gulden.[28] Allerdings standen zu diesem Zeitpunkt die großen kostspieligen Rüstungen und Feldzüge des finalen Kriegssommers erst noch bevor.

Wahrscheinlich basierte diese vorläufige Kriegskostenschätzung Ludwigs auf den „Kriegsrechnungen" seiner Amtleute. Die genannte Geldsumme jedenfalls scheint gut mit den Kriegsausgaben Diepold Reigkers für das Jahr 1460 vereinbar zu sein, wenn man diese auf die bisherige Dauer des Krieges hochrechnet und dabei die im Verlauf wechselnde Intensität der Kriegführung berücksichtigt. Daraus lässt sich schließen, dass der Herzog schon während des Krieges die vorhandenen Möglichkeiten nutzte, sich über den Stand der Kriegskosten zu informieren. Folglich muss er sich auch ihrer Höhe bewusst gewesen sein. Einige Jahre später soll er dann – angeblich – die Gesamtkosten des Krieges gegenüber Kurfürst Albrecht Achilles von Brandenburg auf zwei Millionen Gulden taxiert haben. In der großen Differenz dieser Summe zu den 1462 geschätzten 300.000 Gulden muss kein Widerspruch liegen. Man wird hier sicher mit einem gewissen Maß an Übertreibung rechnen müssen, das der auch nach dem Krieg fortgesetzten Rivalität im Ehrgeiz der beiden Fürsten zuzuschreiben ist. So könnte Herzog Ludwig seinem ehemaligen Kriegsgegner höhere Zahlen genannt haben, um die relativ rasch wieder hergestellte ökonomische Leistungsfähigkeit seines Landes zu betonen. Andererseits könnte auch der Kurfürst in der späteren Mitteilung an den Sohn die bayerischen Kriegskosten verzerrt dargestellt haben, um die damalige Überlegenheit des Gegners und somit seine eigene Leistung in diesem Krieg umso stärker hervorzuheben. Zudem entsprach eine solche Darstellung auch dem pädagogischen Impetus des Briefes, mit dem Albrecht seinen Sohn Johann zu haushälterischem Handeln ermahnen wollte.

Vor allem aber dürfte in diesem Fall der zeitliche Abstand der Kostenschätzung zum Krieg eine Rolle gespielt haben. Erst nach mehreren Jahren ließen sich zum Beispiel auch solche Faktoren berücksichtigen, die von den Rechnungen über die unmittelbaren Kriegsausgaben nicht erfasst wurden:[29] Die Folgen der gesamtwirtschaftlichen (und demographischen) Schäden durch direkte oder indirekte Kriegseinwirkungen.[30] Weil in der Regel vielerorts die Ernte zerstört oder Städte und Dörfer ausgeplündert waren, drohten der Bevölkerung Hunger und Krankheiten, während die landesherrliche Finanzkasse mit nachhaltigen Einnahmeverlusten zu rechnen hatte. Oft mussten in solchen Fällen über Jahre hinweg ganzen Landstrichen die Abgaben erlassen werden, um außergewöhnliche Belastungen auszugleichen und den Wiederaufbau zu fördern.[31] Aber auch die bloße Bewältigung der unmittelbaren Kriegsausgaben konnte nachhaltige Konsequenzen haben, weil sie vielfach über vermehrte Geldanleihen oder durch Verkauf und Verpfändung von Herrschaftsrechten erfolgte, deren regelmäßige Einkünfte dem Haushalt danach nicht mehr zur Verfügung standen.

Die aus solchen indirekten Kriegsfolgen entstehenden Verluste ließen sich weder realistisch im Voraus kalkulieren noch bereits während oder kurz nach dem Krieg abschätzen. Dennoch waren sich die Fürsten über die möglichen Dimensionen, in die Kriegskosten insgesamt anwachsen konnten, offenbar ebenso bewusst wie sie sich auch über die in der Konsequenz drohenden Risiken im Klaren sein mussten. Daraus muss jedoch unmittelbar die Frage nach den Auswirkungen dieses Bewusstseins ihre Kriegführung folgen. Konnte sich diese überhaupt nach den Kosten richten? Oder noch weiter gedacht: Waren die Kriegsherren des ausgehenden Mittelalters in der Lage, die Kosten von Kriegen im Voraus zu planen?

Finanzplanung eines Krieges? Ein Entwurf für Brandenburg (1477)

In der zweiten Hälfte des 15. Jahrhunderts galt Kurfürst Albrecht Achilles von Brandenburg als fähigster Kriegsorganisator unter den Fürsten des Reiches, als „maister geordneter Heerfahrt".[32] Ihm wurde demnach zugetraut, einen Kriegszug nicht nur strategisch und taktisch, sondern auch logistisch voraus zu denken und zu planen. Diese Einschätzung war wohl zutreffend. Davon zeugt unter anderem Albrechts planvolles Handeln als Reichsfeldherr im Krieg gegen Herzog Karl den Kühnen von Burgund 1474/75, dokumentiert in zahlreichen detaillierten Anweisungen und Korrespondenzen.[33] Das zeitgenössische kriegstheoretische Lehrschrifttum, auf das er nachweislich zurückgriff, konnte ihm dabei nur zum Teil dienlich sein.[34] Die Notwendigkeit ökonomischer Verhältnismäßigkeit in der Kriegführung wurde dort noch nicht thematisiert. Also war er in dieser Hinsicht auf eigene Erfahrungen oder die seiner Ratgeber angewiesen. Kriegserfahrungen aber besaß Kurfürst Albrecht reichlich. Er hatte zahlreiche Kriege selbst geführt und noch mehr im Dienst von Kaiser und Reich.[35]

Ähnlich vorausschauend wie im schwierig zu organisierenden Reichskrieg gegen Burgund, zugleich jedoch deutlich berechnender, plante er einige Jahre später sein Eingreifen in den Krieg Brandenburgs gegen Pommern und Sagan.[36] Die Mark Brandenburg war seit Ende 1476 in Auseinandersetzungen mit dem schlesischen Herzog Johann von Sagan verwickelt, der mit Unterstützung der überlegenen Söldnertruppen des Königs Matthias Corvinus von Ungarn die Erbansprüche der Hohenzollern auf das Herzogtum Glogau bestritt. Als neben den Schlesiern im Frühjahr 1477 von Nordosten her auch die Herzöge von Pommern in die Mark einfielen, geriet Markgraf Johann, Albrechts ältester Sohn und Statthalter, in immer stärkere militärische Bedrängnis. Kurfürst Albrecht hatte lange gezögert, den drängenden Bitten seines Sohnes um Hilfeleistung nachzukommen. Erst im Herbst 1477 entschloss er sich zum persönlichen Eingreifen in Brandenburg, verschob jedoch den Feldzug wegen des bevorstehenden Winters sogleich auf das folgende Frühjahr. Zudem war für eine groß angelegte Offensive kaum Geld vorhanden. Die kurfürstliche Kriegführung musste also möglichst schnell und effektiv sein. Anzustreben war eine rasche Überwältigung der Gegner oder zumindest ein schwerer Schlag, der geeignet war, die Bedrohung des Landes zu beenden.

Um die Voraussetzungen für einen zielstrebigen Feldzug zu schaffen und dabei die Kosten kalkulierbar gering zu halten, entwarf Kurfürst Albrecht im Spätherbst 1477 – ein halbes Jahr, bevor er tatsächlich nach Brandenburg kam – einen Kriegsplan.[37] Detailliert berechnete der Kurfürst darin den Bedarf eines schnellen Feldzuges mit einem größeren Heer von etwa 3000 Reitern, 1000 Wagen und 10.000 Fußknechten, die zum größten Teil von Dienstpflichtigen und Bundesgenossen gestellt wurden, also keinen Sold erhielten.[38] Aus diesem Grund machte allein die Verpflegung dieser Truppen den überwiegenden Teil der vorgesehenen Gesamtkosten von 25.000 Gulden aus. Bereitgestellt werden sollten dazu 1 ½ Fuder Bier und 3000 kleine Brote für jeweils 1000 Mann pro Tag sowie Butter, Salz und Trockenfisch. Fleisch sollte hauptsächlich im Feld erbeutet werden, falls dies nicht gelang, wurde mit zusätzlichen Kosten für entsprechende

Einkäufe gerechnet.³⁹ Für etwa 5000 Gulden sollte notwendige Ausrüstung wie Kriegswagen mit Zubehör, Sturmleitern, 30.000 Armbrustpfeile und 30.000 Hufeisen beschafft sowie 300 Zentner Pulver bei Herzog Wilhelm von Sachsen und den Grafen von Mansfeld gekauft werden. Außerdem rechnete der Kurfürst mit einer größeren Anzahl von Geschützen (100 Stein- und Tarrasbüchsen) und Handfeuerwaffen (100 Hakenbüchsen).⁴⁰ Seine besondere Weitsicht zeigte sich an der Einplanung von weiteren 15.000 Gulden, um nach dem Feldzug noch den „täglichen Krieg" an der Grenze zu führen, den üblichen Kleinkrieg mit gegenseitigen Überfällen und Plünderungen, der den Feind zermürben und von weiteren Einfällen in Brandenburg abhalten sollte. Dazu ordnete der Kurfürst die Stationierung von insgesamt 3000 Söldnern in einigen wichtigen Orten wie Frankfurt/Oder, Crossen, Sternberg oder Cottbus an, die dort über einen längeren Zeitraum hinweg zu bezahlen und zu versorgen waren.⁴¹

Alles in allem veranschlagte Albrecht Achilles die Gesamtkosten für das Unternehmen auf 40.000 Gulden, die je zur Hälfte aus den Herrschaftsgebieten der Hohenzollern in Franken und Brandenburg erbracht werden sollten. Das wären etwa 30% beziehungsweise 40–60% der jährlichen finanziellen Leistungsfähigkeit dieser Länder zu jener Zeit gewesen.⁴² Obwohl der Kurfürst in seiner ersten Planung sogar mit Überschüssen von bis zu 15.000 Gulden rechnete, stellte sich dieses Budget offenbar als deutlich zu gering heraus. Bei einer vermutlich etwas später vorgenommenen neuen Kostenschätzung setzte er bereits eine Gesamtsumme von 60.000 Gulden an, davon 30.000 für einen schnellen Feldzug und der Rest für den „täglichen Krieg" mit dann nur noch 1000 Reitern.⁴³

Trotz aller Weitsicht und Erfahrung erwies sich auch diese erhöhte Kriegskostenschätzung des Kurfürsten noch als viel zu optimistisch, weil sie vom bestmöglichen Kriegsverlauf ausging. Letztlich sollten sich die zusätzlichen Landesschulden Brandenburgs nach dem Krieg auf über 100.000 Gulden summieren, was vorwiegend den unerwartet schweren und langwierigen Kämpfen sowie den weitreichenden Verwüstungen zuzuschreiben ist.⁴⁴ Hatte Albrecht Achilles sich also verrechnet? Aus den Umständen der Kriegsvorbereitung, die ein ständiges Tauziehen der Landesherren mit den kriegsunwilligen brandenburgischen Ständen um deren Beiträge zur Durchführung und Finanzierung des Krieges war, erscheint eine andere Möglichkeit wahrscheinlicher: Der Kurfürst hatte die Kosten mit Absicht im untersten Bereich der Möglichkeiten geschätzt, um die Stände leichter zu einer Beteiligung bewegen zu können.⁴⁵ Dazu hatte er nur die unmittelbar für das Heer und dessen Logistik notwendigen Ausgaben veranschlagt, die zwar im Voraus nicht berechenbaren, aber absehbaren Folgekosten des Krieges jedoch vernachlässigt. Es ist unwahrscheinlich, dass dies aus bloßer Leichtfertigkeit geschah. Albrecht erwartete vielmehr, dass die brandenburgischen Stände, die den Krieg zu einer Angelegenheit des Landesherrn und nicht des Landes erklären wollten, ihre zögerliche Haltung erst dann aufgeben würden, wenn sie selbst stärker in den Kriegsverlauf verwickelt und von Schädigungen durch die Gegner bedroht wären. „*Viele Hände heben leichter, wenn sie nur fest die Stange greifen*", kommentierte er selbst sein Ziel.⁴⁶

Schluss

Krieg kostet Geld – viel Geld. Dessen waren sich im ausgehenden Mittelalter auch die deutschen Fürsten längst bewusst geworden. Über die entwickelte Rechnungsführung ihrer territorialen Finanzverwaltung besaßen sie die Möglichkeit, sich bestens über die immer größer werdenden Geldsummen, die der wachsende organisatorische Bedarf für die Kriegführung verschlang, zu informieren. Dieser Bedarf wuchs sogar in Zeiten relativen Friedens. Bei der üblichen Fixierung auf größere Kriegsereignisse und Feldzüge sollte jedenfalls nicht vergessen werden, dass Krieg und Fehde im späten Mittelalter eine geradezu alltägliche Erscheinung waren. Dementsprechend verursachten Militärwesen und Verteidigungsmaßnahmen kontinuierlich hohe Kosten.[47] Erst recht aber drohten größere Kriegsereignisse die Finanzen von Ländern und Kommunen zu ruinieren. Schon die unmittelbaren Ausgaben für den Krieg konnten das Haushaltsbudget um ein Mehrfaches übersteigen. Hinzu kamen gesamtwirtschaftliche Folgen der Kriege, die kaum abzuschätzen waren.

Da die Kriegskosten den Landesherren am Ende des Mittelalters über den Kopf zu wachsen drohten, waren sie zu neuen Wegen der Kriegsfinanzierung und Kostenkontrolle praktisch gezwungen. Der Feldzugsplan des brandenburgischen Kurfürsten Albrecht Achilles von 1477 könnte ein solcher Versuch gewesen sein, der darauf zielte, die Kriegskosten planbar zu machen. Realistisch war dies aber kaum. Zu stark waren die Militärausgaben vom Kriegsverlauf, nicht selten auch vom Zufall abhängig. Das musste auch der Kurfürst wissen, dessen reichem Erfahrungsschatz dieser Plan entsprungen war. Seine Intentionen sollte man daher eher in einer anderen Richtung suchen. Er spekulierte offenbar auf erweiterte Möglichkeiten der Kriegsfinanzierung, in diesem Fall auf die Durchsetzung einer Sondersteuer zur Kostenbewältigung. Dieser Weg hatte sich im späten Mittelalter als besonders praktikabel durchgesetzt, um außergewöhnliche finanzielle Haushaltsbelastungen in Sonderfällen, auch durch Kriege, zu bewältigen. So führte auch Herzog Ludwig von Bayern-Landshut nach dem Süddeutschen Fürstenkrieg eine Kriegskostensteuer ein, die 1464 immerhin 143.000 Gulden einbrachte.[48] Allerdings waren außerordentliche Steuern an das Bewilligungsrecht der Stände gebunden, denen sich hier ein entscheidender Hebel zur Einflussnahme auf die landesherrliche Politik eröffnete. Die Bewältigung der überbordenden Kriegskosten im späten Mittelalter, die von den Fürsten auf herkömmliche Weise nicht mehr finanziert werden konnten, trug also wesentlich zur Ausbildung des staatlichen Dualismus von Fürst und Ständen bei, der sich in vielen Ländern Europas und auch in weiten Teilen des Reiches als Erfolgsmodell konsensualer Herrschaft durchsetzte. Gleichzeitig führte der Trend zur Perpetuierung der Steuereinnahmen zur Entstehung des frühmodernen Steuerstaates in der Frühen Neuzeit. Doch nicht nur auf der Einnahmeseite wirkte der Druck der Kriegsfinanzierung modernisierend: Auch die Verwaltungsstrukturen mussten gestrafft werden, um Reibungsverluste zu vermeiden und die Effizienz der Ausgaben zu erhöhen. Tatsächlich lässt sich beobachten, dass im 15. Jahrhundert in verschiedenen deutschen Ländern Verwaltungsreformen unmittelbar im Anschluss an Kriegsereignisse durchgeführt wurden, unter anderem auch in Niederbayern nach dem Süddeutschen Fürstenkrieg.[49] Ständischer Dualismus, frühmoderner Steuerstaat und Zentralisierung der Finanzverwaltung: Das aus dem gegen Ende des Mittelalters wachsenden Bewusstsein für die Kriegskosten resultierende Bemühen um neue Finanzierungswege trug maßgeblich zur Entwicklung frühmoderner staatlicher Strukturen in der Neuzeit bei. In diesem Sinne erwies sich das Kriegswesen tatsächlich als „Schwungrad an der Staatsmaschine".[50]

Literatur

Allmand, Christopher: War and the Non-Combattant in the Middle Ages, in: M. Keen (Hg.): Medieval Warfare. A History, Oxford 1999, 253–272.

Bleicher, Michaela: Das Herzogtum Niederbayern-Straubing in den Hussitenkriegen. Kriegsalltag und Kriegführung im Spiegel der Landschreiberrechnungen, Phil. Diss. Regensburg 2006 (URL: www.opus-bayern.de/uni-regensburg/volltexte/2006/617/).

Böcker, Heidelore: Die Festigung der Landesherrschaft durch die hohenzollerischen Kurfürsten und der Ausbau der Mark zum fürstlichen Territorialstaat während des 15. Jahrhunderts, in: I. Materna, W. Ribbe (Hgg.): Brandenburgische Geschichte, Berlin 1995, 169–230.

Brandt, Wilhelm: Der Märkische Krieg gegen Sagan und Pommern 1476–1479, Phil. Diss. Greifswald 1898.

Caemmerer, Hermann von: Die Einnahmen des Kurfürsten Albrecht Achilles, in: Forschungen zur Brandenburgischen und Preußischen Geschichte 26 (1913) 217–225.

Contamine, Philippe: War in the Middle Ages, Oxford ^{9}1998.

Cramer-Fürtig, Michael: Finanzkontrolle durch Rechnungsprüfung im Herzogtum Bayern. Zur Normierung der amtlichen Buchführung in der Frühen Neuzeit, in: F. Edelmayer, M. Lanzinner, P. Rauscher (Hgg.): Finanzen und Herrschaft. Materielle Grundlagen fürstlicher Politik in den habsburgischen Ländern und im Heiligen Römischen Reich im 16. Jahrhundert, Wien – München 2003, 270–290.

Droege, Georg: Die Ausbildung der mittelalterlichen territorialen Finanzverwaltung, in: H. Patze (Hg.): Der deutsche Territorialstaat im 14. Jahrhundert, Bd. 1, Sigmaringen 1970, 325–345.

Ettelt-Schönewald, Beatrix: Kanzlei, Rat und Regierung Herzog Ludwigs des Reichen von Bayern-Landshut (1450–1479), Bd. 1, München 1996.

Fouquet, Gerhard: Die Finanzierung von Krieg und Verteidigung in oberdeutschen Städten des späten Mittelalters (1400–1500), in: B. Kirchgässner, G. Scholz (Hgg.): Stadt und Krieg, Sigmaringen 1989, 41–82.

Heinrich, Gerd: Die ‚Freien Herren' und das Land. Markgrafenherrschaft und landständische Einflußnahme in Brandenburg während des Spätmittelalters, in: H. Boockmann (Hg.): Die Anfänge der ständischen Vertretungen in Preußen und seinen Nachbarländern, München 1992, 137–150.

Kemper, Joachim: Erste Ansätze zu einer Finanzkontrolle im Spätmittelalter und in der frühen Neuzeit, in: „Daß Unsere Finanzen fortwährend in Ordnung erhalten werden ..." Die staatliche Finanzkontrolle in Bayern vom Mittelalter bis zur Gegenwart, München 2004, 14–42.

Kotelmann, Albert: Die Finanzen des Kurfürsten Albrecht Achilles, in: Zeitschrift für Preußische Geschichte und Landeskunde 3 (1866) 1–26, 95–105, 283–309, 417–449.

Kraus, Andreas: Sammlung der Kräfte und Aufschwung, in: M. Spindler (Hg.): Handbuch der bayerischen Geschichte, Bd. 2, München ²1988, 289–321.

Kroener, Bernhard R.: Das Schwungrad an der Staatsmaschine? Die Bedeutung der bewaffneten Macht in der europäischen Geschichte der Frühen Neuzeit, in: B. R. Kroener, R. Pröve (Hgg.): Krieg und Frieden. Militär und Gesellschaft in der Frühen Neuzeit, Paderborn 1996, 1–24.

Leng, Rainer: *Ars belli*. Deutsche taktische und kriegstechnische Bilderhandschriften und Traktate im 15. und 16. Jahrhundert, 2 Bde., Wiesbaden 2002.

Menzel, Thomas: Der Fürst als Feldherr. Militärisches Handeln und Selbstdarstellung zwischen 1470 und 1550, Berlin 2003.

Mersiowski, Mark: Die Anfänge territorialer Rechnungslegung im deutschen Nordwesten. Spätmittelalterliche Rechnungen, Verwaltungspraxis, Hof und Territorium, Stuttgart 2000.

[Mobilmachungsplan (1885):] Ein Brandenburgischer Mobilmachungsplan aus dem Jahre 1477, in: Kriegsgeschichtliche Einzelschriften des Grossen Generalstabes 1, Heft 3 (1885), 1–36.

Moraw, Peter: Staat und Krieg im deutschen Spätmittelalter, in: W. Rösener (Hg.): Staat und Krieg. Vom Mittelalter bis zur Moderne, Göttingen 2000, 82–111.

Orth, Elsbet: Amtsrechnungen als Quelle spätmittelalterlicher Territorial- und Wirtschaftsgeschichte, in: Hessisches Jahrbuch für Landesgeschichte 29 (1979) 36–62.

Postan, Michael Moissey: The Costs of the Hundred Years` War, in: Past and Present 27 (1964) 34–53.

Priebatsch, Felix (Hg.): Politische Correspondenz des Kurfürsten Albrecht Achilles, Bde. 1–3, Leipzig 1894, 1897 und 1898.

Priebatsch, Felix: Der Glogauer Erbfolgestreit, in: Zeitschrift des Vereins für Geschichte und Altertum Schlesiens 32 (1899) 67–106.

Prietzel, Malte: Kriegführung im Mittelalter. Handlungen, Erinnerungen, Bedeutungen, Paderborn 2006.

Raumer, Georg Wilhelm von: Beiträge zur Kriegsgeschichte der Churmark Brandenburg im fünfzehnten Jahrhundert, in: Allgemeines Archiv für die Geschichtskunde des Preußischen Staates 1 (1830) 254–277.

Raumer, Georg Wilhelm von (Hg.): Codex Diplomaticus Brandenburgensis Continuatus, Teil 2, Berlin 1833.

Reinhard, Wolfgang: Geschichte der Staatsgewalt. Eine vergleichende Verfassungsgeschichte Europas von den Anfängen bis zur Gegenwart, München ³2002.

Riedel, Adolph Friedrich (Hg.): Codex Diplomaticus Brandenburgensis. Sammlung der Urkunden, Chroniken und sonstigen Quellenschriften für die Geschichte der Mark Brandenburg und ihrer Regenten, 3. Abteilung, Bd. 2, Berlin 1860.

Sarnowsky, Jürgen: Die Wirtschaftsführung des Deutschen Ordens in Preußen (1382–1454), Köln u. a. 1993.

Schmidtchen, Volker: Kriegswesen im späten Mittelalter. Technik, Taktik, Theorie, Weinheim 1990.

Schneider, Joachim: Legitime Selbstbehauptung oder Verbrechen? Soziale und politische Konflikte in der spätmittelalterlichen Chronistik am Beispiel der Nürnberger Strafjustiz und des Süddeutschen Fürstenkrieges von 1458–1463, in: C. Meier u. a. (Hgg.): Schriftlichkeit und Lebenspraxis im Mittelalter, München 1999, 219–324.

Schubert, Ernst: Albrecht Achilles, Markgraf und Kurfürst von Brandenburg (1414–1486), in: G. Pfeiffer (Hg.): Fränkische Lebensbilder 4 (1971), 130–172.

Schultze, Johannes: Die Mark Brandenburg. Dritter Band: Die Mark unter der Herrschaft der Hohenzollern (1415–1535), Berlin 1963.

Selzer, Stephan: Sold, Beute und Budget. Zum Wirtschaften deutscher Italiensöldner des 14. Jahrhunderts, in: H. von Seggern, G. Fouquet (Hgg.): Adel und Zahl. Studien zum adligen Rechnen und Haushalten in Spätmittelalter und früher Neuzeit, Ubstadt-Weiher 2000, 219–246.

Selzer, Stephan: Deutsche Söldner im Italien des Trecento, Tübingen 2001.

Seyboth, Reinhard: Franken in den politischen Konzepten der Wittelsbacher im späten Mittelalter, in: J. Merz, R. Schuh (Hgg.): Franken im Mittelalter: Raum und Geschichte, München 2004, 307–321.

Singer, Bruno: Die Fürstenspiegel in Deutschland im Zeitalter des Humanismus und der Reformation, München 1981.

Thieme, André: Herzog Albrecht der Beherzte im Dienste des Reiches. Zu fürstlichen Karrieremustern im 15. Jahrhundert, in: A. Thieme (Hg.): Herzog Albrecht der Beherzte (1443–1500). Ein sächsischer Fürst im Reich und in Europa, Köln u. a. 2002.

Thorau, Peter: Der Krieg und das Geld. Ritter und Söldner in den Heeren Kaiser Friedrichs II., in: Historische Zeitschrift 268 (1999) 599–634.

Tresp, Uwe: Söldner aus Böhmen. Im Dienst deutscher Fürsten: Kriegsgeschäft und Heeresorganisation im 15. Jahrhundert, Paderborn 2004.

Weiß, Dieter J.: Franken am Ausgang des späten Mittelalters, in: M. Spindler (Hg.): Handbuch der bayerischen Geschichte, Bd. 3. 1, München ³1997, 427–450.

Wright, N.: Knights and Peasants. The Hundred Years War in the French Countryside, Woodbridge 1998.

Würdinger, Joseph: Kriegsgeschichte von Bayern, Franken, Pfalz und Schwaben von 1347 bis 1506, Bd. 2, München 1868.

Ziegler, Walter: Studien zum Staatshaushalt Bayerns in der zweiten Hälfte des 15. Jahrhunderts. Die regulären Kammereinkünfte des Herzogtums Niederbayern 1450–1500, München 1981.

Anmerkungen

[1] Zur allgemeinen Entwicklung: Contamine (1998) besonders 65–172; Schmidtchen (1990). Einen Eindruck aus dem 13. Jahrhundert vermitteln die Schätzungen und Hochrechnungen bei Thorau (1999) 628–631.

[2] Tresp (2004) 259–361. Aus Sicht der Söldner: Selzer (2000); derselbe (2001) 229–269.

[3] Moraw (2000) 95–105; Reinhard (2002) besonders 306–351.

[4] Prietzel (2006) 106–193. Speziell zu den deutschen Fürsten des 15./16. Jahrhunderts: Menzel (2003) besonders 566–578. Vergleiche auch Schneider (1999) über das Lob der zeitgenössischen bayerischen Chronisten Veit Arnpeck und Hans Ebran von Wildberg für die Kriegführung und Schlachtenerfolge Herzog Ludwigs von Bayern im Süddeutschen Fürstenkrieg.

[5] Singer (1981) 51–78; Leng (2002) Bd. 1, 69–82.

[6] Umfassend dazu: Leng (2002). Vergleiche auch: Schmidtchen (1990) 99–128; 239–292.

[7] Schmidtchen (1990) 31, mit zahlreichen Verweisen auf Beispiele.

[8] Tresp (2004) 293–305.

[9] Priebatsch (1898) 406.

[10] Siehe dazu: Kraus (1988) 298–305; Weiß (1997) 435–441; Würdinger (1868) 3–72.

[11] Siehe dazu Schneider (1999) 225–230, 236 f.

[12] Diese Perspektive wurde in ähnlicher Weise auch von Albrechts wichtigstem Ratgeber Ludwig von Eyb vertreten. Vergleiche dazu ebd. 225–228.

[13] Tresp (2004) 157–168.

[14] Zu den bayerischen Zielen in Franken siehe Seyboth (2004) besonders 317 f.

[15] Ziegler (1981) 28–32; Ettelt-Schönewald (1996) 131–134. Zum bayerischen Rechnungswesen siehe auch: Kemper (2004) 17–20; Cramer-Fürtig (2003) 271–279.

[16] Allgemein dazu: Droege (1970); Orth (1979); Mersiowski (2000). Weitere Hinweise und eine aktuelle Bibliographie zum spätmittelalterlichen Rechnungswesen finden sich auf: COMPUTATIO. Die Marburger Seite zu Rechnungen des späten Mittelalters und der Frühen Neuzeit (URL: http://online-media.uni-marburg.de/ma_geschichte/computatio/).

[17] Dazu Mersiowski (2000) unter anderen 109 f., 142–144, 157–159, 201–203 und 278 f.

[18] Bayerisches Hauptstaatsarchiv München, Neuburger Kopialbücher, Nr. 30 (im folgenden: NK 30), fol. 131–233.

[19] NK 30, fol. 131–134. Zur Inflation dieser Jahre: Ziegler (1981) 57–64.

[20] Ebd., fol. 141–228.

[21] Tresp (2004) 277–289, mit repräsentativen Stichproben.

[22] Ebd., 222–228.

[23] Zur Problematik und Verwaltung der Schadensersatzleistungen: Ebd., 318–361.

[24] Ebd., 269–293.

[25] NK 30, fol. 236–260. Weitere spezielle „Kriegsrechnungen" einzelner Ämter aus diesen Jahren befinden sich im Bestand Bayerisches Hauptstaatsarchiv München, Herzog Bayern, Ämterrechnungen bis 1506.

[26] Tresp (2004) 291 f.

[27] Nach den Schätzungen von Ziegler (1981) 263–265, betrugen die durchschnittlichen Jahreseinkünfte Niederbayerns zu dieser Zeit ca. 65.000 Gulden.

[28] Würdinger (1868) 47.

[29] Ziegler (1981) 259.

[30] Anregend dazu am Beispiel des Hundertjährigen Krieges: Postan (1964); Wright (1998); Allmand (1999). Bekannt sind auch die Folgen des großen Krieges von 1409–11 für die Herrschaft des Deutschen Ordens in Preußen. Siehe dazu Sarnowsky (1993) 413, 454–457.
[31] Am Beispiel des Herzogtums Bayern-Straubing: Bleicher (2006) 305–310.
[32] Schubert (1971) 155.
[33] Die meisten dieser Korrespondenzen, die vielfältige Einblicke in die Kriegführung und Strategie des Kurfürsten bieten, finden sich in: Priebatsch (1897).
[34] 1474 ließ er sich eine Wagenburgordnung ins Feld zusenden. Vergleiche Priebatsch (1894) 775.
[35] Schubert (1971) 152–158; Thieme (2002).
[36] Zum Krieg: Böcker (1995) 207 f.; Schultze (1963) 132–146; Brandt (1898); Priebatsch 1899. Verschiedene Heeres- und Feldordnungen für den Pommernkrieg bei: Raumer (1830); derselbe (1833) 27–29; Riedel (1860) 214–219.
[37] Mobilmachungsplan (1885). Siehe dazu auch den veränderten Plan vom Februar 1478 bei Priebatsch (1897) 348–350 sowie die zusätzlichen Planungen des Kurfürsten und weitere Dokumente zum Pommernkrieg ebd. 386–388, 405 f., 411–416, 422–424.
[38] Mobilmachungsplan (1885) 13 f.
[39] Ebd. 12 f., 19 f.
[40] Ebd. 12, 13 f., 20.
[41] Ebd. 13, 17 f.
[42] Nach den Schätzungen der durchschnittlichen Jahreseinkünfte bei Kotelmann (1866) 442 und von Caemmerer (1913) 219 und 225.
[43] Raumer (1833) 25.
[44] Kotelmann (1866) 292 f.; Schultze (1963) 147. Siehe dazu auch das Schadensverzeichnis zum Pommernkrieg bei Raumer (1833) 34–37.
[45] Einen knappen Überblick zur Entwicklung der ständischen Einflussnahme auf die Landesherrschaft in Brandenburg gibt Heinrich (1992). Siehe dazu auch Böcker (1997) 212–221 und Schultze (1963) 146–150.
[46] Raumer (1833) 25: „*Vil Hend heben leicht so man getrewlich an die stangen greifft*".
[47] Dazu am Beispiel städtischer Militärhaushalte des späten Mittelalters: Fouquet (1989).
[48] Ziegler (1981) 259 f.
[49] Ettelt-Schönewald (1996) 344.
[50] Allgemein dazu: Kroener (1996); Reinhard (2002) 305–343.

NIKLOT KLÜSSENDORF

„Kleine" Mechanismen der Kriegsfinanzierung in der Frühen Neuzeit, besonders im 18. Jahrhundert

1. Begriffsbestimmung

Die Aufbringung der Mittel für eine erfolgreiche Kriegführung gehört über die historischen Epochen hinaus zu den elementaren Maßnahmen, mit der sich die Verwaltungsgeschichte auseinandersetzen muss. Gleich, ob ein Krieg von langer Hand geplant oder kurzfristig vom Zaun gebrochen wird, bleibt eines unkalkulierbar: die Kosten. Diese sind auf drei zeitlich versetzte Ebenen verteilt: 1. Vorbereitung eines Krieges von der Aufrüstung bis zur Mobilmachung, 2. Eigentliche Feindseligkeiten, 3. Rückzug und Demobilisierung, sodann der Aufwand zur Beseitigung der Schäden. Nicht eingerechnet sind Kosten weiterer Rüstung sowie für Besatzungskontingente zur Sicherung des Sieges. Dass Folgekosten auf lange Sicht sogar den Sieger finanziell ausbluten lassen, ist feststehende Erfahrung. Denken wir daran, dass die letzten Invaliden- und Witwenrenten aus dem 1. Weltkrieg (1914–1918) noch bis ins 21. Jahrhundert liefen!

Dass zwischen Frieden, Militär, dessen Bezahlung sowie der Steuerlast enge Beziehungen bestehen, hat schon Tacitus (hist. IV 74) festgestellt. Im Ancien Régime war Geld ein scharfes Instrument der Machtpolitik.[1] In den großen Kriegen der Neuzeit ruhte die Finanzierung auf drei Säulen: 1. Einsatz des Vermögens des Kriegführenden, also des Staatsschatzes, 2. Beschaffung von Einnahmen über Steuern, nach innen gegenüber der eigenen Bevölkerung, nach außen durch Heranziehung der Bewohner eroberten Gebiets, 3. Fremdfinanzierung, also Heranziehung zusätzlicher Mittel über Anleihen oder Einwerbung von Subsidien. Die drei Säulen, die mitten im 1. Weltkrieg ein Nationalökonom historischer Schule, Karl Theodor von Eheberg (1855–1941), thematisierte,[2] bündeln eine Vielzahl kreativer Möglichkeiten. Ihre Bandbreite hat, zwischen Freiwilligkeit beim Freund und Zwang gegenüber dem Feind, ungewöhnliche Dimensionen. Dass manche Maßnahmen Freund und Feind kaum unterschiedslos treffen, gehört zur Natur der Sache, besonders in langen Kriegen. Die drei „Säulen" der Finanzierung stehen nicht nur nebeneinander, sondern sind oft miteinander „verzahnt".

Einigkeit besteht darüber, dass Militärkosten allenfalls im Frieden mit seinen geordneten Finanzen, zumal für stehende Heere in Staaten mit geordneter Steuerverwaltung,[3] exakt kalkulierbar sind. Die Planung für einen Feldzug mag zwar mit präzisen Zahlen für die direkten Kosten aufwarten. Nehmen wir die rund 40.000 Gulden (fl.) im Jahr für eine 500 Mann starke Einheit, die das Hochstift Fulda Ende des 18. Jahrhunderts etatisierte. Der Betrag steht für den Zustand nach Aufstellung des Verbandes – damit ist kein einziger Schuss abgegeben. Nachschub, Material, Ersatz und Nachschub bleiben unkalkuliert und werden bei jeder längeren Kampagne zum Risiko potenzierten Auf-

„Kleine" Formen der Kriegsfinanzierung in der Frühneuzeit   211

wands. Zählt dies noch zu den direkten Kosten, so sind indirekte Lasten nur bedingt zu ermitteln. Denn Kosten fallen nicht nur in staatlichen Kassen an, sondern auch in denen von Gemeinden, Vereinigungen aller Art und bei Privatleuten, die kaum Rechnungen führen. Nach einem Wort Albrechts von Wallenstein (1583–1634) nährte der Krieg den Krieg – dies war erklärte Versorgungspraxis des so ohne größeren Tross auskommenden schwedischen Heeres.[4] Die hierdurch verursachte Zahlungsunfähigkeit der Geschädigten eines Dorfes traf im „Domino-Effekt" alle Gläubiger, bis hin zu Steuerausfällen. Ziehen wir Kriegsschadensverzeichnisse heran, so bieten diese zwar oft beeindruckende Zahlen (Abb. 1). Doch hat die Quellenkritik die Steuerehrlichkeit der Geschädigten in Betracht zu ziehen. Ein geraubtes Pferd, für das ein Taxwert erscheint, war oft gar kein militärtaugliches Schlachtross, sondern manchmal nur zum Schlachten reif.

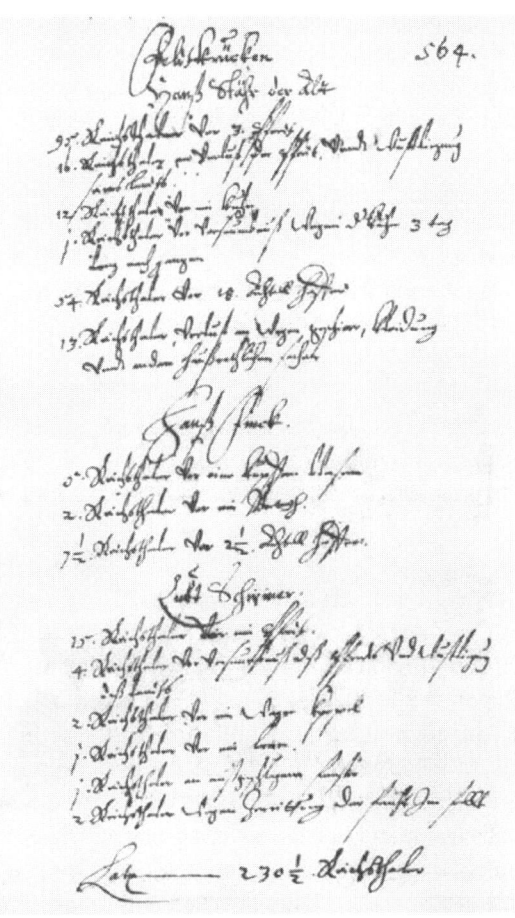

Abb. 1: Aus einem Kriegsschadensverzeichnis von Feldkrücken (Stadtteil zu Ulrichstein, Vogelsbergkreis, Hessen) für 1622. Vorlage: Hess. Staatsarchiv Darmstadt, Best. E 8 A, Nr. 30/1.

Administrativ häufig ist die Vermischung von Kriegs- und Friedensetats, für die hier Bezeichnung und Aufgabenkreis der 1723 eingerichteten „Kriegs- und Domänenkammern" in Preußen (die Vorläuferinnen der Provinzialregierungen) stehen mögen. Andere Verwaltungen vermischten die Zwecke eher pragmatisch. Dies zeigt die Vorfinanzierung von Hofausgaben durch die Kriegskasse von Hessen-Kassel beim Kauf eines Tafelservices im Ausland (1795). So sollten Studien zu Kriegsfinanzen neben den Militärkosten, die oft versteckt oder geschönt sind, den zivilen Sektor beachten.

Für die Frühneuzeit fließen die Quellen viel reichlicher als für Antike und Mittelalter. Da große Archive leicht Hunderte von Regalmetern einschlägigen Materials bieten, erlauben nur wenige Territorien ein abschließendes Urteil. Im Bestreben, gängige Methoden, von denen manche zu Recht als „Tricks"[5] gelten, exemplarisch darzustellen, nutzt dieser Essay als Bausteine Arbeiten mit militärischen wie zivilen Quellen für andere Entstehungszwecke. Aus der Sicht von Vergleichender Landesgeschichte und Quellenkunde wird Anschluss an die Vertreter der antiken Numismatik auf der Tagung gesucht, ohne Anspruch, Details in lexikalischer Art zu liefern.

Die Finanzwelt hatte mit international tätigen Bankhäusern Methoden, hohe Summen unbar zu transferieren. Dies zeigt der Amerikanische Unabhängigkeitskrieg (1776–1783) mit den hohen englischen Subsidien für Miet-Truppen deutscher Klein- und Mittelstaaten. Auch mit Russland waren schon solche Abkommen ausgehandelt.[6] Doch forderte im Ancien Régime jeder Krieg zugleich eine ausgefeilte Logistik beim Bargeld. Beschaffung und Verfügbarkeit waren eine Seite, Manipulation die andere. Beispiele lieferte schon die Antike mit dem häufigen Ersatz herkömmlicher Metalle durch minderwertige. Dies wiederholte sich vielfältig in späteren Epochen. Um nicht zu sehr in Details zu verfallen, setzen wir Schwerpunkte im 18. Jahrhundert, ohne deswegen andere Teile der Neuzeit ganz auszuklammern. Als „kleine" Formen der Kriegsfinanzen werden hier technische und organisatorische Maßnahmen im Geldwesen verstanden.

2. „Kleine" Formen der Geldschöpfung im Kriege

Kommen wir zum Geld und seiner Substanz, die in der Frühneuzeit noch so definiert war wie zu den Anfängen der Münze am Ende des 7. Jahrhunderts v. Chr. Die Hauptform des Geldes, die Münze, war Form der Ware Edelmetall; ihre Qualität regelte der Münzfuß. Zu den Kriegsvorbereitungen zählt die Reservierung eines Teilbestandes aus dem Staatsschatz, um im Ernstfall Zahlungen bar leisten zu können. Spätes Relikt solcher Vorsorge war in Deutschland der Reichskriegsschatz.[7] Hierzu deponierte man 120 Mill. Mark in Goldmünzen aus der Frankreich 1871 auferlegten Kriegsentschädigung im Juliusturm der Festung Spandau. Diese Umsetzung eines veralteten Prinzips sollte sich im 1. Weltkrieg als völlig unzureichend erweisen.

Militär ist kaum mit Versprechen späterer Zahlung oder Anweisungen auf künftige Steuern hinzuhalten, sondern fordert sofortige Leistung, namentlich bei Eintreibung von Feldzugskosten im besetzten Gebiet. Die besten Beispiele liefert der Dreißigjährige

Krieg (1618–1648). Nach der bis dahin größten neuzeitlichen Geldkrise, der Kipper- und Wipper-Zeit, die 1618 bis 1623 das Reich überrollte, präsentieren sich die restlichen Kriegsjahre in fast allen Regionen mit erhöhtem Aufkommen gut datierter Schatzfunde. Als Folge der Erfahrungen der Kipperzeit, deren Missbräuche meist kleine und mittlere Nominale getroffen hatten, spiegeln nun die Fundinhalte bevorzugte Hortung hoher Werte. Die Bestandshaltung von groben Sorten wie guten Reichstalern gab zudem der Vorsicht in den Zeitläuften Ausdruck. Es war Selbstschutz, Kontribution einforderndes Militär nicht durch Zahlung in Kleingeld oder schlechten Sorten zu provozieren. Geregelte Barzahlung war anerkanntes Mittel, um angedrohte Gewalt abzuwenden. Wenngleich „Brandschatzung" oft die Inbrandsetzung von Haus und Hof durch Militär meint, war dies ursprünglich die von einem Eroberer durchgesetzte außerordentliche Steuer, deren Leistung das angedrohte Feuer verhindern sollte. Der ungewöhnlich dichte Fundhorizont dieses Krieges steht für die allgemeine Angst vor Gewalt, die jeden Truppendurchzug zum Auslöser für die Flüchtung des Bargeldes werden ließ.

Im Folgenden sind Möglichkeiten, Geld mit Maßnahmen der Kriegsvorbereitung beziehungsweise -führung zu schöpfen beziehungsweise zu manipulieren, an fünf Beispielgruppen dargelegt:

a) Erhöhung des verfügbaren Geldbestandes durch Manipulationen am Bargeld

Hier kommt die systematische Erhöhung des Staatsvermögens durch Manipulationen am Schlagschatz von Münzen in Betracht, für welche die französischen „Reformationen" unter Ludwig XIV. (reg. 1643–1715) zu nennen sind. Durch regelmäßige Umprägungen entstand fiskalischer Gewinn, der die wirtschaftliche Dispositionsfähigkeit des Staates mehrte. Ausdruck solcher Reformationen waren grobe Überprägungen älterer Münzen. Dies war nicht direkt dem Krieg zuzurechnen, förderte aber die Leistungsfähigkeit im Ernstfall. Auf dieser Linie liegt die Vorsorge, die Preußen 1740 rund 914.500 Taler zum Kriegsschatz buchen ließ. Dies waren etwa 13,2% der Einnahmen des auch in den Finanzen militärlastigen Staates, der weitere 72,8% seines Etats für Truppen einstellte!

Ähnlich ist die Graumansche Münzreform unter Friedrich II. von Preußen (reg. 1740–1786) zu bewerten (1750). Sie brachte mit dem Abweichen von dem fast gleichzeitig in Österreich aufgegebenen 12-Taler-Fuß, der 1738 noch Reichsfuß geworden war, eine Senkung des Standards.[8] Dass der neue leichte Taler im 14-Taler-Fuß sich „Reichstaler" nannte, obwohl er rechtlich nur eine preußische Landmünze war, ist bereits eine machtpolitische Nuance im Vorfeld des Siebenjährigen Krieges (1756–1763). Die wirtschaftliche Auseinandersetzung zwischen Preußen und Österreich setzte also schon vor dem militärischen Ringen ein.

In gleichem Zusammenhang stehen Kursmanipulationen. Auch wenn der Wert kuranter Münzen durch das Metall bestimmt war, gab es politisch angepasste Kurse. Dies betraf im 1. Koalitionskrieg (1792–1797), den Österreich und Preußen für das Reich im

Bund mit England, Spanien und den Niederlanden gegen das revolutionäre Frankreich führte, den österreichischen Kronentaler. Die seit 1755 geprägte Münze galt meist 2 Gulden 39 Kreuzer (1 fl. = 60 Kr.). Ihr Kurs wurde 1793 mit 3 Kr. Aufschlag auf das Niveau des französischen Talers, des Écu aux lauriers (Laubtaler), gebracht, der viel in deutschen Landen zirkulierenden Hauptsilbermünze Frankreichs. Der Verkehr korrigierte die Manipulation rasch, indem der Laubtaler um eben diese 3 Kr. stieg[9].

b) Ausgabe von Notgeld im Kriege

Militärische Zwangslagen führten oft zu Problemen bei der Zahlung von Löhnung und Proviant. Die Schaffung von Ersatz hat vielfältige Lösungen, so Abdrücke von Münzstempeln auf Papier, Leder oder unedlem Metall. Damit war oft die Aufnahme einer inneren Anleihe verbunden, die nach gutem Ausgang des Krieges abgelöst werden sollte. Auch kam die Umfunktionierung von Gebrauchsmetall vor, etwa Abstempelung von Teilen zerschnittenen Silbergeschirrs, die als Geldersatz zirkulierten (so bei den Belagerungen von Landau in der Pfalz zwischen 1702 und 1713)[10], ferner Metallsammlungen, die das Material für das Notgeld zusammenbrachten. Für solche Maßnahmen, teils gekoppelt mit Zwangskursen für unedle Metalle, liefert die Antike etliche Parallelen. Not- und Belagerungsgeld gilt in der Numismatik als gepflegtes Generalthema.[11]

Abb. 2: Brandenburg-Preußen, Friedrich Wilhelm (reg. 1640–1688), Dritteltaler 1671, Münzstätte Crossen, mit Aufwertungs-Gegenstempel („Necessitas Wismariensis") von Wismar aus der Belagerung von 1715. Standort: Staatliches Museum Schwerin, Münzkabinett. Inv.-Nr. 8054, Foto: Gabriele Bröcker. Silber 8,17 g (Maßstab 1:1).

Instruktive Beispiele liefert Wismar im Großen Nordischen Krieg (1700–1721).[12] Die damals schwedische Stadt praktizierte gleich drei Methoden. Während der Belagerung durch Dänen, Preußen und Hannoveraner (26. Juni 1715 bis 23. April 1716) ging der Königlichen Kammer das mit 3000 Taler im Monat benötigte Bargeld aus. Erwägungen, eine Anleihe am Ort aufzunehmen oder gar „Kreditzettel" mit Annahmepflicht zu emittieren, ließ man fallen. Vielmehr prägte die Stadt 1715 kupferne 3-Pfennig-Stücke zum Notbehelf und mehrte dann die Bargeldmenge am Ort durch Gegenstempelung (Abb. 2) von Münzen (eine technische Maßnahme der Umwertung, die wir aus der

„Kleine" Formen der Kriegsfinanzierung in der Frühneuzeit 215

Antike kennen, etwa in augusteischen Militärlagern). Unter Garantie des Königs und bei Haftung der Stadt wurde so einige Münzen im Wert verdoppelt, und zwar Wismarer Schillinge, mecklenburgische 2-Schillinge sowie Sechstel- und Dritteltaler. Das Verfahren war einfach: Jede Familie brachte ihren wöchentlichen Geldbedarf in die Münzstätte, die davon eine Hälfte durch Stempelung auf das Doppelte aufwertete, so dass dem Einlieferer nominal die gleiche Summe blieb. Die andere Hälfte übernahm die Stadt zu den Garnisonskosten. Die Geldschöpfung war eine Kreditaufnahme. Bei Ende der Aktion flossen 6847 Taler in gestempelter Münze zurück; den Aufwertungsbetrag suchte Wismar dann von der Krone Schweden zurückzuholen. Hinzu kamen 1715 Not-Klippen aus der Bronze unbrauchbarer Geschütze als „Plattengeld" in Stückelungen zwischen 4 Schilling und 8 Mark in Verkehr (Abb. 3).

Abb. 3: Bronzene Belagerungs-Klippe zu 8 Schilling, Wismar 1715 (ca. 375 g, Maßstab 1:1).
Bildzitat: Kat. Felix Schlessinger, Berlin-Charlottenburg, vom 7. Dez. 1931, Nr. 1543.

c) Geld als Waffe: Steigerung der Einnahmen durch Kombination von Münzprägung und Manipulation des Umlaufs

Während die Geldbeschaffung über den Münzhammer beziehungsweise die Verwendung von Ersatzmaterial konventionelle Nutzungen des Münzrechts waren, brachte der Siebenjährige Krieg neuartige Methoden der Geldschöpfung. Sie zeichneten sich, wie angedeutet, schon Jahre vor Kriegsausbruch ab, als die Hauptkontrahenten Preußen und Österreich Münzreformen durchführten, die eine Auseinandersetzung eigener Art darstellten.

Der Krieg führte auf preußischer Seite zu einer bis dahin unerreichten Steigerung der Münzprägung durch den Einsatz von Konsortien zur Beschaffung von Finanzen, die eigene und fremde Münzstätten systematisch zur Münzverringerung missbrauchten. Konsequent nutzte man also das Münzwesen zur Auseinandersetzung.[13] Als preußische Truppen Kursachsen eroberten, fielen ihnen die Münzstätten Leipzig und Dresden in die Hände. Unter Verpachtung an das Berliner Konsortium Ephraim & Söhne und Itzig entstanden unter Nutzung sächsisch-polnischer Stempel von 1753 vor allem in Leipzig miserable Achtgroschenstücke, die „Ephraimiten" (Abb. 4). Andere Manipulationen folgten und betrafen sogar Gold. Die Nachprägungen, auch in preußischen Münzstätten, waren die Produktion von Falschgeld unter dem Anschein von Geldzeichen des Gegners. Hinzu traten schlechte Sorten unter preußischem Stempel (Abb. 5). Preußen löste durch seine Manipulationen sogar schlechte Prägungen in anderen Staaten aus. Das Kriegsgeld, dessen Produktion die Konsorten mit organisierten, wurde zum Handelsgut eigener Art, für Soldaten gar zum „Zusatzgeschäft". Gerade im Hinterland der preußisch-englischen Truppen war solches Geld, ablesbar an Münzfundkarten, anzutreffen.[14] Immerhin gab es nicht nur requirierende Soldaten, sondern auch solche, die ihren Bedarf im Land einkauften. Auch konventionelle Geldhandelsplätze wie das von den Franzosen besetzte Frankfurt am Main dienten als Drehscheibe zur Verbreitung von Kriegsmünzen[15].

Abb. 4: „Ephraimit", von Preußen auf sächsisch-polnischen Stempel mit dem Bild Kurfürst Friedrich Augusts II. von Sachsen (reg. 1733–1763), als August III. König von Polen, nachgeprägter Dritteltaler. Standort und Foto: Deutsche Bundesbank, Frankfurt am Main Billon 6,93 g (Maßstab 1:1).

Zu erkennen war Kriegsgeld an schwer auflösbaren Monogrammen und Abkürzungen getarnter Herrschaftsbezeichnungen. Etliche Stücke trugen unzutreffende alte Jahreszahlen, auch gekoppelt mit Porträts längst verstorbener Fürsten. Drittel- und Sechstel-Taler (Abb. 6) in ohne Abrede normierten Typen sahen gleich aus, erforderten aber nach innerem Wert über 12 verschiedene Differenzierungen, so bei den Kriegssechsteln im Monogrammtyp von Anhalt-Bernburg, Brandenburg-Ansbach, Fulda, Hessen-Hanau-Lichtenberg, Mecklenburg-Strelitz, Pfalz-Zweibrücken, Sachsen-Hildburghausen, Sayn-Altenkirchen, Kurtrier, Wied-Neuwied und Runkel. Allein Fulda vermünzte 9 Tonnen Silber in über 4 Mill. Kriegssechstel, ausreichend, um die Kosten einer zweijäh-

"Kleine" Formen der Kriegsfinanzierung in der Frühneuzeit 217

rigen englischen Besatzung zu tragen.¹⁶ Nur stand hierfür das Geld nicht direkt zur Verfügung. Ähnliche Zahlen anderer Kriegsgeldproduzenten wie Anhalt, Mecklenburg-Schwerin oder Wied belegen die zweifelhafte Konjunktur des schlechten Geldes. Unter Einschluss weiterer Sorten waren rund 20 Territorien beteiligt.

Abb. 5: Preußen, Friedrich II., Dritteltaler 1763 A, Kriegsgeld, Münzstätte Berlin. Standort und Foto: Deutsche Bundesbank, Frankfurt am Main Billon 7,38 g (Maßstab 1:1).

Abb. 6: Die Hauptformen des Sechsteltalers „Kriegsgeld" (Porträttyp: Herzogtum Mecklenburg-Schwerin, Monogramm-Typ: Fürstbistum Fulda). Kollage aus der Münzordnung der „Korrespondierenden Kreise Franken, Bayern und Schwaben" vom 6. Mai 1761. Standort und Foto: Hess. Staatsarchiv Marburg, Best. 4 e, Nr. 467.

Das finanzielle Ergebnis war kaum kalkulierbar. Die Missbräuche waren bald reichsweit bekannt. Mitten im Krieg setzten schon Gegenmaßnahmen durch Mandate von Reich und Territorien ein. Nach 1763 beseitigte man allenthalben das missliebige

Kriegsgeld[17]. Dies forderte am Ende gar eine eigene Logistik. Allein im sächsischen Freiberg wurden von 1763 bis 1766 fast 5000 Zentner solcher Münzen eingeschmolzen. Den Schaden hatte der letzte Besitzer. Zur Ehre Friedrichs II. von Preußen sei vermerkt, dass er ab 1764 das preußische Münzwesen wieder auf den Vorkriegsstandard im 14-Taler-Fuß brachte, der später zur Vorstufe der Mark des Reiches von 1871 wurde.

d) Verknüpfung von Steuerwesen und Münzwesen

Dass im Krieg Staatskassen Sondereinnahmen brauchen, liegt auf der Hand. Dafür werden, wie bei jeder fiskalischen Maßnahme, Erträge im Voraus kalkuliert und oft zu optimistisch eingeschätzt. Eine Sondersteuer des 1. Koalitionskrieges sei herausgehoben, weil sie verbreitete fiskalische Denkmuster zeigt und mit der über Münzen praktizierten Steuerverweigerung eine ungewöhnliche Komponente hat. Dies war die „Freiwillige Kriegssteuer" nach der Kurmainzischen Verordnung vom 5. Juni 1794, eine zeitlich begrenzte Abgabe zu den Lasten des Krieges, während dessen die normalen Schatzungen weiter liefen.[18] Grundlage war die Selbsteinstufung der Steuerpflichtigen in 40 Klassen mit Tarifen von 10 Kr. bis 100 fl. im Quartal. Erwartet wurde, dass man sich aus patriotischen Motiven einer höheren Klasse zuordnete. Die Steuer war nur formal freiwillig, weil die, die sich ihr zu entziehen suchten, die Veranlagung nach dem höheren Kopfsteuersatz des Siebenjährigen Krieges riskierten. Die zeitliche Begrenzung der Steuer bis Ende 1796 entfiel, indem sie 1797 verlängert und teils noch bis 1798 erhoben wurde. Dann erlegte eine Reform dem Land eine am Bedarf orientierte Kriegssteuer auf beziehungsweise schuf einen allgemeinen Einkommensteuertarif.

Neben saumselige Selbstveranlagung trat der Widerstand der Beamten. Viele versagten sich dem Aufwand für die Bagatellsteuer. Die Konflikte mit den Oberbehörden eskalierten, als Beamte in den Ablieferungen minderwertige und unbrauchbare Sorten nach oben abschoben, in einem Fall 65 fl. in Kreuzern (= 3900 Exemplare). Dies wurde, ähnlich wie heute, wenn man eine Geldbuße mit einem Sack Cents begleichen wollte, als Provokation empfunden. Die für die Kriegsfinanzen zuständige Armierungskonferenz wehrte sich mit der Forderung von kuranten Münzen und einem Limit für Kreuzer, deren Eingang bei den niedrigen Steuerklassen unvermeidbar war. Die Sondersteuer steht hier für eine von vielen ineffektiven Finanzmaßnahmen im Krieg. Ertrag und Wirkung blieben in bescheidensten Dimensionen.

e) Kombinationslösungen im 1. Koalitionskrieg: Propagandistische Münzprägung aus dem Staatsschatz, Steuererleichterungen und Anleihemodelle

Für den kombinierten Einsatz der drei Säulen der Kriegsfinanzen steht eine Gruppe von Münzen aus dem 1. Koalitionskrieg. Zu ihrer Prägung veranstaltete man spezielle

Sammlungen. Der Kreislauf von Silber zwischen dem Umlauf und den Münzstätten wurde durch Monetarisierung von Gebrauchs- und Kirchensilber verstärkt und beschleunigt. Auf- beziehungsweise Umschriften der Münzen wiesen auf den Zweck von Sammlung und Prägung. Die Numismatik schöpfte hierfür, 100 Jahre später, in Anlehnung an das Beispiel von Frankfurt am Main, den fragwürdigen Begriff „Kontributionsmünze" und bezog hierin undifferenziert die Münzen anderer Staaten ein[19].

Zunächst sei der Fiskalbegriff „Kontribution" erläutert, eine zur Frühneuzeit geläufige und geregelte Methode, Finanzen im Krieg aufzubringen. Anfangs war sie keine reguläre Steuer, sondern Abgabe zu außerordentlichem Bedarf nach Not und Nutzen. Um aus dem Lande zu leben, nutzte Militär die Kontribution, deren oft unter Geiselnahme durchgesetzte Leistung Zerstörung und Gewalt verhinderte[20]. Ohne auf spätere Änderungen im Völkerrecht einzugehen, sei vermerkt, dass die Haager Landkriegsordnung von 1907 die Kontribution als geordnetes Mittel anerkannte, die Bevölkerung besetzten Gebiets zum Unterhalt von Truppen heranzuziehen.

Die Vielschichtigkeit des Begriffs verbietet, jede Nennung einer Kontribution auf die verengte Bedeutung im Krieg zu beziehen. So wurde auch eine Reichssteuer der Territorien Kontribution genannt (*contributio imperii*). Zur Abgrenzung von anderen Abgabenarten ist bei Kontributionen die Verwaltungspraxis jeder Landesherrschaft zu beachten. Wegen ihrer häufigen Erhebung auf Basis des Grundbesitzes, bemessen an kontribuablen Gütern, ist stets die Nähe zu Grundsteuerarten zu prüfen. Zu Anfang standen Kontributionen noch in Beziehung zu Militärlasten und landeten in zweckgebundenen Kassen. Dann wandelten sie sich im Laufe des 18. Jahrhunderts zu regelmäßigen Steuern und flossen am Ende dem allgemeinen Fiskus zu. Auf diesem Weg wurde die Kontribution in der Landgrafschaft Hessen-Kassel zur allgemeinen Umlage.[21] Im Fürstbistum Fulda, um ein Territorium zu nehmen, das uns hier etliche prägnante Beispiele liefert, war nach 1790 die „einfache" Kontribution ein Messbetrag von 3068 Gulden. Bei Bedarf wurden Ämter und Städte mehrfach veranlagt, von 1794 und 1797 zwischen sechs und elf Kontributionen im Jahr, begründet nicht mit dem Krieg gegen Frankreich, sondern mit Berichtigung der Landesschulden[22]. Der Stiftsfiskus errechnete allein für 1795 den Bedarf von 68 Kontributionen. Deren Durchsetzung hätte das Land so verarmen lassen, dass man nur sieben erhob und andere Lösungen suchte. Die Entwicklung der Kontribution mit Abkehr von der ursprünglichen Zweckbindung hat eine markante Parallele in der 1902 zur Finanzierung der Kaiserlichen Marine eingeführten Schaumweinsteuer, die der Fiskus bis heute einstreicht.

Nur eine der unter den Verabredungsbegriff „Kontributionsmünze" fallenden Prägungen steht mit einer echten Kontribution, der Forderung von Besatzungskosten, in Verbindung. Frankfurter Taler und Dukaten von 1796 weisen auf das Opfer, mit dem man das Metall aufbrachte: AUS DEN GEFÆSEN DER KIRCHEN UND BURGER DER STADT FRANCKFURT (Abb. 7). Als die Franzosen am 16. Juli 1796 die Stadt besetzten, forderten sie unter Geiselnahme 6 Millionen Livres in bar und Sachleistungen für 2 Millionen. Dies brachten Rat und Bürgerschaft über eine 4%ige Interims-Anleihe auf – auch über Metallsammlungen, die weder die Kirchen noch das Ratssilber schonten. Erhalten ist neben sechs ähnlichen Verfügungen ein Anschlag der Kriegs-Deputation vom 10. August 1796 (Abb. 8). Er zeigt, dass es nicht um Opfer ging. Die eingelieferten Gegenstände, ersetzten nur das Bargeld, denn sie galten als Kredit, waren also rückzahlbar. Kein Plakat erwähnt die Münzung, die trotz Indizien für Eile durch Umarbeitung alter Stempel erst später erfolgt sein dürfte. In nur sieben Wochen der Besatzung brachte man 4 Millionen Livres auf, rund 774.000 Speziestaler. Diese Summe in neu geprägter Münze zu leisten, war unmöglich. Erst, als durch Abzug der Franzosen am 8. September 1796 der Zeitdruck entfiel, waren solche Arbeiten realistisch.

Abb. 7: Reichsstadt Frankfurt, Konventionsspeziestaler 1796 aus Edelmetallsammlung zur Aufbringung der französischen Kontribution (Silber 28,06 g, Maßstab 1:1). Historisches Museum Frankfurt am Main

Die anderen Münzen, deren Umschriften auf Metallsammlungen weisen, stammen, ausgenommen eine Notausgabe im belagerten Luxemburg, aus geistlichen Staaten. Dies waren, geordnet von 1794 bis 1796: Kurtrier, Kurmainz und die Hochstifte Würzburg, Bamberg, Fulda und Eichstätt. Die ersten Prägungen demonstrierten das Umprägen von Gebrauchs- und Sakralgegenständen, so für Kurtrier EX VASIS ARGENTEIS IN VSVM PATRIAE SINE CENSIBVS DATIS A CLERO ET PRIVATIS (Abb. 9), für Kurmainz EX VASIS ARGENT CLERI MOGVNT PRO ARIS ET FOCIS.

Diesem Muster folgte Eichstätt (1796), wie in Trier mit Chronogramm (kunstvoller Text, dessen Buchstaben mit lateinischem Zahlenwert sich zur Jahreszahl addieren lassen): VASCVLIS AVLAE ARGENTEIS PATRIAE INDIGENTI MINISTRAVIT AVXILIA. Ansonsten erschienen Devisen wie PRO PATRIA, PRO DEO ET PATRIA, SALVS PVBLICA oder ZUM BESTEN DES VATERLANDS in Würzburg, Fulda, Kurmainz beziehungsweise Bamberg. Der Zufluss in die Kassen ist mit 18.000 fl. in Eichstätt, 34.000 fl. in Fulda, 38.265 fl. in Bamberg, zwischen 30.000 fl. und 75.000 fl. in Würzburg sowie 62.139 fl. in Kurtrier erwiesen. Denken wir an die erwähnten Kosten des Fuldaer Bataillons, so waren die über die Münzpresse geschöpften Beträge kaum kriegsentscheidend.

Die Nennwerte der Münzen waren meist zu hoch, als dass sie im Umlauf Wirkung entfalten konnten. Lateinische Devisen und Chronogramme waren nur für die Bildungsschicht als patriotisch zu verstehen, mithin für Breitenwirkung kaum tauglich. So erreichten die teils manierierten Devisen nicht die Deutlichkeit der Frankfurter Umschrift mit Nennung der Kontributionsopfer. Aber erst der knappe deutsche Text auf der Rückseite der Münzen brachte wirkliche Propaganda in die Sache.

> Nachricht.
>
> Zur Erleichterung der herbeyzuschaffenden Baarschaft wird hierdurch weiter bekannt gemacht:
>
> daß Löbl. Recheneyamt selbsten gold- und silberne Gefäße nach dem Feingehalt zum Einschmelzen statt baarem Gelde annehmen werde.
>
> Frankfurt den 10. Aug. 1796.
>
> Kriegs-Deputation.

Abb. 8: 1796 Aug. 10. Aufruf der Frankfurter Kriegsdeputation zur Ablieferung von Silber. Vorlage: Institut für Stadtgeschichte Frankfurt am Main: Ratsverordnung 1796.

Nach den Befreiungskriegen hoben wohlhabende Familien die Stücke als Andenken an die schwere Zeit auf, so dass diese auf spätere Besitzer wohl mehr emotionale Wirkung entfalteten als zu ihrer Ursprungszeit. Der Nürnberger Münzmeister hatte übrigens nicht einmal verstanden, dass die Bamberger Taler von der Kasse dringendst erwartet wurden und lieferte sie arg verspätet – in polierter Version für Schatullen!

Abb. 9: Kurtrier, Clemens Wenzeslaus Herzog von Sachsen (reg. 1768–1803, †1812), Konventionsspeziestaler 1794 aus dem Silber geistlicher und weltlicher Spender (Silber 28,06 g, Maßstab 1:1). Foto: Gerd-Martin Forneck, Urbar.

Tabelle: Kriegsprägungen im 1. Koalitionskrieg im Vergleich der Finanzierungsmuster

Territorium	Säule 1: Staatsschatz	Säule 2: Steuer	Säule 3: Anleihe
Kurtrier	–	–	+
Kurmainz	+	–	+
Würzburg	+	–	+
Bamberg	+	Vermeidung!	–
Fulda	+	Vermeidung!	–
Eichstätt	+	Vermeidung!	–
Frankfurt	+	–	+

Alle genannten Territorien standen defensiv im Krieg, waren also mehr passiv betroffen. Die parallelen Verwaltungsmuster, Geld über Metallaktionen aufzubringen und als eigens geprägte Münzen in Umlauf zu setzen, gewinnen anhand des Drei-Säulen-Modells für die Kriegsfinanzierung Übersichtlichkeit. Die Konzentration auf den Staatsschatz (Säule 1) und die innere Kreditfinanzierung (Säule 3) fällt auf. Zudem wird ersichtlich, wie die drei Elemente miteinander verzahnt waren. Das Element der Steuer tritt eher zurück. Es wurde, bei Überweisung der Münzen an die zentralen Landes- beziehungsweise Steuerkassen, zumindest in drei Territorien dazu benutzt, die Maßnahmen als Wohltat des Landesherrn zu erklären, der mit dem Hofsilber den Untertanen Steuererhöhungen ersparte. Sogar die späteren Grabreden für die Fürstbischöfe hoben diese Geschenke hervor. Mit den Teilen des Hofsilbers beziehungsweise des Frankfurter Ratssilbers wurden Vermögenswerte, zugleich die letzten Quellen des Landes genutzt, wie es der Fuldaer Bischof formulierte. Dies weist auf die traditionelle Rolle des Tafelsilbers als Notreserve, sogar in der modernen, übertragen gebrauchten Verwendung des Begriffs.

e) Zusammenfassung

Die Formenvielfalt der durchweg praktischen Maßnahmen beeindruckt. Sie ruhten mit unterschiedlicher Gewichtung auf allen drei Säulen der Kriegsfinanzierung. Das Ergebnis entsprach meist dem sprichwörtlichen Tropfen auf dem heißen Stein. Dabei sind die von Preußen ausgegangenen Kriegsmünzen auszunehmen. Die Verschlechterungen gingen über die bloße Beschaffung von Mitteln hinaus: Das Geld wurde zum eigenen Mittel der Kriegführung, weil der schlechte Ruf von Münzen auf ihre vermeintlichen Emittenten zurückschlägt. Völkerrechtlich ist bis heute die Unterminierung der Währung des Feindes durch Fälschungen seiner Geldzeichen umstritten.

Geld lässt sich durch Macht und mit Gewalt bewegen, aber nur bedingt vervielfachen. Die Edelmetallmenge wird dabei kaum gesteigert, sondern landet nur in anderen Taschen. Hierzu tragen Kriege, wie jede Form der Gewalt, ohne Zweifel bei.

3. Ausblick ins 20. Jahrhundert

Es sei mit einem Blick auf das 20. Jahrhundert geschlossen, in dem Vieles, das in der Frühneuzeit ansatzweise vorkam, in größerer Perfektion umgesetzt wurde. Moderne Kriege potenzieren nicht nur den Einsatz von Menschen und Material, sondern auch den Kapitalbedarf. Letztlich wird, besonders im totalen Krieg, das Geld zur scharfen Waffe im Sinne einer Kriegführung, welche die Wirtschaft als eigenen Schauplatz nutzt und die Währung des Gegners zu vernichten versucht, sogar durch Falschgeld.

An erster Stelle steht die durch den 1. Weltkrieg erzwungene „Entmaterialisierung" des Geldes. Mit Einziehung der Währungsmünzen aus Gold nahm man den Bürgern den individuellen Zugriff auf die Währungssubstanz. Flankiert wurde dies in Deutschland durch patriotische Sammlungen von Gold nach Vorbild der Befreiungskriege („Gold gab ich für Eisen"). Durch Aufhebung der Einlösungspflicht für Banknoten steigerten die Kriegführenden seit August 1914 zunächst ihren Kredit, mittelbar also den Staatsschatz, indem die Zentralbanken für den steigenden Notenumlauf Deckung erhielten. Diese wurde im Kriegsverlauf durch Anleihen, die nun statt Gold zur Deckung der Noten der Reichsbank eingestellt werden durften, „verwässert". Dass diese Art Deckung den Außenwert der Mark senkte, zeigten bald die Devisenkurse im neutralen Ausland. Nach laufenden, den bescheidenen Kriegsschatz von 1871 bald konsumierenden Abflüssen von Gold für Auslandsverbindlichkeiten und Ablieferungen an die Sieger blieb am Ende zur Deckung der Mark nur noch Papier. Die der Staatsfinanzierung über die Notenpresse folgende Hyper-Inflation brachte im November 1923 für eine Vorkriegs-Gold-Mark den Stand von 1.000.000.000.000 Mark (eine Billion) in Papier.[23]

Zweitens wurden Provisorien zur Bargeldbeschaffung, besonders zur stückgerechten Zahlung von Löhnungen und Unterstützungen, erforderlich. „Notgeld" in Kleinwerten wurde schon ab 1914 von Kommunen in Frontnähe produziert, ausgelöst durch steigenden Bedarf für kleine Zahlungen und die Verknappung von Bargeld, da Münzen gehortet wurden. Hierzu ist ein Blick auf die einschlägigen Tarife sinnvoll:[24] Der Löhnungssatz für einen dienstpflichtigen Gemeinen betrug 22 Pfennig am Tag und wurde zu Kriegsbeginn auf 53 Pfennig. angehoben. Die Zahlung erfolgte, um die Mannschaften zur Sparsamkeit anzuhalten, in Dekaden. Offiziere bezogen Monatsgehälter mit Ortszulage, der jüngste Leutnant im Frieden 143 bis 170 Mark, die später auf rund 300 Mark stiegen. Die Unterstützungssätze für die Angehörigen in der Heimat, monatlich 12 Mark im Winter, 9 Mark im Sommer für die Ehefrau, 6 Mark für ein Kind unter 15 Jahren, zeigen krasse Unterschiede. Sie lassen die griechische Antike mit dem Soldverhältnis von 4:1 zwischen Strategos und Hoplit (Xen. an. VII 6, 1 und 7)[25] fast als Sozialparadies erscheinen.

Drittens erfassen moderne Kriege sogar die Scheidemünzen. In fast allen europäischen Staaten wurden zur Rüstung nutzbare Metalle wie Bronze, das für Patronenhülsen gebraucht wurde, und das für Geschützverschlüsse und die Seekriegführung als Stahlveredler taugliche Nickel nicht weiter verwendet. Münzen aus solchem Metall wurden gar aus dem Umlauf gezogen und durch Eisen, Aluminium, Zink oder Papier ersetzt. Die Ersatzmaterialien passten nicht mehr in die aus der Antike überkommene monetäre Materialhierarchie von Gold – Silber – Kupfer und setzten sie außer Kraft.[26] Da kein Land es sich auf Dauer leisten kann, überwertig zu münzen, nutzten etliche Staaten auch nach den Kriegen mindere Metalle, um Kleingeld für die abgewerteten Währungen bereitstellen zu können. Dadurch verschwanden aus dem Umlaufsgeld die letzten Reste des Realwertprinzips, das sich selbst bei Scheidemünzen ansatzweise erhalten hatte. In Deutschland blieb durch die Kriegszeiten dem Aluminium der Ruf eines minderwertigen Ersatzmaterials, das noch den Münzen der DDR, trotz relativ hoher Binnenkaufkraft, anhaftete („Aluchip").

Den Forderungen der Kriegstechnik beugten sich selbst die USA. Sie münzten von 1942 bis 1945 ihre „Nickels" (5-Cent-Stücke) aus einer niedrigen Silberlegierung, um das Nickel für die Rüstung zu reservieren. Die Materialschlachten des 2. Weltkrieges zwangen 1943 gar dazu, die Versorgung des Umlaufs mit herkömmlichen Bronze-Cents abzubrechen und auf Stahl-Schrötlinge mit Zinkauflage umzustellen. Diese Notmaßnahme wurde reversibel, denn die Cents der Folgejahre gaben mit auffälliger Färbung ihre Herkunft aus dem Recycling von Patronenhülsen zu erkennen.[27]

Dieses frappierende Beispiel moderner Kriegslogistik führt uns am Schluss zu dem „geflügelten" Wort des Feldmarschalls Graf Raimund von Montecuccoli (1609–1680), nach dem drei Dinge zum Krieg nötig sind: erstens Geld, zweitens Geld und drittens Geld.[28] Wenngleich der bedeutendste Militärschriftsteller seiner Zeit kaum an solch strategische Bedeutung von Rüstungsrohstoffen denken konnte, trifft seine Feststellung auch die beschriebenen Erscheinungen der jüngeren Zeit und liefert damit einen roten Faden, der die auf der Tagung vertretenen Epochen miteinander verknüpft.

Literatur

Die sehr umfassende Thematik ermöglicht keinen Anspruch auf Vollständigkeit. So wird mit Schwerpunktsetzung auf jüngere Titel verwiesen, die auf Quellen gegründet sind. Auf den Einzelnachweis von Münzen in Corpuswerken wurde verzichtet.

Asch, Ronald G.: Kriegsfinanzierung, Staatsbildung und ständische Ordnung in Westeuropa im 17. und 18. Jahrhundert, in: Historische Zeitschrift 268 (1999) 636–671.

Auerbach, Inge: Die Hessen in Amerika 1776–1783 (Quellen und Forschungen zur hessischen Geschichte 105), Darmstadt 1996.

Brause-Mansfeld, August: Feld-, Noth- und Belagerungsmünzen, 2 Bde., Berlin 1897–1903.

Eheberg, Karl Theodor von: Die Kriegsfinanzen: Kriegskosten, Kriegsschulden, Kriegssteuern, Leipzig 1917.

Ehrend, Helfried: Die vier Belagerungen von Landau auf Münzen und Medaillen, Speyer 1972.

Gaettens, Richard: Geschichte der Inflationen. Vom Altertum bis zur Gegenwart, München ³1982.

Hartmann, Peter Claus: Geld als Instrument europäischer Machtpolitik im Zeitalter des Merkantilismus (Studien zur bayerischen Verfassungs- und Sozialgeschichte 8), München 1978.

Klüßendorf, Niklot: Gold – Silber – Kupfer – Aluminium – Papier. Materialhierarchien in der Münz- und Geldgeschichte, in: Anzeiger des Germanischen Nationalmuseums Nürnberg 1995, 107–114.

Klüßendorf, Niklot: Der Münzschatz von Geismar, Stadt Fritzlar, Schwalm-Eder-Kreis, verborgen ab 1760. Zum Umlauf des „Kriegsgeldes" im Siebenjährigen Krieg (Archäologische Denkmäler in Hessen 147), Wiesbaden 1998 (a).

Klüßendorf, Niklot: Das Münzwesen des Hochstifts Fulda unter Adalbert II. von Walderdorff (1757–1759). Acht Jahrhunderte Wechselbeziehungen zwischen Region – Reich – Kirche – und einem rheinischen Adelsgeschlecht, in: F. Jürgensmeier (Hg.): Die von Walderdorff, Köln 1998 (b), 213–226.

Klüßendorf, Niklot: Mandat und Methode. Quellenkunde anhand von Münzmandaten des Siebenjährigen Krieges, in: R. Kiersnowski u. a.: Moneta Mediævalis (Festschrift Stanisław Suchodolski), Warschau 2002, 337–347.

Klüßendorf, Niklot: Edelmetallsammlungen zur Kriegsfinanzierung am Ende des Alten Reiches, in: R. Cunz, C.-A. Scheier (Hgg.): Carl-Friedrich-Gauß-Kolloquium 2003: „Geld regiert die Welt". Numismatik und Geldgeschichte – Grundsatzfragen interdisziplinär (Abhandlungen der Braunschweigischen Wissenschaftlichen Gesellschaft LIII), Braunschweig 2004 (a) 97–135.

Klüßendorf, Niklot: Probleme bei der Kassenverwaltung für die Kriegssteuer in Kurmainz (1794–1797), in: Hessisches Jahrbuch für Landesgeschichte 54 (2004 b) 147–162.

Klüßendorf, Niklot: PRO DEO ET PATRIA. Das bischöfliche Tafelsilber und die Finanzen des Hochstifts Fulda im Ersten Koalitionskrieg, in: Hessisches Jahrbuch für Landesgeschichte 55 (2005) 47–71.

Krüger, Kersten: Dänische und schwedische Kriegsfinanzierung im Dreißigjährigen Krieg bis 1635, in: K. Repgen (Hg.): Krieg und Politik 1618–1648 (Schriften des Historischen Kollegs 8), München 1988, 277–298.

Krüger, Kersten: Kriegsfinanzen und Reichsrecht im 16. und 17. Jahrhundert, in: B. R. Kroener, R. Pröve (Hgg.): Militär und Gesellschaft in der Frühen Neuzeit, Paderborn 1996, 47–58.

Kunzel, Michael: Die Münzen der Hansestadt Wismar 1359 bis 1854. Münzgeschichte und Geprägekatalog (Berliner Numismatische Forschungen, N. F. 7), Berlin 1998.

Kunzel, Michael: Zum Finanz- und Münzwesen Mecklenburgs während der Franzosenzeit 1806 bis 1813, in: Der Festungskurier, hrsg. vom Museum Festung Dömitz, Bd. 7, Rostock 2007, 34–48.

Link, Eberhard: Die drei „Varianten" des Frankfurter Kontributionstalers von 1796, in: Geldgeschichtliche Nachrichten 14 (1979) 113–117.

Mailliet, Prosper: Catalogue descriptif des monnaies obsidionales et de nécessité, 4 Bde., Brüssel 1868–1873.

Rittmann, Herbert: Deutsche Geldgeschichte seit 1914, München 1986.

Schneider, Konrad: Zum Frankfurter Geldhandel während des Siebenjährigen Krieges, in: Scripta Mercaturae 39, 2 (2005) 55–147.

Schrötter, Friedrich Freiherr von: Das preußische Münzwesen im 18. Jahrhundert (Acta Borussica. Denkmäler der Preußischen Staatsverwaltung im 18. Jahrhundert), Münzgeschichtlicher Teil, Bde. 2–3, Berlin 1908–1910.

Schrötter, Friedrich Freiherr von: Über den Münzhandel in Frankfurt am Main während des Siebenjährigen Krieges, in: Zeitschrift für Numismatik 33 (1922) 260–273.

Winnige, Norbert: Von der Kontribution zur Akzise. Militärfinanzierung als Movens staatlicher Steuerpolitik, in: B. R. Kroener, R. Pröve (Hgg.): Militär und Gesellschaft in der Frühen Neuzeit, Paderborn 1996, 59–83.

Yeoman, Richard S.: A guide book of United States coins, Racine (Wisc.) [28]1978.

Anmerkungen

[1] Hartmann (1978).

[2] Eheberg (1917).

[3] Internationale Vergleiche zwischen Krieg und Steuerverfassung bei Krüger (1988), Krüger (1996) und Asche (1999). Letzterer betont die hohe Rolle der indirekten Steuern für die englische Stärke, nicht zuletzt für die kostenintensive Seerüstung.

[4] Instruktiver Vergleich der Kosten Dänemarks für seine Armee angeworbener Berufssoldaten und den weitaus günstiger zu finanzierenden schwedischen Truppen, die als Aufgebot des Landes firmierten, bei Krüger (1988).

[5] Siehe Kai Brodersen in diesem Band (S. 107 ff.).
[6] Auerbach (1996) 25–66.
[7] Gesetz vom 11. Nov. 1871. RGBl. 1871, 403.
[8] Schrötter (1908) 65
[9] Klüßendorf (2004 b) 157 f.
[10] Ehrend (1972).
[11] Vergleiche die Spezialkataloge Mailliet (1868–1873) und Brause-Mansfeld (1897–1903).
[12] Kunzel (1998) 121–128.
[13] Schrötter (1910) 28–44, 87–149; Gaettens (1982) 147–172.
[14] Klüßendorf (1998 a) 21.
[15] Schrötter (1922); Schneider (2005).
[16] Klüßendorf (1998 b).
[17] Klüßendorf (2002).
[18] Klüßendorf (2004 b).
[19] Zum Begriff und seiner Entwicklung Klüßendorf (2004 a) 122–127, zur speziellen Frankfurter Situation Link (1979) 113–117.
[20] In vielen jüngeren Nachschlagewerken, so im „Handwörterbuch der Rechtsgeschichte", fehlt der Begriff. Detailnachweise bei Klüßendorf (2004 a).
[21] In etlichen norddeutschen Flächenstaaten verlief die Entwicklung ähnlich: von der Kontribution zur regelmäßig erhobenen Akzise. Vergleiche Winnige (1996).
[22] Klüßendorf (2005) 70f. Die Schulden stammen meist noch aus dem Siebenjährigen Krieg.
[23] Für dies und folgendes Rittmann (1986) 11–39, 58–90.
[24] Siehe etwa RGBl. 1909, 612, 627, ebd. 1914, 332 f.
[25] Siehe Friedrich Burrer in diesem Band (S. 80).
[26] Klüßendorf (1995).
[27] Yeoman (1975) 85, 94–95.
[28] Ältere Beispiele für diesen Spruch, so schon durch den Condottiere Gian Giacomo Trivulzio (1436–1518), mit instruktiver Überlieferungsgeschichte bei Kunzel (2007) 34, Anm. 1.

REINHARD WOLTERS

Triumph und Beute in der römischen Republik

Namque Romanis cum nationibus populis regibus cunctis una et ea vetus causa bellandi est: cupido profunda imperi et divitiarum.

„Denn für die Römer gibt es seit eh und je diesen einzigen Anlass, mit allen Stämmen, Völkern und Königen Krieg zu führen: ihre unermessliche Gier nach Herrschaft und Reichtum" (Sall. hist. 4, 69 M 6).

Das Thema scheint nur eingeschränkt einem Symposium über „Kriegskosten und Kriegsfinanzierung" zu entsprechen, blickt es doch nicht auf die Kosten, sondern auf die Erträge des Krieges. Damit ist es jedoch geeignet, einen für die antike Kriegführung über weite Zeiträume zentralen Aspekt ans Licht zu heben: Die Führung eines Krieges zur Erzielung eines direkt in die Heimat zurückführbaren materiellen Gewinns.

Ausgangspunkt einer solchen Betrachtung sind die noch dem Privatbereich zuzuordnenden Nachbarschaftskriege früher Gesellschaften. Vorzugsweise zwischen Ernte und Winteraussaat schlossen sich freie Bauern unter einem „Gefolgschaftsführer" zusammen, um räuberische Überfälle auf benachbarte Gemeinwesen zu unternehmen.[1] In diesen Kriegen festigte sich nicht nur der soziale Stand der Teilnehmer, sondern geglückte Kriegszüge boten dem Einzelnen auch ganz besondere Gewinnchancen, welche die Erträge aus agrarischer Tätigkeit deutlich übersteigen konnten. Diese Gewinndynamik rückte den Krieg in den Rang einer eigenständigen Erwerbsform. Unter den Möglichkeiten zur Erlangung eines Zubrots war der Krieg gewissermaßen eine selbständige Alternative zur vorübergehenden Verdingung als Tagelöhner.

Überreste dieser Funktion finden sich noch in der demonstrativen Zur-Schau-Stellung der in die Heimat zurückgeführten Beute in den vom Staat organisierten Kriegen, am deutlichsten im römischen Triumph. Dabei sticht die Periode zwischen dem Zweiten Römisch-Karthagischen und dem Dritten Römisch-Makedonischen Krieg, jene 53 Jahre, in denen nach Polybios beinahe der ganze Erdkreis der Herrschaft der Römer unterworfen worden war,[2] als Hochphase beutebeladener Triumphzüge hervor. Rom war zu dieser Zeit bereits eine bedeutende Territorialmacht mit weit entwickelten staatlichen Strukturen. Entsprechend hatten auch die Kriege eine völlig andere Größenordnung angenommen: Organisatorisch und rechtlich, vor allem aber in Bezug auf Räume, Dauer und die Zahl der Beteiligten. Zunehmende Institutionalisierung sowie Professionalisierung erschlossen die im Staat vorhandenen Kräfte in gänzlich neuer Weise.

Eindrucksvoll äußert sich der materielle Aspekt des Krieges in den Berichten von den oft tagelangen Triumphzügen, in denen die an der Peripherie des Reiches erworbene Beute im Zentrum einem stadtrömischen Publikum präsentiert wurde. Vor allem im

Geschichtswerk des Livius nehmen diese Beschreibungen einen hervorgehobenen Platz ein, und Livius gibt die jeweils erzielte Beute mit geradezu buchhalterischer Genauigkeit wieder: Zum Triumph des T. Quinctius Flamininus über Makedonien und Griechenland 194 v. Chr. heißt es:

"Er triumphierte drei Tage lang. Am ersten Tag führte er die Rüstungen und Waffen und die Bildwerke aus Erz und Marmor vor (...), am zweiten Tag Gold und Silber, verarbeitet, unverarbeitet und gemünzt; an unverarbeitetem Silber waren es 43.270 Pfund, an verarbeitetem viele Gefäße jeder Art, die meisten getrieben, einige von höchster Vollkommenheit; auch viele Gefäße aus Bronze, von Handwerkern hergestellt; dazu 10 silberne Schilde. An gemünztem Silber waren es 84.000 attische Münzen; sie nennen sie Tetradrachmen, das Silbergewicht jeder Münze entspricht ungefähr 3 Denaren. An Gold waren es 3714 Pfund, ein Schild ganz aus Gold und 14.514 Goldphilipper. Am dritten Tag wurden 114 goldene Kränze, Geschenke von den Gemeinden, vorübergetragen; vor dem Wagen wurden die Opfertiere geführt und bedeutende Gefangene und Geiseln (...). Dann fuhr Quinctius selbst in die Stadt ein. Dem Wagen folgten zahlreiche Soldaten, da das ganze Heer aus der Provinz zurückgeführt worden war. Unter diese wurden 250 aes für jeden Fußsoldaten verteilt, der doppelte Betrag für jeden Zenturio, der dreifache für jeden Reiter."[3]

Und zum Triumph des L. Scipio über König Antiochos 189 v. Chr., um ein weiteres Beispiel zu geben, berichtet Livius:

"Er führte in seinem Triumphzug 224 Feldzeichen mit, Bilder von 134 Städten, 1231 Elefantenzähne, 234 goldene Kränze, 137.420 Pfund Silber, 214.000 attische Tetradrachmen, 321.070 Cistophoren, 140 (...) Goldphilipper; an Silbergefäßen, sie alle waren ziseliert, 1423 Pfund, an goldenen Gefäßen 1023 Pfund. 32 Heerführer, Kommandanten und Würdenträger des Königs wurden vor dem Triumphwagen hergeführt. Jedem Soldaten wurden 25 Denare gegeben, der doppelte Betrag jedem Zenturio, der dreifache jedem Reiter."[4]

In den Büchern 26–45 des Livius finden sich rund 35 vergleichbare Auflistungen. Ergänzt man sie um jene Triumphe, die nicht im Werk des Livius, doch bei anderen Autoren – wie etwa Polybios, Diodor, Velleius Paterculus, Valerius Maximus, Plutarch oder Appian – Berücksichtigung gefunden haben, so kommt man für den Zeitraum von 210–167 v. Chr. im Durchschnitt auf ungefähr eine Auflistung von Kriegsbeute pro Jahr.[5] Den Rang, den dieser Zeitraum einnimmt, verdeutlicht ein Vergleich: Für die erste Dekade, von der Gründung der Stadt bis 293 v. Chr., bietet Livius gerade einmal vier Auflistungen von Beute; zwei weitere haben sich für diesen Zeitraum im Geschichtswerk des Dionysios von Halikarnassos erhalten. Und für die Zeit vom Sieg des jüngeren Scipio über Karthago bis zum mehrfachen Triumph Caesars enthält die gesamte schriftliche Überlieferung, trotz insgesamt guter Quellenlage, nur noch zehn vergleichbare Aufstellungen: Auch faktisch scheint der Beute in der ersten Hälfte des 2. Jahrhunderts v. Chr. ganz besondere Bedeutung zugekommen zu sein.

Die Aufstellungen sind von der antiken Wirtschaftsgeschichte vielfach genutzt und als Ausgangspunkt für Berechnungen zu den Einnahmen des römischen Staates, zum Staatshaushalt insgesamt oder auch zum Geldabfluss etwa aus den hellenistischen Gebieten genommen worden. Einen gewichtigen Platz nehmen sie darüber hinaus in der Diskussion über einen römischen Imperialismus ein, nicht zuletzt als Argument für wirtschaftliche Ursachen der römischen Expansion.[6]

Allen derartigen Interpretationen und vor allem den teils sehr weitgehenden Berechnungen voran muss jedoch die Frage gehen, wie belastbar die überlieferten Zahlen wirklich sind. Können wir davon ausgehen, dass sie richtig erfasst und korrekt wiedergegeben wurden – ja, dass dieses überhaupt Ziel der Überlieferung war?

In seiner grundsätzlichen Bedeutung erstreckt sich das Problem auf alle quantitativen Angaben in der antiken Literatur.[7] An dieser Stelle soll eine Annäherung für die große Gruppe der Beuteauflistungen versucht werden. Dem Geschichtswerk des Livius, das die diesbezüglich ergiebigste Überlieferung bereithält, gilt ein besonderer Schwerpunkt. Der Bezug auf eine Sachgruppe und einen Autor bietet die Chance, vergleichend sowohl den sachlichen Gehalt der Angaben zu überprüfen als auch die mit der Wiedergabe dieser Ziffern möglicherweise verbundenen literarischen Absichten zu verfolgen.

1. Den Sieg messbar machen

Im Geschichtswerk des Livius markiert die Beschreibung der Beute im Regelfall nicht nur den Abschluss eines Krieges, sondern oft ist der Krieg selbst, dessen Verlauf und Ausgang, allein auf die Aufzählung der im Triumph vorgeführten Beute reduziert. Stets eng verbunden ist dies mit dem siegreichen Feldherrn: Die detaillierte Auflistung der Beute macht den Sieg messbar. Mit ihm misst sie aber auch die Leistung des Heerführers und bestimmt seinen Rang. Umgekehrt ist im Kontext der literarischen Überlieferung dann allerdings auch damit zu rechnen, dass Prestige durch das Ausmaß der Beute zugewiesen wird: Setzt man die personenbezogene Perspektive der römischen Geschichtsschreibung und ihre besondere Aufmerksamkeit für die Rangordnung der Aristokratie in Relation zu ihrem sonst kaum vorhandenen Interesse für wirtschaftliche Aspekte, so kann eine berechtigte Beunruhigung erwachsen, ob denn die Ziffern überhaupt einen realen Hintergrund besitzen. Handelt es sich um die dokumentarische Erfassung tatsächlicher Verhältnisse oder sind die Ziffern Teil eines symbolischen Systems, das der erzählerischen Absicht des jeweiligen Autors untergeordnet ist?

2. Zur Glaubwürdigkeit der literarisch überlieferten Zahlen bei Livius

Für die meisten der von Livius überlieferten Beuteauflistungen existiert keine Parallelüberlieferung und eine Überprüfung kann sich nur an innere Stimmigkeit und Plausibilität der Angaben orientieren. Geeignete Ansätze bieten Vergleiche der allgemeinen Größenordnungen und auftretende Ziffern. Insbesondere aber die Nominalbezeichnungen erweisen sich als weiterführend.

Auf die Größenordnungen bezogen erscheint die von den jeweiligen Kriegsschauplätzen zurückgeführte Beute in Relation zum Konflikt und zum Potential der jeweiligen Gegner in aller Regel plausibel.[8] Doch ist eine derartige Überlegung schon von Livius selbst zur Beurteilung des „spezifischen" Kriegserfolgs benutzt und möglicherweise angewendet worden.[9] Eine derartige Überprüfung kann leicht einem Zirkel erliegen.

Einen Einblick in die sehr spezifischen, genaueste Zählung suggerierenden Ziffern geben die oben angeführten Beispiele. Rundungen sind selbst bei größeren Mengen selten. Die Streuung zumal der „krummen" Ziffern zeigt keine Auffälligkeiten, etwa Dubletten oder ein gezieltes Überbieten.[10] Auch sind keine „Symbol-" beziehungsweise „Rundzahlen" erkennbar:[11] Vielfalt und numerische Verteilung scheinen auf auch in der Wirklichkeit vorkommende Mengen zu verweisen. Hinweise auf eine Funktion als Instrument der Erzählung oder Teil einer literarischen Strategie sind zumindest auf der Grundlage der erhaltenen Ziffern nicht auszumachen.

Etwas festeren Grund betritt man mit einer Überprüfung der Nominalbezeichnungen: Während die Objekte in Stücken oder nach Gewicht gezählt werden, differenziert Livius die Münzen als Denare, Bigati, Victoriati, Tetradrachmen, Philipper, Cistophoren und so weiter, damit nach Nominalen, deren Verbreitung in der Mittelmeerwelt an spezifische Regionen gebunden war. Die Nominale sind vor kurzem von Wolfgang Szaivert in anderem Zusammenhang untersucht worden, so dass es für unseren Zweck bei einer knappen Auflistung bleiben kann.[12] Die jeweils verwendeten Bezeichnungen werden dem im Triumph benannten Herkunftsgebiet der Beute gegenübergestellt und datiert:

Aes:	207 v. Chr. – Gallier
	200 v. Chr. – Gallier
	197 v. Chr. – Insubrer und Cenomanen
	197 v. Chr. – Ligurer und Boier
	196 v. Chr. – Insubrer und Comer
Bigati:	197 v. Chr. – Insubrer und Cenomanen
	197 v. Chr. – Ligurer und Boier
	196 v. Chr. – Insubrer und Comer
	195 v. Chr. – Keltiberer
	195 v. Chr. – Jenseitiges Spanien
	194 v. Chr. – Spanien
	191 v. Chr. – Spanien
	191 v. Chr. – Boier
Argentum Oscense:	195 v. Chr. – Keltiberer
	195 v. Chr. – Keltiberer

	195 v. Chr. – Jenseitiges Spanien
	194 v. Chr. – Spanien
	180 v. Chr. – Spanien
Argentum Illyricense:	167 v. Chr. – Illyrien
Argenti:	200 v. Chr. – Gallier
Denare:	196 v. Chr. – Diesseitiges Spanien
	177 v. Chr. – Istrien und Ligurien
	167 v. Chr. – Illyrien
Victoriati:	177 v. Chr. – Istrien und Ligurien
Philipper:	194 v. Chr. – Griechenland und Makedonien
	189 v. Chr. – Asien
	187 v. Chr. – Aitoler und Kephallenier
	187 v. Chr. – Galater
Tetradrachmen:	194 v. Chr. – Griechenland und Makedonien
	189 v. Chr. – Antiochos III.
	189 v. Chr. – Asien
	187 v. Chr. – Aitoler und Kephallenier
	187 v. Chr. – Galater
Cistophoren:	189 v. Chr. – Antiochos III.
	189 v. Chr. – Asien
	187 v. Chr. – Galater

Die Übersicht lässt schnell erkennen, dass die wechselnden Nominalbezeichnungen mit den Gebieten des Vorkommens dieser Münzen übereinstimmen, etwa der Bigati und Denare in der westlichen, der Philipper, Tetradrachmen oder Cistophoren in der östlichen Mittelmeerwelt.[13]

Ein Problem ergibt sich allenfalls für die Cistophoren. Nach derzeitigem Stand der Forschung setzt die Ausprägung von Münzen mit der *cista mystica* erst um 170 v. Chr., vielleicht im Jahr 166 v. Chr. ein. Livius erwähnt die Cistophoren jedoch viermals bereits für die Jahre zwischen 190 und 187 v. Chr. Doch ist dieses kein grundsätzlicher Einwand: Wie schon Mommsen vermutete, sind sehr wahrscheinlich andere östliche Münzen mit einem Kurs von 3 Denaren gemeint, vielleicht die weit verbreiteten rhodischen Prägungen.[14] Das Problem ist, dass wir heute keineswegs eindeutig sagen können, welche Prägungen mit dem in der schriftlichen Überlieferung mehrfach vorkommenden Begriff „Cistophor" gemeint sind. Denn trotz des eindeutigen Verweises auf eine östliche Münzsorte kommt der Name in den griechischen Quellen überhaupt nicht vor, und in den lateinischen erst ab Cicero – also gut ein Jahrhundert nach dem Aufscheinen der Münzen mit der *cista*. Da es in den Triumphen jedoch nicht um bestimmte Münzbilder sondern allein die wertmäßige Erschließung der Beute ging, ist das Wahrscheinlichste, dass Livius – oder seine Quelle – durch die Benennung als Cistophor den Zeitgenossen vor allem den Wert einer in der Vorlage vorgefundenen Münzsorte verständlich machen wollte.[15]

3. Quellen und Quellenkritik des Livius

Für die von ihm wiedergegebenen Zahlen führt Livius seine Gewährsmänner teils namentlich an, insbesondere Valerius Antias und Claudius Quadrigarius.[16] Die versehentliche doppelte Beschreibung des Triumphs von M. Fulvius Nobilior über das jenseitige Spanien 191 v. Chr. scheint eine parallele Benutzung unterschiedlicher Vorlagen anzuzeigen[17]: Die Beuteziffern sind völlig identisch und verweisen dann auf die Einheitlichkeit der von Livius bereits vorgefundenen Überlieferung.

Allerdings war das nicht immer so. Mehrmals berichtet Livius von abweichenden Angaben in seinen Quellen. Er stellt dann die vorgefundenen Ziffern einander gegenüber,[18] teils nennt er die Gewährsmänner. Die Diskussion abweichender Zahlen bei Valerius Antias und Claudius Quadrigarius zu der von Philipp 197/96 v. Chr. eingeforderten Kriegskostenentschädigung dokumentiert Gewissenhaftigkeit und Transparenz.[19]

Mittel zur Beurteilung seiner Quellen sind für Livius die Überprüfung der Plausibilität sowie eine differenzierte Einschätzung der Gewährsmänner: Für den Triumph über Perseus schließt er von der Zahl der Wagen auf die Beute zurück und korrigiert Valerius Antias.[20] Anlässlich des Triumphs über Gentius und die Illyrer nennt Livius seine Vorlage gerade deshalb namentlich, weil er der vorgefundenen Angabe nicht vertraut, es selbst aber auch nicht besser weiß: *„Ich habe den Autor (hier: Valerius Antias) an Stelle der Sache genommen."*[21] Sein grundsätzliches Vorgehen formuliert er anlässlich der Eroberung Neukarthagos durch Scipio: *„Über die Zahl der eroberten Schiffe und auch über das Gewicht des Goldes, Silbers und des geprägten Geldes herrscht keine Übereinstimmung. Wenn man sich schon für einen (Autor) erklären muss, dann bleiben die mittleren Angaben die wahrscheinlichsten."*[22]

Auch der Überlieferungsweg wurde von Livius mitberücksichtigt:[23] Zur Verurteilung des Scipio wegen Unterschlagung von 6000 Pfund Gold und 480 Pfund Silber aus den Abgaben des Königs Antiochos an Rom merkt er an: *„Die Angaben habe ich bei Antias gefunden. Bei L. Scipio möchte ich jedoch für den Betrag an Gold und Silber eher einen Fehler des Abschreibers als des Schriftstellers annehmen, denn es ist wahrscheinlicher, dass das Gewicht des Silbers größer gewesen ist als das des Goldes."*[24]

Die Heranziehung von Archivmaterial ist für Livius allerdings nicht feststellbar, weder als Quelle, noch zur Überprüfung. Entsprechende Aufzeichnungen haben fraglos auf verschiedenen Ebenen existiert. Noch im Feld fiel das Zählen und Wiegen der Beute in den Bereich des Quästors, der den Feldherrn begleitete.[25] Im Prozess gegen Scipio wurden nicht nur der Feldherr und sein Quästor angeklagt, sondern auch die Schreiber und Amtsdiener, die als Ausführende notwendigerweise mit in Verdacht gerieten.[26] Wurde die so ermittelte Beute dem *aerarium* als zentrale Staatskasse übergeben, so ist sie an dieser Stelle erneut in den Büchern der stadtrömischen Quästoren erfasst worden.[27]

Der *cursus honorum* führte die meisten Aristokraten durch die Quästur, und in diesem Amt bekamen sie Zugang zu sämtlichen Abrechnungen des römischen Staates. Doch wurden die finanziellen Verhältnisse des Staates in der Republik generell nicht als Verschlusssache behandelt, sondern sie waren öffentlich. Der jüngere Cato ließ in den Jahren nach seiner Quästur durch sein Hauspersonal weiterhin regelmäßig Abschriften von den Büchern des *aerarium* anfertigen. Für die Frühzeit gelang ihm der käufliche Erwerb einer Sammlung älterer Kopien.[28] Plinius' genauen Bezifferungen der Bestände des *aerarium* für ausgewählte Zeitabschnitte der Römischen Republik sind ein Reflex derart öffentlicher Rechnungslegungen der Staatskasse.[29]

Die Privataufzeichnungen der ehemaligen Magistrate, die zu Hause aufbewahrt wurden, kamen als weitere Dokumentation hinzu.[30] Gerade für einen so prestigeträchtigen Bereich wie den Beuteerwerb ist zu erwarten, dass sie in den Familienchroniken einen gewichtigen Platz einnahmen und die genau bezifferten Leistungen der Vorfahren zum Argument wurden. Vor einem einseitigen Missbrauch oder allzu großzügigen Übertreibungen – etwa in der älteren Annalistik – dürfte allein schon die Konkurrenz der Adeligen gestanden haben, denen die verschiedenen Kontrollmöglichkeiten zur Verfügung standen. Solange Triumphen und Beuteerwerb eine wichtige Rolle bei der Erfassung familiären Prestiges zukam, waren die in der Regel mehrfach dokumentierten Zahlen für die Überlieferung schwerlich frei verfügbar.

4. Parallelüberlieferungen

Eine Parallelüberlieferung zu Livius gibt es nur in drei Fällen: Der detaillierten Aufzählung der von Antiochos gewonnenen Beute steht eine zusammenfassende Angabe bei Valerius Maximus gegenüber, die keinen wirklichen Vergleich zulässt.[31] Durch teils sehr genaue und teils fehlende Übereinstimmungen zeichnet sich hingegen eine Parallele bei Plutarch für den Triumph des Flamininus aus:[32]

Liv. XXXIV 52, 4	Plut. Flam. 14, 2 f.
43.270 Pfund Silber	43.270 Pfund Silber
84.000 „Attische"	–
3714 Pfund Gold	3713 Pfund Gold
14.514 Philipper	14.514 Philipper

Die exakten Entsprechungen beim Silber und den Philippern unterstreichen die Abhängigkeit beider Zahlengruppen. Die Differenz bei den Gewichtsangaben in Gold ist leicht aus der handschriftlichen Überlieferung und einer Fehllesung von III statt IV am Ende zu erklären. Bei den fehlenden „Attischen" im Text Plutarchs dürfte ein Textausfall vorliegen. Dem mathematisch verführerischen Versuch, die 84.000 „Attischen" mit dem fehlenden Pfund Gold gleichzusetzen, steht die Präzisierung des Nominals durch Livius entgegen.[33] Nicht geklärt werden kann, ob Livius und Plutarch hier aus einer gemeinsamen Quelle schöpften, oder Plutarch von Livius abhängig ist.

Probleme der handschriftlichen Überlieferung zeigen sich auch im dritten Fall, der gleich dreifach überliefert ist: Den Gesamtwert der Beute nach dem 3. Römisch-Makedonischen Krieg beziffert Livius mit 120 Millionen Sesterzen, Velleius Paterculus mit 210 und Plinius mit 300 Millionen Sesterzen.[34] Die völlig unterschiedlichen Größenordnungen scheinen auf sehr willkürliche Angaben zu verweisen. Berücksichtigt man allerdings die lateinische Schreibweise, so enthüllen die inhaltlich so stark abweichenden Zahlen eine enge typographische Verwandtschaft:[35]

Liv. XLV 40, 1	120 Millionen HS	=		MCC	
Vell. Pat. I 9, 6	210 Millionen HS	=		MMC	
Plin. n. h. 33, 56	300 Millionen HS	=		MMM	

Auch in diesem Fall sollte man nicht von einer unabhängigen Überlieferung oder gar bewusst anders gesetzten Inhalten ausgehen, sondern die Differenzen lassen sich am leichtesten mit der handschriftlichen Überlieferung erklären.

5. Beute als symbolisches System

Die Niederlegung der zuvor beim Zug durch die Stadt gezeigten Beute im *aerarium* war fester Bestandteil jedes Triumphs, für dessen Abschluss „ ... *in aerarium tulit*" zur Standardformulierung wurde.[36] Selbst der Triumph als Ganzes kann in der Historiographie auf den Akt der Niederlegung (*tulit in triumpho*) reduziert werden.[37]

Die gesellschaftliche Bedeutung der Niederlegung von Beute wird durch die Ausnahmen unterstrichen: Die demonstrative Niederlegung trotz verweigertem Triumph,[38] oder aber die nicht weniger demonstrative Übergabe großer Mengen Münzgelds ans *aerarium* am Ende eines sehr umstrittenen Triumphzugs, den ein Prätor ohne Soldaten, Gefangene oder erbeutete Waffen durchführte.[39]

Es scheint, dass der Wettkampf der Aristokratie die Vorführung der gesamten Beute im Triumphzug förderte: Nicht nur wurde die Unterschlagung von Kriegsbeute streng bestraft,[40] sondern vor allem kamen die Donative an die Soldaten oder der vom Feldherrn einbehaltene Anteil an der Beute stets erst nach der öffentlichen Vorführung und Zählung zur Auszahlung.[41] Als M. Livius und C. Claudius 207 v. Chr. unter Vorzeigen der Geldbeute über Hannibal triumphierten, ein Großteil der Soldaten aber noch im Feld stand und an dem Triumph in Rom nicht teilnehmen konnte, versprach Claudius, ihnen das Donativ bei seiner Rückkehr zum Heer auszuhändigen: Es scheint, dass das Geld zum Vorzeigen der Beute eigens nach Rom und von dort wieder zurücktransportiert wurde.[42]

In dieses Bild fügt sich, dass die Beute nicht durch die Kosten der Kriegführung geschmälert wurde: Denn auch in den ertragreichen Kriegen wurden die Gelder zu ihrer Durchführung nicht nur stets aufs Neue vom römischen Senat bewilligt, sondern auch faktisch den vor Ort kämpfenden Truppen nachgesandt: Die Kosten der Kriegführung und die Zurückführung von Beute waren zwei voneinander getrennt gehaltene Vorgänge.[43] Der offensichtliche Verzicht auf Formen der Verrechnung für Sold, Verpflegung oder Ausrüstung signalisiert überdeutlich, dass Fragen des gesellschaftlichen Prestiges, die sich in der Zurschaustellung ausdrückten, von größerer Bedeutung waren als jene einer Finanz-Pragmatik: Der Vergleich der Kriegserfolge im Wettstreit der *nobiles* erfolgte im Triumph nach Möglichkeit brutto.[44]

6. Die wirtschaftliche Bedeutung der Beute

In der ersten Hälfte des 2. Jahrhunderts v. Chr. veränderte sich die finanzielle Situation des römischen Staates drastisch. Die extreme Geldnot mit ihrem Höhepunkt in der Mitte des Zweiten Römisch-Karthagischen Krieges wechselte zu einer nachhaltigen Gesundung mit folgenden großzügigen Ausgaben des Staates.[45] Bereits 187 v. Chr. konnten die letzten Kriegsanleihen vom Staat zurückgezahlt werden.[46] Ab 184/83 setzte eine reiche Bautätigkeit ein, ergänzt um regelmäßige Getreideverteilungen und die Abhaltung immer größerer Spiele. Mit dem Ende des 3. Römisch-Makedonischen Krieges wurden römischen Bürger im Regelfall nicht mehr zu einer direkten Besteuerung herangezogen.[47]

Möglich wurde die Gesundung der Staatsfinanzen durch neue Einkommensquellen, und diese kamen durchgehend aus den besiegten beziehungsweise neu eroberten Gebieten. Gut ablesbar ist dieses an der Bedeutung, die jetzt in Rom dem Silber zuwuchs. In Ermangelung nennenswerter eigener Vorkommen konnte Rom das Edelmetall im 3. Jahrhundert v. Chr. nur in sehr begrenztem Maße für die Münzprägung nutzen. Der Umfang der Didrachmenprägung blieb – abgesehen von der devaluierten letzten Serie, den Quadrigati – sehr begrenzt, und die schweren und wenig handlichen Kupferasses waren das Standardnominal. Doch mit den in der Mitte des Zweiten Römisch-Karthagischen Krieges erstmals ausgegebenen Denaren wurde das Silber innerhalb weniger Jahrzehnte zur beherrschenden Münze. Bereits in der Mitte des Jahrhunderts hatte der silberne Sesterz die kupfernen Asses als übliche Zähl- und Recheneinheit verdrängt.[48]

Der Zufluss des Silbers erfolgte insbesondere aus Nordafrika, Spanien und aus dem hellenistischen Osten. Neben die Beute traten die Kriegskostentschädigungen, Zahlungen auf vertraglicher Basis, die über einen längeren Zeitraum von den besiegten Gegnern zu entrichten waren.[49] Weiters kamen die als Steuern erhobenen und auf Dauer angelegten Zahlungen aus jenen Gebieten hinzu, die dem Römischen Reich als Provinz angegliedert worden waren: Die zumeist aus den vorrömischen Verwaltungsverhältnissen übernommen, doch jetzt an Rom abgeführten Kopf- und Bodensteuern, indirekte

Abgaben wie Zölle, schließlich auch Pachten; für die Münzprägung wurden nicht zuletzt die Bergwerkseinnahmen relevant.

Auch für die Kriegskostenentschädigungen sind zahlreiche Quantifizierungen überliefert. Berühmt sind die Summen, die von Karthago und Antiochos dem Großen ratenweise an Rom zu zahlen waren.[50] Eine Abschätzung der Glaubwürdigkeit der verschiedenen Angaben begegnet denselben Schwierigkeiten wie die Beuteziffern. Da ihre sorgfältige Kritik Gegenstand des Mannheimer Projekts zur Kriegsfinanzierung ist, soll eine Annäherung an die Frage, welchen Anteil die Beute an den neuen Staatseinnahmen hatte, allein auf bestehender Literaturbasis versucht werden.

Eine vielfach rezipierte Aufschlüsselung der Einnahmen des römischen Staates in den Jahren zwischen 200 und 157 v. Chr. stammt von Tenney Frank:[51]

Kriegskostenentschädigungen	25%
Beute	20%
Steuern aus Provinzen	20%
Bergwerkserträge	10%
Pachten	10%
Steuern aus Italien/Bürger	10%
Zölle/Umsatzsteuern	10%

Mit 20% ist der Anteil der Beute an den Staatseinnahmen von Frank bereits eher hoch eingestuft. Spätere Schätzungen veranschlagen insbesondere die Bergwerkserträge stärker, so dass der Anteil der direkt erzielten mobilen Beute auf ca. 10–15% zurückfällt[52]. Doch schon die Zahlen Franks warnen davor, von den eindrucksvollen Beschreibungen der in Rom vorgeführten Beute auf ihre hervorgehobene Bedeutung auch für die Finanzen des Staates zurückzuschließen.

Versuchen, die Beute in den Rhythmen der Münzprägung zu identifizieren, steht das unregelmäßige und zumeist genau datierbare Eintreffen der Beute auf der einen Seite der vergleichsweise kleine Anteil dieser Einnahmegruppe auf der anderen Seite gegenüber. Als methodisches Problem kommt hinzu, dass für die Phase des größten Beutezuflusses die Möglichkeiten der numismatischen Datierung einzelner Münzserien sehr eingeschränkt und jahrgenaue Datierung im Regelfall nicht möglich sind. Auch aus diesem Grund beginnt Michael Crawford in seinem Standardwerk erst ab dem Jahr 157 v. Chr. mit Quantifizierungen und einem Vergleich von Einnahmen und Ausgaben.[53]

Doch darüber hinaus ist ein Grundsatz römischer Münzprägung, dass sich die Münzherstellung nach anstehenden Ausgaben, nicht nach eintreffenden Metallen richtete. Die als verarbeitetes oder unverarbeitetes Metall und in fremden Nominalen eintreffende Beute dürfte zunächst im *aerarium* eingelagert worden sein und erst, wenn die Staatskasse Ausgaben tätigte und dafür neue Münzen benötigte, in römisches Kurant gebracht worden sein. Zumal für die sich dann stärker der Tagespolitik annähernden Münzbilder der fortgeschrittenen Republik würde eine Prägung auf Vorrat unsere gesamten Vorstellungen über die Nutzung der Münzen als Mittel der Repräsentation untergraben.

Eine Ausnahme sind allerdings die Donative: Ihre Auszahlung erfolgte in unmittelbarem Zusammenhang mit dem Eintreffen der Beute in Rom. Dass die Donative in fremder Münze gezahlt wurden, ist aufgrund der reduzierten Praktikabilität für ihre Empfänger auszuschließen; im Fundmünzenspektrum Italiens finden sich ebenfalls keine Indizien dafür. So sind auch bei Livius, ganz im Gegensatz zur Zählung der Beute, für die Donative stets römische Nominale genannt.[54] Ausgegeben wurden die Donative direkt im Anschluss an den Triumph. Zu einer der Auszahlung unmittelbar vorausgehenden Prägung, welche die im Triumph gezeigte Beute in römisches Kurant brachte, äußern sich die Quellen nicht. Eine Auszahlung der Donative direkt nach dem Triumph in römischer Währung ist aber auch dann möglich, wenn diese Gelder parallel zur Einlagerung der Beute aus den im *aerarium* vorhandenen römischen Münzen entnommen wurden. Erhärtet werden kann eine solche Annahme dadurch, dass die Auszahlung der Donative zum Teil in Metallen erfolgte, die vorher als Beute keine Erwähnung fanden.[55] Mehr noch: Für einzelne Triumphe wird ausdrücklich erwähnt, dass keine Edelmetalle oder Gelder vorgeführt werden konnten; gleichwohl kam es zur Auszahlung eines in Geld berechneten und in dieser Form wohl auch bezahlten Donativs.[56]

7. Von der Republik zum Prinzipat

Auf dem Höhepunkt der Beuteeinnahmen nach dem Zweiten Römisch-Karthagischen Krieg wurde die Einforderung von Beute von den römischen Feldherren offenbar in besonders drastischer Weise betrieben. Zugleich wurde diese möglichst ungeschmälert dem *aerarium* zum Abbau der Staatsverschuldung übergeben. Als dieses Ziel erreicht war, nutzten die Feldherrn ihre Verfügungsgewalt über die Beute zunehmend zur Errichtung stadtrömischer Bauten:[57] Im Rahmen der aristokratischen Selbstdarstellung bot dieses eine deutlich nachhaltigere Profilierung als die weitere Aufstockung der Geldmittel im *aerarium*.

Das Ende der großen Beutezüge ging parallel mit der Übernahme der direkten Herrschaft in den besiegten Gebieten ab Mitte des 2. Jahrhunderts v. Chr. Deren nun kontinuierlich dem Reich als Steuern zufließende Abgaben waren in der Summe von ungleich höherer Ertragskraft.

Für die Aristokratie bot sich eine neue Möglichkeit zur dynamischen Vermehrung ihrer Einkünfte durch die Übernahme einer hervorgehobenen Magistratur in einer der Provinzen. Ein erfolgreich verlaufener *cursus honorum* in Rom war die Voraussetzung dafür. Zugespitzt formuliert zeichnet sich hier eine bemerkenswerte Umkehrung ab: Wurde vorher durch den Beuteerwerb in der Stadt Rom gewinnbringend einsetzbares gesellschaftliches Prestige erworben, so verhalf nun das in Rom in der Ämterlaufbahn erreichte Prestige zu einer Position, die dann in der Provinz eine Vermehrung des Vermögens erlaubte. Die Entwicklung steigerte sich dahingehend, dass aufgrund des Konkurrenzdrucks die Kosten der Laufbahn durch kontinuierliche Wahlwerbung im Voraus zu zahlen waren, und eine hohe Verschuldung vor Antritt des dann einträglichen Provinzkommandos wurde gegen Ende der Republik, wie nicht nur das Beispiel Caesars zeigt, zum Standard.[58]

Rückläufig war auch der Anteil, den die Beute für das Auskommen der Soldaten einnahm. Umkehrpunkt waren die Kriege in Spanien mit ihren ab dem zweiten Viertel des 2. Jahrhunderts v. Chr. nicht abreißenden Auseinandersetzungen. Faktisch vollzog sich hier bereits der Übergang zur Berufsarmee, für die allein der Sold, nicht mehr die Beute berechenbare Einkunftsquelle war. Nach und nach gingen dem römischen Staat die Freiwilligen aus; allein im Osten gab es noch Hoffnung auf schnelle Beute.[59]

Das System des Geldtransports nach Rom mit dem dortigen Zählen und Vorzeigen der Beute im Triumph änderte sich ebenfalls. Zwar stieß es mit dem Anwachsen des Römischen Reiches nicht gerade an Grenzen, die unüberwindbar gewesen wären, doch es gestaltete sich komplizierter. Die Einheit von Krieg, Beute und Triumph löste sich auf.

Denn auf der einen Seite war eine Rückführung des oft in Übersee kämpfenden Heeres am Ende einer Feldzugssaison aufgrund der großen Distanzen nicht mehr möglich, und auch die immer langwierigen Kämpfe machten einen mehrjährigen Einsatz erforderlich. Auf der anderen Seite, und damit einhergehend, wuchs den von Rom geforderten Kriegskostenentschädigungen, die oft noch über Jahre und Jahrzehnte in Raten entgegengenommen wurden, im Vergleich zur direkt zurückgeführten Beute eine immer größere Rolle zu. Hinzu kam, dass bedeutende Gelder jetzt von Rom auch längerfristig in den Randgebieten des Reiches benötigt wurden, nicht nur zum Unterhalt der Truppen, sondern auch für die beginnende Zivilverwaltung. Die Entwicklung von Unterkassen in den Provinzen, anfangs mit Hilfe der Steuerpachtgesellschaften und später als eigenständige *fisci* als Unterabteilungen des *aerarium*, war eine folgerichtige Konsequenz.[60]

Die Auswirkungen spiegeln sich im Triumph, wo gewissermaßen ein Übergang zur Abstraktion verfolgbar ist. Ein frühes Beispiel bietet die *ovatio* des L. Manlius über Spanien 185 v. Chr., als er ankündigte, wie viel Gold und Silber sein Quästor noch nach Rom bringen und dass er auch dieses dem *aerarium* übergeben werde.[61] Als Lucullus dem Pompeius noch vor seinem Triumph die erbeuteten Gelder für die weitere Kriegführung übergeben musste, zahlte er zunächst noch im Feld ein Donativ an seine Soldaten aus. Im Triumph zeigte er dann auf großformatigen Tafeln an, „*welche Geldsummen von ihm bereits an Pompeius für den Seeräuberkrieg und an die Verwalter des Staatsschatzes abgeführt worden waren, und außerdem, dass jeder Soldat 950 Drachmen erhalten hatte.*"[62] Pompeius selbst präsentierte im Triumph schließlich nicht nur die von ihm erworbene Beute, sondern rechnete auch die auf Dauer aus seinen Erfolgen resultierenden Staatseinnahmen dem Beutegewinn zu: „*Auf den einher getragenen Tafeln gab er bekannt, dass die bisherigen Einnahmen 50 Millionen (Sesterzen) betragen hätten, dass aber aus den von ihm eroberten Ländern 85 Millionen einkämen, dass endlich in den Staatsschatz an gemünztem Geld und an silbernem und goldenem Gerät 20.000*

Talente eingeliefert würden, nicht gerechnet die Summe, die seinen Soldaten gegeben worden sei."[63]

Das Verhalten des Pompeius war nicht nur vor dem Hintergrund des Übergangs zur direkten Herrschaft als Folge römischer Siege konsequent, sondern auch der Transport sämtlicher Einnahmen nach Rom entsprach nicht mehr den jetzt regelmäßig an der Peripherie anfallenden Kosten der Herrschaft. Das im Triumph symbolisierte hierarchische Verhältnis zwischen Zentrum und Peripherie hatte sich mit den Provinzialisierungen gewandelt. Eine letzte große Zeit beutereicher Kämpfe waren die Bürgerkriege der späten Republik, mit ihren überbordenden Versprechungen für die Soldaten: Sie waren jetzt die Profiteure, nicht das *aerarium*, und trotz mancher Kaschierungen kam die den Krieg ernährende Beute zumeist vom inneren Gegner.

In der Kaiserzeit stand der Triumph schon bald nur noch dem Prinzeps oder einem Angehörigen des Herrschaftshauses zu. Das neue System verbot ein Messen und Vergleichen des Imperators mit anderen, eben weil der Prinzeps unvergleichbar war. Im Gegensatz zur Republik lenkte dieses freilich auch den unkontrollierten Ehrgeiz der Aristokratie und führte im Bereich der Außenpolitik zu einer Bändigung des Krieges. Die Kaiser selbst hingegen fanden andere und kontinuierlichere Möglichkeiten der Repräsentation als den Triumphzug.[64]

Der Kriegsdienst wurde Aufgabe von Spezialisten, selbst wenn diese in den Legionen immer noch aus der Gemeinschaft der Bürger kamen. Die Entwicklung wurde von Augustus mit der Gründung eines stehenden Heeres und definierten Dienstzeiten zum konsequenten Abschluss gebracht. Die Besoldung erfolgte aus der Staatskasse, und mit einem Aufwand von annähernd Zweidritteln aller Staatsausgaben war der Unterhalt des Heeres der mit Abstand größte regelmäßig zu bedienende Posten.[65] Aus der quasi nebenberuflichen Erwerbsform Beute war für einen Teil der Gesellschaft ein existenzsichernder Beruf geworden. Doch auch die Aufgaben des Heeres hatten sich gewandelt, denn es ging weniger um Erwerb und Zugewinn als um Sicherung und Schutz:[66] Das *imperium sine fine* war überall an seine Grenzen gestoßen, des wirtschaftlich Vernünftigen und auch weitgehend des militärisch Möglichen.

Aufgrund steuerlicher Privilegierungen für Italien und die Inhaber des römischen Bürgerrechts kam das Geld für den Unterhalt der Soldaten zum überwiegenden Teil aus den Provinzen. Zum Sold kamen die vom Kaiser zu bestimmten Anlässen gezahlten Donative sowie das den Soldaten am Ende ihrer Dienstzeit ausgehändigte Entlassungsgeld hinzu, welches ihnen den Übergang ins Zivilleben erleichtern sollte. Sowohl in der Auszahlung zum Ende des Militärdienstes als auch in der Form der abfindenden Belohnung scheinen hier die Donative, wie sie den Soldaten nach dem Triumph als ihr Anteil für den Kriegsdienst gegeben wurden, ihre Fortsetzung gefunden zu haben. Um dafür genügend Finanzmittel zu besitzen, gründete Augustus mit dem *aerarium militare* eine eigene Kasse. Gegen heftige Widerstände speiste diese sich aus neu eingeführten und jetzt auch von den römischen Bürgern zu zahlenden Steuern, der *vicesima hereditatium* sowie der *centesima rerum venalium*.[67] Aus der Distanz des Historikers ergibt dies eine Pointe von zynischer Konsequenz: Da in den Dimensionen des Weltreichs „Beute" im

Prinzip nur noch von innen gewonnen werden konnte, mussten für diesen von den Soldaten bei ihrer Entlassung aus dem Dienst erwarteten Erfolgsanteil nun die römischen Bürger selbst aufkommen.

Literatur

Badian, Ernst: Römischer Imperialismus, Stuttgart 1980.
Badian, Ernst: Zöllner und Sünder. Unternehmer im Dienst der römischen Republik, Darmstadt 1997.
Bringmann, Klaus: Geschichte der Römischen Republik. Von den Anfängen bis Augustus, München 2002.
Burck, Erich: Die römische Expansion im Urteil des Livius, in: W. Haase (Hg.): Aufstieg und Niedergang der römischen Welt, Bd. II 30.2, 1982, 1148–1189.
Crawford, Michael: Roman Republican Coinage, 2 Bde., Cambridge 1974.
Frank, Tenney: Rome and Italy of the Republic (= An Economic Survey of Ancient Rome, Bd. I), Baltimore 1933.
Fuhrmann, Manfred; Schmidt, Peter L.: Livius, Der Neue Pauly, Bd. 7, 1999, 377–382.
Harl, Kenneth W.: Coinage in the Roman Economy, 300 BC – AD 700, Baltimore – London 1996.
Harris, William V.: War and Imperialism in Republican Rome (327–70 B.C.), Oxford 1979.
Jehne, Martin: Caesar, München 1997.
Jehne, Martin: Die Römische Republik. Von der Gründung bis Caesar, München 2006.
Knapowski, Roch: Der Staatshaushalt der römischen Republik. Untersuchungen zur römischen Geschichte II, Frankfurt am Main 1961.
Larsen, Jakob A.: Roman Greece, in: T. Frank (Hg.): An Economic Survey of Ancient Rome, Bd. IV, Baltimore 1938, 259–498.
Laroche, Roland A.: Valerius Antias and his Numerical Totals: A Reappraisal, Historia 26 (1977) 358–368.
Mommsen, Theodor: Geschichte des Römischen Münzwesens, Berlin 1860.
Rich, John: Fear, Grease and Glory: The Causes of Roman War-making in the Middle Republic, in: J. Rich, G. Shipley (Hgg.): War and Society in the Roman World, London 1993, 38–68.
Shatzman, Israel: The Roman General's Authority over Booty, Historia 21 (1972) 177–205.
Szaivert, Wolfgang: Der Beitrag der literarischen Quellen zur Datierung des Beginns der Kistophorenprägung, in: H. Emmerig (Hg.): Vindobona Docet. 40 Jahre Institut für Numismatik und Geldgeschichte der Universität Wien, Wien 2005, 51–63.
Szaivert, Wolfgang; Wolters, Reinhard: Löhne, Preise, Werte. Quellen zur römischen Geldwirtschaft, Darmstadt 2005.
Timpe, Dieter: Stadtstaat und Krieg in der Antike, in: W. Böhm, M. Lindauer (Hgg.), Welt ohne Krieg? Stuttgart u. a. 2002, 137–168.

Timpe, Dieter: Das Kriegsmonopol des römischen Staates, in: W. Eder (Hg.), Staat und Staatlichkeit in der frühen römischen Republik, Stuttgart 1990, 368–387.

Wolters, Reinhard: Nummi Signati. Untersuchungen zur römischen Münzprägung und Geldwirtschaft, München 1999.

Wolters, Reinhard: Geldverkehr, Geldtransporte und Geldbuchungen in römischer Republik und Kaiserzeit. Das Zeugnis der schriftlichen Quellen, in: Revue belge de numismatique et de sigillographie 152 (2006) 23–49.

Anmerkungen

[1] Timpe (1990); Timpe (2002).

[2] Pol. I 1.

[3] Liv. XXXIV 52, 4–11 (nach der Übersetzung von Hans Jürgen Hillen).

[4] Liv. XXXVII 59, 3–6 (ebd.).

[5] Die Quellen und eine repräsentative Auswahl der Texte bei Szaivert/Wolters (2005) 141 ff.; 271 ff.: Auch als Grundlage für das Folgende.

[6] Vergleiche etwa Frank (1933) 76 ff.; 138 ff.; Larsen (1940) 313 ff.; Knapowski (1961) 57 ff. [extensiv]; Harris (1979) 68 ff.; Rich (1993); Harl (1996) 38 ff.; Bringmann (2002) 174 ff. Stellvertretend für skeptische Positionen gegenüber ökonomischen Motiven der Expansion: Badian (1980) 34 ff.

[7] Dazu die zusammenfassenden Hinweise bei Szaivert/Wolters (2005) 1 ff.; 10 ff.

[8] Übersicht bei Szaivert/Wolters (2005) 271 ff.

[9] Etwa Liv. XXXVII 58, 4; vergleiche XXXVIII 55, 8 f.

[10] Für den Vergleich von Beuteerträgen: Liv. XXXIII 23, 8 f. (vergleiche XXXIII 22, 6 ff.); XXXIV 10, 4 und 7; XLI 7, 1 ff. Vergleiche auch XXXIX 42, 2 ff. (demonstrative Gleichhaltung).

[11] Zu verschiedenen Symbol- oder Rundzahlen: Szaivert/Wolters (2005) 11 ff.

[12] Szaivert (2005). Nicht aufgenommen wurden die als Verrechnungseinheit dienenden Sesterze.

[13] So auch Szaivert (2005) 58.

[14] Mommsen (1860) 705 ff.

[15] Szaivert (2005) 62.

[16] Zur Quellenfrage knapp zusammenfassend mit der neueren Literatur Fuhrmann/Schmidt (1999) 378 ff. Bei den quantifizierenden Angaben häufen sich die Verweise auf Valerius Antias, dessen Angaben Livius zumeist reserviert gegenübersteht (grundsätzlich Liv. XXVI 49, 1 f.; mit der älteren Literatur zum Problem: Laroche [1977]). Zu unterscheiden sind meines Erachtens Zahlen, für die nur Schätzungen vorliegen können – wie insbesondere gegnerische Mannschaftsstärken oder Gefallene –, von solchen, für die eine Buchführung zu erwarten ist, wie Gelder und Beuteerträge. Letzte scheinen auch seltener die Kritik des Livius gefunden zu haben.

[17] Liv. XXXVI 39, 1 f. = Liv. XXXVI 21, 10 f.

[18] Zum Beispiel Liv. XXIII 12, 1 f.; XXX 16, 12. Die Arbeitsweise erinnert an den Umgang Herodots mit vorgefundener Überlieferung.

[19] Liv. XXXIII 30, 7 ff.

[20] Liv. XLV 40, 1 mit weiteren Überlegungen 40, 2 f.; ähnlich I 55, 7 ff.

²¹ Liv. XLV 43, 8: *auctorem pro re posui.*
²² Liv. XXVI 49, 6: *si aliquis adsentiri necesse est, media simillima veri sunt.*
²³ Allgemein: Liv. XXV 39, 12 ff.
²⁴ Liv. XXXVIII 55, 6 ff.
²⁵ Detaillierte Beschreibung bei Liv. XXVI 47, 1 ff.: *haec omnia C. Flaminio quaestori appensa adnumertataque sunt* (8).
²⁶ Liv. XXXVIII 55, 4 ff.
²⁷ Cic. Verr. II 1, 57: *(praeda) per triumphum vexit, in tabula publica ad aerarium perscribenda curavit.*
²⁸ Plut. Cat. min. 18, 9.
²⁹ Plin. n. h. XXXIII 16; 55.
³⁰ Vergleiche Liv. XXXVIII 55, 11.
³¹ Liv. XXXVII 59, 2 ff.; Val. Max. III 7, 1.
³² Vergleiche oben Anm. 3. Zum Vergleich der Stellen auch Szaivert (2005) 60 ff.
³³ Liv. XXXIV 52, 6: *tetradrachma vocant; trium fere denariorum in singulis argenti est pondus.*
³⁴ Ausführliche Beschreibung des Triumphs auch bei Diod. XXXI 8, 10 ff.; Plut. Aem. 32 ff.
³⁵ Larsen (1940) 321.
³⁶ Oder *transtulit*; vergleiche Liv. XXXI 49, 2; XXXII 7, 4; XXXIII 23, 7; 27, 1 und 2; und so weiter
³⁷ Liv. XXXIV 46, 2 f.
³⁸ Liv. XXXII 7, 4; vergleiche XXXIII 27, 3 f.: Niederlegung von Beutegeldern auch ohne Versuch, einen Triumph abzuhalten.
³⁹ Liv. XXXI 49, 2 f.; zur Kritik des Triumphs ohne Anhörung bzw. Beteiligung des Konsuls: XXXI 49, 8 ff.
⁴⁰ M.' Acilius Glabrio musste seine Bewerbung zum Zensor fallen lassen, als er angeklagt wurde, Beute von Antiochos unterschlagen zu haben (Liv. XXXVII 58, 1); vergleiche Caes. Afr. 28, die Hinrichtung eines Zenturios, der zum Triumph gehörende Kostbarkeiten und Gelder zurückhielt. Pompeius konnte seine Soldaten 81 v. Chr. nur durch die Niederlegung der *fasces* von einem vorzeitigen Verteilen der Beute noch vor dem Triumph abhalten: Front. Strateg. IV 5, 1.
⁴¹ So der immer gleiche Ablauf in der Beschreibung der Triumphzüge. Zur Auszahlung des Donativs und des Feldherrnanteils aus der Beute die kontrastierende Darlegungen bei Liv. X 46, 1 ff. und 46, 13 ff.
⁴² Liv. XXVIII 9, 17.
⁴³ Deutlich Liv. X 46, 5 f., die Klagen der Bürger über die Einforderung eines *tributum* zur Besoldung der Soldaten, während die Beuteerlöse zur Gänze dem *aerarium* übergeben wurden. Allgemein: Wolters (2006) 36 ff.
⁴⁴ Nicht ganz deutlich wird, wann beziehungsweise welche Beuteanteile schon im Feld an die Soldaten zur Verteilung kamen und wie sich diese dann zu dem am Ende des Triumphs gezahlten beziehungsweise bekannt gegebenen Donativ verhielten. Eine eingehende Beschreibung der Beuteverteilung bietet Pol. X 16 f.: Die gesamte Beute wurde an einem Platz zusammengetragen, ggf. verkauft und an alle Soldaten gleichmäßig verteilt. Das Behalten individuell erzielter Beute verstieß gegen die Gemeinschaft. Die Beute aus den den Soldaten zur Plünderung überlassenen epirotischen Städten unter Aemilius Paulus ist den überlieferten Zahlen nach nicht in der Zählung beziehungsweise Zahlung des Donativs nach dem Triumphzug enthalten (Liv. XLV 40, 5; ver-

gleiche XLV 34, 5 f.), doch ist zu erwarten, dass beim Triumph im Feld erfolgte Zahlungen an die Soldaten bekannt gegeben wurden (vergleiche unten Anm. 62 f.). Zur Verteilung der Beute: Shatzmann (1972) insbes. 189 ff.; 202 ff. Detailliert zu den verschiedenen Profiteuren: Harris (1979) 68 ff.

[45] Harris (1979) 70 ff.; Bringmann (2002) 174 ff.; Jehne (2006) 71 ff.

[46] Liv. XXXIX 7, 5. Möglich wurde dieses nicht zuletzt durch den erpresserischen Raubzug des Manlius Vulso durch Kleinasien, bei dem er unter ständiger Androhung von Gewalt Beuteablöse einforderte: Liv. XXXVIII 12 ff.; vergleiche insbes. 13, 12 f.; 14, 4 f. und 9 ff.; 15, 6 und 10 f.; 18, 2; 24, 7 f.; 37, 5 f. und 9; Triumph: XXXIX 7, 1 f.

[47] Plin. n. h. XXXIII 56.

[48] Crawford (1974) II 621 ff.; Wolters (1999) 10 ff.; 37 ff.

[49] Terminologisch sind sie nicht immer scharf von Kontributionen oder von Beuteablösen zu trennen. Wie bei der provinzialen Besteuerung bediente man sich in Rom je nach Anlass und Perspektive unterschiedlicher Begründungen für die Einforderung von Abgaben.

[50] Pol. XV 18, 3 ff.; XXI 17, 1 ff.; XXI 45; weitere Zusammenstellungen bei Szaivert/Wolters (2005) 150 ff.; 267 ff.

[51] Frank (1933) 141. Die absoluten Zahlen Franks sind zur Erreichung einer besseren Übersichtlichkeit als Anteile berechnet und grob (Summe = 105%) gerundet worden.

[52] So Harl (1996) 38 ff.; vergleiche auch Larsen (1940) 313 ff. (mit deutlich höherem Beuteanteil für Griechenland und Makedonien); Badian (1997) 29 ff. Die Vergleichbarkeit der Schätzungen wird dadurch erschwert, dass unterschiedliche Zeiträume und teils auch Regionen zugrunde gelegt werden.

[53] Crawford (1974) II 641 ff.

[54] Zusammenstellung bei Szaivert/Wolters (2005) 317 ff.

[55] Liv. XXXI 20, 7; XXXIV 46, 2 f.; 52, 4 ff.; XXXVI 40, 1 ff.: Jeweils Edelmetallbeute und Angabe des Donativs in Aes. Allerdings ist zwischen Verrechnungseinheit und tatsächlich ausgezahlter Münze zu differenzieren. Bis 191 v. Chr. zählt Livius sämtliche Donative in Aes, ab 189 v. Chr. dann in Denaren. Bezeichnende, vielleicht doch auf die Art der Auszahlung Hinweise gebende Ausnahmen sind Zahlungen in Aes 181 v. Chr. (Liv. XL 34, 7 f.: Ingauner/Ligurien) sowie 180/179 v. Chr. (Liv. XL 59, 1 f.: Ligurer): Für beide Fälle wird betont, dass keine Geldbeute erworben wurde.

[56] Vergleiche etwa Liv. XL 34, 7 f.; 59, 1 f.

[57] Beispiele bei Bringmann (2002) 178 ff.

[58] Sehr anschauliche Darlegung bei Jehne (1997) 18 ff.

[59] Liv. XLII 32, 6 (Meldung Freiwilliger); dagegen Liv. XLIII 14, 1 ff.; 15, 6 f. (Zwangsmaßnahmen); Burck (1982) 1181 f.

[60] Wolters (2006) 44 ff.

[61] Liv. XXXIX 29, 6 f.

[62] Plut. Luc. 37, 5 f.

[63] Plut. Pomp. 45, 3. Vermutlich gehen die Angaben über die regelmäßigen Erträge Galliens ab Caesar (Suet. Caes. 25) beziehungsweise jene Ägyptens ab Augustus (Vell. II 39, 2) auf vergleichbare Aufstellungen zurück.

[64] So feierte schon Augustus nach dem dreifachen Triumph von 29 v. Chr. keinen weiteren mehr. Bedeutung besitzt der Triumph noch für den Nachweis militärischer Sieghaftigkeit, etwa bei Caligula (Triumphersatz), Claudius (Britannien), dem neuen Geschlecht der Flavier als initialer Leistungsnachweis (Judäa) und Domitian (Germanien). Letzterer musste sich

schon wie Caligula den Vorwurf eigens für den Triumphzug zusammengekaufter „Gefangener" gefallen lassen (Tac. Agric. 39, 1; Suet. Cal. 47).
[65] Wolters (1999) 211 ff.
[66] Vergleiche etwa Tac. hist. IV 73, 2; Ael. Arist. 72 ff.
[67] Wolters (1999) 179 ff.; 217 f.

BURKHARD MEISSNER

Reparationen in der klassischen griechischen Welt und in hellenistischer Zeit

Reparationen sind Wiedergutmachungsleistungen, die anlässlich der Beendigung von Kriegen vertraglich vereinbart werden. Meist muss die unterliegende Seite sie zahlen. Dabei können Sachleistungen, finanzielle Entschädigungen, territoriale Abtretungen, die Herausgabe von Menschen, Sachen oder Dokumenten, oder auch die Erbringung von Dienstleistungen dem Sieger seine Entschädigung bieten.

Als Menschen, die im so kriegerischen und konfliktgeladenen 20. Jahrhundert aufgewachsen sind, denken wir möglicherweise als erstes an die Reparationsbestimmungen nach dem Ersten Weltkrieg, wie sie die Pariser Vorortverträge, insbesondere der Versailler Vertrag, festlegten. Demnach hatte das Deutsche Reich seine Schuld am Krieg anzuerkennen: eine Voraussetzung dafür, auch eine Wiedergutmachungsverpflichtung auf sich zu nehmen. Diese bestand in ganz erheblichen, durch eine Kommission 1921 festgelegten Geldzahlungen, in der Übernahme der Staatsschulden Belgiens und von vornherein festgelegten umfangreichen Sachleistungen, die Wirtschaft und Gesellschaft der Siegerstaaten schadlos halten sollten: Gebietsabtretungen, die Übergabe aller Schiffe und einer jährlichen Neubautonnage von 200.000 Bruttoregistertonnen, Kohlelieferungen an Frankreich, Italien und Belgien für die Dauer von zehn Jahren sowie weitere Lieferungen von Verbrauchsgütern, Kunstwerken, Dokumenten usw. Gleichsam im Wege des Vorwegabzuges und zur Begleichung der Besatzungskosten hatte das Deutsche Reich Inhaberschuldverschreibungen über 20 Milliarden Goldmark auszugeben, die bis 1921 abzulösen waren und weitere über 40 Milliarden Goldmark, die zwischen 1921 und 1926 abzulösen und zinspflichtig waren. Als Zeitraum für die Ablösung aller Schulden waren 30 Jahre, beginnend am 1. Mai 1921, vorgesehen. Die Gesamthöhe aller Reparationen in Sach- und Geldleistungen wurde zunächst mit 269 Milliarden Goldmark bestimmt und im Mai 1921 auf 132 Milliarden Goldmark ermäßigt. Die Pflicht zur Sachleistung entzog der Wirtschaft des Deutschen Reiches einen großen Teil ihrer Energie- und Rohstoffressourcen, und der Zwang zur Ablösung der Geldschulden in Devisen war ein Grund dafür, dass der Außen- und schließlich auch der Binnenwert seiner Währung rapide verfielen. Daher reduzierten der Dawes-Plan 1924 und der Young-Plan 1929 die Finanzverpflichtungen des Deutschen Reiches deutlich, und auf der Konferenz von Lausanne 1932 wurde seine Pflicht zur Leistung von Reparationen gänzlich beendet: fast 20 Jahre vor deren angestrebtem Ende.[1] Zweifellos hatten diese Reparationsforderungen die Leistungsfähigkeit des zur Wiedergutmachung verpflichteten Deutschen Reiches bei weitem überbeansprucht, ohne dass die materiellen Schäden, die der Erste Weltkrieg geschlagen hatte, dadurch kompensiert worden wären. Weder zur Schadenshöhe, noch zur Fähigkeit des Schadensersatzpflichtigen zur Wiedergutmachung stand die Wiedergutmachungsverpflichtung in einem unmittelbar einsichtigen Verhältnis. Einige der Folgen für den Verlauf des kriegerischen 20. Jahrhunderts kennen wir.

Statt diesen Folgen hier nachzugehen, wollen wir daher den Blick einmal zurückwenden, zu antiken Beispielen für ähnliche Versuche einer Kompensation der Kosten und Schäden des Krieges durch Reparationsforderungen in den Friedensregelungen. Die Frage ist, wie wir dort den im Falle des Versailler Vertrages so losen Zusammenhang zwischen den materiellen Kosten und Schäden des Krieges einerseits und den Pflichten und Möglichkeiten zu deren Reparation andererseits einzuschätzen haben.

Das erste Beispiel, das wahrscheinlich sofort in den Sinn kommt, sind die Bedingungen des Friedens, den die Römer den Karthagern nach dem Zweiten Punischen Krieg in den Jahren 203 und 202 v. Chr., man muss geradezu sagen: diktierten. Nach einem ersten Vertrag, der die Auslieferung der karthagischen Flotte und die Zahlung von 5000 Talenten Silber durch Karthago vorsah (ca. 130.000 kg = 130 Tonnen ≈ 4,2 Mio. Unzen), und nach der Schlacht von Zama mussten die Karthager einem verschärften Vertrag zustimmen, der den Karthagern in der unmittelbaren Umgebung ihrer Stadt den *status quo ante* sicherte, allerdings um den Preis erheblicher Einschränkungen ihres Territorialbesitzes und erheblicher Reparationsleistungen. Zu diesen gehörte der Ersatz aller römischen Schäden, die seit dem ersten Vertrag eingetreten waren, die Auslieferung aller Elefanten und aller Kriegsschiffe bis auf zehn, die Verpflichtung, allenfalls in Nordafrika und nur mit römischer Zustimmung Krieg zu führen, und vor allem: Die Karthager hatten bis zur endgültigen Entscheidung über den Vertrag das römische Expeditionsheer zu versorgen und zu bezahlen und außerdem 10.000 Talente Silber (260 Tonnen) über 50 Jahre in Raten zu bezahlen.[2]

Politisch fesselte die phönizische Handelsstadt vor allem, dass Rom ihren unmittelbaren Nachbarn Massinissa begünstigte, ohne dass Karthago sich gegen Roms Willen seiner erwehren konnte, wirtschaftlich schränkte der Verlust der reichen spanischen Besitzungen der Barkidenfamilie mit ihren agrarischen Ressourcen und ihren Edelmetallvorkommen Karthagos Fähigkeit ein, die römischen Reparationsforderungen zu erfüllen.

Nicht zuletzt politische Reformen, die Hannibal Mitte der 90er Jahre des 2. Jahrhunderts v. Chr. in Karthago anregte, machten es allerdings möglich, dass die Stadt schon 191 v. Chr. den Römern anbot, auf einmal die gesamte Restschuld abzulösen. Die Römer jedoch beharrten auf langfristiger Bindung der Karthager durch ihre Zahlungsverpflichtung. *De pecunia item responsum, nullam ante diem accepturos*: Betreffs des Geldes hätten die Römer den karthagischen Unterhändlern während des Krieges gegen Antiochos III. geantwortet, dass sie keines vor dem vorgesehenen Zahlungstermin annehmen würden,[3] fasst Livius die Überlieferung über die Verhandlungen zwischen Rom und Karthago zusammen.

Wir sehen an diesem Beispiel, dass die Zahlungsverpflichtung eine auch über die materielle Wiedervergeltung hinausgehende symbolische Bedeutung besitzt: Die von den Karthagern offenbar nach einem Fünftel der vorgesehenen Zeit ablösbare Schuld, die in erster Linie das kompensieren sollte, was die Römer gegen Ende des Zweiten

Punischen Krieges als dessen Schäden und Kosten abgeschätzt hatten, überforderte nicht die Leistungsfähigkeit der Karthager, sollte diese aber über die ganze geplante Zeit symbolisch binden wie abgaben- oder tributpflichtige Unterworfene, um zu verhindern, dass die Karthager zusammen mit ihren Zahlungspflichten auch die politischen Loyalitätspflichten, die sich aus dem Friedensvertrag ergaben, als abgelöst betrachteten. Die symbolische Bindung selbst liegt in der Kreditbeziehung, die fortgalt und Loyalität ebenso wie stetige Einkünfte sichern sollte.

Rom suchte die Karthager offensichtlich also nicht finanziell zu knebeln und zu überfordern, sondern politisch an die Kette zu legen. Tatsächlich entwickelte sich der Dritte Punische Krieg, an dessen Ende die Zerstörung Karthagos stand, nicht, weil die Karthager mit ihren finanziellen Verpflichtungen in Verzug geraten wären, sondern, nachdem Roms Verbündeter Massinissa seit den 60er Jahren des 2. Jahrhunderts immer wieder Konflikte mit Karthago provoziert hatte. Dies lässt vermuten, dass in der Größenordnung zwischen 5.000 und 10.000 Talenten Silber tatsächlich die geschätzten römischen Kosten für den zweiten Punischen Krieg lagen. Der kurze Krieg, den Massinissa 150 v. Chr. gegen Karthago gewann, brachte diesem zunächst 1000 Talente Silber und nach dem erneuten Waffengang die deutlich in punitiver Absicht festgelegten 5000 Talente.[4] Die Summen, mit denen der Zweite Punische Krieg endete, scheinen demgegenüber weniger durch das Bestreben gekennzeichnet zu sein, Karthago finanziell zu ruinieren. Ihre Größenordnung dürfte daher eher dem vorgegebenen Zweck, Kompensation materieller Kriegsfolgen, entsprochen haben.

Reparationen in der Kriegführung des klassischen Griechenlands

Im Folgenden werden wir einige Beispiele für Reparationsregelungen aus der klassischen und hellenistischen Zeit Griechenlands ansehen und daraufhin befragen, ob sie für unseren Gegenstand, das heißt die Kosten der voraufgegangenen Kriege, einen Indikator darstellen. Wir werden Beispiele aus dem 5. und 4. Jahrhundert v. Chr. einerseits und aus der Zeit zwischen dem Tod Alexanders des Großen 323 v. Chr. und dem Ende des letzten großen hellenistischen Reiches, des Ptolemäerreiches, im Jahre 30 v. Chr. betrachten. Mit den oft umstrittenen und in vielen Fällen nicht einmal zu erahnenden Details der Umstände, Folgen und Ursachen der Konflikte, die mehr als vier Jahrhunderte umfassen, den ganzen Mittelmeerraum betreffen und die unterschiedlichsten Auseinandersetzungen um Interessen, Ansprüche, Rechte und Ressourcen umfassen, werden wir uns nicht befassen. Achten wir daher zunächst und vor allem darauf, was wir über die Höhe der Wiedergutmachungsleistungen wissen und was jeweils wiedergutgemacht werden soll.

Das erste Beispiel für eine solche Regelung ist bereits eigentlich keine solche Regelung: Im Jahre 463 v. Chr. zwang das imperial sich gebärdende Athen die abtrünnige Inselgemeinde Thasos in der Nordägäis durch eine Belagerung dazu, den von der Gemeinde verweigerten Beitrag zur Kasse des von Athen geführten Kampfbundes zu zahlen; zugleich musste Thasos seine Mauern schleifen, seine Flotte ausliefern und auf seinen goldreichen Festlandsbesitz verzichten. Wir hören nichts über die Höhe der Zahlung, wissen aber, dass Thasos bis in die 50er Jahre des 5. Jahrhunderts jährlich 3 Talente Silber ablieferte (ca. 78 kg).[5] Wesentlich genauer sind wir informiert über die Regelungen, die knapp 100 Jahre später, im Jahre 376 oder 374 v. Chr., Dionysios I. in seinem dritten Friedensvertrag mit den Karthagern auf Sizilien traf: Dionysios musste nämlich 1000 Talente an die Karthager zahlen, und zwar in Raten, deren Höhe wir nicht kennen, und außerdem eine Grenze zwischen den beiderseitigen Interessensphären anerkennen.[6] φόρος, Tribut, nennt Platon jenes Geld. Nicht vollkommen in das Thema Reparationen fällt die Abmachung, die zwischen Athen und Theben 339 v. Chr. getroffen wurde, um doch noch einmal gegen Philipp II. Krieg zu führen, und in der beide sowohl die Kriegskosten wie auch die Beute *pro futuro* aufteilten: zwei Drittel Athen, ein Drittel Theben;[7] hierbei aber ging es nicht um die Schadensregulierung für einen abgeschlossenen, sondern für einen bevorstehenden Krieg, so, wie es im Falle von Thasos nicht nur um die Belagerungskosten ging, sondern ebenso um die von Thasos regulär geschuldeten Abgaben.

Ganz anders und viel deutlicher stellt sich die Entwicklung der Rechtslage dann unter Alexander dar: Die pamphylische Stadt Aspendos am Eurymedon-Fluss in Südkleinasien unterwarf sich Alexander, der daraufhin der Stadt dieselben (uns unbekannten) Abgaben an Remontepferden auferlegte, wie sie sie dem Großkönig Dareios zu liefern hatte, und außerdem 50 Talente Silber (1,3 Tonnen) zur Besoldung des Heeres; eine (ebenfalls in der Regel gebührenpflichtige) Besatzung wurde den Aspendiern dagegen erspart. Kaum war Alexander weg, verweigerten die Aspendier aber die Erfüllung dieser Verpflichtungen, wurden von Alexander belagert und dazu gezwungen, die Pferde zu liefern, sich Alexanders Satrapen zu unterstellen, statt der 50 nun 100 Talente Silber zu zahlen und jährlich einen in der Höhe nicht bekannten Tribut (φόρος).[8] In diesem Fall haben wir es offensichtlich weniger mit einer durch die zusätzlichen Erzwingungsaufwendungen Alexanders bedingten Erhöhung der Kosten zu tun, sondern mit dem, was die Römer später das *duplum* nannten: eine schematische Verdopplung als Strafschadensersatz. Zwischen den 50 Talenten der ursprünglichen Zahlungsverpflichtung und Alexanders Aufwendungen für Sold und Versorgung mag in der Größenordnung ein Zusammenhang bestanden haben: je nach geschätztem Zeitanteil, Opfern, Zerstörungen und Verlusten der Operationen im Eurymedon-Gebiet - ein Bezug zur doppelten Höhe bestand dagegen kaum, musste Alexander doch nur die knapp 20 km von Silyon nach Aspendos zurücklegen, um die Botmäßigkeit der Aspendier zu erzwingen.

Die griechische Welt des Hellenismus

Nach der Niederlage Athens im Lamischen Krieg nach Alexanders Tod verfuhr Antipatros mit der Stadt 322 v. Chr. nach demselben Prinzip, ohne dass wir die Höhe der Zahlungen erführen: Athen musste die Angehörigen seiner antimakedonischen politischen Elite ausliefern, seine Verfassung oligarchisch gestalten, eine Besatzung auf die Munychia oberhalb des Peiraieu aufnehmen und vor allem: die Kosten des Krieges bezahlen sowie eine Strafzahlung, eine ζημία.[9] Dasselbe Prinzip wie im Fall von Aspendos also: Schadensersatz plus Strafzahlung. In hellenistischer Zeit bleibt in der griechischen Welt das Bild ähnlich vielgestaltig und diffus: Ein Beispiel für die Erhebung einer Gebühr für die Unterstützung bei einem künftig zu führenden Krieg, also keine Reparation, sondern Subsidien für eine gemeinsame Kriegführung, finden wir in den Jahren von 226/25 bis 222 v. Chr.: Ptolemaios III. entzog damals dem Achäischen Bund seine finanzielle Unterstützung und zahlte nunmehr an Kleomenes III. von Sparta als dem geeigneteren Werkzeug seiner antimakedonischen Politik. Dafür schlossen Ptolemaios und Kleomenes einen Vertrag,[10] einen ähnlichen Subsidienvertrag schlossen der makedonische König Philipp V. und der illyrische Kleindynast Skerdilaïdas 218 v. Chr. Skerdilaïdas trat einem Militärbündnis unter makedonischer Führung bei, um sich in den innerillyrischen Auseinandersetzungen starken Beistandes zu versichern. Dafür musste er 30 illyrische Schiffe zum Kampf gegen die Aitoler abstellen und erhielt dafür jährlich 20 Talente an Subsidien,[11] bis das Bündnis 217 zerbrach.[12] Ein Jahr vorher (und damit in keinem direkten Zusammenhang) unterwarf sich der seleukidische Thronprätendent und Schwager Antiochos des III., Achaios, die Stadt Selge in Pisidien. Achaios hatte in einen lokalen Krieg zwischen den Städten Selge und Pednelissos eingegriffen und Selge belagert. Die Stadt kapitulierte, musste ihre Gefangenen freigeben und 400 + 300 Talente Silber bezahlen[13]. Die Auseinandersetzung überdauerte den Sommer 218 v. Chr.[14]

Eine solche Abgabe kann als Reparation verstanden werden, aber auch als Tributzahlung, und diese Ambivalenz zeigt sich auch bei der jährlichen Gabe eines goldenen Kranzes, zu der sich die Stadt Mesembria in Thrakien gegenüber dem lokalen Dynasten Sadalas zwischen 281 und 277 v. Chr. verpflichtete[15] oder den regelmäßigen Abgaben, zu denen die Gemeinde der Amyklaioi auf Kreta gegenüber der größeren Stadt Gortyn im 3. oder 2. Jahrhundert v. Chr. genötigt war.[16]

Die römische Welt in frühhellenistischer Zeit

Sehr viel klarere, rechtsförmlichere Praktiken der Konfliktfolgenbewältigung als die im griechisch geprägten Ostmittelmeerraum beobachteten prägte Rom aus. Der Zusammenhang der Zahlungsverpflichtung zu den Kriegskosten und Kriegsschäden sowie zu Prinzipien etwa der Strafzumessung war dabei sehr viel enger als in den vielfältigen griechischen Beispielen.

Die ersten Beispiele, die wir betrachten wollen, entstammen alle der Wende vom 4. zum 3. Jahrhundert v. Chr., und sie zeigen diesen engen Zusammenhang zwischen den Kosten der römischen Militäroperationen auf der einen Seite und den Summen, die die Römer forderten, bereits deutlich. 308 v. Chr. soll angeblich ein einjähriger Waffenstillstand zwischen Rom und den etruskischen Städten (und ein 40-jähriger mit der Stadt

Tarquinii) abgeschlossen worden sein, der die Etrusker dazu verpflichtete, dem römischen Heer den Sold für diese Zeit und zwei Gewänder für jeden Soldaten zur Verfügung zu stellen.[17] Zwei Jahre später kam es zum Waffenstillstand zwischen Rom und dem mit den Samniten gegen Rom verbündeten Stamm der Herniker, zunächst auf 30 Tage, und als Gegenleistung hatten die Herniker den Sold des römischen Heeres für ein halbes Jahr und für jeden Soldaten ein Gewand zu stellen,[18] nachdem die Römer fünf Monate, praktisch also ein halbes Jahr, in die Zerstörung von Land und Anbau investiert hatten.

Im Jahre 294 v. Chr. gab es dann nach mehreren Kriegen einen 40-jährigen Waffenstillstand zwischen Rom und den Etruskerstädten Volsinii, Perusia/Perugia und Arretium/Arrezzo: Während der Waffenstillstandsverhandlungen mussten die Etrusker den römischen Truppen Getreide und Kleidung liefern, und als Strafe musste jede Stadt 500.000 römische aes bezahlen (163 Tonnen Barren aus Kupfer-Blei-Legierung). *indutiae*, einen Waffenstillstand, erhielten sie dafür, nur im uneigentlichen Sinne einen vertraglichen Frieden (*pax*). Prinzipiell blieb es demnach beim Kriegszustand, und das Geld wurde als Geldbuße (*multa*) für das Verhalten der Etrusker aufgefasst.[19] Ganz ähnlich, wenn auch, wie üblich, kurzfristig, war die Regelung nach dem Krieg Roms mit dem Volksstamm der Falisker, der 294 v. Chr. einen einjährigen Waffenstillstand erhielt und dafür den Sold der römischen Truppen für diese Zeit sowie 100.000 aes grave zu bezahlen hatte.[20] Wir sehen: Diese Art der Schadensregulierung nach dem Krieg scheint eine gewisse Stereotypie zu besitzen; Livius setzt ein weiteres Detail hinzu, das die Rechtslage klarstellt: Die Falisker suchten um *pax*/Frieden nach und erhielten dafür *indutiae*/Waffenstillstand.

Die soeben betrachteten Fälle von Reparationen zugunsten der Römer haben gemeinsam, allesamt der Zeit zu entstammen, als die Römer noch nicht regulär mit Münzgeld operierten (vor 280 v. Chr.). Neben den mehrfach erwähnten Sachleistungen spielten daher Kupferbarren die Rolle des Zahlungsmittels zwischen der Stadt und ihren Nachbarn. Geld und Metall als Zahlungsmittel, die langfristigen Waffenstillstände, einige der Nachrichten des Livius (so ein 30-jähriger Waffenstillstand im Jahre 309/308 v. Chr.) sind sicher, andere möglicherweise Dubletten oder Erfindungen der Überlieferung.[21] Dennoch zeigt sich an allen diesen Fällen ein Muster, das auf mit der Kriegführung und Kriegsbeendigung verbundene Praktiken verweist. Römischer Krieg steht so sehr wie römischer Frieden im Kontext einer Rechtsvorstellung: Der Krieg wird in der Regel eröffnet mit der Forderung, eine Rechtsverletzung zu heilen, eine Sache wieder herauszugeben oder einen früheren Zustand wiederherzustellen. Krieg ist eine Rechtshandlung, und er wird dadurch eröffnet, dass ein bestimmter Priester, der *fetiale*, symbolisch einen Speer auf feindliches Territorium wirft, um auch vor den Göttern diese Wiedergutmachungsforderung zu erheben. Während in der griechischen Welt eine Vielzahl verschiedenster rechtlicher, utilitärer, politischer und ökonomischer Motive Kriege leiteten und Friedensregelungen bestimmten, führt Rom Kriege zur Verteidigung oder Wiederherstellung eigener Rechte. Diese Vorstellung bindet konsequenterweise die Römer auch als Sieger: Schadensersatz, ggf. eine Strafe, nicht aber die Bereicherung um ihrer selbst willen gelten, zumindest ideologisch und rechtlich, als legitime Kriegszwecke und daher auch Friedensbedingungen. In dieser in Rechtsformen gegossenen defensiven Selbstbindung lag nicht nur ein Kern der Rechtfertigung, die die römische Überlieferung der imperialen Herrschaft Roms gab, sondern auch der Anlass dafür, dass ein großer Teil der modernen Forschung mit Theodor Mommsen den defensiven Charakter des expansiven Handelns der Römer betont hat.

Die römische Welt des dritten Jahrhunderts

Am Anfang unseres letzten Abschnittes steht der Erste Punische Krieg, und fast am Anfang dieses Krieges (264–241 v. Chr.) steht der Wechsel König Hierons von Syrakus von der karthagischen auf die römische Seite, nachdem er zunächst gegen Rom gestanden hatte. Zu den Regelungen anlässlich dieses Seitenwechsels gehört die Zahlung von 100 Talenten: nicht mehr als Rohkupfergeld, sondern in griechischer Silberwährung. Dies scheint dem Jahressold einer Legion entsprochen zu haben, den Hieron nach knapp einem Kriegsjahr als Schadensersatz zu zahlen hatte, und zwar wohl zu einem Viertel sofort, zu drei Viertel in (wahrscheinlich 15) Raten, die 248 erlassen wurden.[22] Darüber hinaus verlor Hieron einen Teil seines Territoriums und hatte den römischen Truppen Getreide zu liefern. Die Römer hatten mit zwei Konsuln und vier Legionen à 4000 Infanteristen und 300 Reitern nach Sizilien übergesetzt, und Hieron musste offenbar einen festen Anteil von deren Kosten zahlen; im übrigen erhofften die Römer sich von ihm nicht nur materielle Unterstützung, sondern die Zuverfügungstellung von Basen für ihre Operationen.[23] Roms Frieden mit Hieron stellte nicht einfach einen Seitenwechsel dar; Rom wertete den eigenen Einsatz vielmehr als militärischen Erfolg, und M. Valerius Messala Maximus ließ an der Seite der Curia Hostilia seine Schlachterfolge gegen Karthago und Hieron im Jahre 264 v. Chr. bildlich darstellen: das erste triumphale Schlachtgemälde, von dem die römische Tradition weiß.[24]

Am Ende dieses Ersten Punischen Krieges Krieges steht ein Friedensvertrag zwischen Rom und Karthago. In der ersten Version zu 2200 Silbertalenten an Reparationen in 20 Jahresraten verpflichtet, muss die nordafrikanische Handelsstadt schließlich diese Summe in zehn Raten und außerdem sofort 1000 Talente zahlen[25]. Darüber hinaus hatten die Karthager Sizilien und die vorgelagerten Inseln zu räumen. Ungefähr 4 Jahre später schlossen beide Staaten einen Zusatzvertrag über die Abtretung Sardiniens; auf Sardinien hatten karthagische Söldner rebelliert, sich schließlich Rom unterstellt, und als Karthago diese zu bekämpfen begann, werteten die Römer dies als gegen sie gerichteten Krieg. Karthago musste die Insel abtreten und zusätzliche 1200 Talente Silber zahlen.[26] Wie wir sehen, gerät in der zweiten Hälfte des 3. Jahrhunderts, was zuvor Teil finanzieller Waffenstillstandsregelungen war, in den Regelungsbereich von Friedensverträgen (in diesem Fall eines Zusatzvertrages[27]) und wird Teil umfassenderer, über die Operationen hinausgehender Kompensationsregelungen. Die absoluten Summen, die dafür aufgewendet werden, sind entsprechend größer.

Auch wenn wir in vielen Fällen die Details nicht kennen, ist doch deutlich, dass es zur Regel wurde, dass Friedensverträge unter Einschluss Roms Verträge waren, die als Kompensation von Rechtsverletzungen konzipiert und mit materiellen, finanziellen und ggf. territorialen Wiedergutmachungsleistungen verbunden waren. Dies gilt etwa für den Vertrag zwischen Rom und der illyrischen Dynastin Teuta von 228, mit dem der Erste Römisch-Illyrische Krieg (229–228) beendet wurde, und in dem Teuta auf den größten Teil Illyriens, also der Küsten Kroatiens, Herzegowinas und Montenegros, verzichtete, nicht ohne eine Kriegsentschädigung in Raten zu bezahlen, über deren Höhe wir allerdings nichts wissen.[28]

206 fielen während des Zweiten Punischen Krieges die spanischen Ilergeten unter Indibilis von Rom ab; es kam zu Insurrektionen im römischen Heer, und es dauerte zwei Jahre, bis der Aufstand blutig niedergeschlagen, seine Anführer hingerichtet und von den Römern ein erneuerter Friedensvertrag angeboten wurde: Gegen die Zahlung von Sold für das römische Heer für zwei Jahre, also entsprechend der Dauer der Kämpfe, die Ablieferung von Verpflegung für das römische Heer für ein halbes Jahr sowie von Wollmänteln und Gewändern für die römischen Soldaten; deren Gesamtstärke betrug 8000 Mann.[29]

Während der römischen Expansion im Ostmittelmeerraum im 2. Jahrhundert v. Chr. können wir das Prinzip der pauschal an den Kosten von Besoldung und Ausrüstung sich orientierenden Kriegsentschädigung regelmäßig beobachten:[30] Nach dem Zweiten Römisch-Makedonischen Krieg (Dauer: knapp vier Jahre, 200–197 v. Chr.) musste Philipp V. von Makedonien nicht nur die meisten der ihm untertänigen Staaten in die Unabhängigkeit entlassen und seine Flotte weitgehend ausliefern, sondern auch 1000 Talente bezahlen, 500 davon sofort, den Rest in 10 Jahresraten,[31] die reduziert wurden, als Philipp sich im Krieg gegen Antiochos III. als nützlich erwies.[32]

In ähnlicher Weise musste Nabis von Sparta im Jahr darauf nach einjährigem Feldzug 100 Talente Silber sofort und 400 in acht Jahresraten bezahlen.[33] Von den Aitolern, die ähnlich Philipp knapp vier Jahre (192–189/188 v. Chr.) bekämpft wurden, als sie auf Seiten Antiochos' III. gegen Rom standen, forderten die Römer 191 v. Chr. wie von Philipp 1000 Talente Kriegsentschädigung,[34] die im Frieden 189 aber halbiert wurden auf 200 + 6 x 50 Talente. Ein Jahr später schlossen die Römer mit Antiochos III. Frieden; dieser musste auf ganz Westkleinasien verzichten und vor allem 15.000 Talente Silber bezahlen, 500 sofort, 2500 nach Ratifikation des Vertrages und 12 Jahresraten à 1000 Talente. Von diesem Geld heißt es ausdrücklich, es sei gedacht ἀντὶ τῆς εἰς τὸν πόλεμον δαπάνης: *zur Kompensation der Kriegskosten.*[35] Die sofortige Zahlung sowie Getreide, deren Lieferung von Antiochos verlangt wurde, dienten der Versorgung und Besoldung des römischen Heeres vor Ort, die Einmalzahlung der Entschädigung für Auslagen und Schäden, und die Jahresraten stellten einen Kredit der Römer über den Teil der Gesamtsumme dar, dessen Zahlung nicht sofort geleistet werden konnte. Im gleichen Zusammenhang erhielt Ariarathes von Kappadokien, einer der Bundesgenossen des Antiochos, die Auskunft, er müsse 600 Talente bezahlen, um den Frieden zu erhalten[36], musste dann aber nur 300 zahlen.[37] 167 v. Chr. reservieren sich die

Römer die Hälfte des Steueraufkommens Makedoniens und Illyriens als Kriegsentschädigung.[38]

Während der Verhandlungen mit Antiochos III. brachten die römischen Unterhändler das Rechtsprinzip deutlich zum Ausdruck, dem sich die Gestaltung aller dieser Reparationsmodalitäten verpflichtete: Die Römer, erklärten sie sinngemäß, würden ihre Wiedergutmachungsforderungen regelmäßig weder nach Siegen erhöhen, noch nach Niederlagen verringern, sondern einzig auf dem Ersatz des entstandenen Schadens bestehen.[39] Auf der anderen Seite hatte Antiochos III. angeboten, er wolle auf Teile Kleinasiens verzichten und die Hälfte der römischen Kriegskosten entschädigen; Antiochos wollte also seine Reparationsleistungen abhängig machen von Prinzipien der Utilität und Umständen der Kontingenz, der τύχη[40], und er sah seine Reparationspflicht als Sache situativer Aushandlung. Die Antwort der Römer dagegen betonte ihren Charakter als in der Höhe bestimmte Pflicht, die sich aus einem Rechtsverhältnis ergab: Der römische Kriegsrat ließ den Feldherrn antworten, es sei nur recht und billig (δίκαιον), dass der König nicht die Hälfte, sondern die gesamten Kriegskosten der Römer ersetze, weil er den Krieg angefangen habe.[41]

Fazit

Rekapitulieren wir kurz die Funktionen, in denen wir Krieg und Reparationen hier beobachtet haben: Im klassischen Griechenland, aber auch in hellenistischer Zeit, behandelte man Krieg wie Diplomatie als Teil des komplex verschränkten, kontingenten und daher situativ sich je anders darstellenden zwischenstaatlichen oder persönlichen Verkehrs. Militärische Maßnahmen waren Zwangsmittel, und Kontributionen, Subsidien, aber auch Reparationen wurden je nach Lage in der Höhe eingezogen, die sich eben so ergab. Die sich in Rom entwickelnde Auffassung des Krieges konstruierte diesen dagegen religiös, wie Jörg Rüpke[42] formuliert, beziehungsweise in formaler Hinsicht als ein Rechtsverfahren: Krieg war zwar Zwang, aber nicht als Mittel zu schlechthin jedem beliebigen politischen Zweck, sondern zum Zweck der Rechtswiederherstellung. Zugleich blieb Krieg der rechtliche Normalzustand dort, wo keine anderweitige vertragliche Vereinbarung bestand. Waffenstillstand, also bewaffneter Nichtkrieg auf längere Dauer, kostete, und ihn zu gewähren vermittelte den Anspruch, diese Kosten zurückerstattet zu erhalten. Im Verkehr mit weiter entfernten nicht- oder außeritalischen Völkerschaften führte Krieg als quasi-gerichtliches Schadensersatzverfahren zu Friedensverträgen, die das Schuldanerkenntnis des Unterlegenen implizierten und ihn zum Ersatz des Schadens, einschließlich des Erzwingungsaufwandes verpflichteten. Reparationen waren daher in der Höhe nicht schlechthin willkürliche, sondern in ihrer Größenordnung durch diesen Aufwand begrenzte, prinzipiell also sachlich begründete und nicht frei verhandelte Teile der Schadensersatzpflicht des Unterlegenen. Natürlich liegt ein Moment des Strafens und damit der Überkompensation in dieser Auffassung, diese Auffassung bindet aber andererseits die Römer selbst und begrenzt die Höhen ihrer

Reparationsforderungen auf das, was als Wiedergutmachung irgendwie noch plausibel sein konnte. Immerhin dürfte aber eine gewisse Proportionalität zwischen denjenigen Reparationen, die die Römer erhielten, und den Aufwendungen für die vorhergehenden römischen Operationen bestanden haben, oder doch zumindest: eine gewisse Proportionalität beziehungsweise Größengleichheit.

Es ist die Verbindung von der rechtlichen Qualität des Krieges (auch als Vergeltung) einerseits, Schuldanerkenntnis und der daraus erwachsenden Verpflichtung zur Wiedergutmachung, was die eingangs erwähnten Versailler Regelungen ausmachte; allerdings fehlte den Versailler Vorschriften über die Reparationsleistungen das Moment unmittelbarer sachlicher Plausibilität; diese Regelungen sind daher schrittweise in den 20er Jahren immer weiter eingeschränkt und schließlich aufgehoben worden. In den Schrecken des Zweiten Weltkrieges und nach den Erfahrungen des Ersten Weltkrieges verlor sich die Plausibilität finanzieller Reparationsforderungen; aus Sachleistungen und Produktionsentnahmen befriedigten sich die Siegermächte, eine Wiedergutmachung konnten diese nach Art und Größe jedoch nicht darstellen.[43] Schließlich verlor der Reparationsgedanken überhaupt seine Plausibilität.

Heute, nach dem Ende des langen Kalten Krieges, scheint in vielen Fällen eine Art humanitärer Interventionismus zu gelten: Demnach sind Kriege eine unter besonderen Umständen gebotene, besonders nachdrückliche und insbesondere bewaffnete Form von Sozialarbeit oder Entwicklungshilfe. Da man von Hilfsbedürftigen kaum erwarten kann, die Hilfe auch zu bezahlen, dürften Reparationen ebenso wie die kriegerischen Hilfsmaßnahmen selbst möglicherweise immer seltener werden.

Literatur

Abelshauser, Werner: Deutsche Wirtschaftsgeschichte seit 1945, München 2004.
Bengtson, Hermann: Die Staatsverträge des Altertums, Bd. 2, München 1962 [StV II].
Chaniotis, Angelos: War in the Hellenistic World. A Social and Cultural History, Oxford 2005.
Craig, Gordon Alexander: Germany 1866–1945, Oxford 1978.
Federau, Fritz: Von Versailles bis Moskau. Politik und Wirtschaft in Deutschland 1919–1970, Berlin 1970.
Fisch, Jörg: Reparationen nach dem Zweiten Weltkrieg, München 1992.
Frank, Tenney: An Economic Survey of Ancient Rome, Bd. 1, Baltimore 1933.
Gimbel, John: Science, Technology, and Reparations. Exploitation and Plunder in Postwar Germany, Stanford 1990.
Gruen, Erich S.: The Hellenistic World and the Coming of Rome, 2 Bde., Berkeley u. a. 1982, Nachdruck 1984.
Grupp, Peter: Vom Waffenstillstand zum Versailler Vertrag. Außen- und friedenspolitische Zielvorstellungen der deutschen Reichsführung, in: K. D. Bracher u. a. (Hgg.): Die Weimarer Republik (1918–1933), Bonn ³1998, 285–302.

Guarducci, Margherita: Inscriptiones Creticae, Bd. 4, Rom 1950.
Haffner, Sebastian u. a.: Der Vertrag von Versailles, München 1978.
Hohlfeld, Johannes (Hg.): Dokumente der Deutschen Politik und Geschichte von 1848 bis zur Gegenwart, Bd. 3, Berlin – München 1951.
Huß, Werner: Geschichte der Karthager, München 1985.
Meyer, Gerd: Die Reparationspolitik: Ihre außen- und innenpolitischen Rückwirkungen, in: K. D. Bracher u. a. (Hgg.): Die Weimarer Republik (1918–1933), Bonn ³1998, 327–342.
Mihailiv, Georgi: Inscriptiones graecae in Bulgaria repertae, Bd. 1, Sofia ²1970.
Mommsen, Wolfgang J.: Der Vertrag von Versailles. Eine Bilanz, in: G. Krumeich, S. Fehlemann (Hgg.): Versailles 1919. Ziele, Wirkung, Wahrnehmung, Essen 2001, 351–360; erneut unter dem Titel: Der Friedensvertrag von Versailles. Eine Bilanz, in: W. J. Mommsen: Der Erste Weltkrieg. Anfang und Ende des bürgerlichen Zeitalters, Frankfurt/Main 2004, 200–211.
Musti, Domenico: Storia greca, Rom – Bari ²1990.
Rüpke, Jörg: Domi militiae. Die religiöse Konstruktion des Kriegs in Rom, Stuttgart 1990.
Schmitt, Hatto H.: Die Staatsverträge des Altertums, Bd. 3, München 1969 [StV III].
Schmitt, Oliver: Der Lamische Krieg, Bonn 1992.
Watt, Richard M.: Der Kaiser geht. Deutschland zwischen Revolution und Versailles, Frankfurt/Main 1971.
Winkler, Heinrich August: Der lange Weg nach Westen, Bd. 1, München 2000.

Anmerkungen

[1] Gesetz über den Friedensschluss zwischen Deutschland und den alliierten und assoziierten Mächten vom 16. Juli 1919, in: Haffner u. a. (1978) 118–377, besonders 238–272 (Wiedergutmachungen und Finanzielle Bestimmungen). Vergleiche Hohlfeld (1951) 50–59. Vergleiche auch Federau (1970) 12–33; Craig (1978) 434–456; Watt (1971) 320–380; Winkler (2000) 398–403; Grupp (1998); Meyer (1998); Mommsen (2001/2004).
[2] Vergleiche Schmitt (1969) [in der Folge StV III] Nr. 548, insbesondere Pol. XV 8, 7; 18, 1.
[3] Liv. XXXVI 4, 5–7: *item ab Carthaginiensibus et Masinissa rege legati uenerunt. Carthaginienses tritici modium * milia, hordei quingenta ad exercitum, dimidium eius Romam apportaturos polliciti; id ut ab se munus Romani acciperent, petere sese, et classem [suorum] suo sumptu comparaturos, et stipendium, quod pluribus pensionibus in multos annos deberent, praesens omne daturos;* Liv. XXXVI 4, 9: *de classe Carthaginiensibus remissum, praeterquam si quid nauium ex foedere deberent; de pecunia item responsum, nullam ante diem accepturos.*
[4] Huß (1985) 434 f.
[5] Bengtson (1962) [in der Folge StV II] Nr. 135 (Thuk. I 100–101; Plut. Kimon 14; Diod. XI 70, 1. Vergleiche Hdt. IX 75; Nep. Cim. 2, 5; Isokr. VIII 38; Diod. XI 70; XII 68, 2; Paus. I 29, 4 f.; Polyain. VIII 67). Die Belagerung von Thasos dauerte zwei Jahre.
[6] StV II Nr. 261 (Diod. XV 17, 5; Plat. Ep. VII 333a). Vergleiche Musti (1990) 575.

⁷ StV II Nr. 345 (Aischin. Ctes. 141; Theop. (FGrHist. 115) F 328, 3 = Plut. Demosthen. 18; Diodor XVI 84, 5.
⁸ StV III Nr. 405 (Arr. Anab. I 26, 2–27, 4).
⁹ StV III Nr. 415 (Plut. Phoc. 23; 26–28, besonders 27, 5; Diod. XVIII 18, 3; 48, 1); IG II/III² 1, 505; 506. Vergleiche Schmitt (1992).
¹⁰ StV III Nr. 505 (Pol. II 51, 2; V 35, 1; Plut. Cleom. 22, 4).
¹¹ StV III Nr. 517 (Pol. IV 29, 2; V 3, 3; 4, 3).
¹² Pol. V 95, 1–3; 101, 1; 108, 1–2.
¹³ StV III 518 (Pol. V 76, 9).
¹⁴ Pol. V 72–77. Achaios entsandte 6000 Infanteristen und 500 Reiter zur Unterstützung der Stadt Pednelissos; Aspendos steuerte 4000 Hopliten bei, Etenna 8000.
¹⁵ StV III 556 [in: Mihailov (1970) Nr. 307 (281–277 v. Chr.)].
¹⁶ StV III 586 [in: Guarducci (1950) Nr. 172].
¹⁷ StV III Nr. 435 (Liv. IX 41, 5; Diod. XX 44, 9).
¹⁸ StV III Nr. 439 (Liv. IX 43, 5–7; 43, 23 f.; Diod. XX 80, 4).
¹⁹ StV III Nr. 461 (Liv. X 37, 4–5): *pax tamen clarior maiorque quam bellum in Etruria eo anno fuerat parta est. tres ualidissimae urbes, Etruriae capita, Uolsinii, Perusia, Arretium, pacem petiere; et uestimentis militum frumentoque pacti cum consule, ut mitti Romam oratores liceret, indutias in quadraginta annos impetrauerunt. multa praesens quingentum milium aeris in singulas ciuitates imposita.*
²⁰ StV III 462 (Liv. X 46, 12): *et Faliscis pacem petentibus annuas indutias dedit, pactus centum milia grauis aeris et stipendium eius anni militibus.*
²¹ Vergleiche Liv. IX 35–40, besonders 37, 12; Diod. XX 35, 5 (Krieg 310–309/8 v. Chr.).
²² Zon. VIII 16.
²³ StV III Nr. 479 (Pol. I 16, 3–10; 17, 1; Diod. XXIII 4, 1; Eutr. II 19, 1; Oros. Hist. adv. pagan. IV 7, 3; [Aur. Vict.], De vir. illustr. 37, 5; Zon. VIII 9, 11; Liv. per. XVI). Vergleiche Gruen (1982), I 67.
²⁴ Plin. Nat. Hist. XXXV 22: *dignatio autem praecipua Romae increvit, ut existimo, a M'. Valerio Maximo Messala, qui princeps tabulam [picturam] proelii, quo Carthaginienses et Hieronem in Sicilia vicerat, proposuit in latere curiae Hostiliae anno ab urbe condita CCCCXC.*
²⁵ StV III Nr. 493 (u. a.: Pol. I 62, 3; 63, 1; III 21, 2–3; 27, 1; 29, 4; Liv. XXI 18, 10; Zon. VIII 17, 3; 17, 5; App. Sik. 2, 1; Oros., Hist. adv. pagan. IV 11, 1).
²⁶ StV III 497 (Pol. I 88, 8–12; III 10, 1–3; 15, 10; 27, 7; 28, 1; 30, 4; Liv. XX 1, 5; App. Lib. 5, 21; Ib. 4, 15; Eutr. III 2, 2; Zon. VIII 18, 3).
²⁷ Pol. III 27,7: ἐπισυνθῆκαι (Zusatzvertrag); 28, 1: συνθῆκαι (Vertrag). Bedingung und Zweck des Zusatzvertrages war, dass der Krieg nicht wiederaufgenommen würde (Pol. I 88, 12: ἐφ' ᾧ μὴ κατὰ τὸ παρὸν ἀναδέξασθαι τὸν πόλεμον).
²⁸ StV III Nr. 500 (Pol. II 12, 3; Liv. per. XX; App. Illyr. 7, 20; Cass. Dio XII fr. 49, 7; Eutr. III 4; Oros. Hist. adv. pagan. IV 13, 2; Zon. VIII 19, 6. Pol. II 8–12 Die Römer entsandten beide Konsuln nach Illyrien; dort operierten also wohl ca. vier Legionen für etwa ein Jahr.
²⁹ StV III 544 (Liv. XXIX 3, 1–5; App. Ib. 38, 157). Vergleiche Pol. XI 25–33; Liv. XXVIII 24–31; XXIX 1, 19–3,6; Zon. IX 10 p. II 280.
³⁰ Vergleiche Chaniotis (2005) 139; Gruen (1982) I 291–294; II 427–429; Frank (1933) 127–138.
³¹ κατὰ φόρους/pensionibus decem.

[32] Pol. XVIII 44; XXI 3, 3; 11, 9; Liv. XXXIII 30, 7; Plut. Flam. 9, 8; App. Mac. 9, 3.
[33] Liv. XXXIV 35, 11: *et talenta centum argenti in praesenti et quinquaginta talenta in singulos annos per annos octo*. Vergleiche Liv. XXXIII 45, 3; XXXIV 25f.; Pol. XXIII 5, 2; Plut. Tit. 13; Iustin. XXXI 3, 1; Zon. IX 18, 1 ff. Zum Heer des Flamininus vergleiche Liv. XXXIV 26, 10 f.; Zon. IX 18, 3; Syll.³ 595 = IvPergamon 60–61. Flamininus hatte gefordert, dass bei einer Fortsetzung der Operationen gegen Nabis über den Winter hinaus die griechischen verbündeten den Krieg bezahlen müssten: Liv. XXXIV 34.
[34] Pol. XXI 2, 3–6; XXI 4–5; 29–30; 32; Gruen (1982) I 293.
[35] Pol. XXI 17; 43; Liv. XXXVII 45; XXXVIII 37–38; Diod. XXIX 10.
[36] Pol. XXI 41, 7; Liv. XXXVIII 37, 6.
[37] Pol. XXI 45; Liv. XXXVIII 39, 6.
[38] Liv. XLV 18; 26; 29.
[39] Polyb. XXI 17, 1–2: Ὁ δὲ προειρημένος ἀνὴρ οὔτε νικήσαντας ἔφη Ῥωμαίους οὐδέποτε γενέσθαι βαρυτέρους, διὸ καὶ νῦν αὐτοῖς τὴν αὐτὴν ἀπόκρισιν δοθήσεσθαι παρὰ Ῥωμαίων, ἣν καὶ πρότερον ἔλαβον, ὅτε πρὸ τῆς μάχης παρεγενήθησαν ἐπὶ τὸν Ἑλλήσποντον. „*Der Genannte sagte, die Römer seien weder jemals nach einem Sieg in ihren Forderungen härter geworden, <noch hätten sie diese nach Niederlagen verringert>. Daher würden sie auch jetzt dieselbe Antwort von den Römern erhalten, die sie auch schon früher bekommen hätten, als sie vor dem Kampf am Hellespont zusammengekommen waren.*"
[40] Pol. XXI 14, 2–6: ... φάσκων τῆς τε τῶν Λαμψακηνῶν καὶ Σμυρναίων, ἔτι δὲ τῆς τῶν Ἀλεξανδρέων πόλεως ἐκχωρεῖν τὸν Ἀντίοχον, ὁμοίως δὲ καὶ τῶν κατὰ τὴν Αἰολίδα καὶ τὴν Ἰωνίαν, ὅσαι τυγχάνουσιν ᾑρημέναι τὰ Ῥωμαίων· πρὸς δὲ τούτοις τὴν ἡμίσειαν ἀναδέχεσθαι τῆς γεγενημένης αὐτοῖς δαπάνης εἰς τὸν ἐνεστῶτα πόλεμον. πολλὰ δὲ καὶ ἕτερα πρὸς ταύτην τὴν ὑπόθεσιν διελέχθη, παρακαλῶν τοὺς Ῥωμαίους μήτε τὴν τύχην λίαν ἐξελέγχειν ἀνθρώπους ὑπάρχοντας, μήτε τὸ μέγεθος τῆς αὐτῶν ἐξουσίας ἀόριστον ποιεῖν, ἀλλὰ περιγράφειν, μάλιστα μὲν τοῖς τῆς Εὐρώπης ὅροις· καὶ γὰρ ταύτην μεγάλην ὑπάρχειν καὶ παράδοξον διὰ τὸ μηδένα καθῖχθαι τῶν προγεγονότων αὐτῆς· εἰ δὲ πάντως καὶ τῆς Ἀσίας βούλονταί τινα προσεπιδράττεσθαι, διορίσαι ταῦτα· πρὸς πᾶν γὰρ τὸ δυνατὸν προσελεύσεσθαι τὸν βασιλέα. „*Antiochos wolle Lampsakos, Smyrna und Alexandria verlassen, und in ähnlicher Weise die Städte Aeoliens und Ioniens, die auf Seiten der Römer gestanden hätten; er wolle außerdem die Hälfte der den Römern für diesen Krieg entstandenen Kosten tragen. Er setzte noch vieles andere hinzu, was seinen Plänen entsprach und rief die Römer dazu auf, weder das Schicksal zu sehr auf die Probe zu stellen, weil sie ja Menschen seien, noch ihre Ressourcen nicht unbegrenzt werden zu lassen, sondern einzuschränken, und zwar vor allem auf die Grenzen Europas; auch diese Macht sei ja sehr groß und überraschend, weil niemand vor ihnen gleiches erreicht hat. Wenn sie aber gänzlich auch auf einige Teile Asiens übergreifen wollten, sollten sie deren Grenzen festlegen. Der König werde ihnen bis zu den Grenzen des Möglichen entgegenkommen.*"
[41] Polyb. XXI 14, 7–9: ἔδοξε τῷ συνεδρίῳ τὸν στρατηγὸν ἀποκριθῆναι διότι τῆς μὲν δαπάνης οὐ τὴν ἡμίσειαν, ἀλλὰ πᾶσαν δίκαιόν ἐστιν Ἀντίοχον ἀποδοῦναι· φῦναι γὰρ τὸν πόλεμον ἐξ ἀρχῆς οὐ δι' αὐτούς, ἀλλὰ δι' ἐκεῖνον· τῶν δὲ πόλεων μὴ τὰς κατὰ τὴν Αἰολίδα καὶ τὴν Ἰωνίαν μόνον ἐλευθεροῦν, ἀλλὰ πάσης τῆς ἐπὶ τάδε τοῦ Ταύρου δυναστείας ἐκχωρεῖν. ὁ μὲν οὖν πρεσβευτὴς ταῦτ' ἀκούσας

παρὰ τοῦ συνεδρίου, διὰ τὸ πολὺ τῶν ἀξιουμένων τὰς ἐπιταγὰς ὑπεραίρειν οὐδένα λόγον ποιησάμενος, τῆς μὲν κοινῆς ἐντεύξεως ἀπέστη, τὸν δὲ Πόπλιον ἐθεράπευσε φιλοτίμως. *„Der Kriegsrat beschloss, der Feldherr solle antworten, es sei gerecht, dass Antiochos nicht die Hälfte der Kriegskosten, sondern die gesamten Kosten erstatte; der Krieg sei ja nicht durch die Römer, sondern durch Antiochos begonnen worden. Von den Städten habe Antiochos weiterhin nicht nur diejenigen in der Aeolis und in Ionien freizugeben, sondern er habe seine gesamte Herrschaft diesseits des Tauros zu räumen. Der Gesandte aber hörte sich diese Antwort des Kriegsrates an, und weil diese Forderungen weit über das Angebotene hinausgingen, antwortete er nicht, beendete die offiziellen Verhandlungen, behandelte aber Publius selbst persönlich äußerst zuvorkommend."*

[42] Rüpke (1990).
[43] Vergleiche Abelshauser (2004) 75–89; Fisch (1992); Gimbel (1990).

PETER KEHNE

In republikanischen Staats- und Kriegsverträgen festgesetzte Kontributionen und Sachleistungen an den römischen Staat: Kriegsaufwandskosten, Logistikbeiträge, Kriegsentschädigungen, Tribute oder Strafen?

Zahlreiche Staats- und Kriegsverträge der römischen Republik[1] enthalten Angaben über während oder nach kriegerischen Auseinandersetzungen festgesetzte Kontributionen, die das unterlegene Völkerrechtssubjekt zu entrichten hatte. Obwohl diese Angaben an sich in der Regel ganz klar sind, verbinden sich mit ihnen zwei kardinale Probleme: Erstens stellt sich die Frage nach ihrer militärischen, politischen, wirtschaftlichen und versorgungstechnischen Bedeutung; denn den Quellen ist nicht zureichend der Charakter dieser Sach- oder Geldaufwendungen zu entnehmen, für die Erklärungen als Kriegskosten, Beiträge zur Truppenversorgung, Kriegsentschädigungen, Tribute, Strafen und so weiter in Frage kommen. Zweitens sind die dort gemachten Angaben in der Regel singulär; d. h. wir können sie häufig nicht in verständliche Relationen zu den wirklichen Kosten republikanischer Kriege setzen, weil wir aus der Antike keinerlei Statistiken und so gut wie kein statistisches Primärmaterial besitzen. Auch fehlen uns – bis auf wenige auf Papyri oder Holz erhaltene Quittungen – nahezu alle der einst massenhaft vorhandenen originalen Belege sowohl für den Kauf von Gütern aller Art als für erbrachte militärische oder zivile Dienstleistungen. Ein generelles, als allgemeingültig verordnetes Preisverzeichnis liegt uns bekanntlich erst aus der Spätantike in dem fragmentarisch überlieferten Höchstpreisedikt Diokletians vor.[2] Somit stammt das, was wir für die Zeit der mittleren römischen Republik an einschlägigen Quellenangaben besitzen, fast ausschließlich aus literarischen Werken, besteht in der Regel aus vereinzelten Daten, ist zudem höchst heterogen und zeitlich weit gestreut. Mithin verfügen wir über kein verlässliches Zahlenmaterial, aus dem sich für jeden gewünschten Zeitraum die Kosten von Kriegen auch nur grob ableiten ließen. Angesichts dieser für unser Untersuchungsziel eher pessimistisch stimmenden Quellenlage stellt sich nun die Frage, ob wir römische Kriegskosten nicht wenigstens interpolieren können. Denn wie der „Szaivert/Wolters",[3] dieses großartige neue Standardwerk einer aus literarischen Informationen erstellten Materialsammlung, ausweist, sind wir nicht gänzlich ohne Vergleichsdaten zur Einschätzung der Kaufkraft von in Staats- und Kriegsverträgen festgelegten Edelmetallmengen. Wenn auch mit den dort unter der Rubrik römischer „Heeresunterhalt" ermittelten 14 Angaben zum Zeitraum 209–32 v. Chr.[4] und 10 weiteren zu nicht-römischem „Heeresunterhalt/Kriegskosten"[5] für unser Thema kaum etwas anzufangen ist, könnte man gleichwohl auf die Idee kommen, zumindest für die römische Seite die Kosten eines bestimmten Krieges aus der Zeit der beginnenden überseeischen Expansion Roms annähernd hochzurechnen – zumal die logistischen Grunddaten republikanischer Armeen eingehend ermittelt wurden.[6] Und für die Kriege, für die sich insbesondere die

Berichte von Polybios, Livius und Appian partiell decken oder ergänzen, fänden wir sogar etliche der dafür benötigten historischen Detailinformationen. Bedauerlicherweise fehlen uns aber gerade für jene Zeit verlässliche Daten zu den ökonomischen Grundkomponenten, insbesondere zu Preisen militärisch relevanter Güter wie Baumaterial, Schiffe, Schiffsausrüstungen, Waffen, Getreide, Nahrungsmittel, Reit-, Zugtiere und so weiter, so dass einem solchen Unternehmen kein wirklicher Erfolg beschieden wäre. Die vergleichsweise verlässlichsten Zahlenangaben zu dem hier erörterten Komplex Kriegskosten finden wir im Kontext internationaler Konflikte. Gemeint sind die vielzitierten aber bislang niemals systematisch untersuchten Zahlungen, die Rom unterlegenen Parteien in der Regel nach Kriegen oder zur Vermeidung derselben auferlegte.

Gemäß der Absprache mit Burkhard Meißner konzentriere ich mich für diese Prolegomena ausschließlich auf den römischen Bereich: Zum einen auf die Güter, die der römische Staat oder ein Repräsentant desselben in Anwendung der römischen Völkerrechtsinstitute *indutiae*, *pactio*, *deditio*, *restitutio*, *sponsio* und *foedus*[7] von anderen Staaten forderte; zum anderen auf die darauf fußenden Interpretationen allein für die römische Seite. Im Folgenden sollen daher erstens verschiedene „Quantitäten", zweitens das moderne Verständnis im Hinblick auf eine mögliche Typisierung, drittens die Quellenterminologie und viertens ausgewählte historische Beispiele betrachtet werden, bevor wir den Versuch eines Fazits wagen.

I. Quantitative Aspekte

Die quantitativen Daten umfassen die Erwähnungen in den Quellen, die Anzahl der historisch verbürgten Fälle und die jeweils geforderten oder entrichteten Beträge. Wie Wolfgang Szaivert und Reinhard Wolters zeigen, verfügen wir aus römisch-hellenistischer Zeit über eine Fülle solcher Daten. Allein für den Zeitraum 294–36 v. Chr. sind es 91 Einzeldaten für insgesamt 52 historische Fälle,[8] die sich unter Einbeziehung von Deditionsvorgängen noch vermehren ließen. Als Vergleichsdaten kommen noch 14 nicht-römische Fälle außenpolitisch bedingter Zahlungen[9] hinzu. Diverse Zahlen werden im Kontext von Friedensverhandlungen, Kapitulationen,[10] Waffenstillstandsverträgen, Friedensverträgen und anderen Friedensregelungen genannt. Es handelt sich sowohl um nicht realisierte Forderungen als auch um vereinbarte und dann fast immer in Gänze erbrachte[11] Abgaben an Edelmetall, vorwiegend in Form von Silbertalenten, gelegentlich aber auch in gemünztem Geld. Abweichende Angaben griechischer und römischer Historiker zur Höhe der Beträge lassen sich gelegentlich harmonisieren, häufig widersprechen sie sich jedoch. Hinzu kamen öfter Lieferungen von Getreide und anderem Kriegsbedarf. Unter Verweis auf Berechnungen von Tenney Frank beziffert William Harris derartige Zahlungen in den 50 Jahren nach 201 v. Chr. auf rund 27.000 Talente.[12] Nach den Angaben bei Szaivert/Wolters errechnen sich für denselben Zeitraum insgesamt rund 31.000 Talente Silber, 2,4 Mio. nicht-spezifizierte *nummi*, 100.000 Denare und 10.000 Goldstücke unbekannter Größe. Von 293–65 v. Chr. lassen sich

Auflagen in Höhe von insgesamt[13] 50.375 Talente (bei attischen Talenten wären dies ca. 1.319.624 kg Silber), ca. 1356 kg Gold, 10.000 Goldstücke unbekannter Größe, 100.000 Denare, 1,5 Mio. Kupferstücke (*aes* = *asses*?) und 2,4 Mio. nicht-spezifizierte *nummi* (vermutlich ebenfalls *aes*). Die miteinander vergleichbaren Einzelbeträge reichen von 10 bis 15.000 Talente. Während die außenpolitische Praxis der Republik somit zahlreiche Beispiele von Kontributionen besiegter Feinde bietet, schwinden seit der frühen und hohen Kaiserzeit die Nachrichten über solche Regelungen, was nicht nur ein überlieferungsbedingter Befund ist.[14] Später kommt es vermehrt sogar dazu, dass Rom „Kriegsentschädigungen" zahlen muss. Soviel zum einfacheren Teil der Thematik; komplizierter sind das historische Verständnis dieser Zahlungen und deren Typisierung.

II. Antikes Verständnis

Am Anfang jedweder Beurteilung von außenpolitisch bedingten Zahlungen an Rom muss die Frage stehen, was sie eigentlich bedeuteten. Heute nennt man die in Internationalverträgen ausgehandelten Abgaben bisweilen „Kontributionen", wobei dieses Verständnis längst das ältere von „für den Unterhalt von Besatzungstruppen im besetzten Gebiet eingeforderte Beiträge" abgelöst hat.[15] Letzteres ist für die antiken Verhältnisse auszuschließen, da alle solcherart an Rom zahlenden Staaten grundsätzlich von der Stationierung von Besatzungstruppen frei blieben. Sind derartige internationale Zahlungen Ausdruck zwischenstaatlicher Abhängigkeit oder Subordination? Wurden sie in der römischen Republik als solche verstanden? Szaivert/Wolters subsumieren sie der Rubrik „Tribute". Harris[16] nennt die 50jährigen Zahlungen Karthagos an Rom „in effect taxation", während Gruen korrekt darauf hinweist, dass die Republik von hellenistischen Staaten keine kontinuierlichen Tribute forderte.[17] Direkte Herrschaft durch den römischen Staat ist jedenfalls auszuschließen; ein Moment von internationaler Abhängigkeit zwischen völkerrechtlich souveränen Partnern gleichwohl nicht.

Waren diese erzwungenen Abgaben vielleicht Kriegsbußen im Sinne von Strafen für – aus römischer Sicht – außenpolitisches Fehlverhalten, Kriegsschuld oder Kriegstreiberei? Während Eugen Täubler[18] dieses ohne tiefer gehende Überprüfung kategorisch ausschloss, äußerte sich Jörg Fisch hierzu in seiner universalhistorischen Studie zum Friedensvertrag im Kontext des von ihm längsschnittartig untersuchten Komplexes „Erinnern und Vergessen (Schuld und Amnesie)" weit differenzierter, wenn er zweierlei feststellt: Erstens belegen griechische und lateinische Abschriften oder Paraphrasen römischer Friedensverträge keine Schuldzuweisungen.[19] Antike Historiographie weise „Schuld" – bis auf eine Ausnahme – nur in ihren außervertraglichen Berichtsteilen zu,[20] worin Fisch[21] vornehmlich Reflexe von „Diskussionen oder einseitige Forderungen vor dem Vertragsschluss" vermutet. Zweitens seien von Rom „Kriegsentschädigungen (...) in der Regel gerade nicht mit Schuldzuschreibungen in Verbindung gebracht worden."[22] Aber widerlegt das wirklich die meines Erachtens berechtigte Einschätzung durch Francisco Javier Fernández Nieto, dass die Abgabe „häufig mehr als Strafmaßnahme denn als Reparationszahlung intendiert war"?[23]

Waren die Kontributionen also Kriegsentschädigungen im Sinne von Reparationen,[24] die der „Wiedergutmachung" oder der „Kriegsschädenbeseitigung" dienten? Oder waren es – wie vielfach angenommen wird – Kriegsentschädigungen im Sinne einer Erstattung der dem Sieger real entstandenen Kriegskosten? Erich Gruen plädiert entschieden für eine solche Abwälzung von Kriegskosten („indemnities") durch den römischen Staat, allerdings ist die von ihm als römisches Prinzip postulierte „longstanding Roman policy (...) that the costs of war should be reimbursed by the defeated foe" unter alleiniger Berufung auf eine späte Quelle wie Livius freilich nicht zu belegen;[25] und schon gar nicht durch Liv. X 46, 12, wo zum Jahre 293 v. Chr. von vereinbarungsgemäßen Abgaben der Falisker in Höhe von 100.000 schweren As (*centum milia gravis aeris*) und einem Jahressold für die beteiligten römischen Soldaten, keineswegs aber von dem behaupteten Prinzip die Rede ist. Schwerer wiegt da schon das von Gruen[26] herangezogene Zeugnis einer entsprechenden Klassifizierung als Übernahme von Kriegskosten in den Vorverhandlungen mit Antiochos dem Großen.[27] Wobei wir freilich nicht annehmen müssen, dass irgendwer dafür die Zahlen präzise kalkulierte hätte – vor allem die stets gerundeten Summen wecken, wie Gruen schon zu Recht betonte,[28] diesbezüglich Bedenken. Gleichwohl ist nicht auszuschließen, dass die Deklarierung als Kriegskostenentschädigung – denn Wiedergutmachungszahlungen für wie im Hannibal-Krieg erlittene Kriegsschäden kamen hier ja nicht in Betracht – als spätere Legitimation Eingang in die Überlieferung fand. Die von P. Cornelius Scipio noch vor Vertragsschluss mit Antiochos III. zum Zwecke der Soldzahlung entgegen genommenen 3000 Talente hatte jener – wie eine spätere Anhörung im Senat verdeutlichte – jedenfalls zur Minderung römischer Kriegskosten aufgewandt und offenbar ordentlich verbucht.[29] Eine entschiedene Position ganz in diesem Sinne vertritt Fernández Nieto,[30] der für die Zeit vom ausgehenden 6. Jahrhundert bis 188 v. Chr. rund zwei Dutzend belegter historischer Fälle aus der griechischen Geschichte und ein Dutzend aus der römischen präsentiert. – Oder haben wir, um zu den relevanten Fragen zurückzukommen, diese Abgaben vielleicht losgelöst von allen militärischen Sachzwängen zu verstehen? Waren sie unter realpolitischen Gesichtspunkten opportune finanzielle Ausnutzungen obwaltender internationaler Machtverhältnisse oder in ethischer Hinsicht nur schamlose Erpressungen militärisch Unterlegener? Umfassten die nach beziehungsweise zur Beendigung von Kriegen von Rom auferlegten Zahlungen womöglich mehrere oder sogar alle der genannten Kriterien?

Unter diesem Aspekt sind die Phänomene in der altertumskundlichen Forschung bislang niemals in einer umfassenden Studie behandelt oder systematisch differenziert worden.[31] Moderne Interpretationen verwenden unterschiedliche, vielfach einheitliche, oft aber auch synonyme Begrifflichkeiten und offerieren somit in der Regel jeweils einseitige Erklärungen, wobei die nicht näher spezifizierten Termini „Kriegsentschädigung" und „indemnity" vorherrschen.[32] Die diesbezüglich apodiktische These verdanken wir Täubler: „Die im Friedensvertrage bedungene Geldzahlung hat immer die Geltung behalten, welche sie im Vorvertrage hatte, d. h. sie galt nie als Strafe, sondern immer als Kostenersatz."³³ Und seither dominiert sein Verständnis als Entschädigung für entstandene Kriegskosten und keineswegs das von Wiedergutmachung entstandener Kriegsschäden. Auffällig ist aber, dass keine der wenigen spezielleren Behandlungen dieses Komplexes einen ernsten Versuch wagte, diese Behauptung durch Berechnung realer römischer Kriegskosten zu verifizieren. Allein Täubler liefert Rechenbeispiele,³⁴ die aber schon deshalb nicht zu überzeugen vermögen, weil sie fast nur den Sold römischer Truppen betreffen. Auch darauf wird noch zurückzukommen sein.

III. Modernes Verständnis

Überprüfen wir der methodischen Korrektheit halber zunächst einmal moderne Positionen an der Quellenterminologie, um einem antiken Verständnis näher zu kommen. Hier offenbart sich gleich ein weiteres unserer kardinalen Probleme. Denn – wie angesichts unserer Überlieferungssituation kaum anders zu erwarten – bieten die antiken Quellen kein einheitliches Bild. Betrachten wir diesbezüglich konkrete historische Beispiele³⁵ wie den Friedensschluss 241 v. Chr., so stellen wir fest, dass die ereignisnächste Quelle solche Zahlungen meist gar nicht klassifiziert. Polybios enthält sich sowohl einer Bewertung als auch der Übernahme nachträglicher römischer Interpretationen. In seinen zwei Gesamtbehandlungen der römisch-karthagischen Staatsverträge (Pol. I 62, 9 und III 27, 5) bestimmt er die den Karthagern auferlegte Zahlung nicht näher. Es sind einfach 3200 euböische Talente (Silber). Nur in einer Randnotiz (Pol. I 63, 3) sind es φόροι, also neutral verstanden „Abgaben", wertend verstanden „Tribute".³⁶ Livius (XXI 40, 5) spricht von *stipendium exigere*; Liv. XXII 54, 11 sind die Karthager sogar *stipendiarii*. Die Römer hätten also von den Karthagern 20 Jahre lang „Abgaben/Tribute/Strafgelder kassiert". Der Wert dieses Quellenzeugnisses wird aber dadurch gemindert, dass er fälschlich wohl den Präliminarvertrag, also den sogenannten Lutatiusvertrag vor Augen hatte. In seiner Ῥωμαϊκὰ ἱστορία bezeichnet Appian (Sic. 2, 4) die in Jahresraten zu zahlenden 2200 euböischen Talente als ποινὴ τοῦ πολέμου, was zunächst einmal terminologisch unzweifelhaft „Kriegsbuße" heißt. Unsicher bleibt in diesem Zusammenhang allerdings, ob diese Klassifizierung überhaupt im Vertragstext auftauchte³⁷ oder ob es sich dabei lediglich um eine verdeutlichende Interpretation Appians beziehungsweise seiner Quelle handelt. In seinen *Historiae adversus paganos* bezeichnet Orosius (hist. IV 11, 2) diese Abgaben als *impensae bellicae*. Der Wert seiner vermutlich aus Livius stammenden Angaben ist jedoch beschränkt, weil Orosius bei den Vertragsklauseln einiges durcheinander bringt.

Angesichts der Zusatzklausel von 237 v. Chr. über Karthagos Abtretung Sardiniens an Rom ist Pol. I 88, 12 von „*zusätzlich zu zahlenden 1200 Talenten*" die Rede, „*um Krieg abzuwenden*". Eine „Kriegsentschädigung" im direkten Sinne konnte das nicht sein, da ein formaler Krieg zwischen Rom und Karthago vermieden wurde. Greifen wir hier vielleicht eine vorgreifende „Kriegsbeute-Ausfallszahlung"? In dem 190/89 v. Chr. als Präliminarvertrag mit Antiochos III. abgeschlossenen Waffenstillstandsvertrag³⁸ nennt Polybios (XXI 17, 4) die darin festgesetzten 15.000 euböischen Talente εἰς τὸν πόλεμον δαπάνη, mithin „Aufwand für den Krieg", d. h. Kriegskosten.[39] Bei Livius (XXXVII 45, 14) sind es damit übereinstimmend solche *pro impensis in bellum factis*.[40] Im Formular des 188 v. Chr. in Apameia ratifizierten Friedensvertrages ist davon bei Polybios[41] und Livius keine Rede mehr; Liv. XXXVIII 38, 9 hat *pecunia in stipendium*. Im Nachhinein nennt Liv. XLII 5, 6 diese Zahlungen zum Jahr 173 v. Chr. *stipendium*. Ansonsten ist nur von Gewichtseinheiten (Silber) oder von *pecunia* die Rede.[42] Im Falle des 180/179 v. Chr. auf Drängen Roms geschlossenen Friedensvertrages[43] zwischen Eumenes II., Prusias II. und Ariarathes auf der einen und Pharnakes I. von Pontos auf der anderen Seite, besteht angesichts der fast wortwörtlichen Wiedergabe der Vertragsklauseln durch Polybios (XXV 2; vergleiche Diod. XXIX 22) an einer Schuldzuweisung allerdings kein Zweifel, denn hier wird die Zahlung einer „echten" Kriegsentschädigung mit dem Krieg begründet;[44] sie ist somit auch als Strafe zu verstehen.

Um es kurz zu machen: Das ist zugleich der überwiegende und damit maßgebliche Befund. Am häufigsten klassifizierte Appian solche Abgaben als „Kriegskosten" (ἡ τοῦ πολέμου δαπάνη). In der Regel verzichten die Quellen jedoch auf eine Erläuterung der in internationalen Vereinbarungen fixierten Abgaben. Insbesondere dort, wo sie Vertragstexte zitieren, benennen sie in der Regel „nur" die konkreten Gewichtseinheiten, Edelmetallsorten oder Münztypen.

IV. Ausgewählte historische Beispiele

Der Waffenstillstandsvertrag von 241 v. Chr.[45] machte Karthago unter anderen die Auflagen, für die Dauer der *indutiae* sofort eine in der Quelle nicht näher bestimmte Summe Geldes sowie Getreide und Geiseln zu stellen: Zon. VIII 17.

Der präliminare Lutatiusvertrag und der 241 v. Chr. in Rom ratifizierte Friedensvertrag (StV 3, Nr. 493 = Kehne, IntV/StV, Nr. 461)[46] machten Karthago unter anderem folgende Auflagen: Der Präliminarvertrag verlangte die Zahlung von 2200 euböischen Talenten in 20 Jahresraten;[47] der Friedensvertrag die von 1000 euböischen Talenten sofort und von 2200 weiteren in 10 Jahresraten,[48] was bei 26,196 kg/Talent insgesamt etwa 83.827 kg Silber (also ca. 18,4 Mio. der zwischen 214 und 211 v. Chr. eingeführten „alten" oder ca. 21,6 Mio. der ab 200 v. Chr. gültigen „neuen" Denare[49]) ergab.

Der Abtretungsvertrag von 237 v. Chr. (StV 3, Nr. 497 = Kehne, IntV/StV, Nr. 467), der als Vertragsrevision oder gemäß Pol. III 27,7 als Zusatzklausel (ἐπισυνθῆκαι) zum Friedensvertrag von 241 verstanden wird,[50] machte Karthago, „um Krieg abzuwenden", unter anderen die Auflage, 1200 Talente (31.435 kg, rund 6,9/8,1 Mio. Denare) abzuliefern: Pol. I 88, 12; vergleiche III 27, 7–8 und Liv. XXI 40, 5.[51]

Der Waffenstillstandsvertrag zum ersten, 203 v. Chr. mit Karthago geschlossenen, im Winter 203/02 v. Chr. in Rom auch beschworenen, aber – aufgrund der angeblich von den Karthagern gebrochenen *indutiae*[52] – von Scipio für verwirkt erklärten Friedensvertrag (StV 3, Nr. 548 = Kehne, IntV/StV, Nr. 557)[53] sah für die 45tägige Dauer der *indutiae* die sofortige Abführung von 30.000 Pfund Silber (9826 kg = ca. 375 Talente, also ca. 2,2/2,5 Mio. Denare) vor: Eutr. III 21, 2. Entsprach diese Menge dem Liv. XXX 16, 12 erwähnten doppelten Sold[54] (*duplex stipendium*[55]) für die *cives Romani*[56] oder sogar für alle Italiker im Heer Scipios?[57] Bei 12.000 Legionären à 240 Denare und 600 Reitern à 720 Denare und so weiter beliefe sich der doppelte Jahressold alleine bereits auf ca. 50.000 römische Pfund (16.373 kg = ca. 625 Talente Silber).[58] Für alle Italiker wären vielleicht 100.000 römische Pfund (32.745 kg = etwa 1200 Talente) Silber erforderlich gewesen. Liv. XXX 16, 12 erwähnt auch die wenig plausible Summe von 5000 Pfund Silber (1637 kg = etwa 62,5 Talente). Stünde dort 50.000, entspräche das eventuell dem oben genannten doppelten Jahressold der Römer in Scipios Heer. Ungeachtet seiner momentanen Lebensmittelknappheit hatte Karthago zudem 500.000 Scheffel Weizen (ca. 4,4 Mio. Liter[59]) für die 45tägige Dauer der *indutiae* zu liefern: Liv. XXX 16, 11.[60] Diese Menge hätte bei 42.000 Soldaten etwa 3 Monate als Grundverpflegung[61] gereicht, als doppelte Ration etwa 1,5 Monate. Zusätzlich dazu forderte Rom 300.000 Scheffel Gerste[62] (ca. 2,6 Mio. Liter = ca. 1,8 Tonnen[63]), was etwa der Grundverpflegung für 23.800 Pferde[64] für einen Monat oder für 18.000 für ca. 1,5 Monate entsprachen. – Längerfristige Friedensbedingungen hätten Karthago zur Ablieferung von 5000 Talenten Silber (130.980 kg) verpflichtet: Liv. XXX 16, 12; Eutr. III 21, 3 nennt demgegenüber 500.000 Pfund Silber (163.725 kg = ca. 6250 Talente). – Und Roms unrealisierte Forderung nach dem „karthargischen Treuebruch" beziffert Eutr. III 22, 2 sogar auf 600.000 Pfund Silber.

Der Waffenstillstandsvertrag 202 v. Chr. und der ratifizierte Friedensvertrag von 202/01 v. Chr. (StV 3, Nr. 548 = Kehne, IntV/StV, Nr. 560)[65] legten Karthago im Rahmen der 3monatigen *indutiae*[66] die Lieferung von Getreide für 3 Monate und die Zahlung von Sold bis zum Eintreffen der Entscheidung aus Rom auf: Pol. XV 18, 6. Laut Liv. XXX 37, 5 waren es unverständlicherweise *frumentum* und *stipendium* nur für Auxilien.[67] Nach Appian war der Waffenstillstand an Geiselstellung,[68] Lebensmittellieferungen und Zahlung von 1000 Talenten Sold (26.196 kg; also ca. 5,8/6,7 Mio. Denare) für den Zeitraum der Gesandtschaft geknüpft: App. Lib. 54, 238.[69] – Gemäss Liv. XXX 37, 6 machte Scipio die *indutiae* von der Wiedergutmachung des Schadens der gekaperten römischen Transportflotte abhängig (vergleiche App. Lib. 59, 259; Pol. XV 18, 5). Da Karthago nur noch über die leeren Schiffe verfügte, errechnete Scipios Quästor nach amtlichen Listen für deren Ladung (zweifellos aufgerundete[70]) 25.000 Pfund Silber (8186 kg = ca. 313 Talente, also ca. 1,8/2,1 Mio. Denare): Liv. XXX 38, 1–2. In Getreide umgesetzt entspräche das bei 0,4 Denaren (= 4 *asses*) pro *modius* ca. 4,5 Mio. Scheffel Weizen; bei 2,5 Denare (= 25 *asses*) pro *modius* ca. 720.000 Scheffel Weizen.[71] Auf alle Fälle hätte der Betrag für die oben genannten 500.000 Scheffel Weizen und 300.000 Scheffel Gerste gereicht; also mindestens für die Grundverpflegung von 21.000 Mann sowie 8000 Reit- und Zugtieren für 6 Monate und damit wohl für das gesamte aus Italien übergesetzte Heer. – Sodann hatte Karthago 10.000 Talente in 50 gleichen Jahresraten (261.960 kg, also ca. 57,6/67 Mio. Denare) abzuliefern: Pol. XV 18, 7; Liv. XXX 37, 5; App. Lib. 54, 235;[72] 59, 259.

Der zweite Waffenstillstandsvertrag von 197 v. Chr., der zum Zwecke von Friedensverhandlungen im Senat viermonatige *indutiae* vorsah und mit dem wahrscheinlich ein von T. Quinctius Flamininus entworfener präliminarer Friedensvertrag einher ging (Kehne, IntV/StV, Nr. 593),[73] legte Philipp V. von Makedonien Geiselstellung und 200 sofort abzuliefernde Talente (5239 kg, ca. 1,3/2,16 Mio. Denare) auf: Pol. XVIII 39, 5; Liv. XXXIII 13, 14; App. Mac. 9, 2. Einzigartig ist hierbei die Versicherung der römischen Seite, Geiseln und Geld im Falle der Nichtratifizierung des Friedensvertrages zurückzugeben: Pol. XVIII 39, 6; Liv. XXXIII 13, 15. Kann diese Summe folglich ohne weiteres als sofortige Soldzahlung[74] für die Dauer der *indutiae* verstanden werden? Der Rückzahlungsvorbehalt ist meines Erachtens ein eindeutiges Entgegenkommen des auf einen raschen Friedensschluss erpichten Flamininus (Pol. XXXVIII 39), der solcherart wohl Bedenken Philipps zerstreute, Rom würde auf dessen Kosten die zur Kriegführung ohnehin ungünstige Zeit (vergleiche Liv. XXXII 36, 6–7) hinbringen.

Der 196 v. Chr. mit Philipp V. geschlossene Friedensvertrag (Kehne, IntV/StV, Nr. 594)[75] schrieb unter anderen die Zahlung von 1000 Talenten Silber vor – 500 davon sofort und weitere 500 in 10 Jahresraten (26.196 kg, ca. 5,76/6,7 Mio. Denare): Pol. XVIII 44, 7; Liv. XXXIII 30, 7; App. Mac. 9, 3; Plut. Flam. 9.[76] – Laut App. Mac. 9, 5 schickte der Senat Philipp für seine Hilfe im Antiochoskrieg 192 v. Chr. den vergeiselten Sohn Demetrios zurück und erließ ihm die noch geschuldeten Kontributionen.[77]

Der Waffenstillstandsvertrag von 195 v. Chr. (Kehne, IntV/StV, Nr. 606)[78] legte Nabis 100 Talente Silber sofort und 8 Jahre lang jeweils weitere 50 Talente, insgesamt also 500 Talente (13.098 kg, ca. 2,9/3,36 Mio. Denare) auf: Liv. XXXIV 35, 11.

Der Waffenstillstandsvertrag mit Antiochos III. 190/89 v. Chr. (Kehne, IntV/StV, Nr. 618)[79] wurde vom Konsul L. Cornelius Scipio (Asiaticus) als Präliminarvertrag geschlossen. Er sah die sofortige Auslieferung von 500 Talenten und 20 Geiseln[80] zur Sicherung der *indutiae* vor. Als Voraussetzung des Vertragsschlusses waren gleich bei Unterzeichnung der vom Senat gebilligten Bedingungen 2500 Talente[81] fällig. Langfristig sollten weitere 12.000 in gleichen Raten über einen Zeitraum von 12 Jahren gezahlt werden,[82] womit sich die Gesamtsumme auf 15.000 euböische Talente belief (= 392.940 kg, also ca. 87/101 Mio. Denare). – Die Forderung der 2500 Talente und das zu liefernde Getreide waren also Waffenstillstandsbedingungen. Dieses Geld (*pecunia*) und das im Kontext der *indutiae* in den Quellen nicht erwähnte[83] *frumentum ex pacto cum L. Scipione foedere* (Liv. XXXVIII 37, 7; Pol. XXI 41, 8) wurden 188 v. Chr. in Pamphylien dem Prokonsul Vulso übergeben, der das Silber nach Apameia schaffen und das Getreide im Heer verteilen ließ: Pol. XXI 40, 11–12; Liv. XXXVIII 37, 8–9. Ferner sollten an Eumenes 400 Talente und der Reste des seinem Vater zugesagten Getreides geliefert werden: Pol. XXI 17, 6; Liv. XXXVII 45, 15.[84]

Laut Friedens- und Bündnisvertrag von 189 v. Chr. (Kehne, IntV/StV, Nr. 616)[85] hatten die Aitoler Rom 200 euböische Talente nach attischem Silberstandard sofort und 300 weitere in 6 Jahren zu zahlen: Pol. XXI 32, 8–9; Liv. XXXVIII 9, 9; 11, 8.[86]

Als 189 v. Chr. Gesandte der pisidischen Oroandenser mit dem in Pisidien Krieg führenden Konsul Cn. Manlius Vulso Freundschaft schließen wollten, verlangte dieser dafür 200 Talente: Liv. XXXVIII 18, 2. Ob die Oroandenser zuvor auf Seiten Antiochos' III. standen und jetzt Frieden schließen mussten, ist den Quellen nicht zu entnehmen.[87] Grainger vermutet in diesen und anderen von Vulso verlangten Abgaben wohl zu Recht dessen Bestreben, das als Garant des Waffenstillstandes mit Antiochos III. in Kleinasien benötigte römische Heer auf Kosten des Landes zu versorgen.[88] Da die geforderte Summe offenbar nicht auf einmal aufzubringen war, wurde 188 v. Chr. L. Manlius Vulso, der Bruder des nun als *proconsul Asiae* fungierenden Vorjahreskonsuls, entsandt, um den Rest einzufordern: Pol. XXI 41, 7; Liv. XXXVIII 37, 11.

Der 188 v. Chr. in Apameia ratifizierte Friedensvertrag (Kehne, IntV/StV, Nr. 618)[89] legte Antiochos III. die Lieferung von 12.000 attischen Talenten reinen Silbers in 12 gleichen Jahresraten, das Talent zu nicht weniger als 80 römischen Pfund (26,196 kg), also insgesamt 314.352 kg (ca. 69/80,6 Mio. Denare) auf: Liv. XXXVIII 38, 13 und Pol. XXI 42, 19. Eutr. IV 4, 3 nennt 10.000 Talente Silber (261.960 kg, ca. 58/67,2 Mio. Denare). Sodann hatte Antiochos III. 540.000 Scheffel Weizen[90] zu liefern; die Wiedergutmachung an Eumenes wurde auf 350 attische Talente reinen Silbers, zahlbar in 5 Jahresraten zu 70 Talenten, ermäßigt und der Wert des laut Präliminarvertrag Eumenes zu erstattenden Getreides mit 127 Talenten und 1208 Drachmen beziffert: Pol. XXI 42, 19–21; Liv. XXXVIII 38, 13–14. – Dass Antiochos III. bereits 187 v. Chr. starb, machte die Vertragserfüllung in diesem Punkt kaum leichter.[91] Antiochos IV. verschleppte die letzte, bereits 176 v. Chr. fällige Rate bis 173 v. Chr. (Liv. XLII 6, 6–7), was ihm der römische Senat jedoch, wie Gruen[92] bereits betonte, keineswegs übel nahm.

V. Fazit

Nach den vorangegangenen Ausführungen und der Betrachtung ausgewählter historischer Beispiele ist in diesem Zusammenhang zunächst das sicher, was schon *a priori* klar war: Es handelte sich bei den in republikanischen Staats- und Kriegsverträgen festgesetzten Zahlungen um „Einkünfte" des römischen Staates.[93] In Fällen längerfristiger Festschreibung erwirkte Rom damit für von vornherein festgesetzte Zeiträume von sechs, acht, zehn, zwölf oder maximal 50 Jahren[94] regelmäßige Einkünfte, die im Gegensatz zur lebenden und materiellen Kriegsbeute verlässlich kalkulierbar waren.[95] Sicher ist weiterhin das, was bereits durch ältere Analysen ermittelt wurde: Mit den in Waffenstillstandsverträgen vereinbarten Sofortzahlungen bestritt das als Konsul oder Prokonsul im Felde stehendes Exekutivorgan des römischen Staates auf Kosten des unterlegenen Gegners zumindest einen Teil des Soldes für die *cives Romani* und wandte die geforderten Nahrungsmittel unmittelbar zur Gesamtversorgung der fern von Italien operierenden Heere auf. Dabei ist von der Gewähr eines *duplex stipendium* für ein volles Jahr auszugehen.[96] Beides entlastete den römischen Staat augenblicklich von finanziellen und logistischen Aufwendungen wenigstens für die Zeit der Friedensverhandlungen, beim *annuum stipendium* sogar für das laufende Kalenderjahr. Hier obwaltete offenbar auch der Gedanke, der Gegner habe mehr als die unmittelbaren Kosten für die von ihm gewünschte Kampfpause zu tragen. Solche Zahlungen kompensierten zudem den Beuteausfall zumindest der römischen Soldaten und hielten wohl auch die Moral der Truppe aufrecht.

Dass in Waffenstillstands- oder Präliminarverträgen ausbedungene Geiseln, wie Täubler und Dahlheim postulierten, nur *„für die pünktliche Zahlung der Kriegskosten (und nicht für die Einhaltung des Vertrages) bürgten"*,[97] ist weder sicher noch universell gültig und lässt sich zumindest an einem Beispiel widerlegen.[98] Auch bleibt Täublers Behauptung unbewiesen, dass deren Anzahl von der Länge der Zahlungsfrist abhing.[99]

Ferner ist nach dieser historischen Übersicht und den Rechenbeispielen für die Bewertung der bezifferbaren Kontributionen zweierlei eindeutig: Kriegsentschädigungen im Sinne von Reparation, Wiedergutmachung oder Kriegsschädenbeseitigung können sämtliche der genannten Summen nicht beabsichtigt haben. Der von Hannibal in Italien angerichtete Schaden ist zwar nicht ermittelbar,[100] überwog aber wahrscheinlich alles, was Karthago überhaupt hätte zahlen können. Und eine im modernen Völkerrecht geltende „Pflicht zur Wiedergutmachung" von Kriegsschäden als Bestandteil staatlicher Verantwortung für internationale Delikte[101] war antiker Völkerrechtspraxis ohnehin fremd.

Wie steht es aber nun mit dem Verständnis von Kriegsentschädigung im Sinne einer Kriegskostendeckung? Zunächst korrespondieren die überlieferten Zahlungen nicht mit der jeweiligen Kriegsdauer, wie schon der simple Vergleich zwischen dem Ersten und Zweiten Punischen Krieg und dem gegen Antiochos zeigt. Des weiteren beachteten die bisherigen, nur auf den Sold fixierten Ansätze der Forschung niemals die eigentlichen Kriegskosten an Schiffen, Waffen, Gerätschaften, Befestigungen, Tieren, Getreide und so weiter. Aber zwei simple Beispiele helfen schon weiter: Nur Ladung und Ausrüstung der 203 v. Chr. von Karthagern geplünderten römischen Versorgungsflotte veranschlagte Scipios Quästor bereits auf ca. 313 Talente Silber. Und laut Appian (Sic. 2, 5) verlor Karthago im Ersten Punischen Krieg 500 und Rom 700 Schiffe, was grob gerechnet bei drei Talenten pro Trieren-Typ alleine schon 2100 Talente ausgemacht hätte.[102] Und wenn Dexter Hoyos[103] die zuzüglich zur Abtretung Sardiniens fälligen 1200 Talente ungeprüft, undifferenziert und in der Sache zudem verfehlt als „indemnity" auffasst, verdeutlicht dieses Beispiel ebenfalls nur, wie wenig mit der Klassifizierung solcher schlicht erpressten Gelder als Kriegskostenentschädigungen an historischem Verständnis gewonnen ist. Denn verglichen mit den Kosten des 1. Punischen Krieges war der Aufwand für Roms Sardinienexpedition verschwindend gering; und so lassen sich die aus diesem Anlass fälligen 1200 Talenten keiner sachlich sinnvollen Kategorie von Kriegsentschädigungen subsumieren. Auch die These von Fernández Nieto: *„Gegenüber der öffentlichen Meinung rechtfertigte man die Kriegsentschädigung als Ausgleichszahlung für die im Krieg erlittenen Verluste"*, lässt sich nirgendwo verifizieren; und nichts wäre diesbezüglich verfehlter, als seine Annahme, Rom hätte jemals „für deren Wiedererstattung eine Rechnung aufgestellt".[104] Die Antwort auf die Frage, ob Kontributionen überhaupt den römischen Kriegsaufwand reflektieren, muss also entschieden lauten: „Auf keinen Fall!"

Reflektieren die Kontributionen dann, wie häufig vermutet wird, wenigstens den reinen Soldaufwand? Immerhin begegnen uns wiederholt 100 euböische/attische Talente, die ungefähr dem Jahressold einer Legion entsprachen. Und 200 Talente machten zur Versorgung der zwei römischen Legionen eines konsularischen Heeres oder als *duplex stipendium* einer Legion durchaus Sinn. Sofortzahlung umfassten in den Waffenstillstandsverträgen von 241, 237, 203/02 und 202/01 v. Chr. 500, 1000 oder 1200 Talente. Aber korrelieren diese Zahlen wirklich mit Anzahl und Dauer der eingesetzten (römischen) Legionen? 500 Talente mögen ungefähr dem Jahressold von 5 Legionen oder dem doppelten Jahressold eines konsularischen Heeres bestehend aus zwei verstärkten römischen Legionen inkl. Reiterei entsprochen haben.[105] Repräsentieren 1000 beziehungsweise 1200 Talente demnach den Soldaufwand für 10 Legionen oder den für 2 Legionen für fünf Jahre usw. (dazu Tab. 1 im Anhang)?

Diese schon von Täubler[106] betriebene Zahlenspielerei mag vielleicht auf den ersten Blick plausibel wirken. Bei näherem Hinsehen tritt allerdings ihre Schwäche zutage; zumal er selbst schon erkannte, dass die 241 v. Chr. insgesamt 3200 vereinbarten Talente nicht einmal entfernt Roms 20jährigen Soldaufwand deckten. In Wahrheit entsprach die Summe gerade einmal dem 15-Jahres-*stipendium* zweier Legionen. Auch die 100 sofort von Nabis gezahlten Talente wären nur der Jahressold einer einzigen Legion gewesen und hätten nicht zur Bezahlung der am Krieg beteiligten römischen Streitkräfte ausgereicht. Und dass Rom mit der Einnahme weiterer 400 Talente rückwirkend über 8 Jahre einen Ausgleich für den halben Jahressold einer Legion intendierte, erscheint absurd. Von 215 bis 204 v. Chr. hatte Rom durchschnittlich 20 Bürgerlegionen im Einsatz, 23 allein 207 v. Chr.[107] Das bedeutete durchschnittlich 12 Mio. Denare Sold pro Jahr, insgesamt also ca. 144 Mio. Denare. Als sogenannte „Kriegskostenentschädigung" erhielt Rom seit 201 v. Chr. von Karthago alles in allem gerade einmal ca. 66/76 Mio. Denare, ca. 58/67 Mio. davon noch auf 50 Jahre gestreckt. Und von einer Erstattung bundesgenössischer Soldkosten, für die Rom nicht zuständig war, kann hier schon gar keine Rede sein.[108] Somit zeigt der von Täubler angestellte „*Vergleich zwischen den Kriegskosten und den Soldsummen*" also keineswegs „*ganz sicher, dass die Kriegskosten nie wesentlich über den S o l d e r s a t z hinausgegangen sein können*", sondern wohl eher, dass beides nichts miteinander zu tun hatte und dieser von ihm angenommene „ursprüngliche Charakter der Kriegskosten" folglich keine Erklärung bietet.[109]

Sind die gelegentlichen Klassifizierungen von Kontributionen in den Quellen als Kriegskosten also nur öffentliche Rechtfertigungen,[110] aktuelle Propaganda oder bloß spätere Meinungen der Autoren? Oder helfen hier eher Gruens Überlegungen weiter, wonach die Besiegten durch vertragsfixierte, längerfristige Abgaben im Sinne von Tributen vielleicht nachhaltig an ihre Niederlage erinnert werden sollten?[111] Dieses würde Roms Ablehnung der von den Karthagern 191 v. Chr. angebotene Soforttilgung der geschuldeten Restsumme erklären (Liv. XXXVI 4,5–9). Der von Gruen betonte politische Charakter ist jedenfalls eindeutig. Zwar boten langfristige Regelungen Rom immer die Möglichkeit, dem Internationalpartner bei Verstößen gegen Auflagen des Vertrages einen Bruch desselben vorzuwerfen und dann entweder in dessen interne Verhältnisse einzugreifen,[112] Nachforderungen zu erheben oder einen neuen Krieg als *bellum iustum* mit *iustae causae* zu beginnen. Aber einer solchen Motivation widersprechen Roms nachsichtiger Umgang mit dem säumigen Zahler Antiochos IV. und der Zahlungserlass für Philipp V., was teils auch gegen die von Gruen erwogene Funktion zur machtpolitischen Gängelung ehemaliger Kriegsgegner spricht. Immerhin bedeuten vertragsfixierte Kontributionen nicht nur eine Form zwischenstaatlicher Abhängigkeit[113] des Unterlegenen, sondern demonstrierten diese meines Erachtens auch gegenüber Dritten. Zugleich schränkten hohe Kontributionen den außenpolitischen Spielraum und – insbesondere in Kombination mit Rüstungsbeschränkungen – vor allem die Möglichkeit beliebiger Kriegführung ein, wenn sie diese nicht sogar verhinderten. Peter Klose[114] formuliert für das Reich der Seleukiden nach Apameia wohl zutreffend, dass sie unter „*der Last der zu zahlenden Kriegsentschädigung eine aktive Großmachtpolitik im bisherigen Stil (...) praktisch kaum mehr betreiben konnten."* Ebenfalls betont Hoyos[115] das Motiv einer bewussten außenpolitischen Schwächung des machtpolitischen Rivalen.

Wenn längerfristige Kontributionen somit überhaupt keine Kriegskosten reflektieren, sondern multifunktionale Instrumente römischer Außenpolitik darstellen und dem römischen Staat zusätzliche Einnahmen bescherten, die dieser zur Finanzierung weiterer Kriege nutzen konnte, indizieren die sehr differenzierten Summen dann vielleicht nur das, was realistischerweise vom besiegten Staat finanziell zu holen war? Das würde am ehesten die in den Quellen häufig vermerkten bedeutenden Reduzierungen der anfänglich von Rom geforderten Summen erklären. Und somit dürften die in fast allen Arbeiten zum römischen Imperialismus behandelten Motive Gier und auswärtige Aggressivität[116] ebenfalls zum Verständnis des Wesens vertragsgeregelter Kontributionen beitragen. Und vor diesem Hintergrund einer grundsätzlich multikausalen Erklärung sollte – selbst wenn römische Internationalverträge keine Schuldzuweisungen enthielten und auferlegte Kontributionen formal nie als Strafen auswiesen – ebenso wenig der mit der beinahe schon sprichwörtlichen römischen Geldgier gepaarte Rache- und Bestrafungsaspekt vollständig negiert werden. Denn beide Aspekte blitzen in der Historiographie immer wieder auf; zum Beispiel in der spontanen und im internationalen Vergleich ungeheuer hohen Geldforderung von 500 Talenten, die Flamininus 197 v. Chr. als förmliche *rerum repetitio* von den Böotern für angeblich 500 getötete Soldaten als Schadensersatz beanspruchte. Nach Interventionen anderer auswärtiger Mächte und Auslieferung der Schuldigen wurde die Summe übrigens auf wesentlich vernünftigere 30 Talente reduziert und Frieden gewährt.[117] – Eines galt bei den hier behandelten römischen Geldforderungen auf alle Fälle: „*Vae victis!*"[118]

Anhang

Tabelle 1: Ungefähre Relationen von Talenten : Denaren : Jahressold?/Legion

Talente	Silber in kg (gerundet)	Denare à 4,55/3,9 g in Mio. (gerundet)	Jahressold[1] (*stipendium per annum*)/Legion(en)	doppelter Jahressold (*duplex stipendium*)
62,5[2]	1637	0,36/0,42		
100	2620	0,58/0,67	1 Legion	½ Legion
110	2882	0,63/0,74		
200	5239	1,15/2,16	2 Legionen	1 Legion
220	5763	1,27/1,48		
375[3]	9826	2,2/2,5		
500	13.098	2,8/3,4	5 Legionen	2,5 Legionen
625[4]	16.373	3,6/4,2		2 erweiterte Legionen
1000	26.196	5,8/6,7	10 Legionen	5 Legionen
1200	31.435	6,9/8,1	12 Legionen	6 Legionen/4 erweiterte
2200	83.827	18,4/21,6	22 Legionen	11 Legionen
5000	130.980	29/33,6	50 Legionen	25 Legionen
6250[6]	163.725	36/42		
10.000	261.960	57,6/67,2	100 Legionen	50 Legionen
12.000	314.352	69/80,6	120 Legionen	60 Legionen
15.000	392.940	83,4/100,8	150 Legionen	75 Legionen

1) Nur rein idealtypisch ergäben sich als *Tertium comparationis* für 4200 Legionäre mit 120 und 60 Zenturionen mit 240 und 200 Reitern mit 320 Denaren/Jahr also 4460 Mann rund 600.000 Denare/Jahr. Für 6200 Legionäre, 80 Zenturionen, 300 Reiter, also 6580 Mann wären es rund 872.000 Denare/Jahr. 2) 5.000 römische Pfund: Liv. XXX 16, 12 (203 v. Chr.). 3) 30.000 römische Pfund: Eutr. III 21, 2 (203 v. Chr.). 4) 50.000 römische Pfund. 5) Liv. XXX 16, 12 und XXIX 24, 14. 6) 500.000 römische Pfund.

Literaturverzeichnis

Allen, Joel: Hostages and Hostage-Taking in the Roman Empire, Cambridge 2006.

Alston, Richard: Roman Military Pay From Caesar to Diocletian, in: Jounal of Roman Studies 84 (1994) 113-123.

Brunt, Peter Astbury: Italian Manpower 225 B. C.–A. D. 14, Oxford 1971; erweiterter Nachdruck 1987.

Chaniotis, Angelos: War in the Hellenistic World. A Social and Cultural History, Oxford 2005.
Dahlheim, Werner: Struktur und Entwicklung des römischen Völkerrechts im dritten und zweiten Jahrhundert v. Chr., München 1968.
Drexhage, Hans-Joachim; Ruffing, Kai: Die Wirtschaft des Römischen Reiches, Berlin 2002.
Erdkamp, Paul: Hunger and the Sword: Warfare and Food Supply in Roman Republican Wars (264–30 B. C.), Amsterdam 1998.
Erdkamp, Paul (Hg.): A Companion to the Roman Army, Oxford 2007.
Evans, Graham; Newnham, Jeffrey: Penguin Dictionary of International Relations, London 2006.
Fernández Nieto, Francisco Javier: Zur Problematik der Kriegskostenentschädigung in der Alten Welt (mit besonderer Berücksichtigung der griechischen Verhältnisse), in: G. Thür (Hg.): Symposion 1985, Köln 1989, 375–388.
Fisch, Jörg: Krieg und Frieden im Friedensvertrag. Eine universalgeschichtliche Studie über Grundlagen und Formelemente des Friedensschlusses, Stuttgart 1979.
Flach, Dieter u. a.: Die Frage der Kriegsschuld im Wandel der völkerrechtlichen Beziehungen zwischen Rom und Karthago, in: Rheinisches Museum 150 (2007) 134–178.
Frank, Tenney (Hg.): Economic Survey of Ancient Rome, Bd. I–VI, Baltimore 1933–1940.
Gerhold, Markus: Rom und Karthago zwischen Krieg und Frieden. Rechtshistorische Untersuchungen zu den römisch-karthagischen Beziehungen zwischen 241 v. Chr. und 149 v. Chr., Frankfurt/M. 2002.
Grainger, John D.: The League of the Aitolians, Leiden 1999.
Grainger, John D.: The Roman War with Antiochos the Great, Leiden 2002.
Gruen, Erich S.: The Hellenistic World and the Coming of Rome, Berkeley 1986.
Harris, William V.: War and Imperialism in Republican Rome, Oxford 1992.
Heuß, Alfred: Die völkerrechtlichen Grundlagen der römischen Außenpolitik in republikanischer Zeit, Leipzig 1933.
Hoyos, Dexter: Unplanned Wars. Origins of the First and Second Punic Wars, Berlin 1998.
Huß, Werner: Geschichte der Karthager (= Handbuch der Altertumswissenschaft 3. 8), München 1985.
Ipsen, Knut u. a.: Völkerrecht. Ein Studienbuch, München ^{4}1999.
Kehne, Peter: Formen römischer Außenpolitik in der Kaiserzeit. Die auswärtige Praxis im Nordgrenzenbereich als Einwirkung auf das Vorfeld, Diss. Hannover 1989.
Kehne, Peter: Staatsvertrag: Der Neue Pauly, Bd. 11, 2001, 879; 883–884.
Kehne, Peter: Staatsverträge III: 1000 ausgewählte Internationalverträge (Staatsverträge) der griechisch-römischen Antike, in: Der Neue Pauly, Bd. 16, 2003, 338–437.
Kehne, Peter: Zur Logistik des römischen Heeres von der mittleren Republik bis zum Ende der hohen Kaiserzeit (241 v. Chr. – 235 n. Chr.): Forschungen und Tendenzen, in: Militärgeschichtliche Zeitschrift 63 (2004 a) 115–151.
Kehne, Peter: Internationale Beziehungen, in: E. Wirbelauer (Hg.): Oldenbourg Geschichte Lehrbuch Antike, München 2004 (b) 225–236.

Klose, Peter: Die völkerrechtliche Ordnung der hellenistischen Staatenwelt in der Zeit von 280 bis 168 v. Chr. Ein Beitrag zur Geschichte des Völkerrechts, München 1972.

Liszt, Franz v.: Das Völkerrecht, Berlin ¹¹1920.

Mantel, Nikolaus: Poeni foedifragi. Untersuchungen zur Darstellung römisch-karthagischer Verträge zw. 241 und 201 v. Chr. durch die römische Historiographie, München 1991.

Menzel, Eberhard: Völkerrecht. Ein Studienbuch, München 1962.

Mommsen, Theodot: Römisches Staatsrecht III 2, Leipzig 1888.

Nörr, Dieter: Aspekte des römischen Völkerrechts. Die Bronzetafel von Alcántara, München 1989.

Phillipson, Coleman: The International Law and Custom of Ancient Greece and Rome, Bd. I-II, New York, London 1911.

Rich, John W.: Fear, Greed and Glory: The Causes of Roman War-Making in the Middle Republic, in: J. W. Rich; G. Shipley (Hgg.): War and Society in the Roman World, London 1995, 38–68.

Roth, Jonathan P.: The Logistics of the Roman Army at War, 264 B. C.–A. D. 235, Leiden 1999.

Scardigli, Barbara (Hg.): I trattati romano-cartaginesi, Pisa 1991.

Seibert, Jakob: Hannibal, Darmstadt 1993 (a).

Seibert, Jakob: Forschungen zu Hannibal, Darmstadt 1993 (b).

Szaivert, Wolfgang; Wolters, Reinhard: Löhne, Preise, Werte, Darmstadt 2005.

Täubler, Eugen: Imperium Romanum. Studien zur Entwicklungsgeschichte des römischen Reichs I: Staatsverträge und Vertragsverhältnisse, Leipzig 1913.

Vitzthum, Wolfgang Graf (Hg.): Völkerrecht, Berlin ³2004.

Walbank, Frank William: A Historical Commentary on Polybios, 3 Bde., Oxford ²1999.

Ziegler, Karl-Heinz: Das Völkerrecht der römischen Republik, in: Aufstieg und Niedergang der römischen Welt I 2, 1972, 68–114.

Ziegler, Karl-Heinz: Kriegsverträge im antiken römischen Recht, in: Zeitschrift für Rechtsgeschichte 102 (1985) 40–90.

Ziegler, Karl-Heinz: Völkerrechtsgeschichte, München 1994.

Ziegler, Karl-Heinz: Vae victis – Sieger und Besiegte im Lichte des Römischen Rechts, in: O. Kraus (Hg.): „Vae victis!" – Über den Umgang mit Besiegten, Göttingen 1998, 45–66.

Anmerkungen:

[1] Dazu die erste durchgängige Übersicht zur griechisch-römischen Antike: Kehne (2003) 338–437. Zur Differenzierung von Staats- und Kriegsverträgen: Ziegler (1985) 40 ff.

[2] Edictum Diocletiani de pretiis rerum venalium, ed. Th. Mommsen (CIL III Suppl. 1), erl. v. H. Blümner, Berlin 1893; Diokletians Preisedikt, hg. v. S. Lauffer, Berlin 1971.

[3] Szaivert/Wolters (2005); zur römischen Kaiserzeit: Drexhage/Ruffing (2002) 177 ff., 203 ff.

[4] Szaivert/Wolters (2005) 254 f., Nr. 25–39. Nur zehn davon zum Zeitraum bis 49 v. Chr.

[5] Szaivert/Wolters (2005) 279, Nr. 535–544.
[6] Foxhall L./Forbes, H. A.: Sitometreia: the role of grain as a staple food in classical antiquity, in: Chiron 12, 1982, 41–90; Gabriel, R. A./Metz, K. S.: From Sumer to Rome. The Military Capabilities of Ancient Armies, New York 1991; Erdkamp, P.: The corn supply of the Roman armies during the third and second centuries B. C., in: Historia 44, 1995, 168–191; Erdkamp (1998) und Roth (1999) passim; allgemein dazu P. Kehne: Logistik, in: H. Sonnabend (Hg.): Mensch und Landschaft in der Antike. Lexikon der Historischen Geographie, Stuttgart 1999, 308–315; Forschungsüberblick: Kehne (2004 a); Grunddaten ferner bei P. Herz: Die Logistik der kaiserzeitlichen Armee, in: P. Erdkamp (Hg.): The Roman Army and the Economy, Amsterdam 2002, 19–46; Erdkamp: The corn supply of the Roman armies during the principate, ebd. 47–69; Kehne: War- and peacetime logistics: supplying imperial armies in east and west, in: Erdkamp (2007) 323–338.
[7] Das Wesentliche bei Täubler (1913); Heuß (1933); Dahlheim (1968); Fisch (1979) 65 ff. 287 f. 346 ff. 436 ff. 530 ff.; Ziegler (1972); Ziegler (1985); Nörr (1989); Ziegler (1994) 43 ff.; Ziegler (1998); Kehne (2003) 338 ff.; Kehne (2001); Kehne (1989) 136 ff.; Kehne (2004 b) 225 ff.
[8] Szaivert/Wolters (2005) 254, Nr. 26; 262, Nr. 180–181; 267–271, Nr. 305–392.
[9] Szaivert/Wolters (2005) 277, Nr. 503–510 und 280, Nr. 563–576.
[10] Der Behauptung von Täubler (1913) 20, Kriegskontributionen seien standardisierte Vorbedingungen der Dedition, hat Dahlheim (1968) 8 f. Anm. 13 zu Recht widersprochen.
[11] Selbst wenn der auswärtige Partner nach Vertragsschluss verstarb: Grainger (2002) 353.
[12] Harris (1992) 69: „*the equivalent of 648 million HS*" (sc. Sesterze).
[13] Wobei Zahlungsauflagen in unbestimmter Höhe, wie beim Waffenstillstand 241 v. Chr. oder von Teuta und Pinnes ca. 228 v. Chr. (Pol. II 12, 3; Liv. XXII 33, 5; StV 3, Nr. 500 = Kehne (2003), Nr. 478), „Erpressungen" von Provinzialen (Szaivert/Wolters (2005) 262 ff., Nr. 187–225), Kriegskontributionen von Bündnern, Geschenke oder undifferenzierbare Beute (Szaivert/Wolters (2005) 271 ff., Nr. 393–457), in denen auch vereinbarungsgemäße Beuteablöse oder Geldforderungen bei Deditionen enthalten sein mögen, nicht eingerechnet sind.
[14] Kehne (1989) 219; zum Folg. 41, 193, 219 f.
[15] Zu letzterem siehe v. Liszt (1920) 311 f.
[16] Harris (1992) 234.
[17] Gruen (1986) 294.
[18] Täubler (1913) 38, im Widerspruch zu 33 mit Anm. 2 und 4.
[19] Fisch (1979) 69 f.
[20] Fisch (1979) 64 f.; vergleiche 66 f.
[21] Fisch (1979) 69.
[22] Fisch (1979) 70. Angesichts der schlechten Überlieferungslage ist seine Annahme, dass sich Auffassungen auferlegter Zahlungen in den Quellen als „Strafe" (siehe unten Appian zu 241 v. Chr.) „*am ehesten noch auf Verhandlungen bezogen*" spekulativ; ebenso gut können spätere Bewertungen in die Überlieferung gelangt sein. Zur antiken Diskussion spezieller Kriegsschuldfragen: Mantel (1991) 69 ff. 138 ff. 147 ff. und Flach (2007). Zum Strafcharakter von Wiedergutmachungen im modernen Völkerrecht: Menzel (1962) 288 f.
[23] Fernández Nieto (1989) 387.
[24] Eine moderne Definition bieten Evans/Newnham (2006) 477. Vergleiche Ipsen (1999) 571.
[25] Gruen (1986) 292.
[26] Gruen (1986) 292.

[27] Pol. XXI 13, 5; XXI 14, 3 (Hälfte der Rom entstandenen Kriegskosten); Liv. XXXVII 35, 4: *impensae quoque in bellum factae partem dimidiam*; App. Syr. 29, 143. Scipios Kriegsrat forderte sämtliche Kriegskosten: Pol. XXI 14, 7; Liv. XXXVII 35, 8; App. Syr. 29, 147. Deren Übernahme berichtet Pol. XXI 17, 4. Dazu Grainger (2002) 312, 334.

[28] Gruen (1986) 292.

[29] Zur Rechenschaft vor dem Senat und zu Scipios Abrechnungsbüchern: Pol. XXIII 14, 5 ff.

[30] Fernández Nieto (1989).

[31] Vereinzeltes dazu bei Phillipson (1911) I 382, 383 f., II 69, 80, 292; Dahlheim (1968) 8 Anm. 13, 49 Anm. 58, 86 mit Anm. 12, 128 f. mit Anm. 10 und so weiter; Fisch (1979) 70; Scardigli (1991) 227 f. 309 mit Anm. 35, 313 f. 322 ff.; Harris (1992) 63 f. 69, 96 und so weiter; Ziegler (1985) 47 ff.; Gerhold (2002) 42 ff. 158 ff. 208, 226 ff., der vielfach nur Quellen referiert; Chaniotis (2005) 139. – Knappe mehr oder weniger systematische Behandlungen bieten Täubler (1913) 33 ff. 67 ff.; Frank (1933) I 127 ff.; Gruen (1986) 291 ff.; Fernández Nieto (1989) 383 ff. Dagegen fehlt der Aspekt „Kriegsentschädigung" unter den Lemmata des Neuen Pauly, in der mangelhaften Abhandlung von M. Kostial (Kriegerisches Rom? Zur Frage von Unvermeidbarkeit und Normalität militärischer Konflikte in der römischen Politik, Stuttgart 1995, 68–116) und der oft oberflächlichen Studie von D. J. Bederman (International Law in Antiquity, Cambridge, 2001).

[32] Dahlheim (1968) verwendet definitionslos die Begriffe „Kriegsentschädigung", „Kriegskosten" und „Kriegskontribution"; für Klose (1972) 183 f. 191, 193, 196 sind es „Schadensersatz" oder „Kriegsentschädigung"; für Fisch (1979) 70 „Kriegsentschädigungen"; Harris (1992) 68 ff. differenziert „revenues" (Einkünfte) und „indemnities" (Entschädigung), welche er selbst für „a misleading expression" hält (ebd. 69), *„at least in some cases where the „indemnity" far exceeded the cost of the preceding war"*; Fernández Nieto (1989), Seibert (1993 a) 474 und Gerhold (2002) 42 ff. 158 ff. 226 ff. verwenden den scheinbar präziseren Begriff „Kriegskostenentschädigung". Gruen (1986) 291 f. behandelt das Phänomen im Komplex Kriegsbeute undifferenziert als „indemnity payments" und meint, *„economic considerations do not supply the principal ingredient"*, 292 f. zur Hintanstellung ökonomischer Motive; vergleiche 292 sein synonymes, eigentlich promiscues Verständnis als „reparation payments". Ihm folgt Chaniotis (2005) 139, der ebenfalls pauschal von „indemnities" spricht; ebenso Grainger (2002) bes. 343, 353, aber 312 analog den Quellen „costs of war".

[33] Täubler (1913) 38 f. (Zitat), 67 f.

[34] Täubler (1913) 68.

[35] Aufgrund der unzuverlässigen Quellenbasis wurden frührepublikanische Fälle wie die laut Liv. X 37, 5 mit Volsinii, Perusia, Arretium 294 v. Chr. auf 40 Jahre geschlossenen *indutiae*, in denen von Kleidung, Getreide und jeweils sofort aufzubringenden 500.000 *aes* (= asses?), die Livius als *multa ... imposita* (also als „Strafe") bezeichnet, die Rede ist, nicht in die Terminologieauswertung einbezogen. Vergleiche die wertungsfreie Nennung der den Faliskern 293 v. Chr. nebst einem Jahressold auferlegten 100.000 schweren As (*aes grave*): Liv. X 46, 12. Weitere Fälle bei Fernández Nieto (1989) 383.

[36] Dahlheim (1968) 103 Anm. 71, mit Belegen diesbezüglicher Terminologie bei Polybios.

[37] Dieses verneint Fisch (1979) 70.

[38] Kehne (2003) Nr. 618 mit Quellenangaben und weiterer Literatur.

[39] App. Mac. 9, 2: τοῦ πολέμου δαπάνη; Mithr. 55: δαπάνη τοῦδε τοῦ πολέμου.

[40] Resultiert die Übereinstimmung daraus, dass beide dem Wortlaut des Vertrages folgen?

[41] Pol. XXI 42, 19–20.

⁴² Liv. XXXVIII 37, 7–9.
⁴³ Phillipson (1911) 68 f.; Kehne (2003) Nr. 635 mit Quellenangaben und weiterer Literatur.
⁴⁴ Fisch (1979) 69.
⁴⁵ Cass. Dio XII = Zon. VIII 17; vergleiche allgemein Pol. I 62, 5–7; App. Sic. 2, 1.
⁴⁶ Mit Quellenangaben und Literatur. Vergleiche Huß (1985) 249 ff. und Gerhold (2002) 31 ff., der aber selten mehr bietet als ein Quellen- und Literaturreferat.
⁴⁷ Pol. I 62, 9; App. Sic. 2, 4: 2000 Talente in 20 Jahresraten als „Kriegsentschädigung" (ποινὴ τοῦ πολέμου); entweder hatte Appian hier nur den Präliminarvertrag vor Augen oder dieses Missverständnis geht auf die Exc. de Leg. zurück.
⁴⁸ Pol. I 63, 3; III 27, 5; laut Zon. VIII 17, 6 erpresste Rom mehr Geld als vorher vereinbart. Liv. XXI 40, 5 zitiert offenbar den Präliminarvertrag (Anm. 51). Oros. hist. IV 11, 2 hat 3000 euböische Talente *argentum purum* in gleichhohen Raten über 20 Jahre.
⁴⁹ Der Vergleichbarkeit halber wird hier stets in Denare zum anfangs festgesetzten Anteil von einem 72stel und (durch Schrägstrich getrennt) dem später gültigen Anteil von einem 84stel des römischen Pfundes zu 327,45 g, also mit einem Durchschnittsgewicht von 4,55 g beziehungsweise 3,898 g umgerechnet: Der Neue Pauly, Bd. 3, 1997, 476 s. v. Denarius.
⁵⁰ Kehne (2003) Nr. 467; Huß (1985) 266 f.; Hoyos (1998) 132–143; Gerhold (2002) 70 ff.
⁵¹ Damit die Liv. XXI 40, 5 erwähnte 20jährige Tributzahlung Karthagos nach Aufgabe Siziliens und Sardiniens Sinn macht, müsste eine zusätzliche Laufzeit von zehn Jahren vereinbart worden sein. Aber zu Recht weist Hoyos (1998) 141 mit Anm. 18 darauf hin, dass nirgendwo in den Quellen von Ratenzahlungen die Rede ist, weshalb er – entgegen anderer dort zitierter Meinungen – von einer weiteren Einmalzahlung *„to be paid as a lump sum"* ausgeht.
⁵² Liv. XXX 25, 1–10. Vergleiche Pol. XV 1–2; Huß (1985) 414 f.; Scardigli (1991) 309 ff.; Mantel (1991) 106 ff.; Seibert (1993 a) 456 ff. (römische Provokation); Gerhold (2002) 160 ff.
⁵³ Ferner Huß (1985) 412 ff.; Gerhold (2002) 111 ff. (auch zu P. Ryl. III, Nr. 491), 141 ff.
⁵⁴ Gemäß Pol. VI 39, 12 verhielten sich die Soldrelationen von Legionär zu Zenturio zu Reiter wie 1 : 2 : 3, das heißt umgerechnet wie 2 : 4 : 6 Obolen = 1/3 : 2/3: 1 Denar [laut Walbank (1999) I 722 rechnet Polybios eine Drachme wie einen *denarius*. Das macht 360/240/120 Denare pro Jahr; ebenso Brunt (1987) 411 mit Anm. 2; Alston (1994) 113 f. mit Anm. 3; Der Neue Pauly, Bd. 11, 2001, 696 s. v. Sold – zum Gesamtvolumen: Tab. 1 Anm. 1]. Davon wurden laut Pol. VI 39, 15 Beiträge für Verpflegung, Kleidung, Waffen und so weiter abgezogen. Wie schon Mommsen (1888) 1097 Anm. 2 veranschlagten Täubler (1913) 68 und Harris (1992) 68 den Jahressold einer Legion auf ca. 600.000 Denare (2,4 Mio. Sesterzen, etwa 100 Talente); unmaßgeblich Gerhold (2002) 191, der nur Seibert (1993 b) 360 abschrieb. – Das Verhältnis 1 : 2 : 3 bezeugen auch bei Triumphen erwähnte Donative [Szaivert/Wolters (2005) 318 f.; Brunt (1987) 394, Tab. IX]: Liv. XXXIV 52, 11 (194 v. Chr.); XXXVI 40, 13 (191 v. Chr. über Boier); XXXVII 59, 6 (189 v. Chr.): 25 : 50 : 75 Denare sowie doppelter Sold und so weiter
⁵⁵ Gemäß Liv. XXX 16, 2 und XXIX 3, 5 (205 v. Chr.: *stipendium eius anni duplex et frumentum sex mensum imperatum*) ist hier wohl doppelter Jahressold anzunehmen; zum *annuum stipendium*: Liv. VIII 2, 4; VIII 36, 11; Täubler (1913) 33.
⁵⁶ Zur Größe von Scipios Heer in Afrika besitzen wir keine genauen Angaben; so schon Liv. XXIX 25, 1–2: 10.000 Infanterie, 2200 Reiter oder 16.000 und 1600 (ebenso, vermutlich aus Polybios, App. Lib. 13, 51) oder doppelt so viele. – Die Stärke jeder nach Afrika verschifften

Bürgerlegion beziffert Liv. XXIX 24, 14 auf 6200 Mann und 300 Reiter. Seibert (1993 b) 390 f. betont wohl zu Recht den Ausnahmecharakter; vergleiche Seibert (1993 a) 431 f. mit Anm. 35. Zur „Normalstärke" der republikanischen „Standardlegion": Brunt (1987) 423; Erdkamp (1998) 169 Anm. 41; Erdkamp (2007) 115. In Krisenzeiten sei aber in der Regel nie von der vollen Sollstärke auszugehen: Seibert (1993 b) 389 ff. – Scipios konsularisches Heer umfasste zwei römische Legionen à 6200 Mann und 300 Reiter, also 12.400 Fußsoldaten und 600 Reiter: Liv. XXIX 24, 14. Wenn (wie aus Livius auch zu folgern) dasselbe an Bundesgenossen aufgeboten worden wäre, resultierten daraus insgesamt etwa 24.800 Fußsoldaten und 1200 Reiter, d. h. 26.000 Italiker; nach Seibert (1993 b) 388 ff. wären die rund 18.000 Mann bei Appian kaum realistisch. Sonstige Auxilien sind nicht zu beziffern; geschätzt werden 5000–15.000. Damit ergäbe sich für Scipios Streitkräfte eine Maximalstärke von rund 30.000; ebenso Täubler (1913) 69 Anm. 6. Huß (1985) 406 Anm. 12 zu „nicht mehr als 40.000 Mann"; ähnlich Seibert (1993 a) 431 Anm. 35. Scardigli (1991) 308 nennt 35.000; A. Goldsworthy: The Punic Wars, London 2000, 287 hat 25–30.000.

[57] Huß (1985) 413 Anm. 73 scheint dieses anzunehmen; ebenso Gerhold (2002) 191 ff.

[58] Die Kriegskasse für Scipios spanisches 4-Legionen-Heer (Pol. X 19, 2; Liv. XXVII 36, 12) belief sich laut Pol. X 16, 4 auf 400 Talente (ca. 2,3/2,7 Mio. Denare), was bei 120 Denaren/Jahr grob gerechnet 20.000 Mann versorgt hätte. Aber Rom zahlte italischen Bundesgenossen keinen Sold, sondern stellte für die Kriegsdauer nur Verpflegung: Alston (1994) 113; Roth (1999) 14 ff. Ad hoc-Getreideforderungen von *civitates foederatae*: Erdkamp (1998) 94 ff.

[59] Der *modius* auch im Folgenden jeweils zu 8,75 Liter.

[60] Unspezifisches erwähnt App. Lib. 31, 131; Cass. Dio/Zon. IX 13 kennt sie nicht.

[61] Roth (1999) 43: 0,85 kg Weizen/Mann/Tag; Erdkamp (1998) 31 f.; Kehne (2004 a) 139 f.

[62] Liv. XXX 16, 11.

[63] Bei einer Schüttdichte von im Mittel 0,68 kg/dm³.

[64] Wenn sie zusätzlich 7 kg Trocken- beziehungsweise Grünfutter/Tag erhalten: Roth (1998) 66 f. Tab. IV.

[65] Mit Quellenangaben und Literatur; Huß (1985) 421 ff.; Gerhold (2002) 205 ff. 207 ff.

[66] Liv. XXX 38, 2; Pol. XV 18, 6; Scardigli (1991) 312 f. 324 ff.; Gerhold (2002) 189 ff.

[67] Zwingend ein Irrtum: Walbank (1999) II 470. Wenn Jahressold für die Römer und Getreide für alle gemeint ist, wäre sinngemäß ein „außer" oder ein „auch für" zu ergänzen.

[68] Die Geiseln dienen laut App. Lib. 54, 238 eindeutig der Sicherung der *induciae* insgesamt, nicht der der Lieferungen. Ebenso Seibert (1993 a) 474.

[69] Zur Debatte, ob dies für drei Monate zu viel sei: Täubler (1913) 69 f. (Erstquote); Gerhold (2002) 191 ff. denkt fälschlich an doppelten Jahressold für das gesamte Heer.

[70] Für Seibert (1993 a) 475 nutzten Römer „*die Zwangslage der Karthager schamlos aus.*"

[71] Daten entsprechen Preisangaben für 201 und 211 v. Chr.: Szaivert/Wolters (2005) 331.

[72] 50 Jahre lang 200 Talente; vergleiche Scardigli (1991) 306, 313.

[73] Ebenso Dahlheim (1968) 83. Pol. XVIII 37, 10. 12; 38, 2; zum Vertragsschluss 42, 1–5, den Flamininus zur Abstimmung stellte. Daher entsprechen die überlieferten Klauseln wohl weitgehend den Bedingungen des Präliminarvertrages. Dem widerspricht App. Mac. 9, 3.

[74] So Fernández Nieto (1989) 385, 387, der die Dringlichkeit der Soldzahlung überbewertet.

[75] Dazu besonders ausführlich Dahlheim (1968) 83 ff.; Klose (1972) 183 f.; Gruen (1986) 22 f. 82 f. 87, 388 f. 447 f. und so weiter; vergleiche Grainger (1999) 402 ff. 389 ff. 407 f. 412.

[76] Eutr. IV 2, 1 nennt 40.000 Pfund (13.098 kg = 500 Talente) in zehn Raten à 4000 Pfund. Laut Livius hatte auch Valerius Antias 4000 Pfund zehn Jahre lang, was mit anderen Anga-

ben harmonisierbar ist; das gilt jedoch nicht für die 20.000 Pfund Sofortabgabe (ca. 250 Talente) und 126.000 Pfund (ca. 1575 Talente) auf 30 Jahre bei Claudius Quadrigarius: Liv. XXXIII 30, 8. Hierzu Dahlheim (1968) 86 mit Anm. 12; Anm. 10 und 267 zu Schadensersatzforderungen römischer Bundesgenossen. Vergleiche Gruen (1986) 291.

[77] Dazu Klose (1972) 184 mit Anm. 10.

[78] Vergleiche Dahlheim (1968) 150 Anm. 64, 221 ff. 267 f.; Gruen (1986), 252 f. 291.

[79] Ebd. weitere Literatur. Zu den Waffenstillstandsverhandlungen Grainger (2002) 332 ff.

[80] Geiselforderung: Pol. XXI 17, 8; Liv. XXXVII 45, 16; Geiselstellung: Pol. XXI 17, 11; Liv. XXXVII 45, 20; unerwähnt jeweils die Ablieferung der 500 Talente. Beides bezeugt App. Syr. 39, 200. Grainger (2002) 335, der auch hier nur eine Nacherzählung der Quellen bringt, übergeht dieses Problem. 20 Geiseln als Bestandteil des Friedensvertrages: Pol. XXI 42, 22; Liv. XXXVIII 38,15; Allen (2006) 157 f. 103, 144 f. übersieht die Geiselstellung beim Waffenstillstand, da seine extrem defizitäre Systematik keine solche Kategorie kennt.

[81] Für Grainger (2002) 347 (ohne Quellenbeleg) die Steuerjahreseinkünfte des Königreichs.

[82] Liv. XXXVII 45, 14; zum Präliminarvertrag ferner Pol. XXI 17, 4; 40, 8 und so weiter

[83] Grainger (2002) 342 vermutet hierin wenig plausibel eine spätere Auflage.

[84] Grainger (2002) 334. Im Friedensvertrag wurde diese Summe auf 350 Talente ermäßigt.

[85] Mit Literatur. Vergleiche Grainger (1999) 494 ff. und Grainger (2002) 336 ff.

[86] Ein Drittel der Sofortzahlung durfte in Gold erfolgen, dessen Verhältnis zu Silber (wovon im Kontext von Kontributionen nur hier die Rede ist) auf 1:10 Minen festgelegt wurde.

[87] Aus Liv. XXXVIII 45, 9 folgert wohl, dass jenes für die Oroandenser nicht zutraf.

[88] Grainger (2002) 343, 341 ff. zu diesem Feldzug und speziell Grainger: The campaign of Cn. Manlius Vulso in Asia Minor, in: Anatolian Studies 54, 1995, 23–42.

[89] Zu den Friedensverhandlungen in Rom Grainger (2002) 344 ff. Zum Vertrag von Apameia auch Dahlheim (1968) 98 ff. 147 f. 156 f. 265 ff. und Grainger (2002) 347 f.

[90] Polybios hat nur eine verkürzte Version der Vertragspartikel; unklar bleibt, ob die Getreidemenge mit einer beim Waffenstillstand oder einer zusätzlich verlangten identisch war.

[91] Grainger (2002) 352 f. zur nur teilweisen Realisierung der Auflagen; Gruen (1986) 644 ff.

[92] Gruen (1986) 293, 88, 648, 651. Grainger (2002) 353 plädiert für vollständige Abzahlung.

[93] So verstanden Frank (1933) I 126 ff. und Harris (1992) 69, 74 die Kontributionen.

[94] 6 Jahre: Aitoler; 8 Jahre: Nabis; 10 Jahre: Karthago 241 v. Chr. und Philipp V.; 12 Jahre: Vorvertrag mit Antiochos III.; Friedensvertrag 188 v. Chr.; [20 Jahre: Lutatiusvertrag]; 50 Jahre: Friede mit Karthago 202/01 v. Chr. Täubler (1913) 69 bietet keine Erklärung.

[95] Ebenso Fernández Nieto (1989) 388.

[96] Jedoch nur für die römischen Soldaten (siehe Anm. 58).

[97] Dahlheim (1968) 86 Anm. 12; Täubler (1913) 39 f. 70 f., korrekt ist nur sein Verweis auf Pol. XXI 32, 10, wo allein die sechsjährige Abzahlung der Zeit der Geiselschaft entspricht.

[98] Siehe Anm. 68.

[99] Dem widerspricht schon, dass Antiochos III. demnach für 12 Jahresraten nur 20 Geiseln, die Aitoler für sechs Jahre aber 40 Geiseln gestellt hätten.

[100] Dazu Seibert (1993 a) 493 f. mit weiterer Literatur.

[101] Ipsen (1999) 571; Vitzthum (2004) 610.

[102] Laut Pol. XXIV 6, 1–2 kosteten 180 v. Chr. zehn Fünfzigruderer zehn Talente. [Aristot.] Ath. pol. XXII 7 beziffert Bau und Ausrüstung einer Triere 485 v. Chr. auf ein Talent; folgert daraus für 250 v. Chr. das Drei- oder gar Vierfache dieses Betrages?

[103] Hoyos (1998) 141.

[104] Fernández Nieto (1989) 388.
[105] Zum Standardumfang konsularischer Heere in republikanischer Zeit: Pol. X 16, 4; Liv. XXIX 24, 14. Zu Scipios 4-Legionen-Heer in Spanien auch Pol. X 19, 2; Liv. XXVII 36, 12; Seibert (1993 b) 388 ff. Gerhold (2002) 192 f. geht von verstärkten Legionen aus.
[106] Täubler (1913) 68; ähnlich abstrus Gerhold (2002) 192 f.
[107] Übersichten bei Brunt (1987) 418 ff. und Erdkamp (1998) 168 f. Zur Glaubwürdigkeit der Legionsverzeichnisse der Forschungsüberblick und die differenziert-bejahende Position von Seibert (1993 b) 368 ff. 394 f., der zu Recht davor warnt, hier jeweils Sollstärken anzusetzen.
[108] Dass Scipio von Karthago, wie Gerhold (2002) 192 meint, *„im Namen der socii auch den Sold für die Auxiliareinheiten verlangt haben"* soll, bleibt bloße Spekulation.
[109] Täubler (1913) 68.
[110] Fernández Nieto (1989) 388.
[111] Gruen (1986) 293.
[112] In diesem Sinne Fernández Nieto (1989) 386.
[113] Diese betonen neben Gruen auch Täubler (1913) 69 und Fernández Nieto (1989) 387.
[114] Klose (1972) 193.
[115] Hoyos (1998) 141.
[116] In diesem Sinnen sind also „greed or aggressivness", wie Hoyos (1998) 141 meint, keine Alternativen. Zur Debatte ökonomischer Motive römischer Außenpolitik: Rich (1995) 39 ff.
[117] Liv. XXXIII 29, 7–12; dazu Grainger (1999) 409.
[118] Liv. V 48, 9.

JUTTA NOWOSADTKO

Realeinquartierung als bürgerliche und bäuerliche Last

Unterhalt und Verwaltung von Militärbesatzungen im 17. und 18. Jahrhundert

Das Zusammenleben von Militär- und Zivilbevölkerung in Festungsstädten hat in den letzten Jahren verstärkt das Interesse der Frühneuzeitforschung gefunden. Die älteren Studien behandelten bevorzugt reichsstädtische Militärwesen,[1] was zunächst den Vorteil bot, dass in diesen kleinen Territorien der institutionelle Gegensatz zwischen ziviler kommunaler Administration und landesherrlichem Militär entfiel und in der Regel eine gute Quellenüberlieferung vorlag. Als oberster Dienstherr der Soldaten und zugleich bürgerliche Obrigkeit fungierte der reichsstädtische Magistrat beziehungsweise Rat in Personalunion. Zugunsten dieser Übersichtlichkeit in der Verteilung der Zuständigkeiten wurde jedoch umgekehrt in Kauf genommen, dass eine für die frühneuzeitliche Geschichte konstitutive Konfliktlage systematisch ausgeblendet wurde. Gerade die zeitgenössisch bedeutenden Militär- und Flächenstaaten blieben bei diesem Zugriff ebenso ausgeklammert wie der frühneuzeitliche Staatsbildungsprozess insgesamt. Entsprechend umstritten blieb die Übertragung der Forschungsergebnisse auf landesherrliche Garnisonen. Hier ging die Forschung traditionell davon aus, dass sich das Zusammenleben von Militär und Bürgerschaft deutlich konfliktreicher als in den Stadtstaaten gestaltete,[2] und dass die städtische Gesellschaft unter der ständigen Präsenz und den Ansprüchen der stehenden Heere spürbar gelitten habe.[3] Städte und Stände seien von ihren partikularen Rechten und Selbstverwaltungsbefugnissen enteignet worden. Die Sozialgeometrie des Staates und seines Militärs sei auf dem Rücken „der kleinen Leute" etabliert worden.[4] Insgesamt blieb die Perspektive auch bei diesem Zugriff stadtgeschichtlich geprägt. Das Militär wurde im Wesentlichen als äußerer Störfaktor bewertet, der gewaltsam (in der Rolle des fremden Besatzers) sozialdisziplinierend (im Dienste des jeweiligen Landesherrn) in die urbane Lebenswelt und Autonomie einbrach.[5]

Dass Ralf Pröves Studie zu Göttingen im Gegensatz dazu das Militär erstmals als integralen Bestandteil der städtischen Gesellschaft des 18. Jahrhunderts untersuchte, stellte daher einen erheblichen Innovationsschub für die Sozialgeschichte des frühneuzeitlichen Militärs dar. Methodisch beispielhaft wurden in dieser ersten Arbeit zu einer territorialen Festungsstadt mit landesherrlicher Garnison die Lebensbedingungen der Militärbevölkerung und deren soziale Integration in das städtische Umfeld untersucht. Als besonders wichtig für die folgende Darstellung ist dabei vor allem die ausführliche Behandlung des Systems der Einquartierungen und die Angaben zur finanziellen Belastung der Stadt und ihrer Bürger durch die landesherrliche Garnison hervorzuheben.[6] Weitere Studien, welche die Soldaten und ihre Familien konsequent als Teil der städtischen Bevölkerung betrachteten und nicht apriorisch einen Gegensatz zwischen zivilen und militärischen Lebensbereichen annahmen, folgten. In seinem Vergleich der Sozialstrukturen der schwedischen Provinzstädte Stralsund und Stade zur Zeit des Nordischen Krieges arbeitete Stefan Kroll sowohl die vielfältige Beteiligung der Soldaten am städtischen Erwerbsleben[7] wie auch umgekehrt die bürgerlichen Verdienstmöglichkeiten durch militärische Aufträge der schwedischen Krone und Kriegskonjunkturen heraus.[8] In seiner Folgestudie zum sächsischen Militärwesen widmete sich Kroll unter anderem ebenfalls dem Problem des Quartierwesens.[9] Auch wenn insgesamt noch etliche Detailfragen vor allem hinsichtlich der Sozialtopographie offen sind, weitere Fallstudien wünschenswert sind, da die Belastungen der Bürgerschaft selbst innerhalb ein und desselben Territoriums von Stadt zu Stadt stark variieren[10] und auch innerhalb der Städte selbst durchaus ungleichgewichtig verteilt sein konnten,[11] so kann doch inzwischen der Aufenthalt der landesherrlichen Soldaten in der „guten Bürgerstube"[12] als für das 18. Jahrhunderts als vergleichsweise gut untersuchtes historisches Phänomen betrachtet werden. Die wesentlichen Grundzüge des Einquartierungssystems in Friedenszeiten sind bekannt.

Deutlich lückenhafter gestaltet sich die Forschungslage hinsichtlich der militärischen Durchmärsche im Kriegsfall. Die Folgen wechselnder Besatzungen für die Bevölkerung der davon betroffenen Städte wurden bislang auch für das verhältnismäßig gut überlieferte 18. Jahrhundert noch nicht systematisch untersucht. Für das Jahrhundert davor gilt, dass seine zweite Hälfte generell zu den eher selten beackerten Feldern der frühneuzeitlichen Geschichte gehört. Die wissenschaftliche Literatur bricht nach dem inzwischen gut untersuchten Dreißigjährigen Krieg ab, um den Faden etwa um 1720 wieder aufzunehmen. Wie die Heere nach dem Westfälischen Frieden ganz konkret sesshaft, die vormaligen Söldner als nunmehrige Soldaten an Befehl und Gehorsam gewöhnt, die Praxis der Kontributionen in reguläre Steuererhebungen mündete, das Offizierkorps „stabsdiszipliniert" wurde, so dass seine Mitglieder künftig treue Diener der jeweiligen Landesherrn bildeten, dazu liegen bislang keine Detailstudien vor. Dennoch gilt als gesicherte Erkenntnis, dass die Bellona im Gegensatz zu den Verwüstungen des Dreißigjährigen Krieges nunmehr „gehegt" und zu einem zivilverträglicheren Verhalten gezwungen wurde. Die bereits erwähnten Forschungsarbeiten zum Zusammenleben von Militär- und Zivilbevölkerung im 18. Jahrhundert bestätigen diesen Befund auch eindeutig. Allerdings hielt Krünitz noch zu Beginn des 19. Jahrhunderts fest, das Recht der Regierungen, *„die Unterthanen zu nöthigen, daß sie Soldaten in ihre Häuser aufnehmen und ihnen Wohnung gestatten müssen,"* habe mit den stehenden Heeren seinen Anfang genommen. Das Einquartierungsrecht gelte aber nur in den „Zeiten der Ruhe". Sobald feindliche Armeen ins Land kämen, müsse sich jedermann Einquartierungen gefallen lassen. Anderslautende rechtliche Regelungen seien in diesem Fall unwirksam.[13] Auch mit Blick auf das Einquartierungswesen auf Märschen im Frieden versicherte Krünitz, dieses beruhe auf sicheren und geordneten Grundsätzen, die jedoch im Kriege nicht eingehalten werden könnten.[14] Die Forschungsergebnisse hinsichtlich der Garnisonen in Friedenszeiten sind daher nicht umstandslos auf kriegsbedingte Einquartierungen zu übertragen. Gleichwohl erlaubt das Servis- und Einquartierungswesen Rückschlüsse auf die militärischen und kommunalen Organisations- und Verwaltungsstrukturen, die prinzipiell auch in Kriegszeiten zur Verfügung standen und genutzt wurden. Darüber hinaus gilt es zu berücksichtigen, dass das Quartierwesen des 18. Jahrhunderts auf der Grundlage des Systems befristeter Einquartierungen entwickelt worden war, die im Zuge der Sesshaftwerdung der landesherrlichen Armeen sozialverträglicher gestaltet werden mussten, um langfristig Bestand zu haben. Die dauerhafte Unterbringung der Soldaten konnte in der Praxis nur gelingen, wenn die lokalen Verwaltungen mit den Kriegskommissariaten und den Offizieren zusammenarbeiteten. Insofern lässt sich an der Verstetigung des Einquartierungswesens auch die Institutionalisierung der frühneuzeitlichen Militärverwaltungen ablesen. Bei aller Vorsicht besteht daher Grund zu der Annahme, dass im 17. Jahrhundert kein großer Unterschied spürbar war, ob Militärverbände des eigenen Landesherrn oder eines fremden Fürsten in den Städten oder Dörfern einquartiert lagen.

Dass die Beziehung zwischen ziviler Einwohnerschaft und nur kurzfristig anwesenden, durchziehenden und meist fremden Militärverbänden besonderes Konfliktpotential boten, ist der Forschung nicht gänzlich unbekannt. Die Spannungen und Interessengegensätze brachen zwangsläufig besonders heftig in belagerten Festungsstädten zwischen den unterschiedlichen Gruppen ihrer Bewohner auf.[15] Mit den Konflikten und Disziplinarproblemen, die in Kriegszeiten und insbesondere bei Durchmärschen in den Quartieren beobachtet werden konnten, hat sich bislang nur die Arbeit von Maren Lorenz auseinandergesetzt. Die Studie, deren Schwerpunkt die Gewaltverhältnisse zwischen Militär und Zivilbevölkerung in den deutschen Territorien Schwedens nach dem Dreißigjährigen Krieg in der zweiten Hälfte des 17. Jahrhunderts bilden, fokussiert vor allem die Übergriffe und die militärrechtliche Praxis. Sie diagnostiziert im Ergebnis eine Erosion der Autorität der Staatsgewalt, die weder fähig noch willens war, Verstöße gegen die Friedensgebote des Kriegsrechts zu ahnden, und belegt gleichzeitig eindrucksvoll die Persistenz der Praktiken des Dreißigjährigen Krieges, die auch eine Zerstörung der eigenen Versorgungsbasis durch unkontrollierte Plünderungen nicht ausschloss.[16] Wie sich die disziplinarische Situation in den Quartieren und Winterquartieren der Durchzugs-, Aufmarsch- und Kriegsgebiete in anderen europäischen Regionen des 17. und im 18. Jahrhundert gestaltete, ist noch nicht untersucht. Den materialreichsten Beitrag zu diesem Thema stellt daher noch immer der zweihundertdreizehn Seiten starke Lexikonartikel „Kriegsschäden und Lasten" dar, den Krünitz 1790 veröffentlichte.[17] Das grundlegende Forschungsdefizit kann im Folgenden nicht ausgeglichen werden. Vielmehr beschränkt sich die Darstellung darauf, allgemeine Grundlinien und Forschungsdesiderate zu benennen.

Die sogenannte Realeinquartierung gehörte zu den logistischen Herausforderungen vormoderner Kriegführung. Geeignete oder ungeeignete Winterquartiere waren wie die Frage, ob auf den Marschrouten die Versorgung der Armeen mit Lebensmitteln und Futter für die Pferde gesichert war, von entscheidender Bedeutung für den Verlauf von mehrjährigen Feldzügen und beeinflussten insofern auch das taktische Handeln der beteiligten Parteien.[18] Aus der Perspektive der betroffenen Bevölkerung erwuchsen daraus erhebliche Belastungen, die entweder bar als Kontribution oder naturaliter als Quartier zu tragen war. Im zeitgenössischen Sprachgebrauch stellte die Kontribution eine Kriegssteuer dar, welche Städte und Länder bezahlten, um *„sich von der Plünderung und andern Thätlichkeiten der Feinde loßzukauffen."* Die Taxe wurde in Bargeld, Getreide oder in anderer Form als Proviant und Lebensmittel entrichtet. Zur Garantie der Zahlungen waren auch im 18. Jahrhundert Geiselnahmen üblich.[19] Aufgrund der Naturalleistungen waren die Übergänge zu den mit der Einquartierung verknüpften Leistungen und den Plünderungen fließend. Bei den sogenannten Fouragierungen wurden Getreide, Heu und Stroh mit Gewalt zusammengelesen und fortgeschleppt. Darüber hinaus wurden Zugtiere und anderes Vieh weggetrieben und Lebensmittel entwendet.[20] Die Einquartierungen, die Krünitz komplett unter die Kriegsschäden verbuchte, zeichneten sich durch drei Problemfelder aus. An erster Stelle waren schlicht die Räume und Gegenstände zu nennen, die der Quartierwirt den Soldaten zur Verfügung stellen musste, und die damit für anderweitige Nutzungen ausfielen. Im Falle von Wirtshäusern war der Schaden insofern doppelt anzusetzen, als der übliche Erwerb durch die Vermietung von Zimmern dadurch komplett ausfiel. An zweiter Stelle schlugen die von den einquartierten Soldaten konsumierten Lebensmittel zu Buche. In der Regel musste den Militärs Essen und Trinken gestellt werden. Der Kriegsschaden konnte aber auch in Gestalt von sog. Douceurs entstehen, die an Stelle der Naturaleinquartierung oder der sonst üblichen Beköstigung als quasi private Kontribution bezahlt wurden. Die dritte Einquartierungslast bestand in der sog. Aufwartung und Dienstleistung beziehungsweise Handreichung, die von den Quartierwirten erwartet wurde. Sofern die Armeen sich nicht die Güter, die sie zum Unterhalt benötigten, selbst beschafften, konnten sie auch Lieferungen ausschreiben, welche von den Dorfbewohnern sichergestellt werden mussten. Die Lieferungen betrafen überwiegend Fouragegüter wie Korn, Mehl, Hafer, Heu und Stroh, konnten aber auch Betten und alte Leinwand für die Verwundeten umfassen. Außer zu diesen Lieferungen sahen sich die Quartierwirte auch zu Transporten aller Art und zu Holzfuhren aus den Gemeindewäldern veranlasst. Die Dörfer konnten sich glücklich schätzen, wenn in diesem Zusammenhang nicht auch die Stellung von Rekruten, Bagageknechten oder Kundschaftern verlangt wurde.[21]

Aus bürgerlicher Perspektive handelte es sich bei den Einquartierungen um eine naturaliter zu erbringende Last, die, sofern sie das reguläre Maß überstieg, auf die übrigen Steuerlasten angerechnet wurde. Für den Staat konnte dieses Verfahren gegebenenfalls auch nach dem Ende von Kriegen zu einer mehrjährigen Minderung der Steuereinkünfte führen. Stellvertretend für viele andere sei an dieser Stelle eine Petition vorgestellt, die Bürgermeister und Rat der Stadt Meppen 1705 beim Landtag in Münster präsentierten. Die Beschwerdeführer verwiesen darauf, dass ihre Stadt beim hessischen und schwedischen Krieg zunächst von Schweden besetzt, danach von Kaiserlichen im Sturm genommen und ausgeplündert worden sei, um 1647 erneut von schwedischen Völkern unter General Königsmarck eingenommen und eingeäschert zu werden. Seit dem Jahre 1665 sei die noch immer verarmte Stadt mit einer dauerhaften landesherrlichen Garnison belegt. Insgesamt sei Meppen zu klein und längst zu verarmt, um die große Belastung noch länger tragen zu können.[22]

Noch zu Beginn des 18. Jahrhunderts hatte manche Gemeinde Schuldendienste für das Geld zu leisten, welches sie im Dreißigjährigen Krieg aufgenommen hatte. Diese minderten letztlich auch die Steuerleistungen. Umsonst waren die Quartiere niemals zu haben. Allerdings handelte es sich um eine versteckte Form der Kriegskosten, die in den Gesamtbilanzen bislang nur selten berücksichtigt wurden, weil sie sich zunächst in den geminderten Einnahmen der Grundherren und Pachtherren und in der Verschuldung der Bauern selbst niederschlugen.

Literatur

Ehlers, Joachim: Die Wehrverfassung der Stadt Hamburg im 17. und 18. Jahrhundert (= Militärgeschichtliche Studien 1), Boppard a. Rh. 1966, zugl. Univ. Diss. Hamburg 1966.

Eichberg, Henning: Festung, Zentralmacht und Sozialgeometrie. Kriegsingenieurwesen des 17. Jahrhunderts in den Herzogtümern Bremen und Verden, Köln – Wien 1989.

Hahlweg, Werner: Das Kriegswesen der Stadt Danzig, Bd. 1 [mehr nicht erschienen] Die Grundzüge der Danziger Wehrverfassung, 1454–1793, (= Schriften der Kriegsgeschichtlichen Abteilung im Historischen Seminar der Friedrich-Wilhelms-Universität 31 = Studien zur Militärgeschichte, Militärwissenschaft und Konfliktforschung 25), Berlin 1941, durch eine Einführung und einen Dokumenten-Anhang erweiterter Neudruck Osnabrück 1982.

Hohrath, Daniel: Der Bürger im Krieg der Fürsten. Stadtbewohner und Soldaten in belagerten Städten um die Mitte des 18. Jahrhunderts, in: B. Kroener, R. Pröve (Hgg.): Krieg und Frieden. Militär und Gesellschaft in der Frühen Neuzeit, Paderborn u. a. 1996, 305–329.

Köhn, Gerhard: Das Verhältnis von Bürgern und Soldaten in der Festung Glückstadt im 17. und 18. Jahrhundert, in: V. Schmidtchen: Sicherheit und Bedrohung – Schutz und Enge. Gesellschaftliche Entwicklung von Festungsstädten, Beispiel Stade (= Schriftenreihe Festungsforschung 6), Wesel 1987, 111–142.

Wilhelm Kohl, Christoph Bernhard von Galen. Politische Geschichte des Fürstbistums Münster, 1650–1678, Münster 1964

Kraus, Jürgen: Das Militärwesen der Reichsstadt Augsburg (1548–1806). Vergleichende Untersuchung über städtische Militäreinrichtungen in Deutschland vom 16.–18. Jahrhundert (= Abhandlungen zur Geschichte der Stadt Augsburg 26), Augsburg 1980.

Kroll, Stefan: Stadtgesellschaft und Krieg. Sozialstruktur, Bevölkerung und Wirtschaft in Stralsund und Stade 1700 bis 1715 (= Göttinger Beiträge zur Wirtschafts- und Sozialgeschichte 18), Göttingen 1997, zugl. Univ. Diss. Hamburg 1995.

Kroll, Stefan: Soldaten im 18. Jahrhundert zwischen Friedensalltag und Kriegserfahrung. Lebenswelten und Kultur in der kursächsischen Armee 1728–1796 (Krieg in der Geschichte 26), Paderborn 2006.

Krüger, Kersten: Militär und Stadt – Ratzeburg 1689–1695. Befestigungen, Bombardierung und Wiederaufbau, in: K. Krüger (Hg.): Europäische Städte im Zeitalter des Barock. Gestalt – Kultur – Sozialgefüge (= Städteforschung, Veröffentlichungen des Instituts für vergleichende Städtegeschichte, Reihe A, 28), Köln und Wien 1988), 399–436

Krünitz, Johann Georg: Oekonomische Encyklopädie, oder allgemeines System der Staats-, Stadt-, Haus- und Landwirthschaft, Bd. 51, Berlin 1790, 645–857, s. v. Kriegsschäden und Lasten

Krünitz, Johann Georg: Oekonomische Encyklopädie, oder allgemeines System der Staats-, Stadt-, Haus- und Landwirthschaft, Bd. 153, Berlin 1830, 371–405, s. v. Servis- und Einquartierungswesen

Lorenz, Maren: Das Rad der Gewalt. Militär und Zivilbevölkerung in Norddeutschland nach dem Dreißigjährigen Krieg (1650–1700), Köln u. a. 2007

Nowosadtko, Jutta: Ordnungselement oder Störfaktor? Zur Rolle der stehenden Heere innerhalb der frühneuzeitlichen Gesellschaft, in: R. Pröve (Hg.): Klio in Uniform? Probleme und Perspektiven einer modernen Militärgeschichte der Frühen Neuzeit, Köln 1997, 5–34; Nowosadtko, Jutta: Krieg, Gewalt und Ordnung. Einführung in die Militärgeschichte, Stuttgart 2002.

Parrott, David A.: Strategy and Tactics in the Thirty Years' War: The „Military Revolution", in: C. Rogers, (Hg.): The Military Revolution Debate. Readings on the Military Transformation of Early Modern Europe (= History and Warfare), Boulder 1995, 227–251.

Pröve, Ralf: Stehendes Heer und städtische Gesellschaft im 18. Jahrhundert. Göttingen und seine Militärbevölkerung (1713–1756) (= Beiträge zur Militärgeschichte 47), München 1995, zugl. Univ. Diss. Göttingen 1992.

Pröve, Ralf: Der Soldat in der 'guten Bürgerstube'. Das frühneuzeitliche Einquartierungssystem und die sozioökonomischen Folgen, in: B. Kroener, R. Pröve (Hgg.): Krieg und Frieden. Militär und Gesellschaft in der Frühen Neuzeit, Paderborn u. a. 1996, 191–217.

Schwark, Thomas: Lübecks Stadtmilitär im 17. und 18. Jahrhundert. Untersuchungen zur Sozialgeschichte einer reichsstädtischen Berufsgruppe (Veröffentlichungen zur Geschichte der Hansestadt Lübeck, hrsg. vom Archiv der Hansestadt, Reihe B, Bd.18), Lübeck 1990.

Zedler, Johann Heinrich: Großes vollständiges Universal-Lexikon, Bd. 6, Halle – Leipzig 1733, Sp. 1159, s. v. Contribution, Kriegs-Steuer

Anmerkungen

[1] Ehlers (1966); Kraus (1980); Hahlweg (1941); Schwark (1990).
[2] Krüger (1988) 399–400, 408, 424–425.
[3] Köhn (1987) 113.

[4] Eichberg (1989) 482.
[5] Zusammenfassend dazu Nowosadtko (1997); Nowosadtko (2002) 121–122.
[6] Pröve (1995) 203–240.
[7] Kroll (1997) 350–356.
[8] Kroll (1997) 224–228, 389–399.
[9] Kroll (2006) 290–298.
[10] Kroll (2006) 292.
[11] Pröve (1995) 215–218.
[12] Pröve (1996).
[13] Krünitz (1830) 371.
[14] Krünitz (1830) 383.
[15] Hohrath (1996).
[16] Lorenz (2007) 167–191.
[17] Krünitz (1790).
[18] Parrott (1995) 241–245.
[19] Zedler (1733).
[20] Krünitz (1790) 775–776.
[21] Krünitz (1790) 789–806.
[22] StA Münster, Domkapitel Münster, Akten, Nr. 3632. Vergleiche dazu auch Kohl (1964) 316.

Namensindex

Abdera 188
Abydos 110, 119
Achaia 88
Achilleus 132 f.
Adria 176
(M.) Aemilius Lepidus 97
Agamemnon 132 f., 147
Ägypten 38, 55, 75, 85, 89, 106, 109, 111, 114, 137, 149, 171, 244
   hellenistische Zeit 80
Aigina 30, 42, 46, 54, 88, 140– 142, 149 f.
Ainos 188
Aitoler 79, 87 f., 232, 250, 253, 267, 279
Akarnanien 79, 88
Akropolis 18, 21, 23 f., 32, 49, 71, 134
Alexander II. von Makedonien 82
Alexander II. Zabinas 87
Alexander III. der Große 33 f., 43, 80, 84 f., 90, 109 f., 112, 114, 118, 123 f., 145, 248 f., 256
Alexandreia 87, 109, 114
Alexandreia Troas 180
Alkibiades 32, 35, 41 f., 44, 57, 90, 149
Alkinoos 133 f., 147
Amisos 110, 127
Amphipolis 22, 35
Ancona 166
Andros 136
Anhalt-Bernburg 216
Anonymus Argentinensis 24, 69
Ansbach 195
Antigonos Monophthalmos 87 f.
Antigonos Gonatas 85
Antigonos Doson 83
Antimenes 110
Antiocheia 87
Antiochos I. Soter 127
Antiochos III., der Große 88, 229, 232–234, 237, 243, 247, 250, 253 f., 258 f., 263 f., 267–269, 273, 279

Antiochos IV. 96, 102, 268, 271
Antissa 110
Apameia 265, 267 f., 271, 279
Apollodoros 72, 87
Apollon 136
Apollonia 180, 190
Apollonios 96
Appian 11, 181 f., 229, 261, 264–266, 269, 275, 277 f.
Aratos 88
Archidamos 19 f., 30 f., 34, 36, 61, 86
Areus 86
Argos 76, 79, 81
Ariarathes 253, 265
Aristoteles (Philosoph) 14, 86, 106, 112, 123–126, 140
   Pseudo-Aristoteles 5, 106, 123 f., 127
Aristoteles von Rhodos 110, 114
Arkader 76
Arnpeck, Veit 208
Arrian 90
Arsinoe III. 85
Artabazos 88, 111, 121 f.
Artaxerxes I. 36
Artaxerxes II. 39, 61, 103, 111
Artaxerxes III. 111
Artemis 112 f.
Asien 232
Assos 110, 112
Atarneus 110, 112
Athen 5, 11, 14, 19–23, 25–58, 60 f., 63–66, 68, 70–72, 74, 76 f., 79–85, 88–90, 93, 102, 106, 110–112, 115–117, 120 f., 123 f., 128, 130 f., 134–137, 140–142, 144–151, 153–155, 159, 188, 190, 229, 248 f.
Athene 113
Athribes 109
Attaleia 85
Attalos I. 80, 83
Attika 30, 110

August III. 216
Augustus 103, 240 f. 244
Autariaten 88, 192

Babylon 109
Balanos 96
Bamberg 220, 222
Bastarner 184, 192
Bayern 16, 195–197, 199–201, 205–209, 217, 225
   Heer 199
Bayern-Landshut 195, 197, 199 f., 204 f., 207, 209
Bayern-Landshut, Ludwig (der Reiche) IX. von (Herzog 1417–1479) 195–201, 204 f., 207 f.
Bayern-Straubing 205, 209
Bessen 181, 183–189
Böhmen, Georg von (König 1458–1471) 196
Boier 231, 277
Brandenburg 195 f., 202 f., 205–207, 209, 214, 216
   Stände 203
Brandenburg, Albrecht Achilles von (Kurfürst 1414–1486) 195–197, 201 f.
Brandenburg, Johann von (Markgraf 1455–1499) 195 f., 201 f.
Brandenburg-Ansbach 216
Brandenburg-Preußen 214
Brasidas 41, 86
Bulgarien 179, 188, 191, 256
Burebista 184, 186 f.
Burgund 202
Byzantion 46, 110, 115 f., 118, 180

(C.) Caecilius Metellus 183
Capua 169
(C.) Cassius Longinus 97, 192
Catones siehe Porcii Catones
Cenomanen 231
Chabrias 87, 111, 121

Chalkedon 110
Chalkidike 110, 185
Charax 87
Chares 88
Chares von Lampsakos 141
Charidemos von Oreos 111, 122
Chios 46, 78, 89, 110, 134, 137, 149
(M. Tullius) Cicero 91, 98, 105, 181 f., 185, 232
Cincibilus 96 f., 104
Claudii
   (Ap.) Claudius Centho 88
   (C.) Claudius 235
   Claudius Quadrigarius 233, 279
   Claudius (Kaiser) 244
Comer 231
Cornelii Scipiones
   P. Cornelius Scipio Africanus 263, 265 f., 269, 276–278
   L. Cornelius Scipio Asiaticus 229, 233, 267, 276
Cottbus 203
Crossen 203, 214

Daker 184, 187
Dänemark 214, 226
Dardaner 184 f., 191
DDR 224
Delos 136, 153 f., 158
Delphi 20, 31, 61, 81, 131, 153, 184
Demainetos 85
Demeter 24, 113
Demosthenes 11, 24, 37, 58, 60, 63, 72, 78 f.
Dentheleten 184 f., 187, 191
Deutscher Orden 207, 209
Deutschland 16, 207, 212, 223 f., 255 f., 285
Develt 186
(M.) Didius 184
Didymoteichos 179
Diogenes Laërtios 106
Dionysios I. 88, 111, 117, 119, 249

Namensindex

Dionysios von Halikarnassos 229
Dionysos 113, 175
Dresden 216
(M.) Drusus 184, 187
Dyrrachion 180

Edirne 180, 185 f., 191
Eheberg, Karl Theodor von 210
Eichstätt 220, 222
Eion 22
Ekbatana 85
Eleusis 24, 85
Elis 76, 79, 81
Elymais 88
England 212, 214, 216 f., 226
Ephesos 87 f., 110, 112, 155
Ephraim & Söhne 216
Epirus 88
Eretria 5, 42, 57, 63, 76, 128, 130 f., 134, 136, 139–142, 144–146, 148–150
Erythrai 154
Eteonikos 88
Etrurien 110 f., 113, 117
Euaises 110
Euboia 76, 110, 130 f., 141, 149
Eumenes I. 77, 85, 87
Eumenes II. 96, 265, 267 f.
Eumenes von Kardia. 88
Eupolemos von Karien 85, 87
Europa 151, 204, 206 f., 258
Eutrop 183, 187, 191
Eyb, Ludwig von 208

Falisker 251, 263, 276
Feldkrücken 211
Franken 195 f., 200, 203, 207 f., 217
Frankfurt/Main 216, 219–222, 226 f.
Frankfurt/Oder 203
Frankreich 16, 212–214, 216, 219 f., 246
Freiberg 218
Friedrich II. 213, 217 f.
Fulda 210, 216 f., 219 f., 222, 225 f.

(L.) Furius Purpurio 92

Gallia Cisalpina 97
Gallier 92, 96, 231 f.
Gentius 233
Geten 179, 186
Giengen 196
Glogau 202, 206
Griechenland 7, 14 f. 29, 32 f., 37, 46, 65, 74 f., 77, 81, 87, 93, 126, 128, 131 f., 136, 140, 146, 179, 181, 185, 189, 229, 232, 244, 248, 254

Hannibal 167, 170, 235, 247, 263, 269, 274
Hannover 214
Hebros 179, 183–186
Hektor 132 f.
Hellespont 36, 111, 135, 138, 258
Herakleia Pontike 88, 110
Herakles 175, 178
Hermeias 110, 112, 121
Herodot 29 f., 32 f., 38–41, 43, 57, 60, 65, 108 f., 132 f., 135–138, 140 f., 144 f., 147, 150, 242
Herostratos 112
Hesiod 132, 146
Hessen-Hanau-Lichtenberg 216
Hessen-Kassel 212, 219
Hierapytna 72, 80, 83, 88
Hilpoltstein 200
Hipparchos 111
Hippias 111, 116, 138, 149
Hippokrates 132
Hohenzollern 196, 202 f., 207
Homer 130, 132–134, 145, 147

Iberer 88
Iguvium 166
Illyrer 185, 191, 233
Illyrien 103, 191, 232, 253 f., 257
Imbros 154
Ingolstadt 200

Insubrer 231
Ionien 36, 136 f., 141, 258 f.
Iphikrates 78, 88, 111, 121 f.
Istrien 232
Italien 104, 165, 167, 169 f., 207, 237 f., 240, 246, 266, 268 f.
Itzig 216

Kallias 24, 67
Kallistratos 111, 115
Kanobos 109
Kap Sunion 24
Kappadokien 109, 111, 253
Kardia 88
Karien 36, 85, 87, 109–112, 118
Karthago 96, 102, 229, 237, 247–249, 252, 256, 262, 264–266, 269 f., 273, 277–280
  Söldneraufstand 78
Kelten 88, 92, 96, 100, 102, 104, 185
Keltiberer 92, 231
Kenaion 57, 128, 130
Keos 136, 149
Kephallenier 232
Klazomenai 87 f., 110, 120
Kleinasien 31, 33–35, 75, 109 f., 112, 142, 154, 244, 249, 253 f., 268
Kleisthenes 141, 150
Kleomenes 86 f., 112, 114, 250
Kolophon 155
Kondalos 115, 119
Konstantinos VII. Porphyrogennetos 92, 103
Korfu 110
Korinth 20, 31, 43, 46, 48, 50, 88, 110 f., 131, 138, 140–142, 149 f.
Korkyra 31, 33, 43, 46, 57, 69, 86 f., 110 f., 123, 140–142
  athenische Expedition 76
Kos 77, 83, 86, 89, 155
Kotys I. 110 f., 121
Kreta 80, 153, 250
Kursachsen 216

Kurtrier 216, 220, 222
Kyinda 88
Kykladen 46, 136, 140, 149
Kypselos 111, 119, 138, 149
Kyrbissos 78, 80, 83
Kyros I. 148
Kyros der Jüngere 34, 36–39, 43–45, 81, 90
Kyzikos 46, 110

(C.) Laelius 97
Lampsakos 72, 110 f., 122, 258
Landau 214, 225
Landshut 198–200
Leipzig 216
Lesbos 22, 46, 110, 136 f., 148–150, 154
Leukothea 113, 117
Ligurer 92, 97, 231, 244
Ligurien 232, 244
Livius 11, 13, 94–104, 169, 174, 181, 191, 229–235, 238, 241 f., 244, 247, 251, 261, 263–265, 276, 278
Lokris 140, 149
Lucullus 156, 183, 239
Ludwig XIV. 213
Luxemburg 220
Lygdamis 111, 135 f., 138, 148 f.
Lykien 111
Lykier 88
Lysander 31, 38, 44 f., 81
Lysimachos 82, 88, 155

Mäden 183–185
Makedonien 11, 50, 68, 88, 97, 110 f., 115, 173, 179, 181–185, 191, 229, 232, 244, 249 f., 253 f., 267
Malla 80, 83
Manlii
  (Cn.) Manlius Vulso 267, 279
  (L.) Manlius Vulso 268
  (L.) Manlius Acidinus 92, 239
Mansfeld, Grafen von 203
Mantineia 76, 79, 81

Namensindex

Mäonien 133
Maroneia 184, 188, 190
Masgaber 96
Massinissa 96, 247 f., 256
Matthias Corvinus (König von Ungarn) 202
Mausolos 109, 111, 115, 118 f.
Mecklenburg 215, 226
Mecklenburg-Schwerin 217
Mecklenburg-Strelitz 216
Memnon von Rhodos 87, 111, 121–123
Mende 110, 112
Mentor 111 f., 121, 123
Milet 46 f., 56, 131, 136–138, 144, 148 f., 151, 154 f., 158
Minucii
  (M.) Minucius Rufus 184
  (Q.) Minucius Rufus 92
Mithridates VI. Eupator 152 f., 158, 184, 188
Mitteleuropa 195
Moldau 179
Molon 88
Montecuccoli, Raimund Graf von 173, 224
Moschion 87
Mylasa 110 f., 118
Mytilene 34 f., 46, 54 f., 135

Nausikles 87
Naxos 29, 41, 46, 54, 60, 110 f., 135 f., 138, 142, 148
Nestos 188
Niederbayern 199, 205, 207 f.
Niederlande 214
Nikomedes von Bithynien 180
Noricum 92
Numider 96
Nürnberg 199, 207, 222

Österreich 102, 161, 173, 213–215
Odrysen 111, 182, 185 f., 192
Odysseus 92, 133, 147
Olus 83, 90

Olympia 20, 31, 61
Olynthos 110–112
Ophellas 110
Oreos 110 f., 122
Orosius 191, 264

Pamphylien 88, 100, 249, 267
Panakton 85
Pannonien 97
Paros 136, 141 f., 154
Peiraieus 36, 47, 50, 55 f., 59, 141
Peisistratos 135 f., 138, 142, 144, 146, 148 f.
Peloponnes 34, 110, 132, 136, 149, 156, 158
Pentachora 85
Perdikkas 85
Perikles 20 f., 25 f., 28 f., 32–35, 39, 43, 64
Perinthos 110, 116
Perser 21, 25, 29, 31 f., 34–40, 56, 60, 76, 81, 103, 107–109, 111, 118, 120, 122, 126 f., 133, 137 f., 140, 148 f.
  Flotte 137, 149
  Perserreich 33, 38 f., 109, 111
Perseus 97, 182, 233
Petalische Inseln 57, 128, 130
Pfalz-Zweibrücken 216
Phaleron 141
Pharnakes I. 265
Pharos 109
Pheidias 25
Philetaireia 85
Philipp II. 87, 90, 173, 182, 187, 233, 249 f., 253, 267, 271, 279
Philipp V. 182, 233, 250, 253, 267, 271, 279
Philippi
  Schlacht bei 188
Philochoros 25, 67, 70, 72
Philoxenos 112
Phokaia 110, 124
Phoker 81
Phrygien 111, 133
Picenum 166

Plinius der Ältere 181, 234 f.
Plutarch 11, 21, 229, 234 f.
Polen 216
Polybios 11, 13, 85, 98, 101, 103 f., 228 f., 261, 264 f., 274, 276 f., 279
Polykrates 135–138, 148 f.
Pommern 202, 205
Pompeii
   Cn. Pompeius Magnus 239 f., 243
   S. Pompeius 183
Pontos 110, 113, 118, 184, 265
Porcii Catones
   M. Porcius Cato Censorius 98, 103–105
   C. Porcius Cato 183
   M. Porcius Cato Uticensis 234
Poseidonios von Apameia 181, 190
Poteidaia 21, 23 f., 41, 43, 110 f.
   Belagerung 24, 26, 33 f., 41, 45, 58, 76, 79
Preußen 205, 207, 209, 212–218, 223
Priene 87, 155
Prusias II. von Bithynien 180, 265
Ptolemaios I. 90, 109
Ptolemaios III 250
Pythokles 110, 116 f.
(T.) Quinctius Flamininus 229, 234, 258, 267, 271, 278

Raphia
   Schlacht von 85
Reigker, Diebold 198–200
Rhamnous 85
Rhegion 110 f., 117
Rheneia 136
Rhodos 46, 57, 72, 80, 83, 87–88, 90, 110, 114, 121 f., 151, 155, 159, 178, 189, 232
Rom 5, 7, 9, 14–17, 64 f., 74 f., 88, 92–105, 144, 151–153, 155 f., 158, 164–172, 174, 176, 179–185, 187–190, 205, 228, 230, 233–242, 244, 247–280
   Königszeit 93
Roth 200

Rumänien 179, 186, 188
Runkel 216
Russland 212

Sachsen 216
Sachsen, Clemens Wenzeslaus von (Herzog) 222
Sachsen, Wilhelm von (Herzog) 203
Sachsen-Hildburghausen 216
Sagan 202, 205
Sagan, Johann II. von (Herzog) 202
Sagunt 95
Samos 22, 29, 41, 46, 50, 54 f., 71 f., 110–112, 119 f., 125, 135–137, 147 f.
   Belagerung 32, 57, 88
Samothrake 154
Sardinien 252, 264, 269, 277
Schlesien 202
Schwaben 207, 217
Schweden 16, 211, 214 f., 226, 282–284
Scipiones siehe Cornelii
Seckenheim 196
Seleukiden 77, 96, 109, 124, 127, 250, 271
Seleukos 109
Selymbria 110
(C.) Sentius Saturnius 184
Serden 186
Sestos 22
Seuthes 33, 43, 89
Sigeion 135, 142, 148
Simonides 138
Sizilien 35–37, 41 f., 70 f., 88, 111, 141, 174, 249, 252, 277
Skopas 87
Skordisker 183–185, 187, 192
Skythien 137
Smyrna 154, 258
Sogdiana 85
Solon 86, 130, 146
Sosipolis 110
Spandau 212
Spanien 92, 214, 231–233, 236, 239, 280

Namensindex

Sparta 19 f., 29–31, 33 f., 36–44, 46, 61, 65, 72 f., 76, 78, 86, 88–90, 93, 110, 119, 125, 136, 139, 148, 250, 253
Spartakus
    Aufstand 181
Stabelbios 110, 120
Sternberg 203
Strabon 18, 136, 181, 192
Süddeutschland 196
Sulla 97, 99 f., 125, 156, 181, 184
Syrakus 31, 37, 42, 46, 87, 110 f., 117, 119, 142, 252
Syrien 109

Tachos siehe Taos
Taos 111, 121
Taurisker 97
Telemachos 132
Teleutias 72, 88
Tenos 136
Teos (Stadt) 80, 111
Teos (König) *siehe Taos*
Thasos 15, 29, 43, 46, 54, 141, 148, 175–180, 184–190, 192, 248 f., 256
Theangela 85, 87
Themistokles 30, 33, 39, 68, 140, 150
Thera 22
Thibron 89
Thrakien 28 f., 33, 35, 43, 81, 88, 110 f., 121, 179–191, 250
Thukydides 11, 13, 19, 21–26, 28 f., 31–39, 41, 43, 45, 47, 52–55, 58, 60 f., 70, 72, 74 f., 81, 131, 135, 138, 140–142, 147, 150
Thyrier 88
Tilateer 186
Timotheos 86–88, 110–112, 117, 120 f., 123
Tissaphernes 32, 38, 44 f., 81, 90
Transsylvanien 179, 186
Treren 186
Triballer 182, 186, 190, 192
Tuder 166
Tyrrhenien 110 f., 113, 117

Umbrien 166
Ungarn 187, 202
Usdikenser 186

Valerii
    Valerius Antias 233, 241 f., 278
    Mn. Valerius Maximus Corvinus
    Messalla 252
    Valerius Maximus 229, 234
Veji 86
Velleius Paterculus 229, 235
Venetien 92

Wied 216 f.
Wied-Neuwied 216
Wildberg, Hans Ebran von 208
Wismar 214 f., 226
Wittelsbacher 195 f., 207
Würzburg 220, 222

Xanthos 154
Xenophon 11, 13, 22, 37, 52–54, 61, 64 f., 69, 74 f., 78, 80 f., 86, 89, 103
Xerxes 33, 39, 41, 76

Zeus 92, 113

Sachindex

Abgabe 99, 114 f., 123, 133, 149, 201, 219, 233, 237 f., 244, 249 f., 261–265, 268, 270
adaeratio 75, 83
aerarium 169 f., 233–235, 237–240, 243
    aerarium militare 240
Aes 83, 229, 231, 244, 251, 262, 276
Aes grave 83, 229, 231, 244, 251, 262, 276
Aitolischer Bund 79
Akarnanischer Bund 79
Amt 194, 200, 208, 219
    bayerisches Amt 200
Amtmann 197 f., 200
Anleihe 15, 20, 25, 31, 61, 77, 122, 155 f., 162, 173, 195, 199, 201, 210, 214, 218 f., 222 f., 236
Annalistik 98, 234
Anwerbung 161
Archiv 212
Archivmaterial 233
Argentum Illyricense 232
Argentum Oscense 231
Aristokratie 113, 181, 186, 230, 234 f., 238, 240
[Aristoteles]
    Oikonomika 5, 14, 85, 106–110, 112, 114, 117 f., 123–127
Armbrustpfeil 203
Arztkosten 200
Atelie 75
Attisch-Delischer Seebund 47 f., 76
Aufgebotsliste 194
Ausgabe 86, 122, 194, 200 f.
Ausrüstung 32, 47–50, 53 f., 62 f., 67–69, 116, 152, 154, 161, 173, 203, 236, 253, 269, 279, 288

Bäcker 200
Bargeld 42, 179 f., 187, 212–214, 220, 224, 284
Baukosten 24, 43
Baumaßnahmen 193
Baumaterial 261
Bautätigkeit 236
Bauten 23 f., 32, 163, 238
Beamtenbesoldung 163
Befestigung 151, 153–155, 269, 286
Belagerung 59, 72, 86, 152, 162, 214, 225
    Naxos 29, 41, 60
    Paros 150
    Poteidaia 24, 26, 33 f., 41, 58, 76, 79
    Samos 32, 57, 88
    Thasos 184, 248 f., 256
    Veji 86
Bel-Tempel 88
Bergwerke
    Einkünfte 141, 237
    Silberbergwerke 77, 110, 116 f., 180
Berufsarmee 239
Besatzungstruppen 210, 250, 262, 281 f.
Bestechung 20, 34, 43, 162, 170
Beute 5, 11, 15, 21, 25, 29, 43, 74, 76–78, 114, 117, 123, 132–135, 138 f., 147, 152, 162, 174, 187 f., 193 f., 202, 207, 228–240, 242–244, 249, 264, 268 f., 275 f.
    Unterschlagung 235
Beuteverkauf 134
Beutezug 30, 238
Bier 200, 202
Bigatus 231 f.
Bogenschütze 56, 79, 81, 82
Bote 92, 118, 200
Brandschatzung 78, 213
Brot 132, 200, 202
Buchführung 200, 205, 242
Budget 58, 60, 84, 154 f., 158 f., 203 f., 207

Bündnis 79 f., 88, 90 f., 97, 104, 152, 156, 250
Bündnispartner 96, 196
Bündnisvertrag 23, 79, 267
Bürgerkrieg 39, 87, 113 f., 119, 123 f., 152, 240
Bürgerrecht 36, 87, 113, 155, 240
Bürgertruppe 76, 83, 153
Bundesgenosse 21 f., 31, 97, 104, 170, 196, 199, 202, 253, 278 f.
Bußgeld 113
Butter 202

centesima rerum venalium 240
Choinix 80
Chronist 208
Cistophor 229, 231–233

Dareikos 44, 83, 89 f.
Dekastateros 80, 90
Delphische Amphiktyonie 136, 148
Denar 97, 102, 156, 165–170, 172, 184, 187, 229, 231 f., 236, 243 f., 261 f., 265–268, 270, 272, 277 f.
Desertion 59, 78
Diäten 26
Didrachmon 166, 171 f., 174, 236
Diener 41, 43, 79, 81, 97, 200, 282
Dienstgrad 32, 43, 79 f.
Dienstvertrag 199
Dimoirites 90
Donativ 74, 77, 229, 235, 238–240, 243 f., 277
Dorf 201, 283 f.
Drachme 32 f., 41–43, 48–51, 56–59, 67 f., 71 f., 79, 81, 83, 87–90, 105, 117, 119 f., 155, 239, 268, 277
   aiginetisch 79 f.
   Alexanderdrachme 80, 156
   von Apollonia 180
   attisch 38, 81, 86, 89 f.
   rhodisch 80, 88, 90

   von Dyrrachion 180
   phönizisch 90
   rhodisch 80, 88, 90
   thasisch 176
Drama 179

Ehre 93, 194
Einkauf 203
Einkünfte 19 f., 22, 28–30, 33–35, 77, 115, 120, 122 f., 138, 141, 151, 162, 193 f., 200 f., 207–209, 238, 248, 268, 276, 279, 284
Eisengeld 87 f., 120
Eisphora 15, 26, 35, 66, 156, 158
Entlassungsgeld 74, 240
Ephebe 79, 153
Ephraimit 216
Ernte 201, 228
Eroberung 18, 24, 33, 52, 54, 133, 135 f., 139, 142, 148, 150, 169, 194

Fährdienst 129 f.
Fährmann 130
Falschgeld 216, 223
Familienchronik 234
Fehde 198, 204
Feingehalt 113, 164, 166–168
Feldherr 11, 14, 35, 37, 74, 77 f., 87 f., 120, 161, 194, 202, 206, 230, 233, 235, 238, 243, 254, 259
Feldordnung 194, 209
Feldschlacht 25, 193 f.
Feldzug 23 f., 30, 32, 42, 44 f., 111, 122, 181, 188, 193 f., 196, 200, 202–204, 210, 212, 253, 279, 283
Feldzugsplan 194, 204
Feldzugssaison 239
Festung 77, 153, 155, 212, 281, 283, 285
Festungsbau 154
Festungsbesatzung 79
Festungskommandant 80, 83

Finanzen 5, 11 f., 19, 27–29, 48, 60, 86, 106, 112, 117, 126, 128, 153, 197, 204–206, 210, 212 f., 216, 218 f., 225 f., 236 f.
Finanzhaushalt 197 f.
Finanzierung
  staatliche Finanzierung 138, 141
Finanzminister 109, 121
Finanzorganisation 134
Finanzverwaltung 50 f., 156, 195, 199, 205
  territoriale Finanzverwaltung 204 f.
Fisch 113, 116, 200, 202
fiscus 239
Fleisch 132, 200, 202
Flotte 5, 19–21, 28–31, 34, 36–39, 42, 46–61, 69–71, 76 f., 87, 128, 131, 133, 135–142, 146, 148 f., 150, 152, 161, 188, 247, 249, 253, 266, 269
  Ausrüstung 161
  Finanzierung 41, 46, 58, 86, 131
  peloponnesisch 31, 36, 72, 81, 88–90
  Sold 38, 59, 128 f., 131 f., 134 f., 138–140, 142, 146 f.
  staatliche Flotte 131, 141, 149
Folgekosten 9, 203, 210
fouragieren 76, 284
Freiwillige 132, 147, 239
Friedensschluss 196, 256, 264, 267, 273
Friedensverhandlung 196, 261, 267 f., 279
Friedensvertrag 248 f., 252–254, 256, 261–263, 265–268, 273, 279
Fürst 14, 96 f., 194 f., 199, 201 f., 204, 206 f., 208, 216, 283, 285
  deutsche Fürsten 15, 193, 195, 204, 207 f.
Fürstbistum 217, 219, 285
Fürstenspiegel 194, 207
Fußknecht 202
Futtergeld 80

Garnisonssoldat 85
Gastfreundschaft 132 f., 147
Gefälligkeit 50, 132
Gefangener
  Verkauf 117
  Freilassung gegen Lösegeld 134, 162
Gefangenschaft 200
Gegner 30–32, 35–37, 59, 101, 122 f., 135, 162, 167, 170, 187, 193, 195 f., 201–203, 216, 223, 231, 236, 240, 242, 268, 271
Geisel 96, 229, 265–267, 269, 278 f., 284
Geld 9, 18–22, 25, 28, 30 f., 33 f., 36–38, 43, 47, 58, 61, 67 f., 70, 76, 84 f., 87 f., 97, 99, 106, 108, 114–123, 127, 129, 134, 138 f., 151 f., 155, 161–169, 171, 173 f., 179 f., 182, 185, 187–189, 193 f., 196, 198–200, 202, 204, 207, 210, 212 f., 214–217, 220, 222–225, 233, 235 f., 238 f., 240, 242 f., 246 f., 249, 251–253, 260 f., 263, 265, 267, 269, 271, 275, 277, 284 f.
Geldnot 14, 20, 78, 123, 127, 236
Geldtransport 239
Geldverkehr 162, 164, 185, 242
Gerste 113, 266
Gesandtschaft/Gesandte 31, 34, 91–104, 130, 259, 266 f.
  athenisch 43, 93
  Größe 92 f.
  heilige Gesandte 130
  Kosten 94 f., 270
  spartanisch 36, 42, 90, 93
Geschenk 5, 14, 48, 50, 85, 91, 93–102, 132–134, 147, 222, 229, 275
Geschichtsschreiber 196
Geschütz 203, 215
Getreide 74 f., 80, 85, 100, 113–115, 118, 120 f., 200, 251–253, 261, 265–269, 276, 278 f., 284
Getreideration 75 f.
Getreidespende 163
Getreideverteilung 236
Getreidezuteilung 76
Goldgehalt 89
Goldphilipper siehe Philipper
Grenzvertrag 79

Großkönig 29, 31, 33 f., 36–39, 41, 43, 89, 107–111, 118, 121, 148, 249
Gymnasion 116, 153, 155, 157 f.

Haager Landkriegsordnung 219
Hafen 47, 55 f., 59, 69 f., 116, 118, 141, 188
Hafengebühr 22
Hafensteuer 129
Hafenzoll 115
Hakenbüchse 203
Handfeuerwaffe 203
Handgeld 74
Händler 77, 113, 116, 118, 138, 188
Haushalt 5, 106, 114, 121, 124, 194 f., 197 f., 201, 204, 207
Heer 25, 97, 118, 121, 127, 193 f., 195 f., 199 f., 202 f., 207, 210 f., 229, 235, 239 f., 247, 249, 251, 253, 258, 266–268, 270, 273, 277 f., 280–282, 286
Heeresfinanzierung 194
Heeresordnung 194, 209
Heerführer 194, 197, 229, 230
Heerlager 194
Hegemonialkrieg 138
Hellenismus 5, 14 f., 57, 59, 64, 74 f., 77, 80 f., 84, 109, 151, 152–155, 159, 171, 173, 185, 190, 230, 236, 246, 248 f., 250, 254 f., 261 f., 273 f.
Hemithorakion 79 f.
Herold 92
Herrschaftsrecht 194, 201
Hilfstruppen 161, 187
Hippotoxotai 81
Höchstpreisedikt 260, 274
Hochstift 210, 220, 225 f.
Hofhaltung 197
Hofmeister 198, 200
Homer
    Ilias 92, 103, 132 f., 147
    Odyssee 130, 132–134, 147
Hoplit 25, 28–30, 32 f., 38, 40–42, 56 f., 59, 71, 76, 79–83, 86–88, 135, 153, 224, 257

Hufeisen 203
Hunger 119, 201, 273
Hungersnot 113 f., 118, 123

Immobilieneigentum 113
Imperialismus 230, 241, 271
Inflation 40, 84, 102, 145, 171, 198, 208, 223, 225
Ionischer Aufstand 29, 137, 148
Isopolitievertrag 79
Isotelie 75, 85

Kalb 113, 115
Kanzleischreiber 200
Kaperei 88
Kapitulation 32, 38 f., 261
Kasse 68, 100, 130, 146, 162, 200, 211, 219 f., 222, 240, 248
Kavallerie 59 f., 75, 79–83, 88 f., 104, 202 f., 229, 252, 257, 266, 270, 272, 277 f.
    thessalisch 85
Kipper- und Wipper-Zeit 164
Kleid 75, 85
Kleiniasdekret 26
Kleinkrieg 203
Kleonschatzung 26
Kleonymosdekret 22, 26
Kontribution 5, 155 f., 213, 219 f., 226 f., 244, 254, 260, 262 f., 267, 269–271, 275 f., 279, 282, 284
Kontributionsopfer 221
Korrespondenz 195, 202, 209
Kostenschätzung 200 f., 203
Krankheit 200 f.
Kranzgold 94, 99 f.
Kreditgeber 196
Kriege
    Amerikanischer Unabhängigkeitskrieg 212
    Befreiungskriege 221, 223
    Bundesgenossenkrieg 88
    Chremonideischer Krieg 86

Diadochenkriege 152
2. Diadochenkrieg 88
Dreißigjähriger Krieg 16 f., 212 f., 226, 282 f., 285 f.
Großer Nordischer Krieg 214, 285
Heilige Kriege
3. Heiliger Krieg 81
Hundertjähriger Krieg 209
Illyrische Kriege 181
1. Illyrischer Krieg 253
Ionischer Aufstand 29, 137, 148
Koalitionskriege
1. Koalitionskrieg 213, 218, 222, 226, 289
Makedonische Kriege 94, 101, 181
2. Makedonischer Krieg 253
3. Makedonischer Krieg 94, 97, 176, 188 f., 228, 235 f.
Mithridatische Kriege 189
1. Mithridatischer Krieg 156, 179
Peloponnesischer Krieg 5, 14, 19, 22, 28–31, 33 f., 37, 52, 58, 60, 76, 78, 89, 140
Perserkriege 29, 39, 117, 131, 140–142
Pommernkrieg 209
Punische Kriege
1. Punischer Krieg 252, 269
2. Punischer Krieg 94 f., 101, 165, 167, 247 f., 253, 263, 269
3. Punischer Krieg 95 f., 248
Samischer Aufstand 76
Siebenjähriger Krieg 213, 215, 218, 225 f., 227
Söldneraufstand in Karthago 78
Spartakusaufstand 181
Süddeutscher Fürstenkrieg 195, 198, 200, 204 f., 207 f.
Syrischer Krieg 247 f., 253, 259, 263 f., 267–269, 273
Thrakische Kriege 180, 185 f., 187–189
Weltkriege
1. Weltkrieg 127, 210, 212, 223, 246, 255 f.

2. Weltkrieg 16 f., 224, 255
Kriegführung
hegemoniale Kriegführung 135 f., 138 f.
Kriegsbuße 262, 264
Kriegsentschädigung 5, 15, 162, 212, 233, 237, 239, 253 f., 260, 262–265, 269–271, 273, 276 f.
Kriegsfinanzierung 5, 7, 9 f., 12, 14–16, 20, 25, 28, 30, 35, 38, 121 f., 138, 161 f., 175, 189, 194, 203 f., 210, 222 f., 225 f., 228, 237, 288 f.
Kriegsgeld 216–218, 225
Kriegskasse 29 f., 32, 155, 198 f., 212, 278
Kriegskosten 5, 7, 9–14, 16, 29, 32, 34 f., 39, 43, 84, 151, 161–163, 165, 170, 175, 193 f., 197, 200–205, 225, 228, 249 f., 253 f., 259–261, 263–265, 270 f., 276, 285, 288 f.
Deckung von 269
Kriegskostenschätzung 200 f., 203
Kriegsplan 202
Kriegsplanung 33, 194
Kriegsschädenbeseitigung 263, 269
Kriegsschadensverzeichnis 209, 211
Kriegsschatz 212 f., 223
Kriegsschauplatz
bayerisch-fränkischer 196
Kriegstechnik 193, 224
Kriegsverlust 199
Kriegsvertrag 5, 260, 268, 274
Kriegsverwaltung 199
Kriegswagen 203
Kurfürst 195–197, 201–207, 209, 216
Kurmainz 218, 220, 222, 225
Kursmanipulation 213
Kyzikener 83, 89 f.

Lakedaimonischer Bund 79, 82
Landarbeiter 78, 132
Landesaufgebot 194
Landeshaushalt 197

Sachindex 301

Landesherr 194, 197 f. 201, 203 f., 222, 281–284
　landesherrliche Finanzkasse 201
　landesherrlicher Haushalt 194
Landesherrschaft 196, 198, 205, 209, 209, 219
　deutsche Landesherrschaften 194, 197
Landesverwaltung 197
Landschenkung 75 f.
Legende 163
Lehnsaufgebot 194
Lehnsherr 193
Lehnsmann 199
Lehnsträger 194
Lehnswesen 193
Lehrschrifttum
　kriegstheoretisches Lehrschrifttum 194, 202
Leichtbewaffneter 60, 79
Leiturgie 52, 58, 69, 113 f., 116, 123
Lochagos 80, 82, 89
Logistik 5, 47, 193 f., 198, 203, 212, 218, 224, 260, 273, 275
Lohn 42, 130, 132–134, 147
　Reiselohn 132
Löhnung 214, 224
Lösegeld 76, 134, 162, 193
Lutatiusvertrag 264 f., 279

Mannschaft 20, 57–59, 72, 76, 78–81, 86–90, 131 f., 134, 137–140, 142, 148, 152, 224, 242
Marineinfanterist 79, 131, 148
Marineorganisation 131
Markt 50, 77, 116, 138
Matrose 28, 30–34, 36–38, 41, 44 f., 56, 79, 89
Mauerbau 67, 118, 153–155, 249
Mehl 113, 133, 200, 284
Militärausgaben 74, 134, 151, 204
Militärdienst 133 f., 240
　Verpflichtung 139

Militärfinanzierung 137, 226
Militärhaushalt 209
Militärinstruktor 79, 83
Militärjahr 77
Mine (Gewicht)
　Gold 85
　Silber 83, 89, 117, 155, 279
Monetarisierung 77, 219
Monopol 58, 72, 77, 126
Münzbild 168, 171, 173, 232, 237
Münze 14, 61, 84, 86, 113, 139, 161, 163, 165 f., 168 f., 171–173, 175 f., 178, 180, 187–190, 212–216, 218–226, 229, 231 f., 236–238, 244
Münzfund siehe Schatzfund
Münzfundkarten 216
Münzfuß 14, 163, 166, 168, 212
　attischer 89 f., 173
Münzprägung 14 f., 43, 75, 84, 142, 161, 163 f., 166–171, 173, 176, 178–180, 182, 184–191, 213, 215 f., 218–220, 222, 236–238, 242
Münzstempel 164, 169 f., 178, 188, 214, 216, 220
Münztyp 163, 168, 173, 188, 265
Münzverringerung 216

Nachbarschaftskrieg 228
Nahrungsmittel 75, 120, 138, 261, 268
Nahrungsmittelmangel 113, 118
Nahrungsmittelversorgung 151
Naturalverpflegung 75, 85
Naukrariai 64, 86, 144
Naukrarische Kassen 86
Nominal 14, 79 f., 89, 163 f., 166, 168, 174, 187, 213, 231, 235–238
Nominalbezeichnung 14, 231 f.
Notgeld 77, 214, 224
Not-Klippe 215
Obol 32, 38, 42, 44 f., 56, 79, 81, 83, 87–90, 121, 150, 277
　aiginetisch 79

korinthisch 79 f.
rhodisch 80, 90
Offizier 80, 85, 88, 90, 224, 282 f.
Olivenöl 113
Opfer 99, 113, 163, 229

Pacht 114 f., 123, 216, 237
Papier 200, 214, 223–225
Papyrusdekret 24
Peltast 80 f., 88
Pentadrachmon 90
Pentekontere 48, 67, 135, 137, 140 f., 148–150
Pfandnahme 114
Phalanx 80
Philipper 100, 229, 231 f., 234
Philosophengesandtschaft 91
Phoros 21 f., 30, 66
Phyle 85
Piraterie 35, 78, 135, 152, 159
Plattengeld 215
Plünderung 88, 97, 133, 135, 138, 142, 147, 181 f., 184, 201, 203, 243, 255, 269, 283 f.
Heiligtum 77 f., 88
Polis 5, 56 f., 61 f., 65 f., 74, 76 f., 79, 106 f., 108, 110, 112–124, 123 f., 145, 158
Pontifex Maximus 98 f., 102
Pontifikalannalen 95, 98 f., 101 f.
Prägegruppe 161
Prägemenge 162–164, 169 f.
Prägerhythmus 237
Präliminarvertrag 264 f., 267–269, 277–279
Prätor 92, 97, 138, 235
Prager Frieden (1463) 196
Prestige 132, 135 f., 153, 230, 234, 236, 238
Privataufzeichnung 234
Propaganda 170, 218, 221, 270
Propyläen 21, 23 f.
Proviant 77, 121, 133, 138, 147, 193, 214, 284
Provinz 156, 169, 182, 229, 236–240

Quästor 99, 105, 233 f., 239, 266, 269
Quästur 234

Ratgeber 195, 202, 208
Raubzug 59, 133, 135, 139, 147, 244
Rechnung 67, 197–201, 208, 211, 234
   Amtsrechnung 198, 206, 208
   Gesamtrechnung 198
   Territorialrechnung 198
Rechnungsführung 33, 199, 204
Rechnungslegung 15, 197, 198, 234
   territoriale Rechnungslegung 197, 206
Rechnungsperiode 198
Rechnungswesen 208
Regal 194
Regimewechsel 135 f.
Reich
   Alexanderreich 109
   Deutsches Reich 246
   Europäische Königreiche 151
   Heiliges Römisches Reich Deutscher Nation 195, 202, 204 f., 207, 213, 217 f., 225, 271, 273
   hellenistische Königreiche 151
   Königreich Ägypten 75
   Königreich des Kotys 110
   Königreiche des Nahen Ostens 75
   Königreich der Odrysen 109
   Makedonisches Königreich 182
   Norisches Königreich 102
   Perserreich 29, 31, 33, 38 f., 109, 111, 140
   Ptolemäerreich 248
   Römisches Reich 9, 16 f., 228, 236, 238 f., 273 f.
   Seleukidenreich 77, 109, 271, 279
Reichsfeldherr 202
Reichsfürst 194 f.
Reichskreis 16
Reichskriegsschatz 212
Reichsmatrikel 194
Reichsstadt 196, 285

Reisegeld 130
Reiselohn 132
Reittiere 261, 288
Rentmeister 200
Rentmeisterkasse 199
Reparation 5, 15, 246–252, 254–256, 263–269
Repräsentation 238, 240
Requirierung 78, 138, 216
Ressourcen 248, 258
 agrarische Ressourcen 247
 finanzielle Ressourcen 13 f., 20, 22, 30, 35, 37, 61, 76, 81, 131, 133, 135, 138, 151, 156, 162, 188, 194
 Flottenressourcen 47, 140, 148
 Rohstoffressourcen 246
 Truppenressourcen 136
Ruderer 28–33, 37, 42, 56, 58 f., 72, 76–80, 131 f., 137, 139, 142, 147, 161
Ruhm 194, 197
Rüstung (militärische Maßnahme) 17, 19, 47, 60, 119, 123, 193, 200, 210, 224, 226
Rüstung (Schutzbekleidung) 32, 43, 174, 229

Salz 113, 116, 202
Samischer Aufstand 76
Schadensersatz 199 f., 208, 246, 249–252, 254, 271, 276
Schadensverzeichnis 209
Schaf 113, 115
Schaltmonat 77
Schalttag 122
Schatzfund 164 f., 174, 176, 179 f., 182, 184–188, 191 f., 213, 216
Schatzkammer 195, 199
Schatzmeister 57, 67, 71, 131, 146
Schaumweinsteuer 219
Schießpulver 203
Schiff 19, 30 f., 33, 35–38, 42–59, 61–63, 66–72, 88 f., 116–119, 121, 128, 131, 133–138, 140–142, 147–150, 233, 246 f., 250, 261, 266, 269
 Ausrüstung 49–51, 53 f., 62 f., 67–69, 116, 261, 269, 279
 Privatbesitz 57, 61, 131, 137, 141, 149 f.
Schiffbau 30, 32, 36, 39, 42, 48, 51 f., 54, 67 f., 69 f., 119, 137 f, 140–142, 150
Schiffsmannschaft 20, 57–59, 72, 76, 78 f., 81, 86–88, 131, 134, 137 f., 142, 148
Schlacht 20, 25, 36–38, 52, 59, 71, 74, 85, 133, 140, 168, 184, 188, 193 f., 196, 208, 247, 252
Schmalz 200
Schulden 9, 51, 85, 87, 120, 195, 203, 219, 225, 227, 246, 285
Schuldschein 196
Schuldverschreibung 199, 246
Schwein 113, 115
Schwurszenengold 166
Seeherrschaft 46, 56, 61, 136
Seekriegführung 5, 14, 30, 33, 37 f., 46, 61, 128, 134–136, 138 f., 224
Seemann 37 f., 41–43, 46, 79–82, 117, 129, 131, 140
Sieg 29, 34, 36, 38 f., 85, 138, 154, 170, 173, 184, 196 f., 210, 229 f., 240, 254, 258
Siegelwachs 200
Silber 9, 14, 21, 23, 25, 33, 38 f., 43, 97, 100, 117, 120 f., 127, 131, 139, 165–173, 214, 216, 219–222, 224 f., 229, 233 f., 236, 239, 247–250, 252 f., 261 f., 264–269, 272
Silberbergwerk 77, 110, 116 f., 180
Sizilische Expedition 15, 55, 58, 81
Sklave 31, 36, 43 f., 91, 97 f., 113 f., 117, 132, 139
Sold 5, 10, 14, 20, 25, 28–38, 41, 43–45, 57–59, 71 f., 74–90, 113, 119–123, 127–129, 131, 134, 138 f., 142, 150–152, 154, 187, 199 f., 202, 207, 236, 239 f., 243,

249, 251–253, 263 f., 266–270, 272, 276–278, 280, 288
Berechnungsgrundlage 77
Besoldungszeitraum 32, 42, 77–80, 83, 87–90
Einführung 28, 75 f., 86, 128, 131, 135, 138 f., 142
Flottensold 38, 59, 128 f., 131 f., 134 f., 138–140, 142, 146 f.
Jahressold 90, 252, 263, 266, 270, 272, 276–278
Monatssold 45, 78, 89 f., 224
Rückstand 72, 87 f.
Schwankungen 56, 81
Soldhöhe 79–81
Tagessold 32, 42, 56, 78 f., 81–83, 88–90, 105
Vorschuss 78, 87
Soldat 9, 31, 34, 37, 56, 71 f., 74–80, 82 f., 85–90, 113, 120–123, 127, 132 f., 135, 164, 173 f., 187 f., 216, 226, 229, 235, 239–241, 243 f., 251, 253, 263, 266, 269, 271, 278 f., 281–286, 288 f.
Söldner 35, 37 f., 43, 74–79, 81 f., 85–88, 104, 113, 119, 120 f., 123, 133, 152 f., 162, 182, 193, 196, 199 f., 202 f., 207 f., 252, 282, 288
Söldnerführer 111 f., 120–123, 200
Söldneraufstand
  Karthago 78
Solidus 74, 174
Sonderzahlung 80, 200, 289
Sparsamkeit 38 f., 193, 195 f., 224
Spartakusaufstand 181
Spende 77, 155 f., 163
Spiele 22, 163, 236
Staatenwerdung 128, 134
Staatsausgaben 10, 15, 17, 47, 57 f., 117–120, 123, 134, 151, 154, 237, 240
Staatseinnahmen 15, 61, 99, 106–108, 114–116, 118, 123 f., 134, 151, 210, 230, 237, 239

Staatsfinanzen 236
Staatshaushalt 9 f., 13, 63, 84, 195, 207, 230, 241
Staatskasse 19, 23, 76, 91, 154 f., 169, 218, 233 f., 237, 240
Staatsschatz 99, 134, 147, 210, 212, 218, 222 f., 239
Staatsverschuldung 238
Staatsvertrag 5, 15, 91, 101, 255 f., 264, 273 f.
Stadt 5, 14 f., 22, 88, 93 f., 118, 136–142, 148 f., 151–156, 166, 170, 180 f., 185, 187–189, 201, 205, 219, 229, 243, 250 f., 258 f., 281–286
Stände 169, 204 f., 209, 281
  brandenburgische Stände 203
Stater 80, 82, 90, 119, 139
  aiginetischer 52
  Goldstater 41, 90
  korinthischer 79
  Silberstater 90, 182
Steinbüchsen 203
Stempelzahl 164, 169 f.
Stephanephoren 188
Steuer 22, 35, 67 f., 77, 85, 114 f., 149, 156, 162, 195, 204, 210, 212 f., 218 f., 222, 226, 236–238, 240, 284-286
  Besteuerung 134, 139, 236, 244
  Dirnensteuer 22
  Fremdensteuer 22
  Gewerbesteuer 114 f., 123
  Hafensteuer 129
  Kopfsteuer 115, 121
  Luxussteuer 22
  Metökensteuer 22
  Sklavensteuer 22
  Sondersteuer 162, 204, 218
  Vermögenssteuer 77
Steuereinnahmen 204
Steuererhebung 134, 282
Steuererhöhung 162, 222
Steuerpachtgesellschaft 239

Sachindex

Steuerstaat 204 f.
Steuersystem 14
Steuervorteil 75
Steuerzahler 131
Strafe 5, 61, 117, 150, 156, 187, 251, 254, 260, 262, 264 f., 271, 275 f.
Straßenbau 161
Stratege 57, 72, 80, 82, 85, 87, 89, 153, 224
Strategie 25, 31 f., 39, 41, 64, 113, 193, 202, 209, 224, 231, 286
Sturmleiter 203
Subsidien 16, 32, 34 f., 38, 76, 210, 212, 250, 254
   Perser 81
Subskription 155 f.
Symmachos 64, 85
Symmorie 141

Tagegeld 26, 32
Taktik 58–60, 193 f., 202, 206 f., 283
Talent 21–25, 30–36, 38 f., 41–45, 48, 55–58, 64, 67, 70 f., 83, 85–89, 115, 120, 142, 150, 155 f., 240, 247–250, 252 f., 258, 261–272, 277–279
Tarrasbüchse 203
Territorium
   deutsche Territorien 197, 204, 283
Tetartemorion 90
Tetradrachmon 5, 86, 90, 142, 175–180, 184–190, 229, 231 f., 243
Thalassokratie 64, 136, 144 f.
Thete 76
Thranit 42, 80
Transport 59, 142, 148, 152, 235, 239 f., 242, 266, 284
Tribut 5, 21 f., 25 f., 30, 32 f., 35, 45, 48, 61, 77, 108 f., 114, 118, 121, 123, 152, 174, 193, 243, 248–250, 260, 262, 264, 270
Tributliste 22, 42
Trierarch 48, 50, 52–54, 58 f., 63, 68, 70–72, 77 f., 80, 86 f.
Trierarchie 26, 58, 69

Triere 30, 32–34, 41–43, 48–59, 61, 67 f., 70, 72, 80, 88 f., 116, 119, 135, 137 f., 140–142, 147–150, 269, 279
   staatlich 138, 140 f.
   Trierenbesatzung 32, 43, 56, 59, 89
Triumph 5, 92, 97, 102, 173, 181, 183 f., 228–236, 238–240, 243–245, 277
Triumphzug 228 f., 235, 240, 243, 245
Trockenfisch 202
Tross 77, 92 f., 211
Truppengattung 79 f.
Truppenversorgung 260
Tyrann 19, 65, 76, 108, 110–112, 114, 118 f., 136, 138, 140, 144, 146, 148

Überfall 72, 141, 184, 203, 228
Überlieferung
   handschriftliche Überlieferung 234 f.

Verbündeter 19, 21 f., 36, 42, 45, 47, 54, 56, 72, 96, 131–133, 136–138, 148, 152, 164, 170, 183–185, 187 f., 196, 248, 251, 258
Verkauf 33, 50, 77, 87, 113–117, 120 f., 123, 133 f., 147, 155, 201, 243
Verpfändung 77, 156, 193, 201
Verpflegung 30, 74–76, 78, 85–89, 93, 113, 120–123, 127, 132, 134, 138, 147, 202, 236, 253, 266, 277 f.
Verpflegungsgeld 5, 72, 74 f., 77–79, 85, 87, 89
Verpflegungskosten 14, 88 f.
Verrechnung 236
Verrechnungseinheit 242, 244
Verschuldung 193, 239, 285
Versorgung 29, 113, 193, 200, 211, 249, 253, 260, 268, 270, 283
Verteidigung 5, 150 f., 153 f., 192, 204 f., 251
Verwalter 194, 198, 239
Verwaltung 5, 154, 193 f., 197 f., 200, 208, 210, 212, 219, 236, 239, 281, 283
Verwaltungskosten 163

Verwaltungsreform 204
Verwaltungsstruktur 204, 283
Verwundung 200
Verwüstung 194, 203, 282
vicesima hereditatium 240
Victoriatus 168 f., 172, 231 f.
Vieh 29, 113, 119, 167, 284
Vierzigstel
   chiisches Vierzigstel 89
Vorschuss 78, 87, 173

Waffen 9, 19, 61, 87, 97, 114, 122, 153, 155, 198 f., 203, 229, 235, 261, 269, 277
Waffengattung 79–81
Waffenstillstand 184, 254 f., 268, 275, 279
Waffenstillstandsregelung 252
Waffenstillstandsverhandlung 251, 279
Waffenstillstandsvertrag 250 f., 261, 264–270
Wagen 132, 202, 229, 233

Wagenburgordnung 209
Wahlwerbung 239
Währung 14, 79, 100, 139, 165 f., 168–170, 198 f., 223 f., 238, 246, 252
Wechselverhältnis 89
Weihgabe 21, 25, 101, 113 f., 127
Wein 75, 113, 132 f.
Weißpappelkranz 85
Weizen 113, 266, 268, 278
Wiedergutmachung 246–248, 251, 253–256, 263 f., 266, 268 f., 275

Zins 118, 120, 122, 194, 246
Zoll 77, 85, 114 f., 123, 194, 237
   Durchgangszoll 115
   Hafenzoll 115
   Torzoll 119
Zollstation 35
Zugtier 261, 266, 284

Griechische Begriffe

ἀργυρολογία 78

δήμιος 133
δόμα 78
δωρεά 74, 85, 87

εἰσφορά 67, 77, 86, 108, 116
ἐθελοντήρ 132
ἐθελοντής 86
ἐπίδοσις 71, 77
ἐπίκουρος 86, 132
ἐπιτήδεια 88

ἡμιόλιος 80

θεωρός 130

ἱματισμός 75
ἱπποτροφικόν 75

μέτρημα 75
μισθοδοσία 85
μισθοδοτέω 85
μισθός 57–59, 71 f., 75 f., 79–83, 87–91, 128, 131 f., 146
μισθοφορά 82, 85, 87, 90
μισθοφόρος 86

ναυκραρία 46, 141, 150

ὁδοιπόριον 132, 147
ὀψωνιάζω 85
ὀψωνιασμός 85
ὀψώνιον 75, 83, 87, 90

πρόδομα 78, 88
πρόδοσις 87

σιταρχία 75, 79, 83, 85, 87, 89
σιτηρέσιον 71 f., 75, 82–84, 87–89
σιτομετρία 75, 89
σιτώνιον 75
σῖτος 75 f., 79, 81 f., 88 f.
σύμμαχος 83, 86

τιμή 90
τρίχρυσον 90
τροφή 75, 80–82, 88 f.

χρήματα 61, 75, 108

ψιλός 79, 81, 83

ὡραία 87

Entdecken Sie
die Vielfalt des WBG-Programms

**Das WBG-Programm umfasst rund 3500 Titel aus mehr als 20 Fachgebieten.
Aus dem Fachgebiet Altertumswissenschaften empfehlen wir besonders:**

CHRISTIANE KUNST
**Leben und Wohnen
in der römischen Stadt**

Die Autorin zeichnet **ein farbiges
Bild der Wohn- und Lebenswelten
in der antiken römischen Stadt.**
Themenkomplexe wie die Stadtplanung oder der Wohnungsmarkt werden ebenso behandelt
wie die aufwändigen Privathäuser
der Reichen, ihre verschwenderischen Gärten oder die düsteren
Mietskasernen der ärmeren
Bevölkerung.

Unter Mitarbeit von B. Kunst. 2006. 168 S.,
82 farb. und 21 s/w Abb., Fadenh., geb.

ISBN: 978-3-534-16285-7

GÜNTER AUMANN
Euklids Erbe
Ein Streifzug durch die Geometrie
und ihre Geschichte

In diesem **Geometriebuch der
besonderen Art** finden Nicht-Mathematiker dank der eingängigen Darstellung Aumanns einen
besseren Zugang zu einer nicht
immer ganz einfachen Materie.
Fachleuten öffnet sich der Blick
auf die historischen Hintergründe
der Geometrie und vor allem
Lehrer finden wertvolle Hinweise.

2006. 223 S., 169 s/w Abb., 7 Tab., Fadenh.,
geb.

ISBN: 978-3-534-18932-8

HERMANN MENGE
**Lehrbuch der lateinischen
Syntax und Semantik**

*Den Bearbeitern ist es »gelungen,
den alten Menge zu einem zeitgemäßen Buch umzugestalten; er
bleibt so – und das ist nicht zuletzt das Verdienst von Burkard
und Schauer – ein Standardwerk«.* FORUM CLASSICUM

Völlig neu bearbeitet von Thorsten Burkard
und Markus Schauer unter wissenschaftlicher Beratung von Friedrich Maier.
2., überarb. Aufl. 2005. XLII, 1018 S. mit
zahlreichen tabellarischen Übersichten und
mehreren Tabellen, Fadenh., Gzl. mit
Schutzumschlag.

ISBN: 978-3-534-13661-2

WISSENSCHAFTLICHE
BUCHGESELLSCHAFT
WBG
WISSENVERBINDET

Weitere Informationen zum WBG-Programm:

www.wbg-darmstadt.de
(0 61 51) 33 08 - 330 (Mo.-Fr. 8-18 Uhr)
(0 61 51) 33 08 - 277
service@wbg-darmstadt.de